SU HIJO

Momentos claves en su desarrollo desde el período prenatal hasta los seis años

T. Berry Brazelton, M.D.

Traducción Ana del Corral

UN LIBRO DE MERLOYD LAWRENCE

ADDISON-WESLEY PUBLISHING COMPANY

Reading, Massachusetts   Menlo Park, California   New York
Don Mills, Ontario   Wokingham, England   Amsterdam   Bonn
Sydney   Singapore   Tokyo   Madrid   San Juan
Paris   Seoul   Milan   Mexico City   Taipei

El autor y los editores desean agradecer a Lynne Meyer-Gay por su inagotable, perceptiva y hábil ayuda en la preparación de este manuscrito.

Muchos de los nombres usados por fabricantes y vendedores para diferenciar sus productos son reclamados como marcas registradas. Donde aparecen estos nombres en este libro y Addison-Wesley tuvo conocimiento de dicho reclamo de marca registrada, los nombres han sido impresos con una letra mayúscula inicial.

Datos de catalogiación en publicación de la Biblioteca del Congreso

Brazelton, T. Berry, 1918–
   [Touchpoints. Spanish]
   Su Hijo : momentos claves en su desarrollo desde el período
prenatal hasta los seis años / T. Berry Brazelton ; traducción Ana
del Corral.
     p. cm.
   Includes bibliographical references and index.
   ISBN 0-201-40919-4
   1. Child development—United States. 2. Infants—United States—
Development. 3. Child psychology—United States. 4. Infant
psychology—United States. I. Title.
HQ792.U5B72518 1994
305.23′1—dc20   94-29561
                       CIP

Diseño de portada de Diana Coe
Diseño del texto por Karen Savary
Copieditado por Sharon Sharp

1 2 3 4 5 6 7 8 9-VB-9897969594
First printing, September 1994

A Alfred, Rosalis y a su abuela

Contenido

Tercera parte ALIADOS EN EL DESARROLLO

Introducción

Después de cuarenta años de práctica pediátrica en Cambridge (Massachusetts) y de haber compartido las responsabilidades maternas y paternas de 25 000 pacientes, he trazado el mapa de la infancia y del desarrollo inicial del niño que presento en este libro. Este mapa de la evolución del comportamiento y de las emociones busca ayudar a los padres a navegar a través de los predecibles momentos de mayor ímpetu en el desarrollo y a superar los igualmente predecibles problemas que estos momentos plantean a prácticamente todas las familias.

Contrario a los criterios "métricos" del desarrollo (por ejemplo, las medidas de la estatura que los padres se enorgullecen en marcar con lápiz en el marco de la puerta), este mapa tiene varias dimensiones. Hay tanto regresiones como progresiones. El crecimiento psicológico ocurre en multitud de direcciones, no en una sola. El costo de cada nuevo logro puede ser la interrupción temporal del progreso del niño, y aun el de toda la familia.

Implícito al mapa, y de hecho a todo el libro, es el concepto de 'momentos claves', el cual he ido precisando a lo largo de años de investigación en el Hospital Infantil de Boston y en otros lugares del mundo.

Los momentos claves, que tienen carácter universal, son aquellos momentos predecibles que llegan justo antes de una oleada de crecimiento en cualquier secuencia de desarrollo — motor, cognoscitivo o emocional — cuando, por corto tiempo, el comportamiento establecido del niño se desmorona. Ya los padres no pueden apoyarse en anteriores logros. Con frecuencia el niño sufre regresiones en varios aspectos y se vuelve difícil de entender. Los padres se alarman y se desconciertan. A lo largo de los años, he encontrado que estos períodos de retroceso predecible pueden convertirse para mí en oportunidades de ayudarles a los padres a entender a su hijo. Los momentos claves se vuelven ventanas a través de las cuales los padres pueden mirar la gran energía que sirve de combustible al aprendizaje del niño. Cada paso logrado lleva a una nueva sensación de autonomía. Vistos como algo normal y predecible, estos períodos de comportamiento regresivo son oportunidades de entender al niño más profundamente y de apoyarlo en su crecimiento en lugar de enfrascarse en una lucha. La vulnerabilidad y la fortaleza particulares de cada niño, al igual que su temperamento y su estilo para manejar las dificultades, afloran justamente durante esas etapas. ¡Qué gran oportunidad ésta para entender al niño como individuo!

La primera parte del libro está organizada en torno a estos momentos claves en los aspectos de crecimiento emocional y de comportamiento, para mostrar cómo afectan a las decisiones que se toman en todos los órdenes: el sueño, la alimentación, la independencia que trae consigo el aprender a caminar, la comunicación, la disciplina, el control de esfínteres. Estos temas están planteados de la misma manera como surgen cuando los padres me visitan en el consultorio, desde la visita prenatal de la madre embarazada y el padre, pasando por las revisiones del bebé, hasta las visitas anuales con el niño ya mayor. Las preguntas de los padres se presentan en momentos previsibles. Sus preocupaciones acerca de cómo manejar estas turbadoras regresiones le dan un enfoque claro a la consulta. Si puedo ayudarles a los padres a entender los mecanismos que en el niño contribuyen al comportamiento irregular, cada consulta adquiere mayor valor. Un profesional cuidadoso puede utilizar estas circunstancias para entrar en el sistema familiar, ofrecer su apoyo y prevenir problemas futuros.

La segunda parte se ocupa específicamente de aquellos asuntos de la crianza, en niños de hasta seis años de edad, que presentan un reto al desarrollo normal. "Problemas" como la rivalidad entre hermanos, el llanto, las pataletas, el despertarse de noche, los miedos, la manipulación emocional, las mentiras, las "mojadas" en la cama, empiezan cuando los padres tratan de controlar situaciones que en realidad le pertenecen al niño. Trato de mostrarles a los padres cómo pueden ver estos variados comportamientos como parte de la lucha del niño por la autonomía y cómo pueden ellos, por ende, retirarse de en medio de la batalla y así mismo desactivarla.

Al escribir la segunda parte, me he basado en artículos sobre temas traídos a colación con tono de urgencia por los padres tanto en mi consultorio como en mis charlas y conferencias.

En la segunda parte, pongo estos temas en el contexto de mi concepto del desarrollo basado en la teoría de los momentos claves. Estos capítulos, escritos para padres que se encuentran encallados en algún problema, o que ven a su niño en la misma situación, están concebidos no sólo para ayudarles a no quedar atrapados en comportamientos destructivos o en ansiedades paralizantes, sino también para que sepan cuándo buscar ayuda si sus esfuerzos han fracasado. Algunos capítulos, como los que se refieren a la depresión, las incapacidades para el desarrollo o los problemas auditivos o del habla, no pretenden ser exhaustivos. Están concebidos sólo como una ayuda en la tarea de distinguir entre las variantes normales del comportamiento y aquellos problemas que requieren un especialista.

La tercera parte examina de qué manera el desarrollo de los niños se ve afectado por las personas que los rodean. Cada relación estrecha (con el padre, la madre, los abuelos, los amigos, otras personas que los cuidan y el médico) contribuye al crecimiento emocional y de comportamiento. Cuanto más puedan los padres contar con estas contribuciones, mayor será el número de aliados que el niño tendrá en su ruta hacia la autonomía.

De acuerdo con mi experiencia, el desarrollo del niño nunca sigue un curso lineal y continuamente ascendente. El desarrollo motor, cognoscitivo y emocional parece seguir una línea quebrada, con picos, valles y mesetas. Cada habilidad nueva que el niño adquiere es exigente: requiere toda su energía y toda la energía de la familia. Por ejemplo, cuando el niño de un año está aprendiendo a caminar, todos pagan el precio. El bebé se levanta y se acuesta pegado del borde de la cuna toda la noche, despertándose del todo cada vez que se encuentra en la parte del ciclo en que impera el sueño ligero, pidiendo ayuda cada tres o cuatro horas durante la noche. El sueño de todos se ve interrumpido. Con toda seguridad el médico del niño se enterará. Durante el día, el niño llora de frustración cada vez que un hermano o los padres pasan cerca. Cuando alguno de los padres le da la espalda, el frustrado bebé se desploma en agitada desesperación. El que el bebé aprenda a caminar afecta la tranquilidad de todos. El niño que finalmente domina el arte de caminar se convierte en alguien diferente, con el rostro encendido por el triunfo. La familia se organiza. La próxima fase del desarrollo se irá en consolidar y enriquecer este logro. El niño que empieza a caminar aprenderá a llevar un juguete mientras camina, a darse la vuelta caminando, a ponerse en cuclillas, a subir las escaleras. En esta fase, el niño no será tan imprevisiblemente voluble. Cede la presión — hasta el próximo avance.

Cada una de estas progresiones y las regresiones que las preceden son momentos claves para mí, como pediatra interesado en desempeñar un papel activo, en formar parte del sistema familiar. Cuando los padres vienen a mí con sus preocupaciones, puedo compartir con ellos lo que he observado en el comportamiento del niño, y espero ser escuchado. Lo que contribuya a esclarecer ese comportamiento es, finalmente, nuestro idioma común. Puedo hacer uso de mi experiencia con la familia para descubrir las ansiedades subyacentes. Al explicar la razón de la turbulencia (y su predecible desenlace desde el punto de vista del desarrollo) puedo compartir sus preocupaciones de manera útil y positiva. Es bien probable que los padres aborden la regresión del niño con ansiedad e intenten controlar su comportamiento. En el momento en que el niño anda tras una nueva sensación de autonomía, los padres lo presionan para que se amolde. Esto puede llegar a reforzar cualquier comportamiento desviado de la norma y a convertirlo en hábito. Tales momentos claves son oportunidades para evitar que estas dificultades se arraiguen. He encontrado que en momentos como ésos puedo darles a los padres a escoger entre varios procederes. Si sus propias estrategias los han llevado al fracaso o a la angustia, están listos para buscar otras soluciones. Alguien ajeno a la situación puede sugerirles éstas antes que la familia se atrinchere en un patrón de fracasos.

No darle al niño autonomía ni permitirle abandonar hábitos de crianza improductivos es un asunto simple y racional. Es muy probable que todos nos veamos envueltos en situaciones que evoquen los fantasmas de las poderosas experiencias de nuestra propia infancia. Los patrones de crianza aprendidos de nuestros padres se ciernen sobre nosotros, presionándonos a responder de manera irracional. Como lo señalé en mi libro *The Earliest Relationship [La primera relación]*, escrito con Bertrand Cramer, si tomamos consciencia de estos fantasmas, podemos despojarlos de su poder. Como padres, podemos entonces tomar decisiones más racionales acerca de cómo manejar el comportamiento que nos perturba en el niño.

Los padres no se equivocan por falta de interés sino, precisamente, por su profundo interés. Este interés resucita aspectos del pasado. La pasión genera una determinación, que puede imponerse sobre el criterio. Si los padres logran entender la poderosa necesidad que tiene el niño de establecer un patrón propio de autonomía, tal vez puedan entonces romper el círculo vicioso que forman las reacciones exageradas y el conflicto.

Aprender a educar consiste en aprender de los errores, no de los éxitos. Cuando algo se malogra, los padres deben reorganizarse para enmendar la situación. Los errores y las decisiones equivocadas sobresalen y se hacen notar; el éxito no. Los premios a las decisiones acertadas son profundos y silenciosos: la ocasión en que el niño se refugia en nuestros brazos entre mimos y arrullos, o aquélla en que anuncia orgullosamente: "¡Miren, pude solo!" De cualquier forma, lo que los padres hagan en determinado momento puede no ser tan decisivo como el ambiente emocional que rodea esta acción.

En los últimos años hemos aprendido más y más sobre la importancia de las diferencias individuales entre los niños. Como lo anotaba en mi libro *Infants and Mothers [Niños y madres]*, el temperamento particular de cada bebé, o su manera de interactuar con el mundo para aprender de él, ejerce una poderosa influencia sobre su manera de prestar atención y asimilar el estímulo producido por la orientación de los padres. Igualmente, desde el nacimiento, el temperamento del bebé también ejerce profunda influencia sobre las reacciones de los padres hacia él. Así como no puede decirse que los niños nacen con una naturaleza inmodificable, tampoco es cierto que el medio que los rodea sea lo único importante en su formación. Estas diferencias individuales e innatas significan que la cronología indicada por el orden de los temas dentro de los capítulos siguientes debe ser adaptada al niño de cada lector.

El estilo peculiar y el temperamento de cada pareja deben, igualmente, respetarse. No puede esperarse que padres y madres reaccionen de igual manera, al mismo tiempo, ante el mismo niño; de hecho, eso no es lo que deben hacer. Si los padres actúan con naturalidad, sus propias diferencias en cuanto a temperamento y experiencia deben llevarlos a reaccionar de diferente modo. Por ende, cada situación exige decisiones acordes con ella, especialmente si estas decisiones han de ser "acertadas"; es decir, acertadas tanto para el niño como para cada uno de sus padres.

Ser padres hoy en día puede ser una tarea solitaria. La mayoría de los padres novatos se sienten inseguros y se preguntan si están actuando de la mejor manera posible con sus hijos. Como pediatra, siempre me he sentido con la responsabilidad de adelantarme a los temas que sé que surgirán, y de ayudarles a los padres a encontrar oportunidades de aprender a entender a sus hijos. Quiero ser parte activa de cada familia como sistema, a medida que ese sistema interactúa con el estrés y se readapta a él o a cada nuevo nivel de aprendizaje de los integrantes de la familia.

Cuando empecé a ejercer, me di cuenta de que me aburría con la rutina de vacunas, revisiones de peso y estatura y exámenes físicos. Para mí, el entusiasmo radicaba en los asuntos relativos al desarrollo del niño que los propios padres me planteaban con preocupación durante las consultas. Preocupaciones tales como la posibilidad de lograr noches de sueño ininterrumpido, las batallas con la comida, las "mojadas" en la cama, eran claramente las más importantes para los padres cuando me traían a su hijo sano para el control médico. Si me encontraban dispuesto a indagar y compartir ideas con ellos, se mostraban ansiosos de charlar conmigo sobre estos asuntos y agradecidos de tener la oportunidad de hacerlo. Mientras conversábamos, yo observaba al niño en sus juegos y su manera de desenvolverse durante la consulta. A través de muchas de estas observaciones aprendí a formarme una idea del temperamento y de la etapa de desarrollo en que se encontraba cada niño. Podía, entonces, decirles a los padres lo que podría presentarse con relación a los temas que habíamos tratado: la alimentación, el sueño, el hábito de chuparse el dedo, el control de esfínteres, etcétera. Cuando lograba predecir los conflictos, y cuando podía ayudarles a entender los problemas de su hijo, nuestra relación se profundizaba. Cada consulta se hacía más emocionante para mí y de mayor beneficio para ellos.

Compartir experiencias como éstas es valioso tanto para los padres como para el médico. La oportunidad de evaluar las predicciones hechas anteriormente se presenta cuando los padres traen al niño para una consulta posterior. Si las predicciones han sido acertadas, sabrán que van por buen camino. Los desenlaces imprevisibles también son esclarecedores. Los padres y el médico pueden entonces analizar: 1) Las tendencias que en primer lugar les dieron forma a las predicciones; 2) la fortaleza de las defensas de la familia, defensas que tal vez hayan escondido ciertos puntos vulnerables y ciertos problemas subyacentes; 3) el grado de solidez de la relación pediatra-familia, el cual determina hasta qué punto la familia puede confiar en el médico y, por ende, revelar abiertamente sus preocupaciones. Con cada momento clave por venir, estos puntos se harán cada vez más claros, y la capacidad de predecir aumentará.

Cuando analizo con los padres el concepto de 'momentos claves' — y describo el papel que el pediatra, la enfermera o el médico de la familia desempeñan como intérpretes de las regresiones y progresiones del desarrollo — son muchos los que me cuentan que su médico parece más interesado en evaluar el crecimiento físico y en combatir enfermedades. Este problema, que analizo en el último capítulo, tiene su origen en la naturaleza de la capacitación pediátrica. En esta capacitación, basada en gran parte en el modelo médico — que pone énfasis en la enfermedad — existen dos grandes vacíos. El primero es que no da importancia al análisis y al fortalecimiento de las relaciones. Los pediatras tienen una oportunidad única de escuchar a los nuevos padres y de apoyar el nacimiento de la nueva familia. En nuestro programa en el Hospital Infantil de Boston, tratamos de llenar este vacío. Gran parte del tiempo que le dedicamos a la capacitación lo utilizamos para estudiar maneras de entrevistar, de compartir lo que observamos en los niños y en el desarrollo de cada uno y en estudiar maneras de invitar a los padres a compartir los sentimientos que forman parte de aprender a criar.

El segundo vacío en la capacitación pediátrica radica en la falta de conocimientos sobre el desarrollo infantil. Este campo ha tenido un crecimiento asombroso, ha habido investigaciones nuevas sobre aspectos tales como el desarrollo cognoscitivo, el apego entre padres e hijos, las capacidades del recién nacido, las influencias genéticas y el temperamento. La capacitación pediátrica ha sido lenta en asimilar estos adelantos. Entender los asuntos y retos que ocupan a cada niño durante cada edad les otorga a los pediatras una especial comprensión del hecho de que *cada* niño es único. Son entonces más capaces de comunicarles estas observaciones a los padres en un lenguaje común que sirve para consolidar la relación entre el médico y los padres. He encontrado que los padres que saben que yo entiendo al niño tienden a perdonarme toda clase de tardanzas y frustraciones que surgen durante nuestro trabajo en conjunto. Me ven como un aliado en la tarea de proveer el mejor ambiente posible para el niño. Me confían sus propios errores, sus propias preocupaciones. Somos un equipo.

El conocimiento del mapa del desarrollo en cada uno de los campos — motor, cognoscitivo y emocional — me convierte en un "pediatra completo". Para quien puede apreciar las fuerzas poderosas y universales tras la lucha por aprender a caminar, o el apasionado conflicto entre el "sí" y el "no" del segundo año, el año de las pataletas, la pediatría se vuelve un gran deleite. Cada consulta es una ventana que ofrece la perdurable y excitante sensación de ver a cada niño crecer y dominar las tareas de los primeros años. No hay aún suficientes pediatras capacitados para entender y disfrutar este aspecto de su consulta. A lo largo de nuestro trabajo en el Hospital Infantil en pos de modificar esta capacitación, y a lo largo de este libro, espero poder transmitir estas alegrías compartidas, y la gratificación que se deriva de toda una vida de atender a padres e hijos.

Primera parte

MOMENTOS CLAVES DEL DESARROLLO

1

EL EMBARAZO: PRIMER MOMENTO CLAVE

Durante los últimos meses del embarazo, los padres se dan cuenta de que éste es una realidad, de la actividad del futuro bebé y de la enorme cantidad de ajustes y cambios que deberán hacer. El séptimo mes es ideal para visitar por primera vez al médico que se encargará del bebé. Ya los padres sabrán que van a necesitar un pediatra y defensor del bebé y están ansiosos por compartir sus ilusiones y preocupaciones. Me parece que cuando el embarazo se halla más avanzado las madres están más preocupadas por la experiencia del parto y menos dispuestas a hablar sobre el bebé. Para el octavo mes, el padre ya estará asistiendo a las clases de preparación para el parto. Su papel en ese proceso será su principal preocupación.

A los siete meses de gestación, el bebé es aún un sueño para los padres. Se preguntan quién será ese niño. Alcanzo a ver sus ansiedades y puedo compartirlas. Considero éste el primer momento clave, la oportunidad para establecer una relación con los padres antes que el bebé surja entre nosotros. Esta consulta puede tener efectos perdurables. En esta ocasión, cuando veo al padre por primera vez en mi consultorio, así sea solamente diez minutos, ya sé con certeza que en el 50 por ciento de los casos estará presente en cada consulta posterior, a lo largo del primer año del bebé. El 80 por ciento asistirá por lo menos a cuatro consultas. El padre que se siente bienvenido a la consulta con el pediatra se siente parte importante del bienestar del niño. Los padres me dicen:

— Hasta ahora, nadie me había hablado de esto. Le hablan sólo a mi esposa. Pero el bebé también es mío. Cuando me invitó a la consulta me di cuenta de que usted era consciente de eso.

La vulnerabilidad del padre, su ansioso deseo de sentirse incluido, hace del anterior un valioso momento clave para él y para mí.

Cuando las futuras madres cumplen su cita durante el embarazo, algunas, excepcionalmente ocupadas, me dicen:

— Mi obstetra opina que debemos conocernos *antes* del parto. Pero, ¿sí es realmente necesario?

Esta pregunta normalmente esconde ansiedades que pueden estar obstaculizando el interés por conocer al pediatra de antemano. Puedo con toda sinceridad contestar:

— Sí, es muy importante que nos conozcamos antes que haya un bebé que nos exija atención. Quiero conocerla y conocer con tiempo sus preocupaciones para que podamos compartirlas.

— Ah, bueno. ¿Cuándo vengo? — me dirá con cautela. En este punto, expreso mi interés en conocer también al padre. Si duda de nuevo, simplemente le sugiero que lo consulte con él antes de concertar la cita.

Cuando los futuros padres me visitan en pareja, el padre tiende a quedarse en la retaguardia. Porque tengo la convicción de que deberíamos estar instando al padre a participar por igual en el cuidado del bebé, le pido que acerque su silla a mi escritorio. Al hacerlo, mira a su esposa como pidiendo permiso. Les hago caer en cuenta de esto y aprovecho la ocasión para presentarles el concepto de "defensa de la portería", un término nuevo para expresar viejos sentimientos. Todos los adultos que cuidan de un bebé naturalmente compiten por el bebé. Estos sentimientos de rivalidad son normales cuando se trata de cuidar a un ser que depende de nosotros. Cada adulto desea poder hacer esta o aquella tarea en pro del niño de manera más competente que el otro. Esta pugna está llena de buenas intenciones y constituye la energía para el proceso de apegarse al niño. Sentimientos similares están presentes en otros miembros de la familia. Pueden inconscientemente influir en el comportamiento de los abuelos y llevarlos, sin tener intenciones de hacer daño, a criticar a los sensibles nuevos padres. Los médicos y las enfermeras actuaban de la misma manera cuando, según solía suceder, mantenían a los padres alejados del hospital donde estaba el niño. Profesores y padres probablemente competirán entre sí. Toda esta "defensa de la portería" es predecible y demuestra interés en ambas partes.

Si el espíritu competitivo no interfiere en las necesidades del niño, puede llegar a alimentar un apasionado deseo de cuidarlo. Pero, como veremos más adelante en el libro, el deseo de excluir al otro puede crear roces en la familia, si los padres no están conscientes de ello. Por ejemplo, cuando un nuevo padre empieza a cambiarle el pañal al bebé, es probable que la esposa le diga: "Querido, no es exactamente así como se hace". O cuando se acomoda para darle el biberón por primera vez, quizá le diga: "Sostenlo así y estará más cómodo". Anotaciones inofensivas en apariencia, pero portadoras de un mensaje turbador para el vulnerable padre. Si el padre ha de participar, ambos cónyuges deben estar preparados para esta sutil competencia. Por las mismas razones, cuando la nueva madre empieza a amamantar, el padre y la abuela probablemente digan: "¡El bebé está llorando otra vez! ¿Estás segura de que tienes suficiente leche?"

Aquéllos que por primera vez son padres se plantean dudas y preguntas universales: "¿Cómo aprenderemos a volvernos padres? ¿Tendremos que ser como nuestros padres?" Estas dudas vienen acompañadas de preocupaciones por el bebé: "¿Qué pasa si no tenemos un niño sano? ¿Habrá sido culpa nuestra? ¿Seríamos capaces de encarar semejante eventualidad?" Todos los que van a ser padres tienen sueños con los defectos que han visto o de los que han oído hablar. Parte del soñar despiertos, y también de los verdaderos sueños, tiene que ver con este temor. Estos sueños estimulan el apego y les ayudan a los futuros padres a prepararse para la posibilidad de tener un bebé menos que perfecto. Una mujer embarazada y su marido sueñan con tres bebés: el bebé perfecto de cuatro meses que los premia con sonrisas y musicales "agugús", el bebé minusválido, que cambia cada día, y el bebé real y misterioso cuya presencia se empieza a hacer evidente en los movimientos del feto.

La tarea de la última etapa del embarazo consiste en preparar a los padres para la crisis del nacimiento. La ansiedad, sumada a sus esfuerzos por reconciliar los tres bebés de sus sueños, produce en ellos una especie de reacción de alarma. Una reacción de alarma llena el sistema de energía: fluye la adrenalina, sube la presión sanguínea y el oxígeno circula para preparar el cerebro. Toda esta agitación interior sacude viejos hábitos, y vuelve a los padres receptivos a la tarea de reestructurar sus vidas.

La preparación para el nacimiento

En la breve entrevista que tengo con ellos, mis preguntas son simples. Busco hacer aflorar los sentimientos subyacentes, los cuales me darán la oportunidad de conocer mejor a esta familia.

— ¿Cómo quieren que sea el parto?

— Estamos asistiendo a las clases de preparación para el parto. Quiero tener la situación bajo control en la medida de lo posible. No quisiera medicamentos, si se puede. Quiero un parto natural, sin anestesia.

En este punto, la futura madre quizá tenga preguntas acerca de cómo la anestesia y las medicinas pueden afectar a su bebé. Le explico que al parecer el trabajo de parto sirve para alertar al feto y para despertar al bebé después del alumbramiento, mientras que muchos tipos de medicinas tienen el efecto contrario. Cuanto más tiempo se pueda posponer la administración de medicamentos, más alerta estará y mejor responderá el bebé. Ella ya lo sabe, así que lo que hacemos es compartir nuestro mutuo interés por el bebé. Albergo la esperanza de que se dé cuenta de que la acompaño en su deseo de tener, por encima de todo, un bebé que responde y de que estoy a su disposición para discutir otras preocupaciones que pueda tener sobre el trabajo de parto y el alumbramiento.

Es entonces cuando un padre puede ser de gran ayuda. Puede ayudarle a su esposa a seguir las lecciones aprendidas en las clases preparatorias para manejar sus dolores y apoyarla en su empeño de posponer la administración de medicamentos. Según sea el estilo del obstetra, puede que el padre tenga que ayudar a la madre a ser firme en su "no" a las medicinas. Investigaciones muy documentadas demuestran que aquéllos que apoyan activamente a la parturienta, trátese del padre o de acompañantes de parto, contribuyen a abreviar el parto y ayudan a posponer, o incluso a evitar, el uso de medicinas, una de las metas primordiales de las clases preparatorias.

Mientras explico esto, trato de estar atento a la señal que me indique que tienen más preguntas: "¿Qué repercusiones tendría sobre el bebé una cesárea, si llegare a necesitarse? ¿Cuáles son los efectos de la anestesia epidural? ¿Sentiré como un fracaso el aceptar anestesia?" Discutir conmigo estos asuntos puede arrojar luz sobre las metas de los futuros padres y sobre sus temores.

Los efectos de una cesárea en el bebé no están aún muy claros. En el pasado, a los niños que nacían por medio de una cesárea y, por lo tanto, sin trabajo de parto, se les observaba en una sala especial durante veinticuatro horas. Se esperaba que estuvieran más adormilados y que fueran menos capaces de eliminar sus flemas. Hoy en día sabemos que la premedicación que se le da a la madre durante el parto y antes de la cesárea atraviesa la placenta y afecta al comportamiento del bebé durante varios días después del nacimiento. Así pues, los efectos que antes se observaban clínicamente pueden atribuírsele a la medicación de la madre. Estudios que utilizan mi escala de evaluación del comportamiento neonatal muestran que, comparado con el bebé nacido de parto completamente natural, hay sólo efectos transitorios en el bebé nacido mediante cesárea. Estos efectos de leve depresión del sistema se habían disipado a las veinticuatro horas, y el curso posterior de los bebés no era diferente.

Las medicinas que se administran con mayor liberalidad durante el parto pueden quizá tener una influencia más prolongada sobre el comportamiento del bebé. Estos bebés "medicados" son más somnolientos, y es más difícil hacerlos reaccionar. Permanecen alertas por períodos más cortos, y sus respuestas al estímulo humano son también de más corta duración. Si la madre es consciente de estos efectos, puede compensarlos redoblando los esfuerzos por mantener alerta a su recién nacido. Si no está al tanto, tal vez perciba en su bebé una lentitud y una tranquilidad que no esperaba. Esta primera impresión puede condicionar el comportamiento futuro. Insto a las madres a posponer las medicinas el mayor tiempo posible, y a recibir dosis tan pequeñas como sea posible. Si se hace necesario que reciban medicinas, deben pensar en despabilar a su bebé de manera más vigorosa — durante la alimentación y los períodos de juego — hasta que los efectos de la droga hayan desaparecido del todo varios días después. (Para encontrar una explica-

ción de los variados efectos de las distintas drogas contra el dolor en el recién nacido, véase Abrams and Feinbloom, en la bibliografía.)

La creciente tasa de cesáreas es una preocupación nacional. Pero éstas también han sido benéficas. El hecho de que podamos detectar las dificultades de un bebé durante el parto a través de monitores fetales, externos o internos, colocados en la cabeza del bebé una vez que las membranas de la madre se han roto, significa que podemos detectar más señales de alarma, y más tempranas, de las que se podían detectar cuando no existían monitores. Como resultado, los obstetras se sienten responsables de operar antes que el bebé padezca daño cerebral real. Si bien es cierto que la cesárea es más dura, fisiológica y psicológicamente, para la madre, también es cierto que protege al bebé del daño cerebral ocasionado por la falta de oxígeno (hipoxia) que se presenta cuando hay contracciones uterinas estresantes y un deficiente suministro de oxígeno desde la placenta. Esto puede prevenir algunos casos de parálisis cerebral, aunque la causa de esta enfermedad ahora parece ser bastante más compleja. El deber de un médico es ayudar a los padres a entender las razones que existen para hacer una cesárea, y darles apoyo, de ser necesario, frente a sus sentimientos de frustración.

El pecho o el biberón

Cuando indago sobre la alimentación del bebé, escucho las razones que me dan los padres, cualquiera que haya sido su elección. Hasta hace poco, contaba con que los padres escogerían la leche materna. Sumaba mi apoyo, y hablábamos sobre la preparación para amamantar. Últimamente, sin embargo, las futuras madres que piensan regresar al trabajo tras unos cuantos meses, optan por el biberón. Las dificultades de organización les preocupan pero, cuando he indagado más a fondo, algunas han expresado temor de apegarse demasiado al bebé, sabiendo que tendrán que dejarlo al cuidado de alguien. Cuando las madres me hablan abiertamente de esta manera, puedo ayudarles a medida que seleccionan sus metas. Mi papel de abogado defensor del bebé les da seguridad para examinar su decisión. Puedo ayudar a que, cualquiera que sea la decisión, ésta sea más eficaz.

Sin embargo, también dejo en claro que tengo un prejuicio en favor de la leche materna y de la importancia que tiene amamantar para el fortalecimiento de la relación madre-hijo. La leche materna tiene muchas ventajas: Es perfecta para la criatura humana. Ningún bebé es alérgico a ella y tiene la proporción de proteína y azúcar ideal. Está cargada de anticuerpos que aumentarán el nivel de inmunidad con que nace el bebé. Los bebés reciben inmunidad de la madre a través de la placenta, pero esta inmunidad disminuirá en los próximos meses a menos que la leche materna siga manteniendo alto el nivel. Por esto, el peligro de infección disminuye con la leche materna. Además, la estrecha comunicación que se crea entre madre e hijo a través del acto de amamantarlo es ideal.

Durante esta consulta, les digo a las madres dispuestas a amamantar que puede dolerles al principio. El reflejo de succión del bebé puede ser increíblemente fuerte. También es posible que al principio en los conductos de la leche se produzcan espasmos y dolor hasta que la leche empiece a fluir. Les aseguro a las futuras madres que, después de alimentar al niño unas cuantas veces, los espasmos cesarán y la sensación resultante será placentera.

Existen puntos de vista opuestos sobre si las madres pueden preparar los pezones con antelación. Haría bien la futura madre en adquirir un buen libro sobre cómo amamantar, y también en consultar con el médico. Gracias a la experiencia de ayudar a las madres a lo largo de los años, he encontrado que las rubias y las pelirrojas tienden a sentir dolor y son propensas a que se les agrieten los pezones si no los fortalecen de antemano. Para el efecto, se deben lavar bien los senos y las manos con un jabón suave y luego hacerse con los dedos un masaje suave en los pezones dos veces al día. Deberán masajearlos más vigorosamente cada vez pero *sin hacerles daño*. Es fácil que se produzca una infección y, cuando los senos están congestionados, la infección puede extenderse. Es mejor evitar que los pezones se agrieten a tener que tratarlos después.

Aunque me doy cuenta de cuán difícil para las madres

que trabajan es amamantar, todavía cabe discutir las maneras de dejar abierta la posibilidad, como puede ser que el padre, o quien cuide al bebé, le dé un biberón como alimento suplementario, y que la madre se extraiga la leche durante el trabajo. ¡Es tan agradable llegar a casa después de un largo día de trabajo y sentarse a amamantar al bebé... para acercarse de nuevo a él! En este punto, también es posible que hablemos acerca del temor a la separación que acompaña este apego al bebé. Entre tanto, mientras hablamos, los padres y yo estamos estableciendo una relación más cercana. Ellos ven que mi interés radica en apoyarlos en su decisión y en su apego al nuevo bebé.

A la madre que desea amamantar, puedo darle otros consejos prácticos, tales como estar dispuesta a esperar a que la leche "baje" varios días después del parto, y alimentar al niño durante ratos cortos al principio, hasta que los pezones se vuelvan resistentes. A la vez, espero que ella exprese cualquier preocupación en torno a su capacidad de amamantar y de atender las necesidades del bebé. Si hablamos de la alimentación ahora, facilitamos la tarea de hacerlo más adelante, a medida que surjan los problemas.

La circuncisión Siempre hago directamente al padre al menos una pregunta. La más común es: "¿Si es varón, ha pensado circuncidarlo?" Éste es un método infalible para hacer que el padre participe. Si me pide mi opinión, puedo hablarle de los pros y los contras, a la vez que lo insto a que tome en sus manos la responsabilidad de esta decisión. Quiero que sienta que es suya la decisión y que podemos hacerla funcionar para él y para el bebé. La decisión de circuncidar o no, debe ser personal. Ciertos estudios se pueden utilizar para comprobar que cualquiera de las opciones es segura para el bebé. Cada estudio que sostiene un punto de vista, puede ser contrapuesto a otro que sostiene lo contrario. La circuncisión, un procedimiento ciertamente doloroso, es sólo necesaria por razones físicas en el uno por ciento de los recién nacidos. Dentro de ese uno por ciento, están los casos en que un prepucio demasiado largo puede quizá en el futuro obstaculizar la micción, pero se trata de algo poco común. La decisión sobre la conveniencia de circuncidar al niño puede tomarse inmediatamente después del parto.

Expongo los argumentos de una y otra parte. Una circuncisión dolorosa puede perturbar el sueño, los patrones del EEG (electroencefalograma) y otros patrones de comportamiento durante veinticuatro horas. Hoy en día podemos inyectar anestesia en la base del pene de manera segura, para prevenir en gran parte el dolor y la perturbación que eran comunes anteriormente. El conocido estudio que demostraba que existía más incidencia de cáncer del cuello uterino en las esposas de hombres incircuncisos no estaba, probablemente, bien concebido, y no ha sido reproducido. En un estudio posterior, publicado en el *New England Journal of Medicine,* los investigadores encontraron que los hombres incircuncisos tenían más alta probabilidad de padecer infecciones del tracto urinario, y los autores recomendaban la circuncisión de rutina para prevenir en el futuro una incidencia, por cierto muy baja, de tales afecciones. También se necesita reproducir el anterior estudio antes que pueda usarse con certeza como argumento para favorecer la circuncisión.

Lo más importante es el papel del padre como partícipe en el futuro de su hijo. Creo que un padre debe decidir por su hijo. La decisión seguramente reflejará la experiencia del padre, y así debería ser. Ésta puede ser la primera ocasión en que sienta un profundo y posesivo amor por el futuro bebé. La mayoría de los padres quieren que sus hijos sean como ellos. En el futuro, cuando un niño se compare con el papá, las diferencias pueden ser difíciles de explicar. No obstante, puesto que de todos modos las comparaciones de tamaño darán pie a preguntas, también será posible explicar una diferencia en el prepucio. Me parece que este asunto es de profundo significado para un hombre, y la decisión del padre debe basarse en sus reacciones emocionales antes que en los escasamente concluyentes estudios que se han llevado a cabo hasta el momento. Esta discusión, y la decisión que tome, harán que el padre piense aún más en el futuro bebé. Si yo lo apoyo, se sentirá más libre de pedirme consejo más adelante.

El médico como abogado del bebé

En esta consulta es muy probable que escuche algo sobre la constelación familiar. Hay muchas clases de nuevas familias. Mi deseo es que cada una se sienta respetada y apoyada.

Si la madre es soltera, necesitará ayuda adicional en su nuevo y exigente papel. A medida que expresa sus temores, puedo asegurarle que la apoyaré con más empeño de lo que suelo hacerlo. Criar a un hijo sin el padre será probablemente difícil, pero puede hacerse bien, y le aseguro que estaré pronto a guiarla cada vez que me necesite. Con frecuencia, seré quizá más dogmático de lo que ella desearía, pues buscaré desempeñar el papel que mejor sé desempeñar: el de abogado del bebé, a medida que ella toma decisiones.

El aspecto que más parece dificultársele a la madre y al padre solteros es el de permitir que el bebé adquiera independencia. Durante cada etapa de su búsqueda de autonomía, cuando el bebé es aún vulnerable, es fácil coartar su impulso de hacer las cosas a su manera dándole demasiada atención y demasiada orientación. Aunque esto obedece al deseo de cuidar al bebé, lo cual es importante para él, la madre soltera necesita alguien que le diga: "Deje libre a su niño. Déjelo que a veces se frustre. Déjelo que descifre él solo algunas cosas. A la larga, será su propio logro y no el de la mamá". A ningún padre le gusta oír este tipo de consejos, así que le advierto a la madre que se los estoy dando en beneficio del futuro del bebé, aunque sé cuán doloroso puede ser para ella escucharlos. Pero la apoyaré en otros aspectos importantes. Por ejemplo, la disciplina es una tarea difícil para la madre sola. El niño "fastidiará" incesantemente, y un día puede parecer una larga batalla. En el segundo y muy difícil año, tendré que aconsejar y apoyar. La insto a que se rodee de toda la familia que tenga cerca. Si no hay nadie, le sugiero que busque un grupo de apoyo de madres o padres solos que puedan darle ayuda emocional en las crisis cotidianas.

Las familias en las cuales ambos padres trabajan fuera de casa merecen atención especial en esta primera consulta prenatal. Quiero que sepan que apoyo los objetivos, sean cuales sean, que, como padres, buscan en su trabajo. Quiero darles también el apoyo que necesitarán para cumplir lo mejor posible su labor con el bebé. ¿Se han proporcionado ya la ayuda suplementaria que necesitarán cuando regresen a trabajar? Como he dicho, trataré de mostrarles cómo actuar respecto al amamantamiento, si es eso lo que han decidido hacer. ¿Hay abuelos cerca que puedan ayudar en una crisis? ¿Qué tipo de presiones tienen en el trabajo y cómo compartirán el cuidado del bebé? ¿Podrá uno de los dos estar en casa el tiempo suficiente para darle un buen comienzo a la atención del bebé? ¿Están conscientes de la importancia que tienen los primeros meses como etapa de ajuste a una vida diferente, a la recuperación de la madre de cualquier decaimiento o depresión posparto y a la aceptación, por parte de ambos, de la profunda responsabilidad que exige la nueva familia?

Aprender sobre el nuevo bebé — acerca de su individualidad, su dependencia y su increíble capacidad de responder — demandará tiempo y energía. Como abogado del bebé, estaré presionando a los padres para que durante este período inicial se sumerjan en la tarea de ajuste. Su propio desarrollo como adultos capaces de criar es tan decisivo para el futuro del bebé como la adaptación al hecho de que el bebé los necesita. Los padres que tienen necesidad de conservar sus puestos de trabajo deben hacer planes. Quiero que luchen por quedarse en casa con su bebé durante los preciosos primeros meses. No considero que deba dirigir sus decisiones, pero sí pienso que pueden necesitar mi ayuda para establecer las prioridades en el cuidado del bebé y para saber cuándo éste los necesitará más. Ahora sabemos que los tres primeros meses son de vital importancia. ¿Podrían disponer de estos meses? ¿Será demasiado alto el precio que paguen en el trabajo? Deben enfrentarse a esa decisión *ya*.

A los futuros padres suele serles difícil enfrentarse a estos dilemas, por el dolor de la separación, que pueden sentir anticipadamente. Necesitamos enfrentar ese dolor para que puedan emplear sus energías en aprender a apegarse al feto y futuro bebé. De acuerdo con mi experiencia, ayudarles a los padres a reconocer su ambivalencia y su tendencia a hacer caso omiso del dolor que traerá la separación facilita enfrentar mejor los problemas a medida que llegan.

Quizá parezca arte de magia que el pediatra y los padres logren entablar tan estrecha relación en tan corto tiempo, pero se puede. El anhelo de los padres por entender lo que les espera crea un ambiente de franqueza que sirve para demoler las barreras tradicionales. Este anhelo y esta franqueza, resultantes de una tumultuosa transición interior, hacen posible un gran salto en el desarrollo del adulto. Este enorme paso hacia su propia maduración es el punto central de este primer momento clave entre los padres y el pediatra o la enfermera calificada.

Las drogas Hoy en día, los padres están muy conscientes de los peligros que ciertos medicamentos, el alcohol, los estupefacientes y las infecciones representan para el feto. Durante la primera consulta, trato de averiguar si el feto ha estado expuesto a cualquiera de esos elementos nocivos para poder garantizarles a los padres que examinaré al bebé teniendo en cuenta esa información. Puedo también prometerles que compartiré con ellos cualquier preocupación que surja desde el primer examen. Actualmente son de amplio conocimiento los peligros que representan para el feto la mala nutrición, el alcohol, fumar, las infecciones, etcétera. Este conocimiento hace que los futuros padres se preocupen. Muchas parejas "se han dado gusto" antes de saber que existía un embarazo. Después, casi invariablemente, les preocupará que sus actos durante los primeros días críticos de desarrollo fetal puedan ocasionar defectos — la exposición a las más dañinas circunstancias, cuando sucede muy al principio, resultará en un aborto natural. Un embarazo saludable es nuestra mejor base para predecir un bebé saludable. Cuando los padres son capaces de compartir conmigo sus preocupaciones, puedo generalmente tranquilizarlos entonces, o durante el alumbramiento. Por lo menos podemos trabajar juntos.

El alcohol, el tabaco y las drogas narcóticas empleadas antes del nacimiento pueden ocasionar una gran variedad de problemas. En particular, exponer el feto a estas sustancias puede llevar a una disminución del número de células cerebrales, pues interfiere la multiplicación de las células durante períodos críticos del crecimiento, y a daños de las conexiones entre partes del cerebro. Esto puede resultar en una disminución del tamaño del cerebro. La cocaína y el "crack" (u otras drogas similares) aumentan la presión arterial, cierran los capilares pequeños y dañan la sustancia encefálica en zonas del cerebro que se están desarrollando. Además, las madres adictas tienden a comer poco, y la mala nutrición en el feto que se desarrolla tiende a aumentar su vulnerabilidad a estos traumatismos. Si una persona adicta sigue ingiriendo estas sustancias tóxicas hacia el final del embarazo, es probable que el bebé sufra ligeras o grandes interferencias en la transmisión de mensajes de una parte del cerebro a la otra. El feto será entonces hiposensible o hipersensible a los estímulos (véase el capítulo 2).

En el momento del alumbramiento, el comportamiento del bebé reflejará estas deficiencias en la neurotransmisión, a través de su lentitud en responder a los estímulos, su inaccesibilidad y sus patentes esfuerzos por mantenerse en un estado de adormecimiento. Cuando estos bebés sí responden, caen a veces en estados de llanto y pataleo. Pueden ser tan volubles que no parecen hallar ocasión adecuada para aprehender información del medio ambiente, digerirla y responder de manera apropiada. Estos bebés pueden correr un alto riesgo de abuso o abandono. No sólo les ofrecen pocos alicientes a sus ya de por sí deprimidas y adictas madres, sino que emiten únicamente respuestas negativas y desorganizadas. Es extremadamente difícil alimentarlos y organizarles el sueño. La posibilidad de que no prosperen es enorme. Si sobreviven, es muy probable que su capacidad para concentrarse y aprender se vea seriamente disminuida en el futuro. Son niños de alto riesgo.

Si podemos identificar a los bebés que han nacido de madres adictas o a los bebés que han sufrido de cualquier otra privación intrauterina, podemos iniciar un programa de intervención temprana. Los estudios de seguimiento hechos a largo plazo hasta ahora, indican que un ambiente de apoyo y respaldo, un ambiente sensible a la facilidad con que se recarga un sistema nervioso lesionado, puede producir una maravillosa recuperación en la mayoría de estos bebés. Esto, hemos aprendido de muchos estudios, es cierto de otras clases de traumatismos sufridos en el útero. Pero es necesario que se intervenga pronto.

Si puedo establecer una relación de confianza con los futuros padres en la primera consulta, es mucho más probable que compartan conmigo el problema de las drogas o cualquier otro hecho desafortunado. Podemos hablar acerca de sus temores de haberle hecho daño al bebé. Para abandonar esta adicción, podemos iniciar un programa que proteja al bebé. Incluso si se evita la ingestión de drogas tan sólo en los dos últimos meses, puede dársele al bebé la oportunidad de reorganizar su maltratado sistema nervioso y de prepararse para su adaptación al mundo externo. Si cada uno de los padres comparte sus temores conmigo, podemos hablar acerca de la adaptación curativa y programar cualquier intervención que sea necesaria tras el parto. Me doy cuenta de que probablemente pocos padres adictos confesarán su adicción en tan breve tiempo, pero, si indago con comprensión y simpatía, por lo menos dejo en claro que estoy dispuesto a participar con ellos en cualquier intervención que se haga necesaria. Les aseguro que no sólo estaré atento a cualquier comportamiento anormal que perciba durante el período posnatal sino que también trabajaré con ellos para ayudarle al bebé.

Los padres merecen enterarse de cualquier desviación o comportamiento que tienda a hacer más difícil su labor de padres. No creo que deba protegerlos de tal conocimiento: de cualquier forma, ya lo saben. El médico que no está dispuesto a compartir esta información con los padres sienta bases para la desconfianza e implica que los padres no son observadores muy agudos. Me parece que cualquier preparación que los padres lleven a cabo en su imaginación sobre cómo tratar a un bebé con problemas, los prepara para enfrentarse a cualquier problema real que surja. Cuando me reúno con los padres durante el embarazo, mi papel es fomentar esta clase de preparación y explicar tan plenamente como sea posible cuáles serán los signos en el bebé a los cuales estaré atento.

Una de las tareas principales que debo cumplir con los futuros padres es la de establecer la noción de la individualidad de cada bebé y, por ende, de su comportamiento. Para ello, insto a los padres a que me cuenten más de cómo perciben al feto como persona. "¿Tienen una imagen mental de este feto como persona?" Cuando las madres notan que el feto es especialmente tranquilo o activo tal vez se preguntan si también será un bebé tranquilo o activo.

Existe una correlación entre la actividad fetal y el comportamiento del bebé. La manera como el feto responde al estímulo puede ser significativa. Algunos se sobresaltan con mayor facilidad. Ciertos padres informan que el feto entra en gran actividad cuando ellos se acuestan por la noche. En realidad, parece haber una relación inversa: cuando la madre está activa, el feto tiende a estar tranquilo; cuando ella se tranquiliza, la actividad del bebé aumenta. Esta sensibilización a los ciclos de actividad y descanso sirve de preparación al ritmo que el bebé seguirá después. Ya el bebé está aprendiendo algo sobre ciclos de actividad y de sueño (véase el capítulo 2). El feto tiene ciclos cortos de actividad y descanso. Los ciclos de actividad y sueño de la madre empiezan a capacitar al feto para alargar los ciclos de descanso y los de alerta. Esta capacitación se refleja en los ciclos del bebé al nacer.

Las mujeres que van a ser madres han creído de tiempo atrás que lo que hagan o dejen de hacer ejerce influencia sobre el comportamiento del bebé. Esto las lleva a preocuparse: "¿Si yo estoy tensa, tendré un bebé nervioso?" Aunque no puedo responderles esa pregunta, les recuerdo que todas las mujeres embarazadas están tensas y ansiosas. Lo contrario no sería normal. Más aún: una investigación con fetos muestra que éstos se adaptan a las tensiones del ambiente y pueden incluso aprender de ellas: algunos se vuelven tranquilos y controlados, otros más y más activos. La principal tarea de una madre consiste en adaptarse al bebé que nazca, cualquiera que sea su tipo.

Los padres trabajan en el último trimestre del embarazo para entender a su futuro bebé. Prestan atención consciente e inconsciente al movimiento y al comportamiento del feto. Hoy por hoy los padres se dan cuenta de que el feto oye

El feto en desarrollo

y responde a los estímulos que rodean a la madre. Muchos padres le hablan y le cantan al bebé durante el último trimestre, en un intento por acercársele antes del parto. Una madre pianista me dijo: "Yo sé que la criatura oía porque parecía bailar al ritmo de la música. De lo que no me di cuenta era de que ella también estaba aprendiendo. Durante los últimos meses de embarazo estuve practicando constantemente una frase de un vals de Chopin. Siempre la sentía tranquila en el útero cuando lo hacía. Durante algún tiempo después del parto no tuve oportunidad de tocar. Cuando mi hija tenía tres meses, estaba recostada en su corralito, al lado del piano. Empecé a practicar de nuevo. Mientras to-

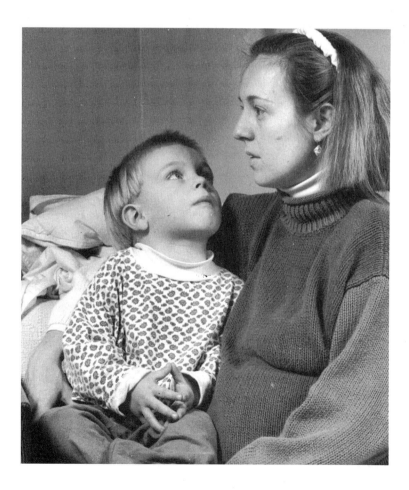

caba el vals, ella estaba acostada boca arriba jugando y mirando su móvil. Cuando llegué a la frase en cuestión, dejó de jugar y se volteó con sorpresa a mirarme, como diciendo: '¡Ahí está otra vez!' Sé que la reconoció y la recordó. Me pareció maravilloso. Espero que escoja la música como profesión".

He estado trabajando en una escala de evaluación del último trimestre de embarazo que me permita establecer el grado de bienestar del feto en desarrollo. El comportamiento del feto bien nutrido y que no ha sido afectado por drogas ingeridas por la madre, ni por medicamentos, alcohol, etcétera, será complejo y previsiblemente rico en la variedad de respuestas. Cuando, en cambio, el feto sufre de estrés por mala nutrición, toxinas o una placenta deficiente, lo reflejará, a través de su comportamiento, en el empobrecimiento de las respuestas. Este feto no exhibirá el mismo grado de complejidad en las respuestas a los estímulos auditivos, visuales y cinéticos que el feto sano. Hemos llegado a saber que la naturaleza de los movimientos del feto puede ayudar en el diagnóstico del estrés. Por ejemplo, cuando hay demasiada actividad, o si el feto no responde a los movimientos de la madre o se mueve demasiado poco y no responde a estímulos externos, hay motivo de preocupación. Estas anomalías deben serle comunicadas al obstetra, para que evalúe el bienestar del feto.

El ritmo cardíaco y los movimientos respiratorios del feto pueden medirse. También éstos pueden reflejar estrés. Si el feto está estresado por falta de oxígeno, el ritmo cardíaco se hará demasiado activo o invariable, o demasiado lento, y los movimientos respiratorios entrecortados. A través de estas señales, el obstetra puede decirles a los padres si hay motivos de preocupación. Si este estrés parece estar poniendo en peligro al feto hacia el final del embarazo, podemos adelantar el nacimiento y, quizá, nutrirlo mejor fuera del útero. A medida que aprendemos más, abrigamos la esperanza de que los padres puedan darse cuenta de algunas de las señales de peligro, y así convertirse en mejores guardianes del bienestar del feto.

Hemos sido lentos en reconocer la increíble complejidad del feto, así como antes fuimos lentos en respetar las increíbles capacidades del recién nacido. Varios investigadores trabajan actualmente en Francia y los Estados Unidos para determinar la capacidad de aprendizaje del feto, en particular la de aprender a base de mensajes auditivos. Anthony de Casper, de la Universidad de Carolina del Norte, ha mostrado cómo los bebés almacenan canciones complejas y cuentos cuando se les repiten durante los tres últimos meses del embarazo. Tal como lo observaba la madre durante una consulta, el bebé, después de nacer, los reconocerá y responderá con un aumento de la atención hacia los que le son conocidos. Los bebés, al parecer, sí tienen memoria.

Algunos pocos pueden aprender y hasta tomar decisiones aun en el útero. En nuestras investigaciones en el Hospital Infantil de Boston, hemos visualizado a los fetos a través de ecografías. Encontramos que podíamos darnos cuenta de si estaban dormidos o despiertos. Pudimos también identificar por lo menos los siguientes cuatro estados de consciencia (véase el capítulo 2 para una descripción de estos estados en el recién nacido):

1. Durante el *sueño profundo* el feto está primordialmente tranquilo. Si hay movimiento, éste se presenta en forma de sacudidas. En este estado, el feto no responde a la mayoría de los estímulos.

2. Durante el *sueño ligero*, o *sueño REM (rapid eye movement* o movimiento rápido de los ojos) el feto predominantemente se retuerce o se estira. Los movimientos son escasos, pero son más suaves y un poco más organizados. Aún bastante indiferente al estímulo, el feto puede ser despertado pero con dificultad. Periódicamente se presentan movimientos bruscos — patadas o puñetazos repetidos — o esfuerzos respiratorios también repetidos en secuencias de cuatro a ocho movimientos.

3. El estado de *alerta activa* se siente cuando el feto trepa por la pared del útero. Este estado se presenta a horas predecibles durante el día, generalmente cuando la madre está reposando y está cansada. Si el feto reacciona a estímulos externos, la respuesta se notará en que

se tranquiliza. Más adelante, reanudará la actividad intensa. El tiempo más común para esta actividad es el final del día. Los padres saben cuándo esperarlo y saben qué lo alterará; por ejemplo, si salen de noche, el período activo puede retrasarse hasta que regresen a casa. Si la madre no come bien, el período activo puede ocurrir antes, posiblemente debido a una baja en el nivel de glucosa en la sangre.

4. En el estado de *alerta tranquila,* el feto estará inactivo, como si escuchara. Los movimientos son más suaves y más organizados. En este estado, el feto se halla en especial disposición de recibir estímulos externos.

En nuestras investigaciones, les presentamos varios estímulos a fetos de seis y siete meses de gestación, en el estado de alerta tranquila. Hicimos sonar varias veces un timbre de alto volumen, colocado a 45 centímetros de distancia de la pared abdominal. Esto causó en los ocho fetos estudiados la serie de reacciones prevista. El primer timbrazo los hizo saltar, y sus caras denotaron estrés. El segundo timbrazo tuvo como consecuencia un sobresalto menor. Para el cuarto timbrazo, los fetos habían dejado de sobresaltarse y se habían quedado quietos. Algunos mostraban movimientos respiratorios bruscos del abdomen, sin ninguna otra respuesta. Sus caras continuaban denotando estrés. Al quinto timbrazo, con frecuencia se llevaban una mano a la boca, a veces para meterse el pulgar u otro dedo. Luego se volteaban, para desentenderse del zumbido y relajarse. Cesaban las respuestas. Concluimos que estos fetos se habían adaptado o "acostumbrado" a estos estímulos negativos.

Después hicimos sonar un cascabel cerca del vientre de la madre. Pensamos que tal vez el útero sería demasiado ruidoso para dejar pasar este sonido. Pero tan pronto lo hacíamos sonar, los fetos se volvían en dirección al cascabel, como si esperaran la siguiente señal. Si continuábamos haciendo sonar discretamente el cascabel, el feto continuaba en estado de alerta tranquila. Ya daba señas de su capacidad de poner atención a los estímulos positivos y de desentenderse de los negativos.

Ensayamos también una serie de estímulos con luz fuerte, enfocada sobre la línea de visión del feto. Primero establecimos a cuál lado daba la cara el feto cuando ya tenía la cabeza encajada dentro de la pelvis de la madre. Los primeros estímulos causaban sobresaltos lentos; después los bebés se llevaban las manos a la boca o a la cara. Alejaban la cara del estímulo y, de nuevo, todo movimiento cesaba, como si se hubieran acostumbrado a la fuerte luz y hubiesen entrado en un estado de sueño. Utilizando un haz de luz muy delgado sobre el lugar de la pared abdominal que correspondía al útero, nos dimos cuenta de que el feto se movía lentamente buscando la luz, como enfocando el sitio por donde entraba el estímulo. Cuando uno de los bebés se puso activo y parecía molesto, mi colega, el doctor Barry Lester, puso las dos manos sobre el abdomen de la madre, alrededor del feto. Se puso a mecerlo hasta calmarlo. En ese momento, la madre expresó lo que todos teníamos en la mente: "¡No sabía que los bebés fueran tan inteligentes desde tan temprano!"

Cuando les cito estos estudios a los futuros padres, empiezan a contarme cómo ya se habían dado cuenta de estas cosas. Cuando confirmo lo que ellos han observado, me conceden mayor atención y crédito. Tal como me decía una madre: "Cuando estuve en un concierto de Bach, el bebé bailaba al ritmo de la música. Cuando fui a un concierto de rock, bailaba de manera totalmente diferente, frenética. *Yo* sabía que ya podía oír. Sucede tan sólo que a ustedes los investigadores les ha tomado tiempo descubrir lo que las madres hemos sabido siempre".

Mi sueño es que la escala de evaluación que hemos estado elaborando pueda volverse mucho más precisa como instrumento para medir el comportamiento fetal. Si supiésemos las respuestas promedio, podríamos estar alerta a comportamientos inusuales tan pronto el bebé se esté estresando. Cada futura madre podría observar y anotar habitualmente el comportamiento de su feto. Entonces, si las cosas no marchasen bien, estas observaciones podrían indicar cuándo debemos preocuparnos. De cualquier forma, disfrutarían de las respuestas de su futuro bebé mucho tiempo antes del nacimiento. Sentirían que están aprendiendo a conocerlo y participando en su cuidado. Casi todos los padres me dicen: "No me importa si es niño o niña, o su aspecto, siempre y cuando que sea normal".

Una vez que los futuros padres y yo nos sentimos lo suficientemente cercanos, puedo indagar más acerca de la historia médica pertinente. Si me hablan sobre enfermedades o defectos congénitos de la familia, sabemos que estamos compartiendo temores que tarde o temprano aflorarían. Si en algún lado de la familia hay un bebé con problemas, cualquier madre embarazada sentirá temor de que los problemas se repitan en su bebé. Si alguno de los progenitores del padre sufre del corazón o de cualquier enfermedad crónica, con seguridad éste se preguntará si su hijo podría heredar la tendencia. Miedos irracionales pueden irrumpir en medio de la noche. Si los padres me hablan de éstos, puedo convertirme en parte de las defensas que ellos utilicen para combatir sus temores. Si tengo presente la historia familiar pertinente y la ansiedad de los padres, puedo hablarles de estos aspectos francamente cuando examine por primera vez al nuevo bebé en presencia de ellos.

Una vez analizadas estas esperanzas y temores comunes a todos los futuros padres responsables, y cuando he establecido mi papel de interesado participante, hemos creado una importante relación inicial. Quiero que los padres sepan con tiempo dónde y cómo pueden encontrarme para hacerme consultas corrientes o de urgencia y, desde luego, para darme noticias del nacimiento del bebé. Pido que se me notifique el acontecimiento tan pronto como sea posible, para poder examinar al recién nacido en las primeras veinticuatro horas. Es importante para mí compartir el comportamiento del bebé con ambos padres antes que salgan del hospital. Con frecuencia puedo ayudar cuando la madre comience a amamantar al niño, o cuando empiecen a darle el biberón. Ya en casa, cualquier llamada telefónica que los padres me hagan en mi hora de consulta regular de la mañana, así como su primera visita a mi consultorio, a las

Una nueva alianza

dos o tres semanas, me dará la oportunidad de participar activamente en su proceso de adaptación al nuevo bebé.

Idealmente, las consultas durante el embarazo nos dejarán a todos una sensación de confianza y cercanía para enfrentar el próximo momento clave. No es necesario que esta primera consulta dure mucho, pero sí es, de cualquier forma, el momento más valioso que he de tener con la familia que nace.

2

EL RECIÉN NACIDO COMO INDIVIDUO

El segundo momento clave — la segunda vez que tengo la oportunidad de participar en el crecimiento de la nueva familia — es el excitante momento en que, acompañado por los padres, examino al bebé poco después de su nacimiento.

Desde hace mucho tiempo examinar al recién nacido ha sido una función del pediatra. Un examen físico inicial del color del bebé, el tono muscular, la respiración, el ritmo cardíaco y la actividad, conocido como el puntaje Apgar, se hace momentos después del parto. Se le asignan dos puntos a cada uno de estos cinco aspectos, si son óptimos, o uno, si están simplemente bien, y se suma el total, que será diez si todo está perfecto. Ésta es una medida de la habilidad del recién nacido para reaccionar ante el trabajo de parto, el alumbramiento y el nuevo medio ambiente. Como tal, no predice el futuro bienestar del bebé sino que más bien refleja lo que debió enfrentar durante el parto. Una evaluación más concienzuda del bebé se hará dentro de los pri-

Evaluación de las reacciones del recién nacido

meros días. La efectúan el pediatra o algún otro especialista en recién nacidos en el hospital. En este punto, se evalúa la salud física del bebé y su manera de responder a la alimentación.

Como lo mencioné en el primer capítulo, la escala de evaluación del comportamiento neonatal, ahora utilizada en hospitales de todo el mundo, está concebida para establecer qué clase de persona es el recién nacido. Evalúa el repertorio de comportamientos del bebé a medida que responde a diferentes estímulos humanos y no humanos. La manera como utiliza los estados conscientes para controlar las respuestas revela su capacidad de ajustarse al nuevo medio ambiente. Con la ayuda de varios colegas, he elaborado esta escala, la cual proporciona pautas para calificar respuestas y reflejos durante un período de interacción con el bebé de unos veinte a treinta minutos. A diferencia de otras pruebas médicas, nuestra evaluación trata al bebé como partícipe activo, y el puntaje se basa no en las respuestas promedio sino en las *mejores*. Hemos estado puliendo esta escala durante veinte años y la hemos adaptado para evaluar bebés prematuros y bebés de bajo peso y, más recientemente, la hemos utilizado para reflejar la influencia intrauterina en el desarrollo fetal.

El más importante aporte de la escala consiste en que hace posible compartir el comportamiento del bebé con los padres, para hacerlos sensibles a las habilidades y a la maravillosa gama de respuestas de que es capaz su nuevo hijo. Todos los padres se preguntan si su bebé está bien. Cuando podemos lograr del bebé su mejor actuación, las preocupaciones de los padres se disipan y las posibilidades de comunicación aumentan. Hemos encontrado en casi cien estudios que el apego de las nuevas familias se fortalece y se hace más profundo durante este enriquecedor, aunque breve, encuentro. El comportamiento del recién nacido parece hecho para cautivar a los nuevos padres. La manera como acomoda plácidamente su pequeño y fuerte puño entre el ángulo del cuello y el hombro, y la manera como mira al rostro de sus padres con ojos inquisitivos, todo ello conmueve a un padre y a una madre ansiosos de abrazarlo y de aprender a conocerlo.

Al aplicar la escala, me gusta empezar con el bebé dormido, para poder probar su capacidad de mantenerse en estado de sueño profundo. Trato de examinar al bebé en cada uno de los seis estados de consciencia: sueño profundo, sueño ligero, semialerta, muy despierto, inquieto y llorando. A medida que el bebé pasa de un estado al otro, busco identificar su habilidad para responder al estímulo positivo y negativo en cada estado. Entre los estímulos que utilizo se cuentan un cascabel suave, una luz brillante, una campana, una pelota roja y la voz y el rostro humanos.

El primer paso, mientras el recién nacido duerme, consiste en examinar su respuesta a la luz, al cascabel y a la campana que hago sonar varias veces cerca de su oído. El objeto de este ejercicio es medir su capacidad para aislarse de estímulos molestos. Esto mide su habilidad para habituarse, es decir, para disminuir su nivel de respuesta cuando el estímulo negativo se presenta repetidamente. Me indica si el bebé será capaz de aislarse de estímulos innecesarios presentes en el medio ambiente. Algunos niños tienen el sistema nervioso "en vivo", a causa del estrés antes del parto. Estos bebés no son capaces de protegerse de ciertos estímulos y se ven, por lo tanto, obligados a responder una y otra vez con desconsuelo. Necesitarán de un ambiente protegido, parecido a aquéllos que estamos creando para los bebés prematuros.

El primer estímulo es una luz brillante con que alumbro durante dos segundos los párpados cerrados del bebé. Cuando ya su primer sobresalto o movimiento ha cedido, alumbro una segunda, una tercera, hasta una décima vez. Las primeras veces, el bebé responderá con sobresaltos y movimientos de todo el cuerpo; los brazos y las piernas saltarán. Sin embargo, los movimientos tenderán a disminuir cada vez más. Ya para el cuarto estímulo luminoso, normalmente se producirá apenas una leve, o ninguna, respuesta. Nuevamente, su respiración se hace profunda y rítmica. Su carita se relaja. Su cuerpo entero regresa a un sueño plácido. El bebé se ha habituado a la luz.

Seguidamente, pruebo con el cascabel. Lo hago sonar a unos veinticinco centímetros de su oído. De nuevo, se despierta con un sobresalto y puede incluso que mueva todo el cuerpo. Al hacerlo sonar por segunda vez, puede que se sobresalte de nuevo y gima. Pero ya para la cuarta vez, probablemente la respuesta habrá disminuido considerablemente y habrá muy poco movimiento. Más adelante, nuevos sonidos del cascabel sólo causarán un ligero parpadeo y una leve mueca antes que el bebé vuelva a un estado de distensión. Pronto, ya no responderá y parecerá sumido en un sueño tranquilo acompañado de una respiración profunda.

Si la campana se utiliza de última, a intervalos de un segundo, es posible que sólo se produzcan un par de respuestas inicialmente; luego el bebé caerá en un sueño profundo. Nos ha dado prueba de su habilidad para mantenerse dormido incluso en un ambiente caótico. Un bebé que se puede adaptar de esta manera posee recursos innatos.

Los bebés prematuros o que padecen de estrés

Los bebés prematuros o que han padecido de estrés en el útero no tienen esta capacidad de aislarse de estímulos repetitivos. Responden a cada cascabel, a cada campana, a cada luz brillante. Uno se da clara cuenta de cuánto les cuesta esto. Fruncen el ceño e incluso llegan a cambiar de color, pues su ritmo cardíaco y su respiración se aceleran con cada estímulo. Puede que intenten calmarse tratando de arquearse para alejarse del estímulo, o llevándose una mano a la boca. Si no logran dormirse para manejar el estímulo, puede que tengan que llegar a un estado de llanto y pataleo. El llanto también les puede servir para aislar el estímulo, pero éste, igualmente, puede serle difícil a un bebé frágil (véase el capítulo 32).

Cuando me encuentro con un bebé que tiene serias dificultades para aislarse del estímulo, se lo informo a los padres y lo someto por un tiempo a un plan de seguimiento. Si sus capacidades mejoran con el tiempo, el problema puede haber sido causado por el estrés del nacimiento, el cual afecta a muchos bebés, o puede deberse a los efectos de medicamentos o anestesia administrados a la madre durante el parto. Si su exceso de reacciones persiste, nace en mí la preocupación de que el bebé tenga dificultades más adelante y siga reaccionando en exceso al intentar asimilar información del medio ambiente. La habilidad para bloquear estímulos poco importantes es necesaria en todos nosotros para poder concentrarnos en la información que particularmente nos interesa. La hiperactividad puede convertirse en una de las maneras como el bebé se deshace de una abrumadora sobredosis de estímulos.

Los padres de bebés hipersensibles pueden ayudarles a crear una barrera de protección ante la información sin importancia. Pueden reducir el estímulo; organizar en la casa una habitación tranquila, con luz tenue, susurrar, utilizar estímulos visuales o táctiles sutiles, en especial durante los momentos de la alimentación o cuando quieran jugar con el bebé. Hemos visto incluso que algunos bebés toleran que se les mire, o que se les toque, o que se les cargue, siempre y cuando que estas acciones se hagan una a la vez. Si se espera a que el bebé se tranquilice, puede agregarse una nueva actividad. Gradualmente, se pueden unir todos los estímulos pero de manera moderada y respetuosa de ese sistema nervioso que se sobrecarga con facilidad. El comportamiento del bebé será el que indique cuándo se siente bombardeado. Con paciencia, los padres de un bebé hiperreactivo pueden enseñarle cómo asimilar y manejar información en pequeñas dosis y cómo administrar el asunto dándose algunos recreos. Tener conocimiento temprano de las necesidades del bebé les ayudará a los padres a responder adecuadamente a ese bebé. Con el tiempo, el bebé se volverá más y más hábil para defenderse solo.

Comienzo entonces a desvestir al bebé con suavidad, mientras observo sus reacciones ante la manera como lo muevo. Quiero observar y calificar el tiempo que tarda en pasar del sueño a la vigilia. A medida que se despierta, evalúo y registro el patrón que sigue mientras pasa de un estado semialerta a un estado de agitación, bien despierto. La manera como un bebé pasa de un estado al otro bien puede convertirse en un índice para predecir su estilo y temperamento. El bebé que pasa lentamente de un estado al otro y que puede aferrarse a su estado de alerta o de sueño, está ya demostrando una maravillosa capacidad para manejar su mundo. Si se mueve con demasiada rapidez, pasando a toda velocidad de un estado al otro, sin ser capaz de permanecer en ninguno, necesitará de la ayuda sosegada y paciente de los padres para aprender a crear sus propios controles. Tomará tiempo: un año o más. El pediatra puede ayudar a estos padres a seguir el progreso del bebé y apoyarlos en su exigente tarea. Cargarlo y llevarlo consigo, envolverlo, ayudarle a que se encuentre el dedo para chupar u ofrecerle el chupete, todo esto puede contribuir a que aprenda a pasar suavemente de un estado al otro.

El bebé que no controla el paso de un estado al otro se halla a merced de un sistema nervioso inmaduro e irritable. Algunos recién nacidos se molestan con facilidad porque se están recuperando de los medicamentos administrados a la madre. La mujeres que fuman, beben alcohol, o exponen a sus bebés a los narcóticos durante el embarazo pueden esperar que sus bebés sean irritables mientras se recuperan de los efectos de estas drogas y experimentan una especie de período de retraimiento. Es posible que los bebés de madres que han sido medicadas durante el parto permanezcan tranquilos durante los primeros días pero después se molesten con facilidad. Sin embargo, este período de irritabilidad probablemente dure poco, y no constituye realmente un reflejo de la futura personalidad del niño. Para ayudarlo, los padres pueden proporcionarle un ambiente silencioso y tranquilo. Aunque es cierto que un bebé irritable es exasperante para los nuevos padres, nada lograrán culpándose. En cambio, darse cuenta de que se trata de la respuesta del bebé a su sistema nervioso inmaduro les ayudará a aprender procedimientos para enseñarle, poco a poco, modos de calmarse a sí mismo.

Una vez que el bebé está sin ropa, evalúo su estado de nutrición e hidratación. Busco un buen color de piel y la cantidad de grasa debajo de ella. El bebé que ha sufrido estrés en el útero tendrá piel arrugada y reseca y mostrará carita de preocupación. Parecerá un hombrecito fatigado y enjuto, como si el tiempo pasado en el útero hubiese sido demasiado extenuante. Una vez que se ha rehidratado y ha sido alimentado después del parto, aumentará de peso, almacenará grasa, su piel mejorará y su carita tensa se engordará hasta quedar llenita y hermosa, típica de un bebé.

Ahora que el bebé está despierto, puedo probar sus reflejos y sus respuestas en este estado. El bebé descansa desnudo frente a mí. Observo para ver si hay movimientos leves de sus brazos y piernas. Me concentro en el buen color de la piel, para ver si lo mantiene, a pesar de estar desprotegido. Al final de cada desperezo puede, quizá, pasar por un breve período de cortos temblores de las piernas, puede que junte los brazos en un sobresalto. Le acaricio los pies para producir reflejos. Cuando le toco la parte interna del pie, intenta agarrarme el dedo con los dedos del pie. Cuando le toco la parte externa del pie, despliega los dedos en lo que se conoce como el *reflejo de Babinski*. Evalúo sus reflejos, golpeándole las rodillas, y la firmeza del tono de su cuerpo y de sus músculos.

Si le ofrezco los dedos índices, el recién nacido puede agarrar uno con cada mano, de modo que puedo halarlo hasta que se siente. A medida que sube dejará atrás la cabeza pero hará un verdadero esfuerzo por traerla al nivel del resto del cuerpo. Cuando esté sentado, abrirá los ojos de par en par, como una muñeca, y empezará a mirar a su alrededor. Ante esto, los padres quedarán boquiabiertos de admiración. Si la cabeza del recién nacido permanece atrás sin remedio y el bebé encuentra imposible enderezarla, examino mejor el tono de su musculatura. Sé, por los reflejos que he probado, si los músculos del bebé están intactos y fuertes. Pero la manera de apretar los hombros cuando lo siento me indica de qué manera responderá a sus padres cuando éstos lo carguen y muevan.

Para inducir el *reflejo de marcha,* inclino el cuerpo del bebé hacia adelante sobre una mano, colocándole los pies firmemente sobre la cama. Empezará a dar pasos primero con un pie, luego con el otro, en una especie de lento trote.

Este acto no sólo es divertido de ver, sino que les ofrece a los padres una visión del potencial del futuro, resumido en este pequeño y perfecto ser. Nada que yo como encargado de velar por el bienestar del bebé les diga será tan contundente como este poderoso y mudo repertorio.

Un bebé que ha sufrido una hemorragia o un episodio de falta de oxígeno durante el nacimiento quizá no pueda producir todas estas respuestas. Así que es un alivio para los

Examen de los reflejos del recién nacido

padres verlas todas en ejecución. Si se presentan retrasadas, o débiles, o si son *demasiado* activas, deberé examinar al bebé varios días más tarde para ver si están cambiando con el tiempo. Si los reflejos se manifiestan más normales entonces, no me preocupo. Muchos niños, en el período posterior al parto, reaccionan con lentitud, como si debieran primero recuperarse del estrés del trabajo de parto y el alumbramiento. Si siguen siendo lentos, debemos buscar una razón, tal como un sistema nervioso deprimido, para lo cual puede haber solución. Pero me gusta empezar temprano. Hoy en día sabemos que intervenir pronto en caso de que el bebé sufra de algún desorden o tenga impedimentos, puede representar una diferencia significativa en la manera como se recupera. Desde la más temprana edad puede aprender a seguir patrones de éxito en la superación de sus dificultades, o patrones de fracaso que agravarán sus problemas. Los padres que se preocupan del desarrollo de su hijo deberían seguir un programa adecuado y participar en un plan de intervención temprana. Ello no sólo ayudará al bebé a desarrollar sus mejores potencialidades sino que ofrecerá a los padres preocupados el apoyo y la comprensión que fomenten su participación en la recuperación del niño.

Cuando nuevamente acueste al bebé boca arriba, empezará a retorcerse y a sobresaltarse. Si el bebé está acostado boca abajo, puede agarrarse de la ropa de cama. Boca arriba, está a merced de sus sobresaltos y de los movimientos de brazos y piernas en todas las direcciones. Teniéndolo en esta posición, puedo probar los importantes *reflejos protectores*. Si le pongo un pedazo de tela liviana sobre la nariz y los ojos, sosteniéndola suavemente con los dedos a lado y lado de la nariz, pataleará. Aunque sus vías respiratorias no han quedado obstruidas, arqueará la cabeza, volteándola de lado a lado, intentando quitarse la tela. Se llevará una mano, luego la otra, a la cabeza y se las pasará por la cara en un intento de quitarse de encima la tela y mantener libres sus vías respiratorias. Es difícil que los bebés se asfixien, a menos que un tendido de cama demasiado pesado les caiga sobre la cara y el aparato respiratorio. Sólo un niño enfermo no soportará tener cubiertas la cara y la nariz.

La muerte azul (la muerte durante el sueño) aún no ha sido explicada por completo, y es poco probable que se deba a asfixia. Es más probable que sea causada por un desequilibrio del corazón o del aparato respiratorio del bebé, que lo agota de tal manera que ni siquiera lucha por respirar adecuadamente. Hasta el momento en que escribo esto, se han hecho muchos estudios que tratan de explicar estas muertes, pero ninguno es aún concluyente.

El arquear la cabeza y llevarse las manos a la cara para quitarse la tela son ejemplos de un sistema nervioso en condiciones óptimas en un recién nacido no prematuro. Como lo indicábamos, si el bebé está demasiado dopado por la medicación que recibió la madre, o si es prematuro, todas sus reacciones motrices se verán claramente disminuidas. Si ha sufrido daño cerebral, la actividad motriz será desorganizada, y los esfuerzos infructuosos por reaccionar serán un claro indicio de que tiene dificultades. ¡Debemos dedicarnos a la tarea de ayudarle a recuperarse!

El *reflejo de amamantamiento* se presenta al tocar al recién nacido a cualquier lado de la boca. Se volteará en esa dirección, buscando el "pecho" con la boca. Cuando se le acerca al recién nacido un dedo para que succione, mucho se puede observar sobre su coordinación para *chupar*. Se pueden advertir por lo menos tres clases diferentes de reacciones al mamar. Lamerá con la punta de la lengua la parte del dedo que tiene más cercana a la boca. La parte de atrás de la lengua se moverá en torno a la mitad del dedo. Finalmente, halará sobre la punta del dedo con el esófago. Estos mecanismos se vuelven rápidamente coordinados en el bebé recién nacido despierto y normal. Si es inmaduro, demora en coordinarlos. Las enfermeras saben que estos bebés no chuparán bien del biberón, así que deben alimentarlos mediante un tubo. A medida que el bebé madura, estos tres reflejos necesarios de amamantamiento empiezan a funcionar bien, al unísono, y el bebé será capaz de chupar del pecho o del biberón.

El bebé adormilado tal vez no coordine bien su acción de chupar, a menos que uno de sus padres o la enfermera lo inicie. Primero habrá que despertarlo, luego acariciarlo alrededor de la boca y, finalmente, darle un dedo para que chupe. Tras movérselo suavemente dentro de la boca para producir todas las respuestas y notar que se han vuelto coordinadas, el padre o la enfermera sabrá que el bebé está listo para pasar al pecho. Si la madre se aplana la areola de manera que el pezón sobresalga por entre dos dedos, éste entrará al fondo de la boca para poner en marcha un mecanismo de chupar eficaz. El más poderoso reflejo de esta serie se encuentra en la parte de atrás de la lengua. Cuando los tres reflejos empiecen a trabajar juntos, la leche de la madre descenderá y el proceso estará en marcha. Tras alguna ayuda, el bebé aprenderá a hacerlo por sí mismo.

Cuando volteo la cabeza del recién nacido hacia un lado, se produce un *reflejo tónico del cuello,* una respuesta como de esgrimista, en la cual el bebé se arquea hacia atrás, estira un brazo al lado de la cara y acerca el otro. Flexionar un lado del cuerpo y extender el otro le ayudará en el futuro a lateralizar los movimientos, es decir, a hacerlos de un solo lado en lugar de hacerlos de manera simétrica. Curiosamente, estos reflejos son útiles durante el parto. A medida que el bebé voltea la cabeza en respuesta a las contracciones, da comienzo a una serie de reflejos de contorsión, que a su vez apresuran el alumbramiento estimulando al útero. Más adelante, en la temprana infancia, el mismo reflejo será de nuevo útil, pues le ayudará a usar sólo un brazo para alcanzar un juguete mientras el otro brazo permanece inmóvil. El desarrollo de la actividad coordinada predominante en un lado está asistido por este reflejo tónico del cuello.

Otro de los "juguetes" que utilizo para esta evaluación es una bola roja brillante de unos cinco centímetros de diámetro. Cuando se la pongo a unos treinta centímetros de distancia frente a los ojos a un recién nacido alerta, se fija lentamente en ella y la sigue en varias direcciones, incluso hacia arriba, hasta un ángulo de treinta grados. La sigue con movimientos saltones de los ojos, y volteando la cabeza lentamente de lado a lado. Esto me indica no sólo que ve, sino que puede mantener un estado alerta y responder con movimientos adecuados para seguir la bola. La carita muestra interés y todo el cuerpo participa en este estado de atención al estímulo visual. Ya la vista es algo importante para él.

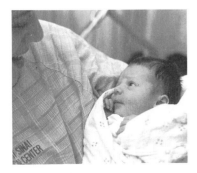 

Si luego le presento mi cara a la misma distancia, mirará con atención y se pondrá en actitud móvil. Puede seguir los movimientos de mi cara. El recién nacido sigue el rostro humano de manera diferente de otros estímulos. No sólo muestra mucho mayor interés en la cara, sino que su propia carita se vuelve activa. En el caso de la bola o el cascabel, su expresión será estática o fija. Con el rostro humano, la boca y la parte superior de su propio rostro se arrugarán y se moverán lentamente, como si imitara. En tal estado de alerta, de hecho algunos bebés imitarán lo que ven. Abrirán la boca para sacar la lengua cuando uno saca la lengua. Esto ha sido documentado por varios investigadores, especialmente por Andrew Meltzoff, de la Universidad de Washington, en Seattle. Él ve en esto la primera señal de la manera como el comportamiento del bebé puede ser configurado por la gente importante que lo rodea.

Si hablo suavemente, aumentará el interés del recién nacido por mi cara. Algunos bebés me pueden seguir con habilidad lateralmente y de arriba a abajo durante varias "excursiones" antes de perder interés. A medida que lo hacen, su boca y su cara se mueven al ritmo de mi voz. Si al llegar a este punto de la evaluación, el bebé aún está respondiendo y sacando la lengua, los padres estarán extasiados. Las múltiples habilidades del recién nacido, especialmente su clara preferencia por el rostro y la voz humana, los llenan de expectativas.

Existe una especie de reciprocidad aquí. Los padres parecen tener ciertas expectativas acerca de la clase de comportamiento con que nace el bebé. Cuando las habilidades y preferencias se ven confirmadas, la confianza en su capacidad de cuidar y entender al bebé aumenta. Nuestros estudios han comprobado que, tras este tipo de evaluación conjunta, la madre y el padre se sensibilizan notablemente a las claves de comportamiento que produce el bebé al mes, y permanecen mucho más involucrados durante el primer año.

Tarde o temprano durante este examen, desde luego, es de esperar que el bebé se moleste. Primero se tratará tan sólo de un gemido, pero cuando permanece desnudo y nadie lo ha cargado, aumenta la actividad. Al moverse, empieza a sobresaltarse. Estos sobresaltos o *reflejos de Moro* consisten en extender los brazos, arquear la espalda, hacer muecas y luego gritar. Cuando no encuentra nada de qué agarrarse, o nadie lo sostiene, cada sobresalto produce otros. Pronto, el bebé estará muy enojado, con mucho pataleo y llanto persistente. Cuando los padres observan esto, a duras penas lo soportan. Sienten gran afán por ayudarlo, al igual que lo siento yo. En este punto les explico que quiero ver qué se necesita para ayudarle a controlarse. Me gusta conocerlo cuando llora, al igual que cuando está contento. De este modo, los padres y yo podemos aprender a calmarlo cuando lo necesite.

Es posible que el bebé trate de voltear la cabeza a fin de llevarse el dedo pulgar a la boca para chupárselo en un intento de calmarse. Si le hablo al oído en tono firme y conciliador, es posible que abandone el pataleo un instante para poner atención. Después quizá empiece a llorar de nuevo pero con menos insistencia. Le coloco ambas manos sobre el pecho para impedirle los movimientos sobresaltados. Esta vez, cuando le hablo, es mucho más probable que se calme. Relajará el cuerpo y puede que se lleve una mano a la cara, voltee la cabeza ligeramente, tal vez se lleve algún dedo a la boca y preste atención a mi voz, con cara alerta.

Si no se calma con mi voz y mi ademán tranquilizador, lo levanto para abrazarlo y mecerlo. Si esto no funciona, le ayudo a encontrarse el dedo o le doy el chupete para que se calme. En cada paso, aprendemos cómo este bebé en particular puede ser consolado y qué tanto contribuirá él mismo a su consuelo.

Un bebé que no es capaz de controlarse solo, o que no recibe bien la ayuda que se le ofrece para controlarse, será difícil para los padres. Un bebé irritable y que se molesta fácilmente, quizá duerma mejor boca abajo o sea necesario cargarlo y mecerlo o envolverlo. Todo esto le ayuda a mitigar los sobresaltos, que de otro modo lo angustiarían. Cuando está refrenado, puede poner atención y, con el tiempo, aprender a calmarse a sí mismo. Entre tanto, habrá que tratarlo de manera especialmente suave.

Entre los otros reflejos que resulta interesante observar y entender están los de Babkin, Gallant y el de gateo. Cuando se le acaricia la mejilla a un recién nacido, o se le pone el dedo en la palma de la mano, tratará de llevarse el puño a la boca y de meterse un dedo. Éste es el *reflejo de Babkin* o el *reflejo mano-boca*, que le sirve más adelante para chuparse el puño o los dedos.

Si se le acaricia a un lado de la espina dorsal, mientras se le sostiene boca abajo sobre la palma de la mano, arqueará todo el cuerpo en dirección de la caricia; cuando se repite lo mismo al otro lado, cambia la respuesta al otro lado: es el *reflejo de nado*. Hemos heredado este reflejo, conocido como la *respuesta de Gallant*, de nuestros antepasados anfibios. En el *reflejo de gateo*, cuando se coloca al bebé boca abajo, flexiona las piernas hasta ponerlas debajo y empieza a gatear, levantando la cabeza para voltearla y librarla de los tendidos de la cama. Es probable que se lleve la mano a la boca para chupársela y para acomodarse en una posición acogedora.

Cómo conocer el estilo personal de su bebé

A medida que comparto con los padres las reacciones del recién nacido ante el cascabel, la campana, la pelota roja y otros objetos, les explico los estados de consciencia que estamos presenciando y lo que éstos representan desde el punto de vista de la organización interna del bebé. Buscamos claves a su estilo de administrar su nuevo medio. Los padres que pueden entender el ciclo de seis estados de consciencia que mencionamos anteriormente (sueño profundo, sueño ligero, inquietud, llanto y dos estados de alerta) como la manera mediante la cual el bebé controla su medio externo e interno, ya están en capacidad de entender a su bebé. El carácter cíclico de estos estados durante veinticuatro horas se convierte en una ventana al predecible comportamiento que los padres encontrarán durante la tarea de cuidar al bebé. Comprender la manera como el recién nacido administra su medio les da a quienes lo cuidan idea de cuán competente es el bebé.

El propósito primordial de compartir estas reacciones y reflejos es identificar el temperamento individual del recién nacido. Existen enormes diferencias individuales en el estilo con que los distintos bebés responden a los estímulos, a su necesidad de sueño y de llanto. Los bebés varían en la manera como se tranquilizan, al igual que en la manera como reaccionan al hambre y la incomodidad, a los cambios de temperatura, a ser movidos, y a la interacción con quienes los cuidan. La tarea de los padres no es la de comparar estas características con las de ningún otro bebé, sino la de estar atentos a las características propias del suyo. Como vimos en el capítulo anterior, es muy posible que los padres hayan podido darse cuenta de algunas de éstas aun antes del nacimiento.

Una parte del mundo externo que el bebé ya ha experimentado es el sonido de las voces de sus padres. A un bebé tranquilo y alerta podemos hacerle pruebas al respecto durante la consulta en el hospital. Sostengo al bebé con la cabeza en una de mis manos, sus nalgas en la otra, mientras mira al techo. Cuando le hablo suavemente, gira la cabeza hacia mi voz y trata de localizar la fuente. La carita se le ilumina al encontrar mi cara y mi boca. Le pido entonces a la madre que se ponga del otro lado y que compita conmigo, hablándole dulcemente. Todos los bebés escogen la voz femenina, la buscan, encuentran el rostro y ponen cara de satisfacción. Cada vez que ensayo este ejercicio, la nueva madre abrazará a su bebé diciéndole: "Reconoces mi voz, ¿verdad?" Esta respuesta esperada pero poderosa fortalece su relación.

Cuando el padre está presente, procedo de igual manera con él. En la mayoría de los casos (80 por ciento), el bebé se volteará hacia la voz de su padre en lugar de hacia la mía. Si es que el bebé percibe el afán del padre por suscitar una respuesta, o si de hecho reconoce la voz de su padre, no lo sé. (Si el bebé no se da vuelta en dirección del padre, tal vez le incline un poco la cabeza hacia él.) Porque los padres harán exactamente lo que las madres: extender los brazos para tomar a su bebé, abrazarlo y exclamar: *"¡Ya me reconoces!"*, como si fuera un milagro.

Los adultos que están tratando de atraer la atención del bebé, automáticamente hablarán en un tono de voz más agudo. Es probable que los bebés estén condicionados en el útero al tono femenino de la madre. Por ende, responden más a esa escala de tonos agudos. En cada modalidad sensorial, el bebé tendrá una escala preferida. Cuando uno acaricia a un bebé lenta y dulcemente, uno lo calma. Cuando se le dan palmaditas frecuentes, cada vez más velozmente, se alerta o se sobresalta. Lo mismo sucede con las respuestas a lo visual. Si uno se mueve con lentitud, el bebé puede seguir la cara. Si los movimientos son bruscos y el estímulo está a más de cincuenta centímetros de distancia, puede tan sólo mirar fijamente, sin ajustar la visión ni enfocar.

Muchos padres no necesitarán estas explicaciones para entender la maravillosa complejidad del recién nacido. Sin embargo, compartir la primera evaluación de su bebé con un profesional les da la oportunidad de hacer preguntas y de deshacerse de cualquier preocupación que puedan tener. Al examinar al recién nacido con los padres, mi meta es, por ende, doble. Una es hacerles ver el magnífico mapa de comportamientos con los cuales el recién nacido está equipado. Sé que observarán su comportamiento con ojos frescos y que experimentarán cada respuesta como el idioma que está utilizando para comunicarse con ellos. Esto los prepara para nuestro futuro trabajo conjunto de seguimiento a su desarrollo. La segunda meta es hacerles ver mi interés en sus reacciones y sus interpretaciones acerca del nuevo bebé. Si pueden aceptarme como observador activo y partícipe en su desarrollo conjunto, su necesidad de defenderse de mí probablemente disminuya. En consultas posteriores, querrán contarme acerca del desarrollo de su bebé. A través de este breve vistazo al recién nacido en el acto de aceptar,

rechazar y empezar a dominar su mundo, encontramos un lenguaje compartido, un verdadero momento clave para nuestra futura relación. Más adelante, los padres me llamarán o visitarán y me dirán: "¿Recuerda lo que me mostró aquel día? Pues bien, ¡ahora lo que hace es esto! Sabía que le interesaría".

Un día, una madre a quien había dejado de ver hacía treinta años se puso de pie en medio de un auditorio de 1 500 padres para decirme que yo había visto a su bebé y jugado con él y que ella nunca lo había olvidado. A continuación me dijo que yo había predicho algo cuando el bebé apenas tenía dos días de nacido. Porque el bebé había estado tan activo, predije que con seguridad sería negativo en el segundo año — y (¡sorpresa!) *así había sido.* Después de tantos años, aún se acordaba de que alguien se había unido a ella en la tarea de entender a su nuevo bebé.

3

LOS RECIÉN
NACIDOS PADRES

El recién nacido no es el único miembro de la familia que se enfrenta a un nuevo mundo; las vidas de los padres también han cambiado. Hoy en día, los médicos y las enfermeras se han dado cuenta de que los padres requieren tanto cuidado "maternal" como el bebé. Los nuevos padres acaban de hacer uno de los mayores ajustes que cualquiera pueda hacer: tomar a su cargo un misterioso nuevo ser, de quien serán totalmente responsables aproximadamente durante los próximos dieciocho años. Como lo escribiera el respetado psiquiatra infantil D. W. Winnicott:

> Se encuentran, pues, con todos los huevos en una canasta. ¿Qué van a hacer al respecto? ... Disfruten dejando que otros se hagan cargo del mundo mientras ustedes se dedican a producirle un nuevo miembro. Disfruten del ensimismamiento y casi del enamoramiento consigo mismos, pues el bebé forma casi parte de ustedes.

Unida a este deleite, vendrá una natural ansiedad. Todos los padres que aman profundamente se sentirán ansiosos. La ansiedad cumple un propósito vital: suscitar la energía que les ayuda a los padres a encarar esa nueva responsabilidad. La ansiedad puede abrirles el panorama hacia el bebé y hacia otros que puedan ser de ayuda.

Si la ansiedad es abrumadora, puede hacer sentir encarcelados a los nuevos padres y llevarlos a la depresión. Un progenitor deprimido pierde la disponibilidad para recibir las señales que le envía el bebé. Puesto que casi todas las madres, después de trabajar duro en el parto y de tener que aterrizar una vez pasada la euforia inicial, sufren algo de depresión durante los primeros días, una de las tareas principales del profesional encargado de prestar apoyo es establecer si se trata de esa leve decepción natural o de una depresión profunda. La primera medida puede ser ayudarle a la madre a tomarlo con calma y a recuperarse físicamente del estrés del parto. Éste es un acto común y normal de adaptación.

En las islas japonesas del archipiélago de Goto, donde hemos estudiado durante años a varias familias, se espera que la madre se quede en cama, envuelta en su edredón, hasta un mes después del parto. El bebé la acompaña, envueltico a su lado. Durante un mes, las abuelas, tías y parientes vienen a cuidarla, alimentándola y ayudándole con el baño. No se espera que ella haga absolutamente nada, salvo alimentar a su bebé y recuperarse. Mientras sus parientes le ayudan a volver a la normalidad y a recuperarse, le hablan en una especie de lenguaje infantil. En respuesta, ella les contesta con voz aguda. Durante un mes, ella es, a los ojos de ellos, una niña. Al final de este período, debe regresar a sus arduas tareas de cuidar el hogar y ayudarle a su esposo pescador a echar las redes. El período de recuperación posparto es algo aceptado y considerado normal en esta cultura.

En los Estados Unidos y otras culturas occidentales, esperamos que la nueva madre se ponga rápidamente a la altura de las exigencias de su nuevo trabajo como progenitora de tiempo completo. Se espera que se apegue a su bebé en la sala de parto, aun antes de haber tenido tiempo de recuperarse. Hoy en día, rara vez permanece en el hospital el tiempo que toma su recuperación física. Si se le ha practicado una cesárea, es posible que se la cuide y ayude a recuperar durante cinco días. En el caso de alumbramientos vaginales normales, cuarenta y ocho horas se consideran una larga estadía en el hospital. En esto se halla implícito el mensaje de que la madre debería estar preparada para manejar su propia recuperación y apego al bebé. Puesto que la posibilidad de contar con el respaldo de una familia extensa y de la generación anterior se ha vuelto tan escasa, el nuevo padre se convierte en el único apoyo. Él tiene su propio ajuste que hacer. Si ha tomado en serio su papel y está dispuesto a apoyar el ajuste de la familia al nuevo bebé, se le ofrece un papel único hoy en día. Pero, a esta oportunidad va ligada una pesada responsabilidad. No habiendo tenido, en general, a quién emular en su propio pasado, el padre, también, puede sentirse ansioso y abrumado. El profesional que se da cuenta de esto puede ser una importante fuente de apoyo. En mi propio trabajo, hago un esfuerzo por establecer contacto con cada nuevo padre tanto en el hospital como en casa, por teléfono, durante la primera semana.

El apego

Los pediatras Marshall Klaus y John Kennell fueron los primeros en describir el apego que se produce entre los padres y el recién nacido, y en poner énfasis en la importancia de los primeros días. Indicaban también de qué manera las necesidades de los nuevos padres pasaban inadvertidas en los hospitales modernos. Como una manera de enriquecer el acercamiento de los nuevos padres al bebé, les recomendaban permanecer un rato en la sala de parto durante el cual cada uno de los padres pudiera tocar, abrazar y comunicarse con el recién nacido. Recomendaban que el bebé acabado de nacer fuera colocado piel contra piel sobre el pecho de la madre y que luego se le permitiera mamar. Se instaba al padre a que cargara y examinara a su nuevo bebé. Los estudios realizados por dichos pediatras indicaban que éste podía ser un momento ideal para encauzar todo el entusiasmo que los padres habían generado durante el embarazo y para permitirles apegarse al bebé real. Investigaciones más recientes hechas por los doctores

Klaus y Kennell demuestran que la presencia de una acompañante que estimule y ayude a la madre durante el parto y el alumbramiento puede de manera significativa reducir la duración y las complicaciones del trabajo de parto y el alumbramiento. Este tipo de apoyo permanente les ayuda a los padres a tener la mejor experiencia posible de parto y a estar listos para cuidar y acercarse emocionalmente a su bebé (véase la bibliografía).

Ciertos educadores especialistas en el parto, sin embargo, tomaron demasiado literalmente las implicaciones de las investigaciones en torno al apego. Algunos llegaron al extremo de colocar en la puerta cerrada de la habitación del hospital un letrero que decía: "Por favor, no molestar: Apego en proceso". Esta interpretación pasa por alto tanto la variedad de enfoques entre distintos individuos como la naturaleza prolongada del proceso de apego. En mis investigaciones en otros lugares del mundo, encontré que no todas las mujeres quieren necesariamente tener consigo al bebé inmediatamente. Algunas prefieren darse un poco de tiempo, recobrar su propia energía después del arduo trabajo de parto, tras lo cual ya están listas para recibir al nuevo bebé. Esto motiva mi escepticismo respecto a la práctica, como rutina obligada, de entregarle el bebé a la madre para que se "apeguen" inmediatamente. Me gusta darles a los padres la oportunidad de elegir, además de la oportunidad de recuperarse y sentirse ansiosos e impacientes por estar con su nuevo bebé.

Si los padres se sienten abrumados, es importante que haya alguien dispuesto a prestarles apoyo mientras se conocen con su bebé. Esto debe suceder a su propio ritmo. Las opciones personales de cada padre deben ser respetadas si queremos optimizar esa presentación inicial del nuevo miembro de la familia.

Las ocasiones en las cuales el estado del bebé exige que sea llevado velozmente a la unidad de cuidados intensivos, y en las cuales no ha habido la oportunidad de que los padres le den inmediatamente la bienvenida a su bebé, han demostrado que el proceso de apego es un proceso prolongado y no un instante único y mágico. La oportunidad de apegarse en el momento mismo del nacimiento puede compararse al acto de enamorarse: permanecer enamorado toma mucho más tiempo y exige mayor esfuerzo. Cuando el primer saludo debe ser postergado, los padres siguen teniendo la oportunidad de apegarse completamente a su bebé. Es sumamente importante que los futuros padres y aquéllos que los asisten en el nacimiento sepan no sólo que cada familia tiene su propio ritmo sino que la verdadera meta es el apego fuerte y a largo plazo.

Cuando examino al recién nacido y comparto sus actuaciones con los padres — el segundo momento clave — conocemos juntos al bebé. Me gusta recordarles el bebé que soñaron y sus predicciones en la consulta prenatal. Puesto que ahora están tratando de ajustar la imagen soñada a la real, nos sirve a los tres tener presente ese ajuste. Si, por ejemplo, han soñado con un bebé callado y tranquilo y éste es vigoroso, impulsivo y difícil de tranquilizar, los nuevos padres tendrán mucho trabajo por delante. Si son conscientes del ajuste, probablemente sea más fácil. Sus sentimientos de decepción pueden dar paso al reto de comprender a este bebé en particular. Si conversamos sobre sus sentimientos, pueden verme como un aliado.

"Tiene tu nariz". "Tiene los ojos de mi padre". "Su voz se parece a la de la tía Laura cuando está furiosa". Todos estos comentarios representan intentos de convertir al bebé en alguien familiar y de establecer qué tipo de persona será. El psiquiatra infantil Bertrand Cramer, en el libro que escribimos conjuntamente, *The Earliest Relationship*, habla de cómo los padres deben reconciliar al bebé real con uno imaginario que representa importantes experiencias de su propio pasado. Sus intentos de definirlo o caracterizarlo son parte de la tarea de conocer al extraño. Al igual que directores de una obra de teatro, asignan al bebé varios papeles — "pequeña emperatriz", "quejosa", "conquistador de mundos", "ángel", etcétera —, a la vez que escudriñan su historia familiar en un intento por entenderlo. Si le asignan al bebé un papel que no le corresponde, el ajuste será mucho más difícil y es posible que los padres necesiten ayuda.

El descubrimiento del bebé real

El examen del bebé A medida que los padres examinan al nuevo bebé, primero
tímidamente, luego palmo a palmo, cada detalle les suscita
atención. A veces se preocupan por la forma de la cabeza,
que puede parecer un poco puntuda o irregular. La cabeza
debe amoldarse al trabajo de parto y al alumbramiento.
Puede alargarse y disminuir de diámetro hasta tres centímetros. Pero se redondeará de nuevo en dos o tres días. Esto
no le hace daño al cerebro. La única protuberancia que
permanecerá es una hinchazón grande, blanda y llena de
sangre en un lado u otro. Se llama cefalohematoma y se
reabsorberá en tres o cuatro meses. Aun este tipo de hinchazón no indica daños al cerebro, el cual está amortigua-
do. El sitio blando en la parte superior de la cabeza, llamado fontanela, le permite al cráneo amoldarse para el parto.
Si la cabeza recibe un golpe, el cráneo cederá. Es una
protección importante.

Los moretones no significan que el bebé está aporreado.
Si un lado de la cara aparece caído o no se mueve cuando
el bebé arruga la cara, puede quizá deberse a parálisis
facial, a veces producida por el uso de fórceps durante el
alumbramiento. Será muy probablemente temporal y desaparecerá en pocas semanas. Moretones e hinchazones
desaparecen rápidamente.

Los ojos del bebé estarán hinchados debido a una combinación de la presión utilizada para administrar los medicamentos y el nitrato de plata que aún se les aplica en
muchos hospitales a los bebés para prevenir infecciones de
gonococo. Se trata de una substancia abrasiva y causa hinchazón. En algunos estados de los Estados Unidos se permite ahora, en vez del nitrato de plata, el uso de un ungüento antibiótico, que causa menos hinchazón. De cualquier manera, el bebé puede ver a través de las pequeñas
aberturas de los ojos, aun si los tiene hinchados.

Otras personas se preocupan por los pinchazos que se
hacen al bebé para extraer muestras de sangre. Aunque esto
es, al parecer, un ataque espantoso a los piececitos sensibles, es necesario. Sanan milagrosamente. Estos exámenes
se hacen para determinar si hay ictericia, al igual que una
serie de irregularidades congénitas: dificultades tiroideas y
fenilcetonuria o PKU, un desorden que afecta al cerebro del

bebé a menos que se trate con la debida prontitud. Las dificultades tiroideas pueden ser manejadas también, pero debemos empezar pronto. Pincharles los talones a los bebés para identificar estas enfermedades es una medida preventiva importante, aunque son pocos los bebés que dan resultados positivos a estas pruebas.

Muchos recién nacidos empiezan a ponerse amarillos (ictéricos) al segundo o tercer día. La ictericia es causada por la inmadurez de las células de la sangre, las cuales transportan el oxígeno en el útero y resultan frágiles en presencia del oxígeno de fuera del útero. En el útero se necesitan, para transportar el oxígeno, más células que en el ambiente externo. Hay demasiadas células después del parto. Éstas se desintegran, y la desintegración produce bilirrubina, o ictericia. El hígado y los riñones inmaduros del recién nacido no se deshacen de la bilirrubina con facilidad. Si la bilirrubina sube de cierto nivel, el cual cambia día a día, es necesario intervenir. Las luces de bilirrubina ayudan a desintegrarla. Estas luces se utilizan a manera de fototerapia. Se desviste al bebé y se le cubren los ojos, cosas que el recién nacido detesta. Mientras se halle bajo las luces, estará nervioso e inquieto y será difícil de alimentar. Pero se recuperará. Este comportamiento será pasajero y no representa daño cerebral. Puesto que los padres suelen considerar la ictericia equivalente a daño cerebral, quiero tranquilizarlos.

Una tarea vital de los nuevos padres es aprender a reconocer los diferentes llantos del recién nacido. Cualquier tipo de llanto suele interpretarse como una petición de socorro. Los padres automáticamente sienten que deben responder e identificar el problema que ocasiona el llanto. Esto tomará tiempo. Hay por lo menos seis tipos de llanto, según su causa: dolor, hambre, incomodidad, fatiga, aburrimiento y descarga de tensión. A medida que nos los encontramos en nuestro examen, trato de describirlos: su tono, su calidad, su duración y su intensidad. Trato también de ayudar a los padres a observar cualquier esfuerzo por calmarse a sí mismo que esté haciendo el bebé, pues todas estas observaciones serán de utilidad más adelante, a medida que aprendan a responder a sus llantos. Cuando puedan empezar a ver el esfuerzo propio del bebé por calmarse y puedan diferenciar los distintos llantos, podrán entender su papel.

Las investigaciones muestran que los padres son capaces de reconocer al tercer día el llanto de su bebé y diferenciarlo del de otro recién nacido. Para el décimo o decimocuarto día pueden distinguir entre los tipos de llanto. El aprendizaje puede ser más veloz si la persona encargada de cuidar al bebé comparte esta información con ellos. En lugar de un esfuerzo frenético por detener el llanto, pueden aprender la meta más realista de ayudarle al bebé a calmarse a sí mismo y recobrar el control.

Cada familia debe emplear sus propios procedimientos para cambiar pañales, alimentar, sacar gases, abrazar, cargar, mecer o cantar. Gradualmente aprenderá qué le funciona y cuándo el bebé necesita que se le dé un tiempo para que se calme solo y descanse. Aprender a ser padres es un proceso a largo plazo. Todos cometemos errores. Desde el comienzo, trato de hacer hincapié en la noción de que aprender a ser padres significa aprender de los propios errores. Se aprende mucho más de los errores que de los aciertos.

Los primeros cuidados

Siempre que tengo la oportunidad, me gusta observar al bebé cuando es alimentado. Éste es también un momento clave para nosotros. Si la nueva madre está tratando de empezar a amamantar, puedo sugerirle varios trucos. Maniobras simples como sostener al bebé, ciertas maneras de hacer salir el pezón para que entre hasta el fondo de la boca del bebé y produzca el reflejo de mamar, al igual que las acciones que mencionamos en el capítulo 2, pueden invitar a un bebé amodorrado o intranquilo a mamar organizadamente.

Existen dos tipos de succión: 1) No nutritiva, o succión positiva, la cual el bebé utiliza para arrullarse y mantenerse bajo control, y 2) nutritiva, o succión negativa, la cual utiliza para alimentarse. La diferencia se hace patente al introducirle un dedo en la boca. En la primera forma de succión utiliza la punta de la lengua en un movimiento de lamer. En la segunda, como lo describíamos anteriormente, la punta de la lengua hace un movimiento de lengüeteo, la parte de atrás empieza a moverse como extrayendo leche del dedo y finalmente se siente un verdadero halar desde el fondo de la garganta. Los tres componentes entran en acción por separado y luego se vuelven coordinados para formar una sola y eficaz acción de chupar. Los padres pueden darse cuenta de la diferencia por ellos mismos. Cuando el bebé utiliza la primera manera de chupar, está dispuesto a permanecer despierto y a que se juegue con él. Los padres pueden emplear estos ratos para hablarle y jugar. El día de un bebé debe ser más rico y complejo que simplemente dormir y comer.

En relación con la alimentación, los nuevos padres con frecuencia me preguntan: "¿Cómo sé que ya está lleno?" El bebé empieza con un arranque de corta duración, durante el cual chupa constantemente. Rápidamente, pasará a una sucesión de impulsos y pausas. A una racha de chupadas le seguirá una pausa: chupar, chupar, chupar, descansar. El psicólogo Kenneth Kaye y yo hemos estudiado las pausas para tratar de comprender su significado, pues nos habíamos dado cuenta de que durante estos intervalos los bebés tendían a mirar a su alrededor y a escuchar. En las pausas, la madre con frecuencia moverá al bebé, luego lo mirará instándolo a que coma más o le acariciará las mejillas a medida que le habla. El cincuenta por ciento de las pausas van acompañadas de una respuesta materna, y el otro cincuenta por ciento pasan inadvertidas. Les preguntamos a las madres el porqué de mover, hablar o acariciar. Las respuestas eran del siguiente estilo: "Para que vuelva a comer. Parece distraído o que se le hubiera olvidado comer, y quiero que quede lleno". En nuestro estudio, las pausas del bebé cuando la madre no respondía eran significativamente más cortas que aquéllas que suscitaban una respuesta de la madre. En otras palabras, el bebé parecía prolongar las pausas para captar estímulo social. Llamamos la atención sobre este patrón de impulso-pausa en los bebés, para enfatizar la importancia de jugar con el bebé y de hablarle durante los ratos en que se le alimenta.

Mientras conversamos sobre las oportunidades de juego, me gusta hacerles caer en cuenta de que el baño y el cambio de pañal también son momentos importantes de comunicación. Hablarle al bebé y besarle la barriguita son complementos irresistibles del cambio de pañal. ¡Los padres pueden volverlo divertido! A la mayoría de los bebés les disgusta que se les desvista para el baño. Si éste es el caso, los padres pueden envolverlo en un pañal de tela después que esté desnudo, para hacerlo sentir seguro. Pueden luego meterlo en el agua tibia, sosteniéndole la cabeza con una mano. Cuando ya esté dentro del agua, se le puede quitar el pañal. Se pondrá entonces activo, pero no molesto, cuando entre en contacto con el agua tibia. Cuando esté pataleando y manoteando, los padres le pueden conversar y jugar activamente con él. Los nuevos padres a veces necesitan permiso para sentirse con la libertad y el apoyo suficientes para comprender que el juego con el bebé le es tan importante como las formas más serias del cuidado al niño.

"¿Cómo sabré cuándo alimentarlo?" Los padres se preguntan si deben ajustarse a un horario o dejarse guiar totalmente por el bebé. He aquí lo que les aconsejo. Al principio, aliméntenlo cuando llora. Si esto no funciona, ya aprenderán cuáles llantos significan hambre y cuáles denotan otras cosas. Si de verdad tiene hambre, será difícil no darse cuenta. Seguirá inquieto y retorciéndose hasta que se le alimente. Cuando llegue a casa por primera vez, siga las pistas que él le da, para alimentarlo cuando crea que lo pide. Despiértelo después de cuatro horas si no se ha despertado por sí solo. De ese modo, se empezará a tratar de establecer un horario. Más adelante, al cabo de una o dos semanas, usted sabrá descifrar mejor las pistas y podrá empezar a ayudarle a esperar un poco. Aproximadamente a las dos o tres semanas, deberá ser capaz de esperar dos o tres horas, pero también deberá estar comiendo por lo menos seis veces al día.

Cuando el bebé se atraganta o escupe, posiblemente ustedes se preocupen de que se esté asfixiando. Es muy difícil que un recién nacido se atragante hasta asfixiarse, porque sus reflejos respiratorios son muy eficientes en mantener despejadas las vías respiratorias. Si, en efecto, el bebé empezara a asfixiarse, póngalo sobre su regazo, la cabeza más abajo que el cuerpo, y déle palmadas suaves en la espalda. Esto ayudará a despejarle la tráquea para que pueda respirar. Usted — en realidad, todos los padres — debería tener a mano una guía de primeros auxilios. Debería tener también los números de emergencia cerca de cada aparato telefónico. Así, cuando se presente una emergencia, no tendrá que pensar, sino simplemente reaccionar.

Si el bebé devuelve algo después que se le alimenta, probablemente sea porque ha estado tomando el alimento con demasiada rapidez. Si con cada trago se oye un ruido, es porque está tragando aire. Después de una de estas comidas ruidosas, póngalo ligeramente reclinado antes de sacarle los gases; es decir, colóquelo reclinado en un ángulo de treinta grados durante veinte minutos, dejando que la gravedad haga bajar la leche y deje subir el aire. Luego, cuando esté sentado, la burbuja de aire saldrá sin leche.

Nada en la crianza es tan satisfactorio como un grande y húmedo eructo después de la alimentación. Para sacarle los gases al bebé, póngalo sobre su hombro. Déle palmaditas suaves en la espalda, meciéndolo y hablándole. Es posible que, si es muy eficiente, no siempre tenga que eructar. Si suele tomar a grandes tragos, tendrá gases. Cada vez que toma, traga aire. Pero los gases no le harán daño y siempre podrá sacarlos por el otro extremo si no se logra sacarlos por la boca. Es poco probable que le causen dolor de estómago. Si lleva cinco o diez minutos tratando de que eructe, sin lograrlo, déjelo recostado en un ángulo de unos treinta grados; probablemente logrará eructar solo.

Los primeros episodios de hipo pueden parecerles una catástrofe a los nuevos padres. Tranquilícese. Se le quitará. De todos modos puede darle algo para chupar: agua o agua azucarada. Pero se le quitará de todos modos. Con frecuencia el hipo es sintomático de exceso de estimulación; así que no lo agrave.

Aunque trato en general de no imponer a los padres reglas categóricas, hay una pregunta para la que tengo una firme respuesta. Cuando los padres me preguntan si se puede dejar al bebé solo con un biberón sostenido de algún modo, mi respuesta es: *de ninguna manera*. Todos los bebés merecen que se les abrace al alimentarlos. La comunicación durante la alimentación es tan importante como la comida misma.

Con frecuencia, las mujeres que están amamantando se preguntan si el bebé está tomando suficiente leche. Si el bebé parece satisfecho después de mamar, ésa es la señal más importante. ¿Espera después algunas horas? ¿Orina varias veces al día? También, debe volver al peso que tenía al nacer después de los primeros siete a diez días de estarlo amamantando. Todos los bebés pierden peso durante los primeros días — a veces hasta una libra — mientras esperan que la leche de la madre fluya bien. Es posible que los senos no se llenen del todo sino hasta el día cuarto o quinto. Entre tanto, las reservas de tejido adicional del bebé, que ha acumulado hacia el final del embarazo, lo protegen. El calostro antecede a la leche uno o dos días y es sumamente valioso: es rico en proteínas y en anticuerpos contra las infecciones.

Las deposiciones iniciales del bebé pueden ser alarmantes. Son negras y se las conoce como meconio. Están constituidas por productos de la desintegración de células que el bebé ha ingerido durante nueve meses en el útero. Para el tercer día, las heces habrán cambiado a verde y tendrán una consistencia mucosa. Para el cuarto o quinto día, es posible que se vuelvan amarillas y pastosas. Ésta es la primera indicación de que el bebé está empezando a digerir la leche. Pueden ocurrir cada vez que el bebé se alimenta o incluso una vez a la semana en el recién nacido. Si se trata de un bebé que toma leche materna, las deposiciones no serán olorosas. Con frecuencia son de color amarillo y verde chillón (para mayor información sobre el amamantamiento y el biberón, véanse la bibliografía y el capítulo 23).

Misericordiosamente para los padres, mucha de la vida del recién nacido se gasta en dormir. La mayoría de los bebés tienen preferencias en cuanto a la posición para dormir, y lo dejarán saber. Las enfermeras en el hospital con frecuencia le dirán que lo acueste de lado. Esto se hace para prevenir que aspire leche o secreciones que quedan después del parto, pero no es realmente necesario transcurridos los primeros días. Una vez que el bebé se ha vuelto activo, se volteará para uno u otro lado. Boca abajo, podrá mover la cabeza para destaparse la nariz o la boca, *si* no tiene demasiada ropa de cama. También es posible que esté más tranquilo boca abajo. No podrá hacer movimientos sobresaltados, pues tendrá el movimiento de los brazos restringido por la cama. Así que, si es muy inquieto, ensaye esa posición. Boca arriba, si le agrada, encontrará una posición acogedora, doblado y con la mano cerca de la boca. Usted se dará cuenta, pues él se lo hará saber.

"¿Debo recurrir al chupete?" Algunos bebés verdaderamente lo necesitan para calmarse. Son bebés que no quieren o no pueden encontrarse el pulgar. Sin duda, yo preferiría el pulgar. Siempre está allí para que lo utilice cuando quiera. La mayoría de los bebés necesitan maneras de consolarse a sí mismos. Si son activos o fáciles de despertar, sin duda necesitan una manera de relajarse. Siempre me agrada ver un bebé capaz de consolarse solo. Será más fácil para los padres.

Cuando un bebé está estimulado en exceso, parecerá quizá como si los ojos le flotaran, tendrá los brazos y las manos inertes, fruncirá tal vez el ceño, o quizá esquive la mirada. Las regurgitaciones y las deposiciones pueden ser señal de estrés. Pueden aparecer en momentos inesperados, junto con llantos quejosos y agudos. Estas reacciones son señal de que el bebé necesita tiempo para recuperarse y reorganizarse. Si usted trata de hacer demasiado para ayudarle, es posible que agrave la sobrecarga. Cuando ha probado todo sin éxito, tal vez deba retroceder y simplemente observarlo. El bebé le dirá con su comportamiento qué es lo que necesita.

El bebé como maestro

Como lo dije anteriormente, aprender a ser padres es aprender de los errores y de los aciertos. A medida que hacen ensayos, les digo a los nuevos padres: dejen que el bebé les diga si tienen o no razón. Si van por el camino correcto, mostrará cara de placidez y satisfacción, tendrá el cuerpo relajado y sus respuestas serán organizadas y previsibles. Si van por el camino equivocado, el bebé estará desorganizado e inalcanzable. Evitará sus caras. Tendrá pataletas y será imposible calmarlo. Su color cambiará a rojo intenso o ligeramente azul. Pondrá rígidas las extremidades, y el llanto quizá sea penetrante y ahogado. Quizá no sepan qué hacer, así que pruébenlo todo, inclusive dejarlo solo para que salga de su caos, como lo anotaba antes. En un período sorprendentemente corto, usted aprenderá lo que, con su manera de comportarse, está tratando de comunicarle.

Muchas madres primíparas me han dicho: "Me encantaría poderme quedar aquí en el hospital, donde sé que mi bebé está seguro". Todas se sienten del mismo modo. Pero piense en todas aquéllas que durante siglos han sabido desenvolverse con su nuevo bebé. Le aseguro a cada nueva madre que aprenderá qué hacer, con la ayuda del bebé. La enfermera y el pediatra también pueden ayudar, pero el mejor maestro será el bebé, cuyo lenguaje especial — su comportamiento — puede ser observado y es confiable.

Los comienzos con bebés prematuros

Cuando el bebé nace antes de tiempo, o ha sufrido estrés debido a condiciones intrauterinas que lo agotan, los padres se sienten responsables. Las madres sienten que podrían haber obrado de manera diferente. Irracionalmente o no, la madre siente que ha puesto en peligro a su bebé. Un padre preocupado se sentirá, a su manera, responsable. Esta sensación de responsabilidad producirá depresión. Los padres se culpan y se sienten furiosos e impotentes: "¿Por qué yo?" "¿Qué podría haber hecho de manera diferente?" Una respuesta racional no sirve; estos sentimientos son demasiado profundos.

El nacimiento de un bebé extremadamente prematuro, o de uno que corre el riesgo de tener algún defecto o que ya lo tiene, suscitará tres respuestas previsibles:

1. *Negación*. Los padres que niegan que el problema tiene importancia, a la vez que se dan cuenta de la fragilidad de esta defensa. La negación tiende a distorsionar la realidad de una u otra forma, presentando la situación

como demasiado color de rosa o demasiado negra. Esta negación les ayuda a los padres a seguir adelante, pero finalmente exigirá un reajuste.

2. *Proyección.* Se atribuye la culpa a otra persona, y se imagina que esta persona causó o agravó el problema. Los médicos, las enfermeras y otros encargados se convierten en blanco de esta defensa. Su ayuda se vuelve sospechosa y las relaciones peligran.

3. *Desapego.* Los padres se pueden alejar del bebé en riesgo, no porque no les importe, sino porque interesarse a fondo y sentirse tan impotentes es demasiado doloroso.

Estas reacciones y defensas ante la aflicción son naturales e incluso forman parte de la adaptación. Deben ser aceptadas. Aquéllos que velan por los padres y por los recién nacidos deben entender que estas defensas son necesarias y que no tienen que ser destructivas si son entendidas. Un profesional cuidadoso puede verlas como parte de los esfuerzos de los padres por recuperarse, al igual que por relacionarse con un bebé que no corresponde a sus sueños.

Después del parto, todos los bebés pasan por un período de recuperación. Un bebé prematuro, o uno que ha padecido estrés en el útero, se comportará de manera que revela su fragilidad física. A medida que su sistema autonómico (cardiovascular y respiratorio) se recupera del choque de tener que hacerse cargo de sus funciones antes de tiempo, y a medida que su sistema neurológico madura fuera de la protección del útero, el bebé será muy vulnerable a estímulos auditivos, visuales y táctiles. Cada contacto, ruido o aun cambio de luz se reflejará en un cambio de color, respiración y control cardíaco. El comportamiento motor también reflejará su inmadurez, sea en la debilidad del tono muscular y en la escasez de movimientos espontáneos, sea en los movimientos bruscos y descoordinados, que aparecen en momentos imprevisibles y tras cualquier estímulo. Estos movimientos trastornan el sistema frágil del bebé. El control sobre sus estados es pobre, y aunque trate de mantenerse dormido o de evitar excesos abrumadores de estimulación, es posible que en un instante pase del sueño a cortos períodos de vigilia. Si está despierto, la mayoría de las veces estará llorando y no en un estado de vigilia tranquila. Es posible que evite ser mirado, tocado o que se le hable. Quizá emita sólo respuestas negativas. Para los padres temerosos, sedientos de comunicación, este comportamiento del bebé les aumenta la ansiedad acerca de si está intacto o de si será capaz de recuperarse.

Mientras el bebé se recupera, los padres necesitan paciente apoyo. Si pueden visitar al bebé y aprender con el tiempo cómo manejarlo, estarán listos para la tarea de cuidarlo en el momento en que puedan llevárselo a casa. Médicos y enfermeras pueden ayudar enseñándoles acerca del comportamiento y las reacciones del bebé antes de la salida del hospital. Tales bebés sólo toleran estímulos muy sutiles. Se les puede cargar, o mecer, o mirar, pero solamente una de estas cosas a la vez y de manera sumamente delicada. Si se respeta este bajo nivel de tolerancia a recibir información, el bebé en recuperación puede gradualmente tolerar más y más.

Con el tiempo, cada sistema — motor, autonómico, de estado y de atención — empezará a mostrar reacciones más vigorosas. Al volverse menos frágil, el bebé podrá empezar a prestar atención a estímulos auditivos y visuales, pero a un nivel muy bajo y durante breves períodos. Cuando empiece a fijar la mirada en la bola roja o en las caras de los padres, o a voltear la cabeza en dirección del cascabel, se podrán dar cuenta de cuánto esfuerzo implica esto para su sistema nervioso. Hará movimientos más bruscos, o tendrá las extremidades completamente inertes. Es posible que se voltee alejándose del cascabel o la voz, en lugar de buscarlos. Los ojos tal vez le den vueltas, la cara se le alargará, palidecerá y las respiraciones aumentarán. Hipo, bostezos, regurgitaciones, deposiciones, todos pueden ser señales de estrés o sobrecarga. Es importante que los padres entiendan estos síntomas para evitar reacciones desmedidas.

Disminuir el ruido, la luz y la estimulación en la habitación del prematuro ha sido la forma como mis colegas y yo hemos intentado respetar el frágil sistema nervioso de estos bebés. Se han recuperado y ganado peso más rápidamente y han necesitado menos oxígeno y menos tiempo en la incubadora. Además, se han podido ir a casa antes y en estado menos frágil. Los padres que continúen proveyéndoles en casa de un ambiente moderado les ayudarán a prosperar.

A medida que los prematuros, o aquéllos bebés que han nacido a tiempo pero con el peso por debajo de su edad gestacional (conocidos como bebés SGA, del inglés "Small for Gestational Age") maduran, sus estados empiezan a alargarse. Son capaces de poner atención durante más largo rato y de chupar y comer más eficientemente. Se puede jugar con ellos más y más tiempo. Sin embargo, alcanzar el nivel de comportamiento de un bebé de completa gestación puede demorarse más de lo que los padres esperan. Es destructivo comparar constantemente el progreso del bebé con el de un bebé de gestación completa. Si, en lugar de ello, los padres se dedican a prestar cuidadosa atención a las reacciones individuales de su bebé, pueden fijarse metas apropiadas. Cuando la escala de evaluación del comportamiento neonatal se hace junto con los padres, la particular capacidad de ver, oír y prestar atención de este bebé se hará evidente, a la vez que sus debilidades. Su necesidad de trato especial o de intervención temprana pueden entonces explicarse de manera útil.

Un bebé con un sistema neurológico deficiente puede beneficiarse de programas remediales muy tempranos, que le enseñen a sustituir los sistemas deficientes por otros. Un bebé ciego, por ejemplo, puede aprender a utilizar señales táctiles y auditivas para superar su ceguera, *si* ellas se le ofrecen con un ritmo adecuado a sus necesidades. Si se le ofrecen una por una a modo de estímulos tranquilos, lentos y no intrusivos, es posible observar el comportamiento del bebé y establecer si los está utilizando. Hemos seguido a varios bebés ciegos. Son hipersensibles al tacto y al sonido; así que hay que bajar el tono de voz y moverlos más suave y lentamente. Los padres de un bebé con cualquier tipo de deficiencia o retardo en el desarrollo necesitan un profesional capacitado que les indique las respuestas positivas del bebé, cómo ayudarle a tener control sobre sí mismo y las señales de sobrecarga en relación con su entorno (véase el capítulo 18).

A lo largo de los años, me ha maravillado la capacidad que tiene un bebé de recuperarse de hechos tales como nacer antes de tiempo; y tengo por qué ser optimista cuando trabajo con los padres de estos bebés. Hay dos trampas que los padres deben evitar en su ajuste al frágil bebé. En primer lugar, la ansiedad y la decepción pueden llevarlos a protegerlo en exceso. Aun el bebé más delicado y estresado logra más si aprende a dar cada paso por sí mismo. Es difícil dejar de sobreproteger a tiempo, cuando ya el bebé hace rato dejó de necesitar tanta protección. Darle el espacio y el tiempo suficientes para aprender cada paso por sí mismo es difícil pero provechoso, pues desarrolla su sentido de autonomía y lo vuelve competente.

La segunda trampa es una que ya mencionamos. Aunque todos los nuevos padres comparan a su bebé con otros bebés, los padres del que está atrasado sentirán más afán de que alcance a los demás. "¿Cuándo alcanzará a otros bebés de su edad?", me preguntan los padres. "¿Qué edad debería tener? Tengo temor de que sea lento. Cada vez que no da el siguiente paso a tiempo temo que sufra de daño cerebral". Estas preguntas son un reflejo sincero de los temores que acompañan el ajuste de los padres al bebé minusválido o retrasado.

Las respuestas individuales del bebé y su propio temperamento son los mejores antídotos para estos temores. En cada visita los padres deben pedirle al médico que les muestre el progreso del bebé y su nivel de desarrollo. Aun cuando el número de meses que le faltaron en el útero y las semanas en el hospital han sido descontados, cada paso nuevo se demora el doble, pues su sistema nervioso requiere mayor esfuerzo para organizarse de manera que pueda dar cada paso. Por ejemplo, el período de inquietud al final del día puede empezar y terminar más tarde, y la sonrisa y las respuestas vocales pueden tardar más en aparecer en un bebé frágil después de una difícil recuperación. Cuando los padres saben que eso probablemente resultará cierto, pueden evitar que su ansiedad interfiera la labor de ayudarle al bebé a recuperarse. La paciencia y un enfoque sensible y optimista son la meta. Son difíciles de lograr, y los padres se merecen toda la ayuda que el profesional pueda darles. En cada capítulo de la primera parte de este libro, los niveles de edad que menciono deben ser adaptados, y no deben ser tomados como pautas de medición rígida (véase el capítulo 32).

4

TRES SEMANAS

Cuando los padres me traen al bebé a la primera consulta, a las tres semanas de nacido, suelo encontrarlos agotados. Los nuevos padres vienen a mi consultorio en busca de consuelo, de comprensión de su abrumadora nueva tarea. A veces los acompañan los abuelos, o una niñera. Me fijo en quién carga al bebé. Si lo lleva la abuela o la niñera, me pregunto qué tanto los padres se han apoyado en esa persona de mayor experiencia, y qué tanta experiencia han tenido con su recién nacido. Busco también establecer qué clase de red de apoyo tienen estos nuevos padres.

Muchas nuevas madres estarán, en mayor o menor grado, sufriendo de depresión posparto. Es la depresión que a veces acompaña a la recuperación física y a la búsqueda de equilibrio de las hormonas después del trabajo de parto y el alumbramiento. Pero puede también formar parte del aprendizaje de un nuevo y abrumador papel. La madre deprimida generalmente está haciendo un gran esfuerzo por ajustarse a su papel de madre. Con frecuencia se ve desarreglada, mientras que el bebé se ve impecable con su vestidito delicado y poco práctico y sus mantas de colores claros. La nueva madre abrazará a su bebé estrechamente, como si temiera tropezarse o dejar caer su preciosa carga.

Detrás, el nuevo padre revolotea de manera protectora.

Tras recibirle el abrigo a la madre, tal vez le ayude a organizarse ofreciéndose a recibir el bebé. Si lo recibe un instante, lo mirará anhelante, con la esperanza de que se despierte y le devuelva la mirada. Por la manera como trata al bebé, me doy cuenta de qué tanto ha participado en la crianza. Las madres que no se atreven a delegar algo del cuidado del bebé, preferirán incomodarse antes que entregárselo a alguien. Cada gesto de los nuevos padres revela en qué etapa del proceso de adaptación se encuentran.

Si hablamos, al terminar cada frase la madre bajará la mirada hacia el pequeño atado que tiene sobre el regazo. Si el bebé se empieza a mover, quizá ella me mire ansiosamente, como diciendo: "¿Y ahora qué hago?" Si el bebé llora, puedo predecir que el padre saltará a ayudar. Ambos empezarán a tratar de consolar al bebé, cambiándolo de posición, introduciéndole en la boca el chupete — si es que han decidido usarlo, mirándome con gesto implorante para que les ayude. Como último recurso, la madre tratará de darle el pecho. Aunque las mujeres son hoy mucho más desinhibidas que cuando empecé a ejercer la profesión, la nueva situación de estar en mi consultorio, bajo mi mirada escrutadora, puede ser sobrecogedora. Es posible que tenga que sugerirlo. Al poner el bebé a mamar, hará cara de alivio. Algunos padres tratarán de tomar en sus brazos al inquieto bebé para consolarlo y ahorrarle esfuerzos a la madre, y para demostrar así una relación compartida con su bebé.

Este comportamiento frágil y un tanto infantil es algo que ya espero de los nuevos padres cuando llegan a mi consultorio. Más que una señal de incompetencia, representa su capacidad de aceptarme en un papel de abuelo consentidor, lo cual les permite bajar las defensas. Todos los nuevos padres necesitan una persona en la cual apoyarse y que pueda resolverles preguntas y preocupaciones. Les agradezco su confianza y trato de demostrárselo con mi voz y mis comentarios.

A las tres semanas, la mayoría de los padres han hecho grandes esfuerzos por adaptarse a su nuevo bebé. Ha habido innumerables llamadas telefónicas entre los padres y el médico o la enfermera. Mientras empiezan a sentir que vuelven a ser dueños de sus vidas, esta adaptación es física y emocionalmente agotadora. Una depresión posparto puede verse, en cierta forma, como una manera de ahorrar energía después del alumbramiento. Siempre he instado a los padres a que conserven sus recursos en la medida de lo posible. Las visitas deberían estar limitadas a unas pocas: a aquéllas que ayuden y presten apoyo, y excluir, por el momento, todas las de felicitación, que consumen tiempo y energía. Si esto es difícil, los padres pueden decir que el pediatra les ha pedido que se abstengan de recibir visitas durante dos semanas. Mientras el sistema inmunitario no esté completamente activo, los recién nacidos son muy vulnerables a los gérmenes que puedan traer las visitas. Un período libre, en la medida de lo posible, de presiones externas les permite a los padres tener el espacio que necesitan para configurar la familia. Con frecuencia, a mayor júbilo de los padres con el nacimiento, mayor el hundimiento cuando regresan a casa. Darse cuenta de la responsabilidad es abrumador para los padres conscientes.

En esta primera consulta, hago un gran esfuerzo por incluir al padre, instando a la pareja a acordar la cita para cuando éste pueda asistir. En la consulta, me apresuro a preguntarle cuáles son sus impresiones y qué ha observado en su bebé. Una vez que se ha desinhibido, sé que se tornará comunicativo durante el resto de la consulta. Busco la oportunidad de observarlo con el bebé y de hacer comentarios sobre la interacción que vea entre ellos. Más o menos a las cuatro semanas, el bebé ya ha aprendido patrones especiales de comportamiento con cada uno de los padres. Con la madre, los movimientos de las extremidades y los gestos faciales son suaves y rítmicos, anunciadores de una interacción moderada y rítmica. Con el padre, las facciones del bebé demuestran viveza, las extremidades se tensan como a la espera, como si el bebé hubiese aprendido ya que su padre le juega. Cuando veo que el comportamiento ya empieza a mostrar esta distinción en el bebé de tres semanas, se la describo a los padres para que puedan observarla y disfrutarla también. Estas diferentes respuestas a cada padre son una excitante indicación de los primeros pasos en el desarrollo cognoscitivo.

Qué bueno que el padre pueda sacar tiempo del trabajo no sólo para aprender a cambiar pañales, a alimentar al bebé y a jugar con él, sino también para ayudarle a la esposa a efectuar el enorme cambio de enfoque que requiere cuidar un individuo recién nacido y dependiente. Si la madre o la abuela, en ademán de "defender la portería", hacen que el padre se sienta dejado de lado en estos momentos, lo más probable es que también en el futuro su sensación de compromiso se vea reducida.

Mientras estoy conversando con los padres, conociéndolos y aprendiendo sobre su adaptación, puedo observar el temperamento del bebé. El concepto de temperamento tiene que ver con el estilo: cómo duerme el bebé, cuán difícil es calmarlo, cuán intensos se vuelven sus movimientos, cómo trata de calmarse él mismo, y qué tan alerta se pone durante el examen que le practico. Todas estas observaciones pueden ser compartidas con los padres desde el comienzo, para que sepan que yo veo el mismo bebé que vive con ellos. Una vez que los padres se percatan de esto, se sienten mucho más seguros y relajados para pedir información y apoyo.

Alimentación

En nuestro mapa de momentos claves — de los momentos de la vida del niño en que se ponen en primer plano ciertos aspectos —, las preguntas sobre alimentación son inevitables a las tres semanas. Una vez que se plantea el tema, puedo esperar un alud de preguntas: con qué frecuencia alimentarlo; cómo saber cuándo tiene hambre; durante cuánto tiempo alimentarlo cada vez, al igual que preguntas sobre eructos, regurgitaciones, deposiciones y sobre los intentos del padre de darle el biberón — especialmente si la madre lo está amamantando. Al comienzo, la alimentación con leche en polvo puede parecer más fácil, porque cada miembro de la pareja sabe cuánto y con cuánta frecuencia ha comido el bebé.

A menudo los padres me llaman, sumamente preocupados porque el bebé "devuelve todo lo que ha comido". Les explico que después de una alimentación ruidosa y a grandes tragos, pueden esperar un gran eructo y un chorro de leche al terminar. La comida que baja como un ascensor, sube como un ascensor. Como dijimos en el capítulo anterior, aprender a extraerle los gases al bebé es uno de los mayores logros de las primeras semanas. A menudo, pequeñas sugerencias prácticas de una madre con experiencia o de un pediatra traen un reconfortante éxito. Después de estas preguntas prácticas, con frecuencia los padres pasan a preocupaciones más profundas sobre la alimentación. Para las madres que amamantan, la principal preocupación es: "¿Está comiendo suficiente?" Conversamos sobre la manera de darse cuenta según el comportamiento del bebé:

1. ¿Parece satisfecho después de comer?
2. ¿Duerme una o dos horas entre comidas?
3. ¿Orina con frecuencia? (los pañales mojados son el indicio de que ingiere líquidos).
4. ¿Cuántas deposiciones hace? (Les advierto a los padres que el patrón de deposiciones puede cambiar drásticamente en las próximas semanas. Un bebé amamantado puede hacer entre ocho y diez deposiciones en un día al comienzo y luego quizá cambiar a un patrón de una vez a la semana. Si después de una semana la deposición es suave y grumosa, esto no significa estreñimiento. La leche materna puede ser digerida completamente y sin ningún residuo. Muchos bebés siguen este patrón cuando toman leche materna hasta que empiezan a comer sólidos o aumentan la ingestión de leche en polvo. Entonces, el patrón cambiará.)
5. ¿Pesa ahora de nuevo lo mismo que pesaba al nacer? (Como lo mencionamos antes, justamente después del parto los bebés pierden líquidos almacenados. Pueden perder hasta el 20 por ciento del peso en los primeros cuatro o cinco días, antes que la leche materna o la de fórmula comercial pueda rehidratarlos. La mayoría de los bebés son dados de alta en el hospital cuando todavía pesan menos que al nacer. La transición del hospital a la casa puede ser estresante y es posible que la leche de la madre no fluya hasta el quinto día. De ahí que la posibilidad de ganar peso puede no presentarse

hasta la segunda semana. A la tercera semana, el bebé deberá estar recobrando el peso. Todas las madres y los padres sienten alivio al ver que el bebé está engordando.)

Por lo general los padres consideran la alimentación como su principal responsabilidad. Cuanto más intenso sea el sentimiento de responsabilidad, menor probabilidad habrá de que los padres reconozcan el aporte del niño. En esta primera consulta, trato de indicar cuánto significa el comportamiento del bebé en el momento de comer. La actitud del bebé nos da una idea de su temperamento y de lo importante que es la intensidad de su participación. Trato de hacer hincapié en las claves que da el bebé y que los padres pueden utilizar para enriquecer el desarrollo de la autonomía de su hijo en la circunstancia de la alimentación. Hablamos sobre el patrón racha-pausa que sigue el bebé para mamar, lo cual les da a los padres la oportunidad de hablarle y jugarle al alimentarlo.

Comunicación

Nuestra discusión sobre la alimentación nos lleva al más importante de los puntos: alimentar al bebé es tan sólo la mitad de la tarea. Aprender a comunicarse con él — tocarlo, hablarle, mecerlo, y aprender a actuar en coordinación con su comportamiento — es tan importante como alimentarlo. Con frecuencia en esta etapa, tanto la madre como el padre pueden llegar a encontrarse atrapados en la tarea "instrumental" de aprender a alimentarlo. Aún no son capaces de escucharme hablar sobre el "lado suave" de alimentar al bebé. Pero lo traigo a colación, como lo hago en cada consulta siguiente.

Entre tanto, hay una buena oportunidad de observar la manera como los padres se comunican con el bebé allí mismo, en mi consultorio. Me fijo en los patrones que los padres y el hijo han aprendido. ¿Se le ilumina el rostro al bebé cuando los padres lo miran y le hablan? ¿Han aprendido cómo cargarlo y cómo sostenerlo, con relación a sus caras, para retener su atención? En la tarea de aprender el apego, los dos primeros pasos son ayudarle al bebé a pres-

tar atención y a prolongar la atención en una situación cara a cara. El ritmo especialmente moderado de la conversación y de la gesticulación facial que se requiere para atraer y retener la atención del bebé, debe aprenderse en las primeras semanas.

Todas estas pequeñas claves revelan qué tanto tiempo le ha dedicado esta nueva familia a conocerse. Muchos padres novatos y ansiosos dedican las primeras semanas a la alimentación y al sueño, sin dejar tiempo para la comunicación. Si observo que esto es evidente, busco la oportunidad de mostrarles juegos con el bebé. Lo tomo en mis manos, extiendo los brazos para tenerlo enfrente y, meciéndolo suavemente, lo pongo en estado de alerta. Luego nos comunicamos en un lento y suave arrullo. Las respuestas del bebé atraen la atención de los padres, y ellos se dan cuenta del ritmo lento, la voz baja y el suave mecido que se requiere para poner alerta al pequeño. Si un bebé es vehemente y reacciona en demasía, lo envuelvo y le retengo los brazos antes de intentar producir un estado de alerta.

Si el bebé es alimentado en mi consultorio, trato de señalar el ritmo de racha y pausa. Como lo expliqué anteriormente, el bebé empieza a chupar regularmente. Después de treinta segundos o más, lo hará con un patrón diferente:

una racha de chupadas seguida de una pausa. Es útil para los padres saber que las pausas que son premiadas con una sonrisa, un contacto o cualquier otra señal social por parte de la persona que lo está alimentando, son prolongadas por el bebé, como si en efecto quisiera comunicación social — a la vez que alimentación. ¡La comida sola no es suficiente!

Sueño y vigilia

La siguiente tarea más importante para el bebé en esta época — época llena de preocupaciones para los padres — es controlar los estados de consciencia. Los lectores reconocerán estos estados en la descripción que del comportamiento fetal se ha hecho en el capítulo 1 y en la evaluación del recién nacido que se ha hecho en el capítulo 2.

Sueño profundo. En este estado protegido, el niño puede aislar de su medio los estímulos perturbadores que lo rodean. Respira profunda, regular y pesadamente. Cierra los ojos firmemente y no se mueve. Si lo hace, se tratará de movimientos casi imperceptibles, de corta duración y espasmódicos. La naturaleza autoprotectora de este estado se ve reflejada en la postura encogida y recogida, las manos cerca de la boca, todas las extremidades flexionadas, aislándose del mundo.

Sueño liviano o sueño REM ("rapid eye movement" o movimiento rápido de los ojos). En este estado, la respiración es más leve e irregular. De vez en cuando, el bebé chupa con o sin el dedo dentro de la boca. Esporádicamente se mueve como si se retorciera. Es posible que se sobresalte un par de veces. En este estado es más vulnerable a las influencias externas. Cuando se le despierte, estará amodorrado e inquieto o tratará de volverse a dormir profundamente.

Estado indefinido. Este estado, de corta duración, ocurre frecuentemente cuando el bebé se está despertando o volviéndose a dormir. En este estado, se retuerce o se mueve espasmódicamente. Abre los ojos lentamente y los cierra de nuevo, adormilado. Puede que gima o llore, pero sin intensidad. Con frecuencia trata de acurrucarse cómodamente, pero los movimientos repentinos y descontrolados se lo impiden. Parece desorganizado, y su carita fruncida da fe de los incómodos intentos que hace por alcanzar un estado más organizado: el de sueño profundo o el de vigilia.

Estado de vigilia, bien despierto. La carita iluminada y los ojos brillantes del bebé demuestran su abierta receptividad. Los movimientos son contenidos. Si se mueve, lo hace con suavidad y puede incluso lograr un propósito, como llevarse la mano a la boca o cogerse una mano con la otra. Su respiración se ajusta al estímulo. Ante un estímulo excitante, su respiración es profunda. Ante uno negativo, es leve y rápida. Su disposición a responder se puede observar en su cara y en todo su cuerpo a medida que presta atención a un rostro conocido o a un sonido interesante. La cara, la respiración, la postura del cuerpo, todo comunica interés y atención, o, por el contrario, un deseo de apartarse de un estímulo abrumador. Los padres buscan, y aprenden a ayudarle a prolongar, este maravilloso estado de vigilia, pues es éste el momento en que pueden comunicarse con él. Un padre y una madre atentos aprenden pronto las señas que expresan "suficiente" cuando está cansado o "quiero atención" cuando se siente relegado.

Estado de vigilia, inquieto. Este estado sigue con frecuencia al de vigilia. Los movimientos se vuelven espasmódicos y la respiración irregular. Se aleja del estímulo, inquieto y gimiendo de vez en cuando. Hace infructuosos intentos por controlarse. Se revuelve en su cuna y su carita refleja los sentimientos de ineficacia. En este estado no puede controlar sus movimientos, su sistema autonómico o su capacidad para asimilar estímulos. Ayudarle a calmarse es un premio para los padres, pero es posible que más bien entre en estado de llanto incontrolable. Entonces los padres también sienten que han sido ineficaces.

Llanto. Se pueden reseñar muchas clases de llantos: 1) llanto penetrante y como si hubiera dolor; 2) llanto exigente, apremiante; 3) llanto retumbante y taladrante, y 4) llanto rítmico pero no apremiante, que ocurre cuando el bebé está cansado o sobrecargado de estímulos. Los movimientos serán bruscos, pero algo organizados, a pesar de su constante actividad. Puede que se calme brevemente, como para escuchar. Lo más probable es que se tranquilice cuando alguien lo alce, lo meza o lo alimente. Este estado requiere la atención de los padres, quienes aprenderán la manera de consolarlo, lo cual cumple muchos propósitos.

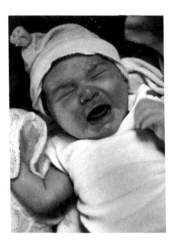

La manera como un bebé entra y sale de estos estados de consciencia se vuelve algo que los padres pueden predecir. Su estilo de pasar de un estado a otro es uno de los mejores indicadores de su temperamento. Si es activo y vehemente, pasará de uno a otro rápidamente. Si es tranquilo, pasará lentamente de uno a otro de los seis estados. Ya los padres seguramente sabrán que cuando se encuentre en un estado intermedio e inquieto, empezará a llorar si hacen ciertas cosas o se acallará ante otras. Los estados del niño y su modo de participar en los ciclos de éstos, cada tres o cuatro horas, son la mejor ventana hacia la comprensión del bebé. La primera tarea de los nuevos padres consiste en aprender el lenguaje más importante del bebé: su comportamiento en cada uno de los estados.

Si logran comprender este lenguaje, los padres pueden impulsar al niño a organizar estos estados en ciclos de comportamiento. Ahora es posible prever un patrón, porque el sistema nervioso del bebé ha madurado y porque los padres lo conocen mejor. A las tres semanas, el electroencefalograma del cerebro del bebé muestra un avance de maduración acelerado, y el registro del sueño es significativamente más maduro. Las pruebas demuestran una nueva etapa de regularidad en las respuestas cardíacas a los estímulos visuales y auditivos. En este momento, el corazón del bebé late más rápidamente en respuesta a estímulos negativos y más lentamente ante los positivos. Estos cambios fisiológicos llevan a un período de rápido desarrollo. A las tres semanas el bebé empieza a ser capaz de esperar más tiempo entre comidas. Está listo para poner más y más atención a los padres, y su atención llevará a "agugús" y sonrisas.

Al principio, alimentar al bebé cada vez que se despierta es la respuesta más adecuada. De esta manera, los padres pueden aprender a qué horas el bebé tiene hambre, y cuáles comidas culminan exitosamente y cuáles no. Con frecuencia estas comidas frustradas suceden en momentos en que el bebé no está dispuesto. Empezando en la tercera o cuarta semana, las comidas pueden posponerse con un poco de juego. Los padres novatos con frecuencia preguntan: "¿Cómo sé cuándo interrumpir y jugar?" La única manera de saberlo es probando. No le hará daño al bebé esperar un poco. Gradualmente aprenderá que la interacción mediante el juego es tan emocionante como la alimentación. Una vez que los padres se sienten seguros de que el bebé está recibiendo suficiente alimento, pueden empezar a prolongar sus estados de vigilia, entre la alimentación y el sueño. La madre tendrá más cantidad de leche y ésta será más alimenticia si, en lugar del intervalo de una hora, espera unas dos horas y media o tres horas antes de amamantar de nuevo. Es probable que de sus senos fluya mejor la leche si hay un mayor intervalo entre comidas.

La meta es prolongar los ratos en que el bebé esté despierto a tres o cuatro horas entre comidas y que tenga un sueño largo durante la noche. Ciertos bebés recién nacidos ya han trastocado la noche y el día. Están despiertos toda la noche y duermen de día. Para cambiar este patrón, los padres pueden tratar de mantener despierto al bebé al final de cada ciclo de sueño liviano durante el día. Pueden entonces despertar al bebé al anochecer para proporcionarle un rato de juego de verdad y gradualmente introducir la última comida más y más temprano. Con el tiempo, el bebé empezará a permanecer despierto más tiempo hacia el final del día, aprenderá a dormir períodos más largos durante la noche y a estar despierto durante el día.

El ajuste de los ciclos de sueño y vigilia del recién nacido es el primer intento de los padres de adaptarlo a su nuevo mundo, de poner en armonía el ritmo de ellos con el de él. Este proceso, como todos los padres experimentados lo saben, se demora años, y puesto que criamos individuos y no clones, nunca, por fortuna, es un proceso terminado.

El período inquieto. Entre las tres y las doce semanas de edad, la mayoría de los bebés tienen un período inquieto hacia el final del día. Puesto que ocurrirá antes de mi próxima consulta con la familia, y puede ser uno de los obstáculos más enojosos que enfrenten los padres, cuido de traerlo a colación durante ésta, nuestra consulta de las tres semanas. La oportunidad de adelantarse a este fatigoso comportamiento, de entender su valor para el niño, les ahorrará a los padres algo de ansiedad y pánico innecesarios. Si pueden entender la necesidad que tiene el bebé de manifestar su irritabilidad al final de cada día, entre las tres y las doce semanas de edad, no tendrán que sentirse tan responsables por esa inquietud.

En el pasado, muchos pediatras nos referíamos a este estado de desconsuelo e inquietud como "cólico", y nos uníamos a los padres en el diario esfuerzo por detenerlo. Probábamos administrarles sedantes o medicamentos como los antiespasmódicos, e instábamos a las madres a que cargaran a sus bebés a todas partes, a que los alimentaran constantemente, etcétera. Todas estas cosas ayudaban temporalmente, pero no eliminaban el lloriqueo e inquietud de todos los días. Lleno de curiosidad por el tema, organicé un estudio en el cual les pedía a ochenta madres que recogieran datos de cuándo y cómo se inquietaban sus bebés. Casi todos estos bebés normales, hijos de personas sanas, se comportaban de igual modo. Tenían un previsible período de irritabilidad al final de cada día, justamente cuando las madres estaban exhaustas y el padre a punto de llegar a casa (esto ocurría en días anteriores a la liberación femenina). Cuando se ponían difíciles, era una especie de llanto cíclico, en nada parecido al llanto de hambre o dolor. Cuando estos padres los alzaban o los alimentaban, los bebés dejaban de llorar, pero empezaban de nuevo si los soltaban. Si los llevaban a todas partes, esto disminuía el llanto pero no lo detenía del todo. Parecía algo inevitable en un 85 por ciento de los bebés. Justo antes que la etapa de llanto comenzara, estos bebés estaban nerviosos, y era posible predecir cuándo estaba a punto de empezar. Cuando había pasado, según informaban los padres, sus bebés dormían más largo, mejor y más eficazmente.

Hacia adelante

Siempre que cierto comportamiento es tan regular y común, suponemos que es adaptativo y buscamos qué propósito tiene. Esta inquietud empezó a parecer un proceso de organización. Un sistema nervioso inmaduro puede asimilar y utilizar estímulos durante el día, pero siempre hay algo de exceso. A medida que el día transcurre, el sistema nervioso cada vez más sobrecargado empieza a funcionar en ciclos más y más cortos de sueño y alimentación. Finalmente, se deshace del exceso en forma de un período activo e inquieto. Al final de esto, el sistema nervioso se puede reorganizar para las próximas veinticuatro horas. Este proceso tiene casi la precisión de un reloj.

Cuando lo explico, las madres suelen preguntar: "¿Pero cómo puedo simplemente dejarlo llorar?" No es eso lo que yo recomiendo. Antes bien, les doy el siguiente consejo. Acudan al bebé. Ensayen todas las maniobras que se saben para ver si necesita algo. Levántenlo y paséenlo. Aliméntenlo, abrácenlo, cámbienlo. Denle agua tibia para ayudarle a eructar alguna burbuja atrapada. Pero no hagan demasiado. Una vez que estén seguros de que ni está mojado, ni tiene dolor, ni hambre, utilicen algún sistema para relajarlo, o déjenlo a sus anchas. Una hora o dos horas de inquietud normal pueden fácilmente volverse un drama de cuatro a seis horas si los padres se ponen demasiado ansiosos y bombardean con demasiado movimiento y estímulo el pobre sistema nervioso sobrecargado.

En este punto de mi explicación, muchos padres me piden que describa explícitamente una fórmula. Como decía un padre: "Sé con seguridad que mi esposa va a creer que el bebé tiene hambre y se preocupará de que no le ha dado suficiente leche". Desde luego, él tiene razón: eso es lo que hará ella. Es ésa la razón por la cual sugiero que trate de alimentarlo primero. Pero si realmente no come bien, si se dedica a mordisquear y a soltar el pezón, pueden estar seguros de que no es hambre. Les sugiero que, tras haber ensayado todas las maniobras, le den al bebé diez o quince minutos para que salga de sus tensiones a sus anchas. Después de esto, deben alzarlo para darle agua tibia y sacarle gases; habrá tragado aire cuando lloraba. Luego deben dejarlo pasar por otro ciclo de inquietud después del cual pueden repetir la misma maniobra. Rara vez se necesita aplicar esta fórmula más de tres o cuatro veces. Al final, el bebé parecerá más organizado, durmiendo, comiendo y permaneciendo despierto a un ritmo más regular.

Esto es, por ahora, todo lo que diremos acerca del período de inquietud, pues todavía los padres no tendrán la sensación de que es algo real. Pero hablar sobre la probabilidad de que el bebé caiga en este período regular de inquietud todos los días, y hacer que los padres comprendan esto, espero que les ayude a reducir la ansiedad. De ese modo, si el bebé llega a incurrir en ese hábito al final de cada día, disminuirá la probabilidad de que los padres reaccionen en exceso y lo abrumen. Ahora encuentro que los bebés que atiendo en mi consultorio lloran durante una hora y media en lugar de las tres horas que los padres me contaban antes. Estos resultados hacen que la conversación acerca de este problema sea un momento clave importante.

¿Y qué de los bebés que lloran más y más? ¿No debería tomárseles en serio? Claro que sí. Si los padres encuentran que este período de inquietud aumenta en tiempo e intensidad a pesar de sus esfuerzos moderados, quiero saberlo. Me gustaría entonces buscar otras razones para el llanto, tales como una alergia leve, o un reflujo de ácido del estómago al esófago que pueda causar dolor. Debo buscar otras razones para el llanto, cuando es intenso y persistente.

El chupete y el dedo. No es demasiado pronto que en la consulta de las tres semanas los padres resuelvan acerca de su preferencia por la chupada de dedo o el chupete. Con frecuencia les pregunto a los padres si el bebé ya es capaz de meterse el dedo en la boca. ¿Es capaz de consolarse a sí mismo? A veces, la madre se apresurará a contestar: "No lo dejo. No quiero un niño que chupe dedo. Le he estado sacando el dedo de la boca. Si necesita chupar algo, me tiene a mí cada vez que lo desee. O si no, le doy el chupete". O puede que el padre diga: "Prefiero que se chupe el dedo a que ande por ahí con un tapón en la boca". A veces los padres estarán en desacuerdo sobre el particular y me preguntarán mi opinión.

Antes de entrar a considerar los pros y los contras, trato

de oír lo que los padres tienen que decir al respecto. Algunos recordarán batallas terribles de la infancia. "Mi madre hizo lo posible para evitarlo, pero mi hermana se escondía para poder chuparse el dedo. Se lo chupó hasta que tuvo siete u ocho años". Quizá pregunte: "¿Por qué su madre estaba tan en contra?" Algunos padres piensan que el dedo es sucio; otros temen que el chupo le dañe los dientes. Para despejar esta última preocupación, puedo contarles a los padres acerca de un estudio hecho por dentistas en el Hospital Infantil de Boston con niños que chupaban dedo, o chupete, o nada. Hubo poca diferencia entre unos y otros en cuanto a la necesidad de tratamientos de ortodoncia. Al parecer, es la presión de la lengua la que deforma los dientes superiores. En cualquier caso, la razón más importante de que haya necesidad de corregir el desalineamiento de los dientes es genética. La excepción son tal vez los

niños introvertidos que chupan la mayor parte del tiempo, o los niños que siguen chupando intensamente después de los cinco o los seis años. Pero los problemas de estos niños radican más en el terreno de la sociabilidad que en el del hábito de chupar.

Para darles a los padres un poco de orientación sobre el particular, les explico que la chupada de dedo es un patrón saludable de autoconsuelo. El feto se chupa el dedo. Como lo indiqué en el capítulo 2, el recién nacido está equipado del reflejo mano-boca, o reflejo de Babkin. Cuando está enojado o tratando de calmarse, acude a esto como manera de controlarse. Este patrón parece innato. Es más fácil convivir con los bebés que usan este recurso. Como lo dije en el capítulo 3, si los padres inquieren sobre los respectivos méritos del dedo y el chupete, les indico lo obvio: el dedo siempre está disponible. Tras decir esto, sin embargo, les devuelvo el problema. Las preferencias y sentimientos sobre dedos y chupetes tienen raíces profundas en la historia y la cultura familiares. "¿Pero no crecerá chupándose el dedo? Es más fácil quitarle el chupete", observarán algunos padres.

Pocos ingresan en la universidad chupando dedo o chupete. Los niños en quienes el hábito permanece hasta el jardín infantil o hasta el principio de la escuela son aquéllos cuyo hábito se ha visto reforzado por la interferencia de los padres. Si desea afianzar un hábito pertinaz en un niño, simplemente trate de interrumpirlo en el momento en que necesita consuelo. Ello es cierto respecto a muchos otros hábitos que serían pasajeros si los adultos no trataran de desarraigarlos. Por esto les sugiero a los padres que evalúen sus sentimientos sobre el hábito de chuparse el dedo, o sobre el uso del chupete, lo más pronto posible. El padre o la madre que se opone a que el niño use el dedo, con seguridad tarde o temprano se lo dejará saber. Los padres a quienes les molesta ver al niño chupándose el dedo deberían pensar en recurrir al chupete. El de los niños pequeños es un mundo lleno de tensión. Lo más probable es que busquen alguna manera de consolarse ellos mismos para poder manejar el estrés. Considero esto una sana señal de competencia, no un hábito vergonzoso ni sucio.

Una madre que vino a mi consultorio tradujo en palabras

la verdad que se oculta detrás de la polémica sobre dedos y chupetes: "Me parece que si yo pudiera hacer todo por él, y hacerlo bien, no necesitaría tales muletas". El patrón de autoconsuelo del niño provoca en los padres sentimientos de incompetencia — y quizá, incluso, de celos. Por ello, ven el hábito como algo sucio y bochornoso. Un padre, tras oírnos a su esposa y a mí discutir el asunto, se volteó hacia su bebé, que empezaba a inquietarse. El bebé manoteó y pateó un poco, gimió, luego volteó la cabeza hacia un lado, se llevó el pulgar a la boca y se calmó. "Bien — dijo el padre —, creo que él lo ha decidido por nosotros".

La sabia anotación de este padre es la respuesta a la perenne pregunta de los nuevos padres: "¿Cómo sabremos cuándo somos buenos padres y cuándo no?" La única manera infalible es observar al bebé. Sólo el bebé — ni el médico ni un libro — les puede decir si van por el camino correcto. Cuando no sea así, aprenderán de los errores y no perderán nada en el proceso. El trabajo del médico (o de la enfermera pediátrica, o de la enfermera calificada) como yo lo veo, consiste en poner a los padres en estado de alerta sobre las etapas del desarrollo que puedan llegar a inquietarlos. Anticiparse a esos momentos le da a los padres la posibilidad de escoger por sí mismos.

5

SEIS A OCHO
SEMANAS

A la siguiente consulta, seis a ocho semanas después del parto, generalmente la madre acude sola. Cuando el padre la acompaña, siento que él y yo hemos empezado bien, y tomo esto como prueba de qué tanto quiere participar en cada acontecimiento importante de su bebé. Más adelante, los miembros de aquellas parejas en que ambos participan bastante en la crianza, tal vez acudan por turnos. Ya la madre, que generalmente no habrá regresado al trabajo, quizá se vea un poco menos fatigada. Es posible que se haya puesto elegante para venir, como si fuera una ocasión importante, una oportunidad de salir de la casa. Puesto que varias veces habremos estado en contacto por teléfono, es probable que me salude como a un viejo amigo. Generalmente, lo primero que hará será tratar de mostrarme cómo su bebé está aprendiendo a sonreír y a vocalizar. Rara vez el bebé colaborará, pero me doy cuenta de que madre e hijo se disfrutan mutuamente. Si ella le entrega el bebé al padre para poderse concentrar en su conversación conmigo, aprendo algo sobre la manera como están distribuyendo sus funciones. Si, por otra parte, la madre revolotea sobre el

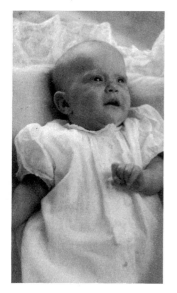

bebé o el padre domina la sesión de preguntas, me pregunto qué tanto están compartiendo, y es posible que tenga que dirigirme explícitamente a cada uno para poder saber qué les preocupa. Si la madre está pálida, exhausta y nerviosa, debo estar alerta ante la posibilidad de que la común melancolía posterior al parto se esté convirtiendo en depresión.

Durante esta consulta, mis objetivos son simples. En primer lugar, quiero evaluar el desarrollo del bebé. ¿Es neurológicamente normal? ¿Está subiendo de peso, según lo esperado? ¿Es normal su comportamiento? ¿Reacciona vocalizando y sonriendo? ¿Mueve vigorosamente brazos y piernas? Si está boca abajo, ¿levanta la cabeza para liberar sus vías respiratorias? ¿Cuando lo halo de los brazos para que se siente, mantiene derecho el cuello? ¿Se está ampliando el tiempo entre comidas? ¿Tiene un período de inquietud al final del día o llora todo el día?

Estoy también ansioso de conocer las preocupaciones de los padres. Si necesitan ayuda con la alimentación, podemos concentrarnos en eso. ¿Entienden el concepto de estados y la manera como estos estados son cíclicos durante el día y la noche? ¿Saben diferenciar los llantos del bebé? ¿Se sienten más seguros acerca de la manera de manejarlos, o les parece que llora demasiado?

Junto con los padres, me fijo en las características del temperamento del bebé. ¿Es un niño activo o tranquilo? ¿Se sobrecarga con facilidad y es hipersensible? Si es así, ¿han aprendido a ayudarle a tranquilizarse y a manejarlo sin abrumarlo? Compartimos estas observaciones a medida que desvisto y examino al bebé. Con frecuencia los padres encuentran más fácil verbalizar sus preocupaciones y sus preguntas cuando estoy comentando el comportamiento del bebé durante el examen que cuando estamos sentados frente a frente.

Alimentación   La mayoría de los padres todavía se preocupan de que el bebé sí esté comiendo suficiente. Tras cerciorarme de que el bebé está ganando peso adecuadamente (más o menos

125 gramos a la semana), puedo asegurarles a los padres que come bien. El cuerpo se le estará llenando; deberá estar extendiendo los intervalos entre las comidas. Si el bebé se alimenta con leche materna, chupar de quince a veinte minutos en cada seno es más que suficiente para recibir la cantidad apropiada de leche. Incluso unos pocos minutos en cada lado estimulará la producción de leche. Si toma leche en polvo, entre seis y ocho onzas es más que suficiente.

Demasiada regurgitación, deposiciones frecuentes entre comidas o un salpullido seco y eccematoso en la cara pueden ser señales tempranas de una intolerancia a la leche en polvo. Si el bebé presenta cualquiera de estos síntomas, los padres deben ante todo consultarle al médico. Es posible que el bebé sea sensible a la proteína de la leche. Los bebés amamantados no sufren de esta sensibilidad. Es importante identificar una alergia a la leche tan pronto como sea posible. El eccema se puede evitar si la leche se elimina pronto. Existen fórmulas comerciales de leche en polvo hechas de productos de soya que son igualmente nutritivas. No hostigan y son seguras para aquellos bebés sensibles a la leche. Si los padres pueden evitar darle leche, el bebé alérgico superará esa tendencia y creará defensas. A medida que el niño crece, el peligro de un eccema alérgico y de intolerancia disminuye.

Antes que se introduzca alimento sólido, a los cuatro o cinco meses de edad, es importante reconocer y cuidar cualquier sensibilidad a la leche. De lo contrario, la probabilidad de que otros alimentos produzcan reacciones alérgicas aumenta. Rara vez un niño alérgico es intolerante o sensible tan sólo a un producto alimenticio. La leche y otros alergenos son más potentes si se consumen combinados. Evitar las alergias es una meta importante para las familias con esta tendencia genética. La madres que están amamantando y que sufren de alergias a ciertos alimentos deben evitarlos, por ellas mismas, pero también porque puede que el bebé haya heredado estas alergias. (Véase también lo que se dice sobre las alergias en el capítulo 14.)

En esta etapa, las comidas deben haberse vuelto algo previsto y habitual. Las amamantadas deberán ser ahora fáciles y placenteras. Si el padre alimenta al bebé con biberón, también esto puede programarse de modo que no interfiera en la producción de la leche materna. Un biberón al día jamás reducirá la producción de leche de la madre y le dará al padre una genuina sensación de participación.

Si el bebé regurgita siempre, los padres con seguridad ya me habrán consultado por teléfono. Calculo que el 15 por ciento de los bebés en pleno y normal desarrollo que veo en mi consultorio regurgitan. Lo hacen en pequeñas cantidades, de una comida a otra, y siempre devuelven leche con una burbuja de aire. Regurgitan siempre que se les mueve o están disgustados. Parecen tener una válvula débil en la parte superior del estómago, y la leche se derrama por allí casi siempre que los alzan. Si están subiendo de peso y se ven contentos entre comidas, no hay razón para preocuparse seriamente. Trato de tranquilizar a los padres, diciéndoles que es algo corriente. Alimentaciones más lentas, con el bebé sostenido en posición semierguida, pueden ayudar. Madres que han amamantado me dicen que los bebés regurgitaban menos cuando los alimentaban acostadas. Como lo sugeríamos antes, después de comer, al bebé con tendencia a regurgitar debe recostársele en un ángulo de unos treinta grados y evitar moverlo mucho en los próximos veinte o treinta minutos. La fuerza de gravedad contribuirá a mantener la mayor parte de la leche en su sitio. Después, la persona encargada de cuidar al bebé puede tratar de extraerle los gases, si aún es necesario, suavemente. Estas maniobras tienden a disminuir la regurgitación, pero quizá no la eliminen. La leche materna no tiene olor, pero la de biberón es devuelta con un olor penetrante. Cuando entro en una casa, puedo saber, por el olor característico, que allí vive un bebé que regurgita con frecuencia y que toma leche de biberón. Espolvorear bicarbonato de sodio sobre el vómito ayudará a disipar el olor. Cuando los padres saben que el bebé es sano y está ganando peso, una solapa olorosa no es el fin del mundo.

La leche materna o la de biberón es todo lo que el bebé necesita a esta edad. No necesitará alimento sólido, y probablemente no podrá digerirlo, antes del tercero o cuarto mes. En el niño, el mecanismo para tragar todavía no está maduro; simplemente chupa, como si la naturaleza no hubiera querido que recibiera alimentos sólidos demasiado pronto. La leche es el alimento perfecto para los bebés. Las alergias a otras comidas pueden estar escondidas a esta edad y no aparecer hasta más tarde. Por todas estas razones, no recomiendo la ingestión de alimentos sólidos a esta edad.

El niño alimentado con leche materna puede no tener una deposición cada día. Muchos bebés que reciben alimentación adecuada y están subiendo de peso, digieren la leche materna tan completamente que sólo tienen una deposición cada tres a ocho días. Esto nunca ocurre con bebés alimentados con leche en polvo, que generalmente tienen una o más deposiciones al día. Los bebés alimentados con leche materna tal vez pasen abruptamente de tener una deposición después de cada comida a una cada semana. He visto dos bebés cuyo patrón era de una cada diez días. En el intervalo, los bebés están contentos. Hacia el final de su ciclo (pues de hecho yo si lo veo como suyo), se esfuerzan y se comportan como si la deposición les fuera molesta. Si los padres utilizan un termómetro rectal como estímulo, el bebé hará una deposición, pero esto no es necesario. Si éste es su patrón normal, la deposición será suave y *no* estreñida. Los padres, desde luego, tienden a preocuparse. Les parece que esto constituye estreñimiento y se apresuran a utilizar supositorios o a manipular el recto del bebé para producir deposiciones regulares. Esto es completamente innecesario e interfiere el ritmo normal.

Es posible que los bebés que toman leche en polvo tengan deposiciones cada dos días, pero no tan probable que pospongan las deposiciones. La leche en polvo nunca se digiere por completo. Si el bebé que toma leche en polvo tiene deposiciones duras o más de cinco o seis que aparezcan verdes, mucosas y aguadas, es necesario consultar al médico.

Los padres deberán ya saber diferenciar los llantos del bebé. **Llanto** Llanto de aburrimiento, dolor, incomodidad, hambre, fatiga y desahogo son todos claramente diferentes el uno de los otros en la mayoría de los bebés. Los padres novatos aprenden a diferenciarlos a fuerza de ensayar todas las maniobras tranquilizantes: alimentar, cambiar, abrazar, envolver y demás. Al descubrir qué funciona, descubren también qué ensayar la próxima vez. Pero no deberían sorprenderse cuando el proceder que tuvo éxito la última vez ya no funcione. A ser padres se aprende ensayando y equivocándose.

Como vimos en el capítulo 4, un período regular de inquietud, generalmente al final del día, es común y parte de la adaptación en niños de esta edad. Le ayuda al bebé a desahogarse para poder adaptarse a estados cíclicos de cuatro horas. Gradualmente, el bebé aprenderá maneras más maduras de aquietarse solo, tales como usar el reflejo manoboca o escuchar las voces o dejarse reclinar para observar luces y colores.

La manera como los padres aprenden a manejar el llanto normal de inquietud puede ser un momento clave de particular importancia: un momento no sólo para crecer como padres y adaptarse a una etapa en el desarrollo del bebé, sino también un momento propicio para que el médico apoye ese desarrollo. Los padres que saben entender las diferentes claves y qué funciona para calmar los diferentes llantos — y también qué no funciona — tal vez no se desesperen ante el aparente fracaso cuando el llanto regular de nerviosismo al final del día persista. Los estudios que he llevado a cabo con bebés promedio indican que la curva de llanto hace un pico a las seis semanas y luego decrece gradualmente durante las siguientes semanas, para desaparecer a las doce semanas.

Los padres quieren saber si precipitarse a atender al bebé cada vez que llora, lo malcriará. Preguntan: "¿Si lo alzamos todo el tiempo durante este período de inquietud, o si lo alimentamos mucho, lo estamos malcriando?" Les aseguro que esto no es malcriar. De hecho, no creo que durante el primer año sea posible malcriar. Los padres deben ensayar todo lo que funcione, hasta el momento en que sus actuaciones empiecen a agravar el nerviosismo del bebé. Entonces, ha llegado el momento de aquietarse. Deberían tener al bebé en brazos silenciosa y calmadamente, o ponerlo en la cuna durante ratos cortos. Cinco a diez minutos cada vez servirán para que se le vaya pasando. Después de esto, pueden alzarlo de nuevo para calmarlo, incluso para tratar de sacarle gases, y después ponerlo de nuevo en la cuna.

Según mi experiencia, un "niño malcriado" es un niño ansioso o impulsivo. Uno no malcría a un niño por satisfacerle las necesidades. Revolotearle encima permanentemente y cuidarlo con ansiedad o enojo sí puede volverlo ansioso y llorón. Pero alzarlo para jugar o tratar de darle gusto, no lo hará. Padres e hijos se van conociendo de esta manera. Las madres y los padres quizá aprendan cosas diferentes acerca del mismo bebé. Un estilo de respuesta diferente por parte de la madre y del padre le conviene al bebé (véase el capítulo 16).

Sueño y vigilia

El patrón de sueño y alimentación del bebé debe ser cada vez más previsible. Como vimos, debería estarse prolongando el tiempo entre comidas. Un descanso de por lo menos tres horas entre comidas les permite a los padres planificar su día y el del bebé. Según el peso al nacer y otros factores, los bebés de dos meses tienen períodos de sueño más y más largos por las noches. Recomiendo a los padres, en esta etapa, despertar al bebé y hacerlo empezar el día cuando ellos estén listos. Por la noche, pueden despertar al bebé antes de acostarse, para alimentarlo por última vez. Ceñirse a un horario les ayuda a todos a adaptarse al bebé. No tiene que ser rígido, y ciertamente debe seguir sus demandas, pero el bebé de esta edad ya está listo para acomodarse. Es más probable que se adapte al medio de los padres si ellos así lo esperan.

Además de la prolongación de los intervalos entre comidas, que tendrá lugar a medida que los sistemas nervioso y digestivo maduren, el bebé continúa perfeccionando sus propios patrones de autoconsuelo. Chuparse el dedo, moverse en la cuna, mecer la cabeza son algunas de las maneras que los bebés emplean para calmarse. Después de alimentarlo en brazos, de mecerlo y tranquilizarlo, los padres pueden poner al bebé, aún despierto pero tranquilo, en la cuna. Pueden permanecer a su lado acariciándolo y arrullándolo. Si la transición de los brazos a la cuna se hace difícil (lo cual ocurre con los bebés muy activos), es aún más decisivo enseñarle pronto a tranquilizarse solo durante la noche. A medida que busca maneras de hacerlo, los padres pueden ayudarle a encontrarse el dedo o a usar el chupo o a adoptar una posición en la cama cada vez que se despierta. Como lo anotábamos en el capítulo 4, no sólo no son estos patrones de autoconsuelo motivos de preocupación, sino que los padres le estarán ayudando a construir su fortaleza e independencia futuras.

Comunicación De todas las maneras que tiene el bebé para aproximarse a sus padres, quizá ninguna sea tan eficaz como su sonrisa. En estas primeras semanas, los padres habrán aprendido qué deben hacer para producir una, y el bebé estará aprendiendo cuán extraordinaria y eficaz respuesta suscita esta sutil señal. Los padres aprenden a abrazarlo, a retenerle los brazos, a mecerlo, a sostenerlo en ángulo de treinta grados, a hablarle dulcemente, con infinidad de variaciones en cada enamorada pareja. Una respuesta desmedida por parte de un padre o de una madre ansiosos en demasía puede ser tan disuasiva para el bebé como una falta de respuesta. ¡Es posible apagarle la sonrisa a fuerza de reaccionar demasiado ruidosamente!

Ahora el bebé ya es capaz de observar la cara del padre y de la madre durante largo rato. A medida que lo hace, se interesará más y más, hasta que el proceso culmina en una amplia sonrisa. Devolverle la sonrisa servirá para prolongar la suya. A la vez que se mueve encantado, es posible que emita un breve agugú. Si los padres imitan el sonido, dejará de moverse y mirará con sorpresa. Puede que se esfuerce por emitir otro agugú. Incapaz de hacerlo, tal vez se dé por vencido, frustrado. Tal frustración es para mí la prueba de que sabe qué ha hecho, de que reconoce la imitación del adulto y de que quiere repetir el sonido. Se desmorona ante su incapacidad de cumplir sus propias aspiraciones.

En el consultorio, observo cuidadosamente para ver si los

padres y su bebé se sonríen y se comunican entre sí. La mayoría de los padres querrán hablar sobre este maravilloso nuevo diálogo. Otros incluso informan que cualquier otra actividad es banal frente a esta delicia. "El problema — me decía alguno — es que a duras penas puedo hacer algo fuera de mirarlo y jugar con él cada minuto que está despierto". Algunos, especialmente los padres que tienen poco tiempo para pasar en casa, despertarán al bebé justo antes de acostarse, o antes de salir para el trabajo, simplemente para jugar con él. Muchos padres me dicen que el bebé duerme mejor después de estos ratos de juego. Mientras hablamos durante el examen, aprovecho para mostrarles de qué manera el bebé está tratando de atraer su atención. Cuando logra hacerlo, se le ilumina el rostro, levanta los hombros y tal vez grite de felicidad. ¡Sabe que fue *él* quien lo logró!

Los nuevos padres, que son capaces de ver motivos de preocupación en casi todo, a veces me preguntan si es posible "excederse" en el juego. "Es tan encantador cuando sonríe y hace agugús. Lo pongo a hacerlo hasta que se desespera y empieza a llorar. ¿Lo estoy forzando demasiado?", quizá me pregunten. El único consejo que puedo darles es: ¡no!, diviértanse. ¡Es éste un momento tan maravilloso para aprender a comunicarse! El bebé se cuida solo, emitiendo señales de desesperación. Luego puede incluso pedir más juego. Algunos bebés expresarán la fatiga con una especie de leve temblor o con hipo. Éstos tampoco son motivos de preocupación. El bebé llega a un punto en que no puede seguir. Parece como si deseara continuar pero no puede. La frustración es un impulso poderoso para el aprendizaje, y puede permitírsele al bebé que maneje su frustración él mismo.

Algunos padres de un bebé de dos meses preguntarán: "¿Será que ya aprendió a llorar para pedir atención?" Ciertamente que sí. Los bebés se crean expectativas cuando los padres se apresuran a responder. Esto puede verse como un bienvenido síntoma de aprendizaje y apego temprano. ¿Quién no anhela la compañía de quien viene a hacernos reír, a cantar, a mecernos, a abrazarnos y que nos sonríe, la compañía de quien ya está apasionadamente enamorado de nosotros?

Temperamento

Durante esta segunda consulta, las maneras de reaccionar típicas de este bebé en particular comenzarán a evidenciarse. Invito a los padres a que sean, conmigo, observadores de la actividad: cómo responde al contacto, a los sonidos, a ser desvestido y demás. Ya a esta edad, los bebés tranquilos se distinguen de los más vehementes e impulsivos. Determinado temperamento se revelará ahora. Cada una de estas clases de bebés, especialmente las de los extremos, exige a los padres una especial adaptación. En mi libro *Infants and Mothers [Niños y madres],* hablo de estas adaptaciones y de las marcadas diferencias individuales entre bebés durante el primer año.

A medida que los padres se adaptan a su bebé en particular, las observaciones acerca de su vehemencia, de su manera de utilizar los estímulos, de su estilo motor, de su competencia y de sus modos de autoconsuelo pueden serles útiles. Si observo detenidamente y les hablo sobre el lenguaje del bebé, estarán más dispuestos a hacerme preguntas sobre su hijo y sobre ellos como padres. Al jugar todos con el bebé, afloran preocupaciones más profundas.

Por ejemplo, un bebé hipersensible plantea un duro reto a cualquier pareja, hasta el punto de hacerle preguntarse si realmente tiene la habilidad que la crianza requiere. El bebé que a los intentos de provocarle una sonrisa, o de abrazarlo, responde con actividad frenética o con llanto puede ser sumamente frustrante aun para los padres expertos.

Es posible que el bebé hipersensible responda a los intentos de juego por parte de lo padres arqueándose, volteando la cara, regurgitando o con una deposición. En cada sistema de su pequeño organismo está diciendo: "Estoy sobrecargado". Con estos bebés, los padres deben aprender las sutiles técnicas de contener, envolver y jugar suavemente en un ambiente tranquilo y sin distracciones. Con el bebé hipersensible se puede emplear una forma de juego cada vez — o hablándole dulcemente o mirándolo a la cara o meciéndolo suavemente —, pero sólo una de ellas a la vez. A medida que empieza a asimilar cada modalidad y a responder cautelosamente, se le pueden ir agregando otras modalidades de juego hasta juntar unas tres y ver que pueda responder. Aprender a asimilar las tres modalidades de juego y a combinarlas es un gran logro para estos niños vulnerables.

A veces puedo ayudar pidiéndoles a los padres que observen la manera como manejo al bebé, como respeto el bajo nivel de asimilación y utilización del estímulo. Empiezo simplemente sosteniéndolo en brazos, sin mirarlo a la cara y sin hablarle. Cuando me muevo, así sea levemente, es probable que se sobresalte y se ponga tenso de nuevo. Debo esperar a que esté relajado, y *después* sí puedo mirarlo. Se tensará brevemente. Cuando empieza a relajarse de nuevo, puedo hablarle de manera arrulladora hasta que gradualmente se relaja y es capaz de mirarme. Quizá, a medida que le hablo *y* lo miro *y* lo mezo suavemente, empezará a sonreír o a hacer agugús. Si tengo éxito, les sugiero a los padres que sigan idénticos pasos mesurados, conmigo o en casa. Les insto a que no agreguen ningún otro estímulo hasta que el bebé les haga saber que está preparado. Si tensa el cuerpo y luego lo relaja, esto les indicará que está procesando información y les recordará cuán difícil le resulta no sobrecargarse. Con sólo un estímulo nuevo a la vez, los padres pueden enseñarle gradualmente cómo ir asimilando el mundo *sin* aislarse de su medio.

A medida que conversamos sobre las maneras de hacer contacto con un bebé hipersensible, trato de explicarles a los padres que su deseo y afán de nutrir y cuidar — lo cual demuestra que son padres consagrados — puede ser justamente lo que está sobrecargando al bebé. Si pueden darse cuenta de su fragilidad y respetarla, adaptando su profundo deseo de aproximársele y de jugar con él, una nueva comunicación puede gradualmente establecerse entre ellos y el bebé (véase también el capítulo 26).

Un bebé sosegado y observador puede también asustar a los padres. Frunce el ceño cada vez que uno intenta un acercamiento. Si uno habla en voz demasiado alta, se voltea como si no tuviera el menor interés en oír. Cualquier intento de llegar a él parece fracasar. Esto puede hacer que unos padres entusiastas se sientan rechazados.

Cuando hablo con padres de esta clase de bebés, les doy el siguiente consejo. Acérquense a su bebé lentamente y sin hablarle. Miren para otro lado al sostenerlo por las nalgas. Tóquenle las piernas suavemente y permítanle que les coja los dedos con la mano. Cuando deje de apretar, pueden entonces atreverse a mirarlo a la cara. Si se tensa y aleja la mirada, quiere decir que el proceso se ha intentado con demasiada rapidez. Espere e intente de nuevo. Cuando permita que se le mire, espere a que se haya relajado de nuevo. Luego, empiece a arrullarlo suavemente. Si parece contento y trata de emitir agugús en respuesta, pueden establecer un ritmo entre los dos, con los sonidos de cada uno, por turnos, hasta que se sature y de nuevo evite la mirada. No se sienta rechazado. Dése cuenta, más bien, de que se trata de un bebé muy sensible que necesita que se le presenten las cosas una por una. Cuando pueda asimilar una, agregue otra con suavidad. Con el tiempo aprenderá a manejar el estímulo sin aislarse. Será, entonces, gratificante: tranquilo, observador, incluso agradecido por el respeto que usted le ha demostrado. Nuestra meta es que crezca con la sensación de que la gente respeta su callada timidez por lo que ésta representa: un sistema nervioso que se sobrecarga con facilidad. Jerome Kagan, de la Universidad de Harvard, ha realizado interesantes investigaciones haciéndoles seguimiento hasta los años de escuela a niños tímidos y sensibles, muchos de los cuales se orientan hacia actividades intelectuales o artísticas.

De las seis a las ocho semanas, la mayoría de los bebés habrán empezado a controlar hasta cierto punto los reflejos. En lugar de los sobresaltos que han interferido hasta ahora los intentos de movimiento, el bebé es capaz de controlar piernas y brazos. Puede, acostado boca arriba en la cama, mover brazos y piernas como pedaleando. Si se le toca la mano con un objeto que despierta su interés, la mano tocada tal vez se mueva bruscamente en dirección al objeto. Mucho antes que sea capaz de alcanzar con precisión un objeto, los ingredientes que constituyen ese movimiento de alcanzar ya están presentes. Ahora tiene éxito en voltear la cabeza hacia el lado que prefiera y en meterse el puño para tranquilizarse. Este control de los movimientos ha tardado dos meses, y los padres pueden observarlo practicar cuando descansa por la mañana, en su cuna.

Habilidad motriz

Cuando un bebé de esta edad es halado de los brazos extendidos, para sentarlo, dejará atrás un poco la cabeza sólo brevemente. Ya puede sostenerla en posición erguida un minuto o más. Cuando se le acuesta boca abajo, puede incorporar la cabeza, alejándola de la cama para mirar a su alrededor y para despejar sus vías respiratorias. De pie, su reflejo de marcha aún está presente, pero es más difícil suscitarlo que cuando estaba recién nacido. Los padres pueden darse cuenta de cómo los reflejos presentes al nacer van desapareciendo gradualmente para dar paso al desarrollo de comportamientos más voluntarios.

Siendo humanos, los padres derivan una gran felicidad de los primeros indicios de aprendizaje inteligente en sus bebés. Entre las seis y las ocho semanas, el bebé habrá creado toda clase de expectativas. Por ejemplo, cuando uno mece

Habilidades cognoscitivas

a un bebé poniéndolo en ángulo de treinta grados, él sabe que ésta es una posición de interacción. Previsiblemente, se pone sobre aviso. A medida que examino al bebé, me gusta ver cuándo produce sonrisas y vocalizaciones. Quiero observar su capacidad, a las ocho semanas, para diferenciar entre la madre, el padre y un extraño.

En nuestro laboratorio del Hospital Infantil de Boston, podemos observar a un bebé en videocasete durante dos minutos. Al observar sus dedos de la mano y del pie, sus manos y pies, sus expresiones faciales, podemos darnos cuenta de qué tanto está reaccionando. Frente a la madre, los movimientos son suaves y cíclicos. Las manos, los pies, los dedos de la mano y del pie se extienden hacia la madre y se retiran a un ritmo de cuatro veces por minuto, en ciclos continuos. La cara se le ilumina tenuemente. A medida que la madre mira, el bebé aparta la mirada lentamente en intervalos de cuatro veces por minuto. Con el padre, todo el cuerpo reacciona de diferente manera. El cuerpo se tensa y los movimientos son espasmódicos. La cara se le ilumina; alza las cejas, la boca se abre en una sonrisa; los dedos de los pies y de las manos, los brazos y las piernas se mueven abruptamente hacia el padre, pues espera de él una interacción juguetona. Conmigo, como un extraño que soy, se pondrá contento inicialmente. En seguida, alejará la mirada o me mirará como si se diera cuenta de que soy un extraño, con la misma mirada fija que les tiene reservada a los objetos. De esa manera, observado cuidadosamente, un bebé de seis a ocho semanas nos demuestra que puede diferenciar entre nosotros tres. Me gusta indicarles a los nuevos padres estas sutiles diferencias para que puedan aprender a observar a su bebé.

También a esta edad, los objetos se vuelven más fascinantes. Un móvil se vuelve fuente de gran deleite, y lo mirará durante ratos más y más largos, incluso tratando de no dormirse para poder seguir mirándolo. A esta edad, el bebé también se observa las manos, haciéndolas girar una y otra vez frente a sus ojos. De esta manera aprende a coordinar los ojos y las manos, lo cual le será de utilidad cuando empiece a alcanzar objetos, más o menos a los cuatro meses. Entonces, gracias a la práctica, aprenderá rápidamente a alcanzar su objetivo con precisión. A los cuatro o cinco meses, cuando el bebé alcanza bien las cosas, será capaz de mantener la mano en su campo de visión periférica para ponerla a funcionar con precisión.

¿De regreso al trabajo? "Tengo que empezar a pensar en el regreso al trabajo. Mi licencia se termina dentro de cuatro semanas. A duras penas puedo pensarlo. Me han ofrecido extender la licencia otro mes, pero sin remuneración. ¿Sí vale la pena?" Antes que la consulta termine, habré oído esta pregunta de una u otra forma. El momento en que la madre regresa al trabajo suscita importantes cuestiones. Si piensa dejar al bebé con otra persona, debemos referirnos a los sentimientos de la madre respecto a la separación, al igual que a nuestra preocupación por la calidad de cuidados que el bebé recibirá. Si el padre ha de compartir los cuidados, querrán discutir este arreglo. Si, además, otra persona va a estar presente en la casa para cuidar secundariamente al bebé, lo ideal sería que yo la conociera.

Hacia adelante

Según las circunstancias de los padres, lo más probable es que durante esta consulta les recomiende que la madre se quede en casa con el bebé por lo menos cuatro meses. Cuatro meses le dan tiempo para superar los tres primeros meses de inquietud y para disfrutar un mes placentero, con el bebé sonriéndole y haciéndole agugús. Si la madre debe compartir todos estos nuevos pasos con un reemplazo, puede resultarle sumamente penoso. A veces, los padres que tienen planes claramente trazados de que alguien los sustituya durante el día, o de dejar al niño en una guardería, o de tener una nodriza, encontrarán que sus sentimientos han cambiado. "No soporto pensarlo", me decía una madre. "Cada vez que pienso en dejar al bebé se me pone la mente en blanco y me siento abrumada". Los padres deben sopesar estos sentimientos fuertes e importantes frente a su necesidad de recibir dos salarios o frente a las presiones de sus patronos. Es una de las decisiones más difíciles. Cuando los padres se enfrentan tanto a la pena como a la oportunidad que regresar al trabajo representa, y lo conversan conmigo abiertamente y a tiempo, sé que hemos llegado a un momento clave en nuestra relación y en su crecimiento.

Si ambos padres creen que deben trabajar jornada completa, les aconsejo que le dediquen tiempo a encontrar un buen sustituto. Necesitan una persona que les agrade y en la que puedan confiar, y siempre deberían verla actuando con otros bebés. Es importante tener en cuenta cómo se van a sentir ante el hecho de que esa persona cuide a su bebé y de que lo comparta con ellos. Les recuerdo a los padres que cuanto más encantador y competente sea el sustituto, más celos sentirán. Les digo que deben conseguir a alguien de quien puedan sentir celos. Pero deben también buscar a alguien que se interese por ellos y por su adaptación. Los padres deben poder participar en las decisiones que atañen a su bebé, sea quien sea quien lo cuide. En mi libro *Working and Caring (Cómo conciliar trabajo y familia*)*, profundizo en cada uno de estos temas.

En las guarderías, la proporción entre los adultos que los cuidan y los niños es vital: no debe haber más de tres bebés por adulto. Es caro, pero es decisivo para el bebé y para la tranquilidad de los padres.

A veces los padres preguntan: "¿Cuánto tiempo recomienda usted que me quede, si tengo la posibilidad de escoger?" Si la elección es posible, sugiero un año. Para el segundo año, el bebé puede entenderse con compañeros de juego, así que estar en grupo no le resultará tan estresante. Antes de eso, la solución óptima es que uno o ambos padres trabajen sólo parte del tiempo, para que uno de los dos se halle disponible para estar con el bebé gran parte del día. Veo esta oportunidad como algo que es casi tan importante para el bebé como para el desarrollo de los padres.

Si esta opción es sencillamente demasiado costosa para la familia, sigo intentando ayudarles a resolver el asunto. Si la madre puede idear un recurso para seguir dándole al niño leche materna, tal como extraerse leche en el trabajo y amamantarlo durante la hora de almuerzo, tanto ella como el bebé se beneficiarán. Es maravilloso para una madre

---

*Grupo Editorial Norma, 1988.

poder ponerse el bebé al pecho cuando llega a casa, de regreso del trabajo.

A las madres (o a los padres) que tienen pensado quedarse en casa durante algún tiempo, de todos modos les aconsejo respetar la necesidad que tienen de sacar tiempo para sí mismos. Después de los monumentales cambios de estrenar paternidad, necesitan cimentar de nuevo su relación pasando tiempo juntos. Éste puede ser el momento indicado para pensar en la conveniencia de dejar al bebé al cuidado de alguien y estar un rato a solas. Un rato corto será suficiente. Es vital que los padres tengan un sustituto de confianza.

La dificultad de los padres en separarse de él puede ser el mayor obstáculo que encuentren para dejar al bebé. Es posible que el bebé los extrañe, pero con seguridad serán los padres los que se sientan perdidos sin él. Quizás los padres necesiten al bebé más de lo que él parece necesitarlos a ellos. Los nuevos padres cuidadosos deben prepararse a experimentar este tipo de sentimientos, pues son comunes. Un breve tiempo lejos puede constituir una verdadera ayuda para superar esta sensación de pérdida. Cuando se separan por primera vez, la mayoría de las madres prefieren regresar para cada comida. Si es necesario, sin embargo, la madre puede extraerse la leche antes para dejarla con la persona encargada de cuidar al bebé.

A veces, la madre me preguntará: "¿Sí me reconocerá, si debo regresar al trabajo y tengo que dejarlo?" Le aseguro que el bebé la reconocerá. Lo demostrará a través de los ritmos y movimientos especiales que han aprendido juntos. La madre puede estar atenta a estas claves para no sentirse tan alejada.

Durante esta consulta, a la edad de seis a ocho semanas, con frecuencia los padres preguntan si pueden llevar el bebé a la oficina o a otros sitios. Les aseguro que sí, y aclaro que el único problema con las multitudes es que puede haber entre ellas infecciones que pueden contagiársele al bebé. Es conveniente no permitir que personas desconocidas o con síntomas de resfriado se le acerquen a jugarle o lo alcen. Todos quieren cargar al pequeño. Cuando viajábamos con nuestra hija, todas las bondadosas viejecitas (o viejecitos) trataban de alzarla para acabar tarde o temprano estornudándole en la cara. Tenía que decirles a estos intrusos de buena voluntad: "Lo siento, pero debo protegerlo a usted. Mi hija está bajo supervisión, pues sospechamos una severa infección: sífilis o encefalitis, me temo". Después de eso, nadie quería alzarla.

6

CUATRO MESES

Recuerdo que, durante los muchos años de ejercer mi profesión, siempre he esperado con especial ilusión la consulta de los cuatro meses. Los padres y el bebé ya forman un equipo. Lazos de apego se entretejen ya para hacerlos una verdadera familia. Aun los padres que estrenan papel estarán más seguros de sí mismos durante esta consulta. Cualquiera de los dos padres carga al bebé, llevándolo de aquí para allá como un paquete. Cuando se sientan, colocan al bebé enfrente para hacerle agugús y mimos. Si está adormilado, lo despiertan para que haga su presentación. Se fijan para ver si los demás se dan cuenta de la presencia de este maravilloso retoño que han producido. Miembros desprevenidos del público en la sala de espera se vuelven espectadores de los más recientes logros del bebé. Es posible que los amigos y compañeros de trabajo se aburran un poco con estos padres.

Una vez que entran en el consultorio, ambos padres tienden a hacerle cosquillas, y a decirle mimos con voz aguda — cualquier cosa, con tal de suscitar una de sus adorables respuestas. Cuando tengo que desvestirlo, revuelan alrededor de mí, para asegurarse de que lo estoy tratando con cuidado. Cuando le pongo una vacuna, fruncen el ceño y me lo arrebatan. Ahora *sí lo conocen* y el enamoramiento está en su cúspide. Todo esto representa buenas noticias para mí y disfruto viéndolo reaccionar ante los padres. Hará aún más clara la diferencia de comportamiento con cada uno de ellos que en la visita anterior: suave con la madre, abrupto y juguetón con el padre. Me sonreirá y hará agugús desde el otro lado del escritorio, pero se pondrá a llorar si me le acerco demasiado o si me inclino sobre él para examinarlo. Mi consultorio y yo le somos extraños. Esto representa el comienzo del conocimiento de los extraños. Llega en un momento en que el bebé experimenta una verdadera aceleración de su desarrollo cognoscitivo. Me está estudiando para compararme con las figuras conocidas de su mundo: padres, hermanos, niñera.

Los intensos sentimientos de estrenar paternidad pueden ser abrumadores para algunos. "No puedo hablar ni pensar en nada fuera de mi bebé. Mis amigos solteros están hartos. Cuando paseo con el bebé, lo único que quiero es mostrarlo. ¿Me estoy volviendo un poco narcisista o qué sucede?" Les aseguro a los padres que esta tormenta de emociones se llama enamorarse. Los padres están tan enamorados que sienten que el bebé forma parte de ellos. Sienten como propio cada logro del bebé. A ello se suma el embeleso de ver a alguien lograr cosas por primera vez. Verlo aprender detalladamente es maravilloso. Claro que están inmersos en el mundo del bebé. Todo el que ha tenido un bebé conoce la sensación. Desde el punto de vista del pediatra, es lo mejor que puede suceder. Estos profundos lazos constituyen el punto de apoyo para una infancia protegida.

Muchas otras cosas han sucedido. En sólo cuatro meses la familia se ha visto reorganizada. En este momento, ya cada uno de los miembros sabe cuál es su papel. La difícil adaptación que requiere entender al bebé como individuo ha sido superada. Los períodos de irritabilidad al final del día han sido reemplazados por períodos de intensa comunicación. Estos ratos antes temidos se han vuelto emocionantes ratos de juego. Si el llanto o el "cólico" todavía interfieren, debemos buscar las razones.

Tras compartir el exuberante deleite de los padres con su bebé, tal vez los oiga expresar preocupaciones respecto al sueño o a la alimentación. El desarrollo del bebé hará que

los padres tengan que decidir cómo manejar los ciclos de sueño y alimentación. Utilizo este momento clave para ayudar a los padres a comprender el punto de vista del bebé. Si pueden comprender sus necesidades de desarrollo, pueden tomar decisiones que lleven a prevenir problemas con el sueño y la alimentación.

En cuanto a la alimentación, los procedimientos fáciles se verán trastornados por intereses en conflicto: el bebé querrá mirar a su alrededor y escuchar. Rehusará permanecer pegado al pecho o al biberón. Es posible incluso que se haga difícil alimentarlo. Tal vez los padres vean la dificultad como un fracaso de ellos. Pero si pueden darse cuenta de que este breve período (de una a dos semanas) es una emocionante racha de curiosidad cognoscitiva que compite con la comida, no lo confundirán con un fracaso.

En el terreno del sueño, es decisivo ahora que se establezcan rituales que le ayuden al bebé, en primer lugar, a aprender a dormirse y, en segundo lugar, a dormir durante ocho o doce horas seguidas, sin despertarse. En esta etapa, el sistema nervioso central tiene la suficiente madurez para que un período largo de sueño sea posible. Ayudar a los padres a entender los ciclos de sueño del bebé los preparará para conducirlo hacia un patrón independiente de sueño. Como veremos en las páginas siguientes, estos nuevos problemas de sueño y alimentación son temas claves a los que los padres y el médico pueden referirse antes que surjan, más bien que esperar a que se afiance un comportamiento problemático.

Alimentación   El horario regular de ahora hace posible que otra vez los padres lleven una vida normal. Ya el bebé no necesita escoger el horario de sus comidas. Puede despertársele por la mañana para que se ajuste a los hábitos familiares. Así, los padres pueden planificar las otras comidas cada tres o cuatro horas, con siestas por la mañana y por la tarde. El promedio a esta edad son cinco comidas al día. La última comida puede dársele justo antes que los padres se vayan a dormir. Si el bebé es dado a la regularidad, los padres pueden percatarse de cualquier cambio. Si no lo es, será más difícil deducir alguna variación. Por esa razón, oriento a los padres a organizar al bebé dentro de un horario fijo. Si está ganando peso y prosperando con la leche materna o una fórmula comercial, pueden tener la tranquilidad de que le está aprovechando.

La madre que ya está trabajando fuera de casa puede extraerse la leche una o dos veces para llevarla a casa. Puede entonces, al día siguiente, dejarle esta leche suya a la persona encargada de cuidar al bebé. Tanto la madre como el bebé pueden entonces disfrutar de tres buenas comidas: una antes de salir de casa, por la tarde cuando regresa y antes de acostarse. Es importante que despierte al bebé para darle esta tercera comida al final del día. Es maravilloso para ambos si ella tiene la oportunidad de alzarlo en sus brazos y alimentarlo. ¡Son momentos de "gran calidad"!

Siempre me admira el hecho de que los senos se adapten al aumento de apetito del bebé. A medida que crece durante estos primeros meses, habrá más que duplicado el peso que tuvo al nacer y habrá crecido entre ocho y doce centímetros. Como órgano que se adapta, el pecho no tiene rival. Siempre llenará las necesidades alimentarias del bebé. Después que las comidas se hayan establecido con una regularidad de cada tres o cuatro horas, todavía habrá días fuera de la norma en que el bebé quiera otra vez mamar cada dos horas. Esto representa períodos de crecimiento acelerado durante los cuales sus necesidades nutricionales exceden el equilibrio establecido. Si come con más frecuencia, estimula a los pechos a responder con leche más alimenticia y en mayor cantidad.

Cuando estos períodos de querer más y más comida duran una semana o más, y si el bebé es mayor de cuatro meses, es hora de pensar en darle alimentos sólidos. Por esta época, la mayoría de los bebés empiezan a necesitar un complemento a la leche. La Academia Estadounidense de Pediatría considera que los cuatro meses son un buen momento para empezar a dar sólidos. Empezar a dar comida sólida antes, lo que estaba de moda hace unos veinte años, ya no se acostumbra. La creencia era que si se empezaba temprano, se podía evitar el rechazo a la comida sólida que el bebé mayor manifestaba. No obstante, el sistema que el bebé utiliza para succionar no está adaptado a la acción voluntaria de tragar sino hasta después de los tres meses.

Tragar comida sólida, de una cuchara, es una verdadera transición para el bebé. Cuando por primera vez reciben sólidos, la mayoría de los bebés fruncen el ceño, escupen, babean, los expulsan. Los padres se preguntan: "¿Debería empezar por algo dulce? Parece que le disgustara mucho este nuevo sabor". Desde luego, el primer sólido debería ser lechoso y semifluido, pero lo más probable es que el problema no radique en el sabor. El verdadero reto para el bebé es aprender a tragar y no a chupar, que es lo que ya domina. Cualquier logro toma tiempo. No me sorprendería que el bebé se mostrara problemático con los sólidos durante la primera semana en que se le dan. Los padres pueden hacer caso omiso de cuánta comida está ingiriendo y simplemente pensar que es la oportunidad que tiene el bebé de aprender a tragar. El papel de los padres, en este caso, es enseñarle lenta y pacientemente. Desde luego que necesita estar erguido; de otro modo quizá aspire la comida. Meterá las manos en la comida. Descartará o rechazará la cuchara y tratará de ayudarse con los dedos a chupar la comida. Las manos son un importante instrumento de exploración en esta edad; así que nunca se las amarraría: me pondría un delantal y lo dejaría explorar.

Los padres deben darle una nueva comida sólida cada vez. Es importante dejar un intervalo de una semana entre cada comida nueva, para establecer si el bebé es alérgico a ella. Antes de los seis meses, quizá el bebé no manifieste inmediatamente su sensibilidad a ciertas comidas. La intolerancia, cuyo síntoma generalmente es el eccema o problemas gástricos, tal vez no se haga evidente tan pronto se introduce el nuevo alimento. Al acercarse a los seis meses, la alergia se manifestará en el lapso de unos días. Esto hace que sea mucho más seguro introducir comidas nuevas después de los seis meses. Antes, tal vez sea necesario dejar pasar una semana para poder identificar alguna intolerancia. Si son cuidadosos en esta etapa, los padres pueden prevenir las alergias a ciertos alimentos. Evitar darle alimentos a los cuales es sensible, previene las alergias. Cuando una reacción alérgica está en marcha, es cada vez más difícil de tratar. Si responde negativamente en una semana, puede sencillamente eliminarse el alimento (véase el análisis de las alergias en el capítulo 14).

Es buena idea empezar con cereal de un solo grano por la noche. No conviene hacerlo con cereales mezclados, pues el riesgo es múltiple. Durante las dos primeras semanas, los padres deberían limitarse a darle un solo cereal hasta que el bebé haya aprendido a tragar. Si se le da por las noches, antes de la leche, hay más probabilidad de que lo acepte y tal vez le ayude a dormir más tiempo por la noche. Más adelante puede dársele alguna fruta por la mañana y, una semana después, alguna verdura al mediodía. Finalmente, después de otra semana, puede dársele pollo o carne al mediodía. Cada alimento debe estar puro, sin ningún otro ingrediente, así que es importante leer la información en las etiquetas. Si al bebé le llegara a dar un salpullido después de ingerir cualquiera de estas comidas, los padres deben dejar de dársela y luego ensayar una comida nueva. Si de nuevo le da salpullido, la comida nueva debe también abandonarse.

Las comidas nuevas, como las arvejas o las zanahorias, pueden verse, en el verde o naranja chillón de las deposiciones del bebé. No hay motivo de preocupación. Estos alimentos no se digieren completamente al principio, pues el intestino necesita acostumbrarse a cada nuevo alimento.

A los cinco o seis meses, un horario típico de alimentación puede ser:

7 A.M.	Leche
8:30 A.M.	Fruta
12 M.	Carne, verduras y leche
3 P.M.	Jugo o líquido
5 P.M.	Cereal
6:30 P.M.	Leche
10:30 P.M.	Cuarta leche del día

Al separar las comidas de sólidos de las de leche en cada extremo del día, puede acostumbrarse al bebé a cuatro comidas de leche.

El afán por tomar consciencia de todo lo que lo rodea, que ocurre entre los cuatro y medio y los cinco meses, interferirá en el ritmo de la alimentación. Esto molestará a los padres y los frustrará, si no están preparados. Trato de convertir éste en un momento clave, en una oportunidad de ayudarles a los padres a ver este cambio como normal y emocionante. La buena noticia es que cada vez que se le da la comida hay un rato de juego y comunicación. La recién adquirida habilidad de alcanzar cosas convertirá cada comida en animado juego. Querrá ayudar con la cuchara. Necesitará untarse la comida en la cara y en el pelo y, si usted lo tiene alzado, se la untará a usted. Ese tipo de exploración le resulta tan satisfactoria como comer. Si bien es cierto que dificulta la alimentación, también es cierto que es señal de crecimiento.

En este punto, muchas de las madres que están amamantando me dirán que su bebé está listo para el destete. Cuando les recuerdo que querían amamantar durante el primer año, contestan: "Es cierto, pero es él quien ya no quiere. Cuando empiezo a alimentarlo suelta el pecho y no se queda allí. Todos los ruidos y movimientos lo distraen. Simplemente no toma suficiente nunca. Creo que se me está acabando la leche". La madre está tropezando con esa aceleración del desarrollo cognoscitivo. De repente, el bebé está atento a lo que ve y oye por primera vez. A medida que cada sonido nuevo o cada nueva visión lo distrae, se hace difícil alimentarlo. Cada estímulo nuevo le exige atención. Por ejemplo, se emocionará más ante juguetes desconocidos, literalmente jadeando de emoción cuando ve algo nuevo.

La madre, que se ha estado deleitando con la intimidad cálida e ininterrumpida de amamantar, con frecuencia se siente abandonada en esta etapa. La reciente independencia y el interés del bebé por otras cosas, desinteresándose de ella, lo siente como un abandono. Hasta ahora, ha sido posible que la madre perciba al bebé como parte de sí misma. Ya no. Psicoanalistas como Margaret Mahler se han referido a que los bebés empiezan a "madurar", o a que se produce un "nacimiento psicológico" varios meses posterior al nacimiento físico. Si la madre no se da cuenta de lo que está sucediendo, puede ponerse triste y sentirse frustrada. Siente como si se hubiera acabado el maravilloso idilio que tenían. No se da cuenta de que la separación se debe a una racha de crecimiento en la autonomía del bebé. Algunas inclusive tratan de quedar embarazadas para aliviar el aparente vacío.

Cuando me parece que la madre está pasando por esta etapa y tiene esos sentimientos, puedo decirle que el bebé no está dejando de interesarse por el pecho. Simplemente tiene una serie de intereses nuevos que compiten. Son, *temporalmente*, más importantes que el conocido *gestalt* de mamar. Esta racha de interés por el mundo dura una o dos semanas. Luego, el bebé regresa al pecho con renovado vigor. No hay razón para darse por vencida. La madre puede dejar que el bebé mire a su alrededor, que explore; puede incluso darle un juguete para que lo mueva mientras está mamando. Durante este período, las comidas diurnas tal vez no basten para estimular suficientemente la producción de leche. Quizá el bebé esté durante el día demasiado excitado para comer bien. Por la mañana y por la noche debe amamantársele en sitios tranquilos, oscuros, donde no haya estímulos que compitan. Eso hará que la leche se siga pro-

duciendo durante esta etapa. Con frecuencia el bebé preferirá ahora los alimentos sólidos, porque la circunstancia de
estas comidas es más compleja y permite mayor participación. El amamantamiento puede parecerle demasiado pasivo — ¡y a esta edad el bebé es todo menos pasivo! El
pequeñuelo tranquilo y colaborador se ha vuelto un torbe-
llino de actividad. Para él es cada vez más emocionante
asimilar y conquistar el nuevo mundo.

Dar la comida deja de ser para los padres un asunto
simple. Las distracciones pueden ser un verdadero reto al
instinto de todas las madres. Les parece que *deben* darle
comida al bebé. Si los padres pueden darse cuenta de qué
hay detrás de las distracciones del bebé y de su reticencia
a comer, no sentirán que están fallando. Apoyar ese estado
de emoción del bebé con el aprendizaje es parte vital de la
paternidad.

Cuando han empezado a comer sólidos, algunos bebés
los esperan con ilusión y demandan menos leche. A veces
me pregunto si esta competencia no es reforzada por la
madre que está amamantando y que tiene celos de darle
otras cosas de comer fuera de leche. Esa cucharadita de
cereal es el primer paso que se aleja de la unión idílica
entre la madre que amamanta y su bebé. "Realmente me
entristece que necesite algo fuera de mí — me decía una
madre —. Ha sido tan delicioso que dependiera completamente de mí". En esta situación, muchas madres prefieren
dar el pecho primero y luego ensayar a darle la comida de
cuchara.

Otras madres tienen una serie de sentimientos muy diferentes: "Por fin puedo empezar a darle sólidos. Mis amigas
empezaron hace meses y sus bebés le llevan mucha ventaja
al mío". Cuando le pregunto qué quiere decir con "llevar
ventaja", tal vez me diga: "Pesan más, y seguro que conocen
más variedad de sabores. No se atragantan con la cuchara
como mi bebé". Mi respuesta a lo anterior es que el bebé
más gordo no es necesariamente el más sano y que los
sólidos pueden aportar grasa a la constitución del bebé.
Además, el atragantarse es una reacción normal cuando se
trata de adquirir una nueva habilidad. La verdadera cuestión
para los padres es si desean educar al niño con una actitud

competitiva de "a ver si le ganamos al vecino". Trato de plantear el tema respetando el universal deseo de los padres de que su bebé sea "el mejor", el más perfecto. Esta parte normal de la crianza impulsa todos los agotadores ajustes que los padres deben hacer. Pero cuando los padres parecen demasiado ambiciosos y carentes de humor en esta competencia, debo hacerles caer en cuenta de lo costosa que puede resultarle al bebé esta actitud de excesiva presión y competitividad.

Sueño A los cuatro meses, muchos bebés ya no necesitan comer a horas avanzadas de la noche. Para que el bebé pueda dormir derecho toda la noche, debe ser capaz de pasar varias veces por los ciclos de sueño ligero y profundo. Llegar a comprender esto es nuestro primer momento clave cuando se trata de evitar problemas con el sueño. Expertos en el tema han descubierto que todos pasamos por ciclos de sueño profundo y ligero, volviendo a un estado de sueño ligero, REM (movimiento rápido de los ojos), cada noventa minutos. Cada tres o cuatro horas pasamos por un sueño más activo, parecido a estar despiertos. Un ciclo REM se caracteriza por patrones de actividad altamente individualizados.

Cuando el bebé pasa por momentos de sueño ligero, probablemente grite, se desorganice y se agite en su cuna. Si está boca abajo, el contacto con la cama generalmente minimiza el efecto de esta actividad desorganizada. De espaldas, probablemente se sobresalte, despliegue brazos y piernas, se moleste y llore. A medida que llora y se mueve, se enoja más. Si tiene un patrón de autoconsuelo, como chuparse el dedo o jugar con la manta, o si es capaz de acomodarse en posición acogedora, se organizará de nuevo. Algunos se arrastran hasta el rincón de la cuna, buscando, al parecer, sentir alguna presión sobre la cabeza como cuando estaban en el útero. A un bebé activo, vehemente, le resulta mucho más difícil acomodarse. Patalea, más y más indispuesto, y finalmente se despierta del todo. Entonces quiere que lo alcen y mimen. Aún no ha aprendido a aquietarse solo. Los padres de un bebé así se sentirán obligados a correr a ofrecerle los mimos que necesita para volverse a calmar.

La mayoría de los bebés pueden acomodarse durante estos ciclos de noventa minutos. Pero los ciclos más marcados de tres o cuatro horas en que el bebé se despierta son más difíciles. En estos momentos, su actividad es más vigorosa e incontrolable. Al final de cada uno de estos ciclos de tres o cuatro horas el bebé se despierta del todo. Muchos lloran como si tuvieran miedo o dolor. No están despiertos pero pueden acabar despertándose con su propio pataleo y comportamiento descontrolado. A los padres les resulta muy difícil manejar estos períodos. Sienten que deben acudir a ayudarle al bebé a organizarse. Alimentarlo a las diez de la noche, dos de la mañana y seis de la mañana probablemente resulta de estos períodos de vigilia. Sin embargo, si los padres se vuelven parte del patrón de despertadas del bebé, tendrán que estar allí para ayudarle a dormirse cada tres o cuatro horas. Si lo alzan para alimentarlo, cambiarlo, calmarlo, no aprenderá a aquietarse solo para caer en sueño profundo. Entender estos patrones y el efecto de la respuesta de los padres respecto al bebé les ayudará a permanecer fuera de los ciclos que el bebé debe manejar solo.

En este momento clave tan vital, cuando los padres expresan su fatiga con el constante despertarse de noche, debo en primer lugar poner en claro la diferencia que existe entre ayudarle al bebé a aprender a calmarse solo y dejarlo "que llore hasta que se canse". Dejar al bebé llorar hasta el cansancio no le enseña nada, salvo que sus padres son capaces de abandonarlo cuando él los necesita. La tarea de los padres es crear un ritual de irse a la cama que apoye al bebé y aprender a no saltar ante el primer gemido. Cuando acuestan al bebé por la noche, pueden cantarle o alimentarlo y arrullarlo de manera diferente de la del día. Pueden entonces poner al bebé en la cuna aunque no esté profundamente dormido, a la vez que papá y mamá se quedan a su lado acariciándolo suave pero firmemente. Si tiene un objeto preferido o un chupete, puede usarse para ayudarle. El bebé a quien siempre se le permite que se duerma amamantándose no está aprendiendo a dormirse por sus propios medios. Está aprendiendo a utilizar a su madre para ello. Como resultado, cada cuatro horas por la noche, cuando pasa por un sueño ligero, la necesitará como parte de ese patrón.

Los "problemas con el sueño" son con frecuencia de los padres, no del bebé (véase el capítulo 37). Muchos padres son reacios a dejar que el niño sea independiente por la noche. Lo entiendo. Pero los padres a quienes les resulta difícil dejar al bebé hasta la mañana siguiente se convertirán en parte de su patrón de autoconsuelo cuando se despierte durante la noche. Es muy probable que patrones de este tipo se establezcan para perdurar.

Especialmente a los padres que trabajan les queda difícil separarse del bebé por la noche, puesto que no han estado cerca de él en todo el día. Un ritual cálido e íntimo al final del día y un rato especial para abrazarlo y hacerle mimos por la mañana antes de ir al trabajo puede ayudarles a manejar este sentimiento. Pero muchas madres que trabajan encuentran que necesitan a su bebé por la noche. Hablamos sobre ello y sobre el riesgo de que, con el tiempo, la separación se haga cada vez más difícil para el bebé. Pero debe ser su decisión, y yo la apoyo.

Algunas familias tienen la firme creencia de que toda la familia debe dormir junta en lo que ha de llamarse la "cama familiar". Si los nuevos padres están pensando en esta posibilidad, deben comprender que esta decisión afectará a la familia por muchos años. Una discusión franca sobre este punto entre los padres y el médico puede convertirse en un importante momento clave y prevenir inesperadas crisis. Aunque no sea evidente en el momento, dormir con los hijos es asunto *de los padres*. Aprender a dormir noches completas es asunto del niño. Si se le puede ayudar pronto a adaptarse a ello, no tiene por qué volverse más adelante un "problema". Tarde o temprano los padres querrán estar solos en su cama. Tal vez, entonces, decidan castigar la normal desobediencia del niño. Anticiparse a estos problemas puede prevenir futuros enfrentamientos.

Nuestra cultura todavía espera que los niños duerman aparte de los padres, y muchos psiquiatras se preocupan de los efectos a largo plazo que dormir con los padres hasta los cuatro y cinco años puede tener en los niños. Una vez que se ha permitido que los niños duerman en la cama de los padres, no se les puede desalojar cada vez que a los padres les apetezca estar solos. La transición será lenta y puede ser mucho más difícil que darle al bebé su propia cuna desde el principio.

En muchas culturas, padres e hijos duermen juntos a causa de la falta de espacio. En Japón, este arreglo se llama *kawa*, o 'río'. La madre es una orilla, el padre la otra y los niños, en medio, son el caudal. El padre sale de la cama familiar cuando hay más de un hijo y cuando hay espacio disponible. La madre sigue durmiendo con los niños hasta que tienen cinco o seis años de edad. En algunos lugares de África y del sur de México, la madre y el padre duermen con el bebé de por medio hasta que la madre está nuevamente embarazada. Entonces el niño pasa a su propia cama para dejar espacio al nuevo bebé. Me parece que en este caso la agresión es por partida doble.

En nuestra cultura, en la que podemos escoger, no es justo sacar el niño abruptamente después. A ningún niño debe dejársele llorar hasta el cansancio como sistema para superar esta etapa, o para "domarlo". La decisión debe tomarse con tiempo. En nuestra cultura, hay otras consideraciones. La mayoría de nosotros conservamos del pasado tabúes profundamente arraigados en contra de dormir con los hijos. Los expertos en abuso contra los niños en general se oponen, por el riesgo de abuso sexual, tanto en la fantasía infantil como en la realidad. Todo esto forma parte del concepto particular de nuestra cultura en contra de dormir con los hijos. Los padres deben examinar bien sus propios conceptos antes de decidir. Si finalmente optan por dormir con los hijos, deberán tener en cuenta la autonomía del niño en otros aspectos de su desarrollo. Muchos padres tienen razones que, en su sentir, los fuerzan a responder durante la noche a la inquietud del bebé. Los padres solteros, que pueden sentirse solos, encontrarán especialmente difícil permitirle al niño que encuentre sus propios patrones de comportamiento. Los padres que se han sentido abandonados cuando niños querrán evitar que esto se repita en sus hijos. Se les hace imposible dejar que su bebé encuentre sus propios medios de autoconsuelo. Los padres que trabajan jornada completa y se sienten en conflicto en cuanto a la cantidad de tiempo que le están dedicando al bebé, o que en su propio pasado han experimentado dificultades por separaciones y para alcanzar su independencia, tal vez no puedan aceptar que el bebé está listo para ser independiente por la noche.

Estudiosos de la infancia han demostrado que, en más o menos cuatro meses, el sistema nervioso del bebé madura lo suficiente para permitirle dormir durante doce horas, despertándose solamente una vez durante la noche. Un período de sueño de ocho horas significa que el bebé debe regresar a un sueño profundo por lo menos dos veces. Para poder dormir doce horas seguidas deberá él mismo conducirse a un sueño profundo por lo menos tres veces. Si ha de dormir independientemente, debe aprender para cada vez patrones de autoconsuelo. Por todas las anteriores razones, la etapa de cuatro a cinco meses es vital para que los padres tomen decisiones sobre el papel que quieren desempeñar en ayudarle a su hijo a aprender a dormir.

Dentición   A la mayoría de los bebés les empiezan a salir los primeros dientes después de los cuatro meses, generalmente a los seis o nueve meses. Existe un viejo proverbio según el cual los bebés deben tener un diente por cada mes después de los cuatro meses. Esto no debe convertirse en regla. El momento de la dentición es un factor genético, y lo más probable es que los padres a quienes les salieron tarde los dientes tengan hijos cuya dentición también se demore. A ninguno de mis hijos le empezaron siquiera a salir los dientes hasta que tenían casi un año. Yo fui igual, según cuenta mi madre. Que se conozca, no existe desventaja alguna en una dentición tardía.

Los dientes permanentes se empiezan a formar en las encías desde la temprana infancia. Permitir que la leche y los azúcares que de ella se derivan permanezcan en la boca del bebé durante largo rato (cuatro a ocho horas) puede producir "caries de biberón", que a su vez pueden afectar los dientes permanentes. ¡No debe dejarse al bebé con el biberón en la cuna!

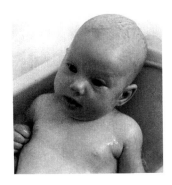

En esta edad, la dentición se convierte en la explicación de todos los males. Cada vez que el bebé gime o se molesta, "son los dientes". Por culpar a los dientes, es posible que los padres dejen de ver la verdadera causa del comportamiento del bebé. La frustración por no poder hacer lo que quiere es una de las razones. Puede que quiera alcanzar algo, o moverse, o prestar atención. El aburrimiento y otras formas de descontento son algunas de las frecuentes razones para las "dolencias de la dentición".

Los dientes le molestan al bebé porque son como un cuerpo extraño en la encía. Probablemente la sensación es como la de tener una astilla clavada en un dedo. El diente causa hinchazón a su alrededor. Cuando el bebé chupa, aumenta el flujo de sangre hacia la encía hinchada. Así que se retuerce, gime y rehúsa seguir chupando. Si el padre o la madre puede frotarle la encía de manera que la hinchazón desaparezca antes que empiece a chupar, probablemente pueda hacer esto sin dolor. Es fácil determinar si al bebé le está saliendo un diente. Si se presiona con el dedo la parte de adelante de sus encías inferiores, le dolerá. Quien le dé la comida debe lavarse bien el dedo y frotarle la encía antes de alimentarlo. Pasado el dolor inicial, le encantará. Los incisivos inferiores son generalmente los únicos que dificultan la alimentación. Después de los dos primeros dientes, el bebé se acostumbra al dolor sordo de la salida de los otros. Los dolores de la dentición probablemente no duran más de unas cuantas semanas. De repente se produce un tintineo contra la cuchara o la taza. Un borde blanco ha atravesado la encía, ¡y estuvo! Pero el momento cambia de un bebé a otro.

Comunicación

En el quinto mes el bebé empieza a inventarse juegos con sus nuevos logros. Aprende a llorar más deliberadamente, a esperar para ver si viene alguien, para luego llorar de nuevo. Éste es un gran paso hacia un proceso cognoscitivo llamado causalidad: si hago esto, logro este resultado.

Los padres tienden a culpar de esta clase de comportamiento manipulador al cansancio, la dentición o la "mala crianza". Cada uno de éstos puede tener algo que ver. Si los padres creen que la causa de descontento son los dientes, pueden probarlo de la manera como lo sugerí anteriormente. Si se trata de cansancio, el bebé se dejará mimar hasta dormirse. Tal vez tenga que llorar un poco antes de poder relajarse. Si nada funciona, tal vez los padres se han hecho *demasiado* accesibles y necesitan tratar de corregir la situación.

¡Con el desarrollo de esta habilidad para manipular, acaba de empezar un emocionante nuevo diálogo! Toser, estornudar, atragantarse y gritar, todos son al comienzo comportamientos exploratorios. Gradualmente, el bebé aprende a controlarlos y a producirlos a voluntad. Finalmente aprenderá que "pa-pa-pa-pa" atrae la atención del padre. Cuando en tono quejumbroso dice "mam-mam-mam-mam" la madre aparece corriendo. Pronto aprenderá a dominar estos juegos verbales y a utilizarlos para manipular a la gente que lo rodea. Las cartas están sobre la mesa.

Los padres se preguntan: "¿Cómo sabré cuándo me está manipulando?" Tal vez al comienzo no sea claro. Pero cuando sucede en repetidas ocasiones, habrá pistas. ¿Llora y después hace una pausa esperando la respuesta? ¿Demuestra con sus expresiones faciales que ha "aprendido" a lograr cierta respuesta? Quizá luego haga cara de satisfecho. Esto indica un importante logro: el bebé ha aprendido no sólo a esperar respuestas sino a producirlas. Para los padres también es un momento decisivo. En lugar de responder automáticamente al llanto y a otras señales del bebé, deben concederse un minuto para pensar qué tan lejos quieren llevar su respuesta. Cuando se sienten manipulados, deben decidir. En la mayoría de los casos, estos diálogos producirán una relación más profunda y llena de nuevas satisfacciones. No obstante, las necesidades de los padres y el bebé tendrán que equilibrarse.

El aprendizaje motriz y el cognoscitivo son, a esta edad, inseparables. Los esfuerzos del bebé de cuatro o cinco meses se van en tratar de aprender a sentarse y a usar las manos para transferir objetos. Ambas actividades abren nuevos mundos para explorar. Siempre que los padres halen al bebé de los brazos para que se siente, se esforzará por participar e incorporarse. A los cinco meses, se esforzará hasta el punto de quedar casi de pie sobre sus piernitas rígidas. Desde esta posición, mirará hacia arriba la cara del adulto, como si buscara aprobación. Ya tiene afán de ponerse de pie.

Aprendizaje

Los bebés, a esta edad, están impacientes por "despegar". Algunos fastidian y fastidian hasta que alguien los sienta en una silla o en el regazo. Pero la frustración es un buen motor del aprendizaje. Los padres pueden mostrarle cómo incorporarse hasta quedar sentado, pero le tomará quizá un largo mes, más o menos, aprender a hacerlo bien. Los padres pueden hacer lo posible por ayudarle, pero no deben sentir que *tienen* que ayudarle todo el tiempo.

Si le compran una silla o un columpio, debe tener el espaldar semirreclinado, para que el bebé no quede demasiado erguido. Puede forzarse la espalda si pasa mucho tiempo agachado hacia adelante. Los columpios motorizados sí calman al bebé y reducen su frustración, pero en mi opinión no son necesarios.

Aprender a pasar objetos de una mano a otra es un gran paso para poder jugar con ellos. A los cuatro meses el bebé debe estar tratando de jugar con los objetos y manipularlos. A los cinco meses generalmente ya debe ser capaz de entregarlos y recibirlos. Yo le amarraría de una cuerda bien segura una serie de objetos a través de la cuna, a modo de gimnasio de cuna. Deberían quedarle al alcance para que los manipulara y los explorara. Llevárselos a la boca, tocarlos y moverlos con los dedos, todo forma parte de su modo de aprender el máximo posible sobre esos objetos.

Me emociono siempre si, a esta edad, un bebé explora mi cara cuando lo cargo. Es un gesto de gran ternura y dice mucho sobre su agudo sentido de exploración. Este aprendizaje llevará más adelante a un sentido de la "permanencia de las personas": la noción de que las personas son reales y continúan existiendo incluso cuando no están a la vista.

Voltearse boca abajo es un gran logro que no siempre se produce. Muchos bebés normales nunca lo hacen. Están contentos boca arriba o boca abajo y no les importa si se voltean o no. Los bebés gordos tienen demasiado para mover y por eso quizá sean inactivos. La primera vez que un bebé se voltea próbablemente se trate de una respuesta refleja. Cuando casualmente, en el proceso de moverse, se dan la vuelta, probablemente acaben en alguna extraña postura que los hará llorar aterrados. Los padres corren a encontrarlos en esta nueva posición. Pero la experiencia puede haber sido tan abrumadora que no lo vuelven a intentar en muchas semanas.

Cuando los padres se enteran de que otros bebés ya se dan la vuelta, se preguntan si deben enseñarle a su bebé a hacerlo. No lo recomiendo. Esta cumbre del desarrollo motor es la menos regular. No existe una edad específica para que el bebé se voltee. Es algo muy individual. Cuando los padres me preguntan al respecto, aprovecho para conversar sobre las razones para no comparar un bebé con otro. Las comparaciones y el sentido competitivo pueden presionar a los padres, llevándolos a su vez a presionar al bebé a "ponerse al día". Es mucho más importante sintonizarse en la onda del bebé y valorarlo por lo que puede y quiere hacer. Si los padres valoran al bebé, él se valorará a sí mismo. Desde luego que es difícil evitar las comparaciones, pues también es una manera de aprender qué se ha de esperar. Pero los bebés se dan cuenta cuándo los padres no están contentos con ellos.

Si el bebé se la pasa acostado boca arriba, los padres se preguntan cómo aprenderá a gatear. Les aseguro que aprenderá cuando esté listo, a los siete u ocho meses. Si pasa tiempo boca abajo, puede que ya empiece a intentar gatear, y esto le fortalecerá los músculos de la espalda. Si el bebé parece frustrarse, los padres pueden agacharse a su nivel en el piso y hacer que la vida a ese nivel sea interesante a través de pequeños juegos y juguetes para mirar. Pero no es necesario. Finalmente aprenderá a gatear, y habrá aprendido a hacerlo *él mismo*.

La alimentación. La actitud de exploración de la cual hablábamos aumentará en las próximas semanas, así que les hago a los padres las siguientes sugerencias. El bebé querrá sostener su biberón. Entréguenselo por la parte de abajo. Observen la manera como lo mira intrigado, para darse luego cuenta de que lo puede voltear de manera que pueda chupar. Habrá aprendido algo acerca de satisfacer sus propias expectativas. Pero siempre debe sentarse y alzarlo cuando está comiendo. El valor de la alimentación va mucho más allá de la comida misma. La comunicación con el bebé es también esencial. Los estudios demuestran que los jugos gástricos necesarios para la digestión (ácido clorhídrico en el estómago y jugos duodenales en el intestino delgado) no entran en acción si el bebé no se encuentra a gusto durante la comida. Existe un síndrome llamado "de fracaso en prosperar", que se da cuando el bebé no gana peso ni crece a pesar de recibir alimentación adecuada. Se debe a la falta de condiciones de cariño en su relación con el medio ambiente. A esta edad, el bebé hace pausas durante la alimentación para que alguien le hable, lo mire, lo mime. Luego reanudará su alimentación con cara de complacencia.

Aunque continúe ensayando dar al bebé alimentos sólidos, posponga las comidas mixtas, los huevos y el trigo hasta después de los nueve meses. Como lo anotábamos anteriormente, éstos son generalmente los culpables de las alergias en los niños. Cuando ya le dé alimentos sólidos, el bebé querrá tener una cuchara en la mano mientras usted lo alimenta con otra. Espere que deje caer la cuchara, se agache buscándola con la mirada y luego lo mire a usted, y después sí recójala del suelo. Está aprendiendo sobre la permanencia de los objetos. Cuando empiece a darle alimento en taza, deje que él le ayude. El juego y la experimentación que acompañan a las comidas es algo que debe ser fomentado y disfrutado.

Si el bebé toma biberón, veinte a veinticuatro onzas de leche son suficientes en esta etapa. La leche sigue siendo más importante que los sólidos. Si el bebé está recibiendo poca leche, disminuya los sólidos para asegurarse de que reciba suficiente. Puede amamantarlo o darle el biberón en un ambiente oscuro y tranquilo, dos veces al día. De ese

Hacia adelante

modo recibirá la leche que necesita para crecer y ganar peso. El bebé no subirá de peso a menos que esté recibiendo una adecuada cantidad de leche.

El bebé continuará escupiendo los sólidos de vez en cuando. Tiene que aprender cómo ingerirlos. Hasta ahora ha estado simplemente chupando. Muchos bebés se meten los dedos en la boca mientras comen, para chupárselos y así ayudarse a comer. Los padres a veces sienten que el bebé les está tomando el pelo cuando escupe los sólidos. No se trata de eso. Una reacción drástica simplemente reforzará el acto. Con frecuencia, ya está satisfecho y no quiere más sólidos. Conviene dejar de alimentarlo cuando escupa la comida. Si el bebé lo ensucia todo, póngase un delantal y aliméntelo en una silla que pueda lavar, pero no le restrinja los movimientos de las manos. Déjelo que juegue a su manera con la comida. Toma tiempo hacer la transición de chupar a comer. Además, acaba de aprender a alcanzar cosas y quiere participar tocando su comida. Si usted interfiere, tal vez produzca en el bebé una resistencia a comer que lo volverá negativo y difícil de alimentar.

Sueño. Si el bebé ha establecido un patrón para dormirse, los padres pueden contar con que continuará prolongando sus noches. Todavía pasará por sueño REM, se agitará en la cuna, gemirá, y luego será capaz de volverse a dormir profundamente él solo. Estos patrones de autoconsuelo y de volverse a dormir por sí mismo se harán aun más importantes para él en los próximos dos meses. En días en que el bebé ha sido sobreestimulado o expuesto a muchos acontecimientos desacostumbrados, es muy probable que nuevamente se despierte por completo durante la noche. Tal vez necesite varias noches de atención antes de regresar a su costumbre de dormir toda la noche.

Encontrar tiempo para jugar. La continuada aceleración del desarrollo cognoscitivo afectará todo el día del bebé. No sólo la alimentación sino el cambio de pañal y el baño serán oportunidades de exploración. Querrá voltearse de aquí para allá, escurriéndose de las resbaladizas manos de la madre o del padre. Esto exige vigilancia adicional de los

padres. Un bebé liso y escurridizo demanda toda la atención. Es vital no dejar *nunca* al bebé solo en la superficie
donde se le cambia el pañal o donde se le da el baño.
Siempre tenga una mano sobre el bebé. Llegará el momento, cuando ya sepa sentarse, en que lo pueda bañar sentado
en la pileta o en una pequeña tina *siempre y cuando* que
usted tenga el calentador de agua programado para que no
pase de los 48 grados centígrados. Muchas quemaduras
serias ocurren cuando accidentalmente el bebé abre la llave
del agua caliente. Una deliciosa manera de bañarlo es
meterse en la bañera con él.

Los padres se preguntan qué tan minuciosamente deben
lavar los órganos genitales del bebé. Mi consejo es: no debe
hacerse con empeño especial; no es necesario. En el caso
de las niñas, las secreciones de la vagina ayudarán a man-
tenerla limpia. Cuando la sumerge en el agua una vez al
día, quedará limpia. *Nunca* utilice baños de espuma ni
detergentes con las niñas. Disuelven la mucosa protectora
de la vagina. Entonces los agentes irritantes (los detergentes)
pueden subir hasta la vejiga y las bacterias pueden meterse
por el orificio desprotegido y producir infecciones renales y
cistitis. En ambos sexos, los baños de espuma y los
detergentes pueden causar sensibles salpullidos y resecar la
piel. Deberían estar prohibidos para los bebés. A los niños
no hay necesidad de retraerles el prepucio.

No se preocupe demasiado por la limpieza. El baño
puede ser un rato encantador, divertido y especialmente
apto para intimar con su bebé. Si usted trabaja por fuera de
casa todo el día, trate de que el baño suceda cuando usted
tiene en casa tiempo disponible para la diversión. El cambio
del pañal puede ser un rato adicional para los juegos y la
comunicación. Si es necesario, levántese más temprano para
poder disfrutar de un tiempo con el bebé por la mañana,
antes de salir. Programe otro de estos ratos para la tarde, tan
pronto regrese del trabajo. Se molestará e inquietará cuando
usted llegue. Ha extrañado a los padres y se ha guardado
sus protestas todo el día. Pero después de este rato de
desintegración, pueden pasar unos deliciosos momentos de
reconciliación. Mézalo y cántele. Deje que le "hable" de lo
terrible que fue el día sin usted.

Habilidades motrices. En los próximos dos meses el bebé estará aprendiendo muchas habilidades nuevas y emocionantes. Cuando usted lo hale hasta que quede de pie, puede ver claramente la emoción en su rostro. A un bebé de cinco meses *le encanta* ponerse de pie. Mira a ver si usted aprueba. Aun cuando esté llorando, en el momento en que usted le ayuda a incorporarse deja de llorar y se emociona. Su meta a largo plazo, al fin, es afirmarse sobre sus propios pies y enderezarse.

En los próximos dos meses tratará de dominar el arte de sentarse. Primero, se sentará con la espalda curvada y como un trípode completado por los dos brazos. A los seis meses, se sentará con la espalda más firme, pero todavía usará los brazos para equilibrarse. Ni puede ni quiere soltar ese apoyo para alcanzar objetos mientras está sentado.

Alcanzar y transferir objetos, y metérselos en la boca para explorarlos, continuará siendo parte vital del aprendizaje. Jugará con una mano, tocándosela con la otra. Si usted le proporciona un gimnasio de juguetes, trabajará explorándolo largo rato.

Boca abajo, o cuando, estando sentado, se tira hacia adelante, irá adquiriendo la noción de movimiento. Concebirá la idea de arrastrarse sobre el estómago. Primero aprenderá a fuerza de andar hacia atrás, *alejándose* de su objetivo. Llorará frustrado. Es difícil para un padre observar esta frustración. Una mano colocada firmemente contra las plantas de los pies del bebé puede enseñarle que puede empujarse hacia adelante. De cualquier modo, aprenderá de la frustración. No me cansaré de repetir que la frustración es muy poderosa como impulso del aprendizaje — siempre y cuando que no lo abrume. Obsérvelo intentar una nueva tarea, frustrarse, pero finalmente lograrlo. Estará muy satisfecho de sí cuando finalmente *él mismo* lo logre. Lo hizo *solo.* Cuando los padres pueden entender esa ambición y la intensidad de los intentos del bebé por aprender todas estas nuevas tareas, están allanando el camino para ser aliados de su desarrollo en lugar de sabotear su ambición. Si me consultan sobre la frustración del bebé, podemos convertir la conversación al respecto en un importante momento clave.

Recelo de los extraños. El repentino aumento de la sensibilidad a los sonidos y a lo visual puede afectar la disposición de un bebé de cinco o seis meses a aceptar a los extraños. Antes de esto, tal vez no se molestaba cuando pasaba de una persona a otra. Los padres de bebés de cuatro y cinco meses me dirán orgullosos que a su bebé todo el mundo le cae en gracia y que entrará sin el menor sobresalto a un sitio lleno de gente. Muy probablemente esto cambie pronto. En la visita de los cinco meses, veo que ahora se da cuenta de quién es extraño. Desde el otro lado de mi escritorio me sonreirá con coquetería y hará agugús mientras su madre me habla. Si me dejo seducir y lo traigo a mis brazos alejándolo del regazo de la madre, o si lo miro a la cara cuando lo estoy examinando, sé que empezará a llorar. Llorará sin pausa durante todo el examen. Si, en cambio, desvío la mirada y hablo suavemente y como si no fuera con él, si hago que la madre se mantenga cerca mientras lo examino, puedo llevar a cabo el examen sin que se inquiete ni una vez. Puedo incluso vacunarlo sin gran molestia si la insto a que lo sostenga firmemente sobre el hombro, y luego lo cambie de posición rápidamente y lo distraiga con algo nuevo para mirar. El nuevo campo de exploración visual es tan poderoso que le permite hacer caso omiso de sensaciones desagradables.

Un extraño le presenta al bebé demasiados estímulos con los que no está familiarizado. Quiere ser capaz de conquistarlos todos. Durante esta etapa, los abuelos o las niñeras pueden causarle verdadero enojo si se le acercan apresuradamente o lo miran a la cara en un primer encuentro. Necesita tiempo y espacio para manejar cada visión y sonido nuevos. Este nuevo conocimiento sensorial y los logros motores de alcanzar y manipular se acompañan y se alimentan mutuamente. ¡Con razón la vida es tan emocionante y abrumadora!

El aumento de consciencia que lleva al bebé a recelar de los extraños también lo lleva a un aumento en su capacidad de protestar contra las separaciones. Ahora más que nunca necesita estabilidad en cuanto a la persona que cuida de él. Si uno de los padres permanece en casa, de todos modos el bebé se quejará de tener alguien diferente cuidándolo por la noche, y si ambos padres trabajan fuera de casa, cualquier cambio de guardería o de las personas encargadas de cuidarlo lo perturbará.

Este cambio puede tomar a los padres por sorpresa. "Llora cada vez que lo dejo con alguien diferente. Esto es nuevo. Antes no solía importarle", me decía una madre. Ésta es una de esas rachas de desarrollo cuando los bebés se vuelven especialmente sensibles al cambio y parecen de repente ser mucho más dependientes. La fase aguda de esta sensibilidad puede tal vez durar tan sólo una o dos semanas, pero la necesidad de estabilidad en las personas que lo cuidan permanecerá.

Con frecuencia esta nueva dependencia coincide con el regreso de la madre al trabajo o con la aparición de un nuevo encargado de cuidarlo. Si los cambios pueden hacerse gradual y cuidadosamente, se beneficiará toda la familia. Los padres querrán dejar al bebé con alguien a quien éste conozca. De ser posible, los padres deberían dejar que el bebé se acostumbre al nuevo encargado mientras ellos están todavía cerca. Deben poder tener la tranquilidad de que la

persona que cuida al bebé entiende este recelo hacia los extraños y no se enojará. Las reacciones de recelo no son fáciles para nadie. Dejar al bebé con alguien nuevo durante ratos cortos que luego se vayan prolongando facilitará la transición.

Cuando los padres regresen, es de esperarse que el bebé se desmorone y se muestre inquieto con ellos. Ha guardado este comportamiento *especialmente para ellos.* Saber esto les produce normalmente alivio a los padres. Los padres novatos con frecuencia me dicen: "Cada vez que lo dejo con alguien, se desmorona cuando mi esposa o yo entramos. La persona que lo cuida dice siempre: '¡Nunca llora así cuando está conmigo!' Me duele oír eso". Si los padres logran interpretar esto como una aseveración tranquilizadora por parte de la persona encargada y también como una señal de que *ellos* son las personas más importantes en la vida del bebé, las manifestaciones de descontento del bebé serán menos dolorosas. La razón por la cual los padres tienen todos estos profundos sentimientos es que la pena de dejar a su bebé los hace sentirse vulnerables y culpables.

Los padres que deben regresar al trabajo temen con frecuencia que su bebé sufra algún daño. Puedo decir con convicción que, siempre y cuando que encuentren una persona sustituta capaz de darle cariño y de interesarse verdaderamente, el bebé se adaptará sin traumas permanentes. No será igual que tener a uno de los padres todo el día, pero aun eso puede ser conflictivo para padres e hijos. En *Working and Caring*, describo las características que deben tener quienes cuiden al bebé, sea en casa, en una guardería o con otra familia. La capacitación, al igual que una personalidad cálida y tranquila, son necesarias para entender las necesidades de un bebé de cuatro o cinco meses. Me preocupan sobremanera los bebés que están al cuidado de adultos (así los adultos estén bien capacitados) que se encargan de más de tres o cuatro niños que empiezan a caminar.

En compañía de mis colegas, he estudiado bebés de cuatro meses que pasaban el día en centros que seleccionamos por su alta calidad. Parecían cumplir sus ciclos de estados de vigilia y sueño durante ocho horas de manera muy eficiente. Nunca se emocionaban en exceso ni dependían demasiado de las personas encargadas de cuidarlos, aunque se trataba de personas capacitadas y competentes. Pero los bebés parecían estarse reservando algo. Cuando uno de los padres llegaba a recogerlos, explotaban en violento llanto, entregándoles toda su pasión a las personas más importantes de su vida.

Después de este período de llanto, se ponían alertas y en actitud de intensa interacción con los padres. Parecería como si los bebés fueran capaces de asimilar y de adaptarse a más de dos personas. Cuando los padres pueden guardar algo de su energía para el final del día y aprovechar al máximo esa intensa reunión, la separación será menos dolorosa. A veces les sugiero a los padres que cuando lleguen a casa se sienten con el bebé a cantarle, a mecerlo, a hablarle, a preguntarle por su día y a decirle cuánto lo echaron de menos. Cuando los padres preguntan si el bebé entiende, les explico que con seguridad intuirá el espíritu que anima los gestos, y que ambos estarán empezando un ritual que habrá de durar muchos años.

7

SIETE MESES

Cuando el bebé de siete meses entra en mi consultorio,
campante, en brazos de uno de los padres, me doy cuenta
de que ya contribuye a que lo carguen. Se aferra activamente. Si salgo a encontrarlos en la sala, espera que yo lo alce
y me estira sus bracitos regordetes mientras que papá o
mamá dice: "Vamos a ver al médico". A esta edad, la mayoría todavía me da la bienvenida, sonriéndose mientras le
juego. Hacen monerías y gorjean de gusto. Si el bebé me
mira con recelo cuando me acerco, le pido a la madre que
lo sostenga. Lo examino en el regazo de la madre. El recelo
hacia los extraños está haciendo su aparición de nuevo. Por
lo general, sin embargo, esta consulta, libre de vacunas, es
alegre y me permite mostrarle a la madre todos los logros
en el desarrollo. A esta edad, el bebé literalmente se da
importancia. Se exhibe ante mí del otro lado del escritorio
a medida que le hablo. Esconde la cara, dándose vuelta
para mirarme. Se ríe y grita para atraer mi atención. Si no
logra interrumpir mi conversación, llega incluso a dar brin-
cos sobre el regazo de la madre y trata de taparle la boca
en un intento por interferir. ¡Quiere que ambos centremos
nuestra atención en *él!*

A los siete meses, los bebés miran a su alrededor como
si el mundo les perteneciera. Es una edad como de álbum

fotográfico. Ahora el bebé es capaz de sentarse a jugar con un juguete tras otro, riéndose y mirando con cara de triunfo. A esta edad, el bebé toma un juguete, lo examina minuciosamente, se lo lleva a la boca, le da vueltas y más vueltas y luego lo deja caer. Después busca a alguien con la mirada, emitiendo sonidos imperativos. El padre o la madre se agacha obediente a recoger el juguete. Si este juego se prolonga y el padre o la madre dice: "No lo dejes caer. No lo pienso recoger más", el bebé levantará la mirada para evaluar qué tanta decisión hay detrás de la advertencia. Tal vez deje el juego y reconozca que el padre o la madre sí está ocupado conmigo, o tal vez ensaye otros juegos, diciendo "pa", "pa" y luego riéndose. Si sus intentos de competir conmigo fracasan, tal vez se dé por vencido elegantemente y empiece a jugar solo con sus juguetes en la mesa que tiene enfrente.

A esta edad, la personalidad del bebé parece previsible, tanto a los padres como a los demás. Las tendencias y señales de temperamento — el estilo con el cual el niño maneja su mundo — que observamos a las seis semanas, ahora se manifiestan plenamente. En este punto, me gusta compartir con los padres mis observaciones acerca del temperamento del bebé, para que los tres podamos entender qué es normal para este niño en particular.

Hay varios atributos ligados al concepto de temperamento. Estos elementos dan pie a una constelación de expectativas en relación con la manera como el bebé se las arreglará con los sucesos pasados y nuevos y el estrés, y les proporcionan a los padres un marco de referencia para la tarea de entenderlo. El concepto de temperamento es importante para los padres, pues pueden juzgar las reacciones del niño dentro de esta expectativa. Sabrán cuándo se comporta según lo esperado y cuándo no. Cuando su comportamiento se salga de lo común, podrán evaluar la presencia de alguna enfermedad o de alguna reacción estresante, y pueden empezar a reconocer etapas de transición justo antes de una racha de desarrollo. Cuando se desvía de lo que es normal en él, los padres deben decidir de cuál de estos sucesos se trata. Si es una racha de desarrollo, tal vez quieran entender esa racha antes de tomar decisiones.

Los nueve elementos que tenemos en cuenta en la evaluación del temperamento fueron sugeridos por Stella Chess y Alexander Thomas (véase la bibliografía). Son, brevemente:

1. Nivel de actividad
2. Distraibilidad
3. Perseverancia
4. Acercamiento-retirada. ¿Cómo maneja situaciones nuevas y de estrés?
5. Intensidad
6. Adaptabilidad. ¿Cómo maneja las transiciones?
7. Regularidad. ¿Qué tan previsible es en cuanto al sueño, las deposiciones y otras funciones periódicas durante el día?
8. Umbral sensorial. ¿Es hiper o hiposensible al estímulo que lo rodea? ¿Es fácil estimularlo en exceso?
9. Estado de ánimo. ¿Es básicamente positivo o negativo en sus reacciones?

Con los anteriores elementos como base, se puede caracterizar al niño pequeño, al igual que se puede caracterizar el reto que representa tanto para sí mismo como para quienes lo rodean. Mi primer libro, *Infants and Mothers*, intenta describir los avances de tres bebés diferentes (activo, tranquilo y moderado) a medida que ellos y sus padres progresan durante el primer año. Transcurrida la primera mitad del primer año, hacen bien los padres y las personas encargadas del cuidado del niño en intercambiar opiniones acerca de la naciente personalidad, a fin de asegurarse de que ven al bebé de modo coincidente y prepararse para las múltiples decisiones que habrán de tomar.

Habilidades motrices

Sentarse solo es un gran logro. Como lo vimos anteriormente, a los cinco meses el bebé debe ser capaz de sentarse, inclinado un poco hacia adelante y sostenido por los brazos (en forma de trípode). En esa forma queda inmóvil, incapaz de cambiar de posición, salvo caerse hacia adelante. A los seis meses habrá aprendido a enderezar la espalda y a mantener el equilibrio hacia adelante y hacia atrás. Pero aún se apoya en los brazos, a los lados. Si trata de retirar un brazo, se caerá hacia ese lado. Su modo de sentarse es aún inestable. Depende aún de la firmeza de sus brazos para mantener el equilibrio. Todavía no es capaz de sentarse solo.

A los siete meses, ya no necesita apoyarse en los brazos, y puede, brevemente, mantener derecha la espalda. Todavía no utiliza los brazos con mucha libertad, por temor a caerse de lado. Se atreve a jugar un poco con los juguetes que tiene enfrente, pero si se cae, sabe que no puede volverse a sentar solo. Todavía juega cautelosamente y trata de mantener su emocionante nueva postura. A los ocho meses, tendrá amplia libertad de movimiento estando sentado. Un bebé de esa edad es capaz de inclinarse hacia un lado o hacia adelante o de darse vuelta. Ha dominado el arte de sentarse y puede hacer experimentos en ese terreno. Incluso si se cae, probablemente sea capaz de sentarse solo otra vez.

Los pediatras residentes y los padres experimentados saben cuánto tiempo hace que el niño aprendió a sentarse, por la complejidad de su comportamiento físico estando sentado. Si permanece inmóvil, el logro es reciente. Si puede hacer girar el tronco e inclinarse hacia un lado, hace más o menos un mes que se sienta. Cuando ya es capaz de sentarse estando acostado, demuestra una familiaridad con el manejo del cuerpo estando sentado y gateando que habla de un logro de por lo menos dos meses.

Hay pequeños logros motores que están ocurriendo paralelamente a la habilidad de sentarse. A medida que el niño adquiere libertad de movimiento, las manos lo emocionan cada vez más. A los seis meses todavía maneja los dedos como un todo. Cuando toma algún objeto, lo "rastrilla" hasta quedar con él en la palma de la mano. A los siete meses su destreza está aumentando. Al pasarse un objeto de una mano a la otra, empieza a explorarlo con los dedos. En el proceso, está gradualmente separando el índice del pulgar en preparación de movimientos más complejos. A los ocho meses será capaz de utilizar el índice y el pulgar a manera de pinzas, para recoger objetos pequeños. Aplicando este nuevo logro, recoge todo objeto pequeñito que encuentra. Motitas en el piso, una aspirina que alguien dejó caer, un trocito de comida para perro — todo despierta su interés. Además se lleva todo a la boca para explorarlo mejor. Éste es el momento en que el medio en que se mueve el bebé debe estar en condiciones impecables, sin que queden pedacitos peligrosos a su alcance.

Esta capacidad de asir objetos utilizando los dedos en forma de pinzas, la separación de los dedos índice y pulgar para ejecutar movimientos complejos, es una de las habilidades que separan a los humanos de los monos. "Las manos — decía María Montessori — son los instrumentos de la inteligencia humana". El lenguaje y nuestra destreza manual nos señalan para logros complejos. Por ello no es de extrañar la excitación del bebé con ese aprendizaje. Lo practica todo el día.

Pronto empieza a explorar el mundo con los dedos. Señalar objetos con los dedos para hacer participar a los adultos que lo rodean, poner un dedito en cuanto orificio se halle a su alcance, entre ellos los tomacorrientes, son actividades que encuentran maravillosos y novedosos usos para sus dedos separados. El pulgar y el índice son utilizados para explorar los rostros de los adultos que ama, para explorar todo hueco concebible o zona recóndita. Se han vuelto poderosas extensiones de sus ojos y su boca. Antes sólo utilizaba la boca para examinar el mundo de objetos y personas. Ahora, gracias al uso de las manos, puede extender esta exploración.

En esta etapa, casi todos los bebés muestran una consistente preferencia por una de las manos. En los meses anteriores quizá ya existía un patrón, pero ahora se chupan la mano menos dominante para dejar en libertad de explorar a la mano dominante. En esta racha de pequeños logros motores que ocurre entre los siete y los ocho meses, es fácil notar cuál es la mano favorecida. Si el adulto le ofrece un juguete de manera equidistante, el bebé extenderá la mano dominante primero. Los dos dedos principales de la mano dominante serán los que utilice para la mayor parte de la exploración. Inconscientemente empujamos al bebé hacia la preferencia por la mano derecha. Cuando le entregamos objetos, casi invariablemente se los entregamos hacia el lado derecho. Si es zurdo, tendrá que inclinarse hacia la derecha para agarrarlo.

Curiosamente, el niño empieza a perder interés en sus pies durante esta etapa, puesto que pasa una menor parte del día acostado sobre la espalda mirándose los pies. De hecho, a medida que aprenda a pararse, perderá agilidad en los pies, y los dedos de éstos serán menos importantes.

Aprender a gatear proporciona otro impulso hacia la independencia. A los siete meses, la mayoría de los bebés empiezan a arrastrarse boca abajo. Al caerse para adelante o voltearse estando acostado de espaldas, el bebé de esta edad demuestra claramente su interés por ponerse en movimiento. Aprende a acostarse sobre el estómago para poder practicar su arrastre en esa postura. *Arrastrarse* es, como describimos esta acción, moverse sobre el estómago como una culebra. A los ocho meses, a medida que el bebé es capaz de arrastrarse hacia adelante, empezará a agregarle innovaciones. Probablemente se levante "en cuatro patas", meciéndose hacia adelante y hacia atrás para acabar cayendo de narices contra el piso. Aunque quizá esta caída les resulte dolorosa, pocos bebés lloran cuando son ellos mismos los causantes. El afán por aprender es muy poderoso y es un contrapeso a cualquier incomodidad.

Cuando el bebé intenta por primera vez coordinar piernas y brazos, se reencuentra con los comportamientos reflejos de nado que mostraba en los primeros meses. Empieza a gatear hacia atrás, como un cangrejo. *Gateo* es el nombre que le damos a este movimiento sobre rodillas y codos. Cada niño que gatea tiene su modo distintivo de hacerlo, pero muchos nunca lo hacen. Existe el mito de que si un niño no gatea, tendrá, más adelante, mala coordinación y problemas de aprendizaje. Esto carece por completo de fundamento. He conocido muchos niños que nunca gatearon y, sin embargo, caminaron y cumplieron todas sus etapas de aprendizaje en perfecta secuencia. Muchos niños pasan de estar sentados a pararse o a caminar, sin haberse nunca arrastrado ni gateado. Gatear no es una etapa necesaria del aprendizaje.

Cuando el bebé empieza a gatear, los padres pueden ver la consternación en su carita a medida que se aleja más y más de su objetivo. La frustración aumenta por momentos. Puede que grite, a medida que sus piernas y brazos que acaban de aprender a trabajar en coordinación lo llevan hacia atrás. Como dijimos anteriormente, los padres pueden ponerle una mano firmemente contra las plantas de los pies. Se empujará hacia adelante, presionando la mano que hace resistencia. La sorpresa y la felicidad que siente bien pueden ser los motores que lo impulsen a adaptar los movimientos para poder repetir ese esfuerzo de ir hacia adelante, pero por sí mismo. Sin embargo, es muy probable que pase uno o dos meses de repetida frustración. Los padres pueden ofrecer consuelo y dar aliento, pero no tienen que proteger al bebé contra estos difíciles esfuerzos para aprender una nueva habilidad.

Como lo dijimos anteriormente, los padres deben, en esta etapa, proteger al bebé de su curiosidad. Mucho antes de esta edad, los padres deben inspeccionar la casa en busca de posibles peligros para el niño ingenioso y explorador.

Deben buscar tomas eléctricas al descubierto, escaleras que necesitan puertas y venenos y medicinas peligrosas en armarios y fuera de ellos. Los bebés encuentran todo. Los meses siguientes estarán llenos de sorpresas para las cuales los padres deben prepararse. Deben tener a la mano ipecacuana para provocar el vómito en caso de ingestión de algún veneno y deben mantener cerca de cada aparato telefónico los números del más cercano centro de desintoxicación, del servicio de urgencias del hospital más cercano y de un servicio de ambulancia. Es importante estar preparados. Cuando la emergencia ya se ha presentado, los padres estarán demasiado abrumados para actuar apropiadamente.

Alimentación   Las nuevas habilidades motrices de sentarse y de explorar, y la fascinante capacidad de utilizar los dedos como pinzas, son verdaderos momentos claves del desarrollo que afectan a todos los aspectos de la vida del niño. En particular, alteran por completo el panorama de la alimentación. Los padres que saben utilizar estas habilidades para enriquecer el sentido de independencia del niño en cuanto a la alimentación estarán previniendo muchos problemas. Aprender a jugar con una taza y a manejarla solo es para el bebé una emocionante meta. Aunque, ciertamente, no estará en capacidad de tomar mucho de un vaso o de una taza, querrá intentarlo. Cuando uno de los padres está tomando de un vaso, puede darle a probar. La imitación es siempre un acicate para aprender. Si quiere aprender a manejar la taza, puede dársele para jugar una vacía, mientras que se le da de comer en otra. Mientras está en una fase de práctica, puede probar su taza en la bañera: beber de ella, vaciar agua y pasar un buen rato salpicando, mientras que aprende a manejarla bien.

Sin embargo, no deben esperarse siempre grandes adelantos del bebé. Aun si los padres le dan algo para tener en cada mano — por ejemplo, una zanahoria en una mano y una cuchara en la otra —, dejará caer las cosas para agarrar las manos de los padres. O se distraerá para jugar con su tostada o su cuchara. Los padres deben respetar esto. Simplemente, en este momento comer es menos importante que explorar. Tal vez los padres que siguen adelante batallando con la aburrida rutina de siempre tengan éxito al final, pero es muy probable que produzcan conatos de rebeldía. Sencillamente, no vale la pena. Lo mejor es esperar a que el bebé explore a su manera un rato y deje a un lado la comida. Volverá a ésta con renovado interés cuando haya dominado sus nuevas habilidades.

Éste es un terreno donde las metas de los padres y las de los bebés pueden entrar en conflicto. Es también un terreno en el cual siempre ganará el bebé. Los padres pueden retroceder y disfrutar las nuevas habilidades del bebé. Volverá a comerse todo cuando las domine, pero por ahora su arranque de aprendizaje reemplazará todo lo demás. Por fortuna, las necesidades alimentarias del niño pueden ser satisfechas si toma una buena cantidad de leche dos o tres veces al día (mañana, mediodía y noche). Si es necesario, pueden despertarlo para un biberón adicional a las 10 p.m., justo antes que los padres se duerman.

Aunque los alimentos sólidos se han vuelto parte principal de la comida de la mayoría de los bebés, no son tan importantes como la leche y las vitaminas. Si el bebé rechaza los sólidos durante esta racha de aprendizaje, yo daría énfasis al cereal enriquecido con vitaminas o a la carne, por su contenido de hierro. Pueden suministrársele con cualquier comida que él acepte. Para un bebé de esta edad, dos o tres cucharaditas de alimento sólido serán suficientes para un período de veinticuatro horas. Darle una "dieta equilibrada" es con frecuencia lo que los padres se proponen, pero no es necesario.

La capacidad de emplear los dedos como pinzas, desde luego, lleva a una espléndida nueva diversión durante las comidas. Los padres deben darle al bebé uno o dos pedacitos de alimento blando al principio de cada comida. Cuando los haya ingerido, se le puede dar más. No podrá masticar todavía, pero puede triturar pedacitos blandos con las encías. Pedacitos de banano, papa o vegetales cocidos, partes blandas de un pan tostado, incluso pedacitos blandos de carne de hamburguesa o huevo revuelto, todos éstos son alimentos que podrá manejar.

A medida que se come los pedacitos, los explora, los manipula con los dedos, los deja caer, los unta o los destroza de cualquier otra forma, se le pueden poner uno o dos pedacitos al frente. Si alguien le ofrece demasiados trocitos, simplemente los amasará o los quitará de la mesa con un golpe del brazo. Los padres deben estar preparados para que el bebé escupa pedacitos o deje chorrear la comida por las comisuras de la boca. La meta debe ser enriquecer esta nueva aventura. Puede estar tan concentrado y emocionado que permita que alguien le dé su comida usual en puré mientras él lucha con los trocitos que tiene sobre la mesa. Pero tal vez se niegue a recibir comida. Los padres no deben insistir; de otro modo pueden reforzar la resistencia. Probablemente este período dure sólo una semana. Él quiere tener la situación bajo su control.

Sueño　Aunque antes de esta etapa tal vez el bebé haya estado durmiendo entre ocho y doce horas cada noche, la emoción y la frustración inherentes al aprendizaje de nuevas habilidades, como sentarse, arrastrarse, gatear, y a las nuevas y refinadas destrezas motrices, se prolongan a la noche. Es posible que las siestas se vean interrumpidas, al practicar en la cama sus nuevas habilidades. Cada vez quizá sea más y más difícil acostarlo. Esta nueva perturbación desespera a los padres, que apenas empezaban a disfrutar de noches tranquilas.

Al igual que otros momentos claves, este cambio es un paso hacia atrás que precede a un gran salto hacia adelante. Trato de ayudarles a los padres con las siguientes sugerencias.

Renueven el ritual de llevarlo a la cama para indicarle la importancia que éste tiene para él y para ustedes. Todavía necesita dos siestas o dos descansos durante el día: al promediar la mañana y al promediar la tarde. Ya sea que duerma o no, debe quedarse un rato en su cama y en su habitación. Si es necesario, uno de los padres puede sentarse cerca, silenciosamente, sin responder ni estarle diciendo que debe descansar. Déle palmaditas suaves y rítmicas en la espalda pero sin mirar y sin responder. Tal vez no le guste, pero rápidamente aprenderá que "el asunto va en serio", que éste es el ritual de acostarse y no un juego.

Si los padres no están con él durante todo el día, asegúrese de que la persona encargada le proporcione una larga siesta por la tarde. Así estará listo para acostarse más tarde. Pero recuerde que en el momento en que dé señas de desintegración, de excesiva emotividad, necesita irse a la cama. Es fácil olvidarse de su necesidad de acostarse en determinado momento. La firmeza de los padres y la regularidad de la costumbre le ayudarán. Si todavía vacilan, el bebé se dará cuenta y los pondrá a prueba. Entonces se mostrará más y más desorganizado, desesperadamente incapaz de darse por vencido. Una vez en la habitación, tal vez tengan que ensayar a mecerlo, a consolarlo, pero con la firme convicción de que es hora de que se vaya a la cama.

A veces los bebés de esta edad empiezan de nuevo a despertarse a las dos y a las seis de la mañana. Lloran lastimeramente pero no parecen en realidad estar despiertos. A veces, incluso, se colocan sobre los brazos y las rodillas, en posición de gatear, y se mecen, sin siquiera despertarse. Los padres se preguntan si deben despertarlo, alimentarlo, y luego acostarlo de nuevo. Puesto que se trata de un comportamiento — según lo describíamos anteriormente — típico del sueño REM o sueño ligero, y que ocurre regularmente cada cuatro horas en la mayoría de las personas, les aconsejo a los padres no despertarlo y no sacarlo de la cuna. En realidad, ello no reforzaría de ninguna manera este frustrado comportamiento. A lo sumo, yo le ayudaría a volverse a acostar con palmaditas y ademanes tranquilizadores, u ofreciéndole el chupete o cualquier objeto al que le tenga apego especial. Incluso si se despierta del todo cuando uno de los padres está con él, trataría de intervenir lo mínimo, para darle la posibilidad de que él mismo descubra la manera de volverse a dormir profundamente. Los padres que despiertan al bebé durante esta etapa tendrán que participar del patrón de sueño del niño por mucho tiempo.

Los padres que no han estado con el bebé durante el día encuentran muy difícil este despertar nocturno. Es, en realidad, más un problema de ellos que del niño, lo cual, desde luego, es comprensible. Pero los padres que tienen intensos horarios de trabajo también necesitan dormir y, tarde o temprano, el despertarse de noche agotará a toda la familia.

Comunicación

A los siete u ocho meses el bebé no sólo utiliza sílabas con una consonante y una vocal ("pa", "ma", "ba"), sino que las practica. Las gorjeará y las utilizará en escalas por la mañana, cuando esté en la cuna. Las practicará incesantemente, usándolas para llamar a los embelesados adultos. Raramente le asignará la sílaba al adulto a quien le corresponde. Los bebés de esta edad probablemente entiendan cuando se les dice "no", pero no responden a esta palabra.

Todas las rachas de desarrollo motor y cognoscitivo hacen que los juegos sean más divertidos para los padres. Cada uno de los padres debe jugar con el bebé de manera activa y adaptada al respectivo temperamento. En esta etapa las madres les advierten a los padres que "no jueguen con brusquedad". Quizá los padres digan: "Eres demasiado suave con él. Te das por vencida demasiado pronto. ¿No te das cuenta de que está pidiendo más?" Los padres deben respetar estas diferencias y hacer uso de ellas. De este modo, el bebé aprende que cada uno de los padres es una entidad individual y diferente. No hay necesidad de que ambos lo traten de igual forma.

Aprendizaje

En sus juegos, el bebé estará probando sus nuevas habilidades cognoscitivas. Esconderá un juguete debajo de algo, para luego descubrirlo y "hacerle fiestas" al descubrimiento con un "ooh" o un "aah". Empieza a aparecer un sentido de la permanencia de los objetos: la noción de que el objeto no ha desaparecido simplemente porque salió de su vista. A medida que aprende a arrastrarse y gatear, lucha por alcanzar un objeto codiciado. Si logra alcanzarlo, lo explora y luego empieza a perder el interés en él, arrojándolo fuera

de su alcance. En seguida, lucha de nuevo por alcanzarlo, dándole otra vez valor al objeto.

Los espejos le han estado interesando más o menos durante el último mes. Cuando se mira, parece tratar de conseguir que la imagen le responda. Tal vez incluso extienda los brazos para tratar de tocarse en el espejo. Cuando cree lograr una respuesta, puede incluso que se sorprenda y se asuste. A los siete u ocho meses, si los padres se le acercan por detrás, puede que inicialmente trate de reaccionar ante las imágenes de ellos en el espejo. Luego se volteará para ver dónde están realmente estas personas conocidas. Está aprendiendo acerca del espacio y de las relaciones espaciales.

El recelo ante los extraños acompaña las rachas de desarrollo cognoscitivo que continúan de modo manifiesto. Busca objetos perdidos y levanta un pedazo de tela o una

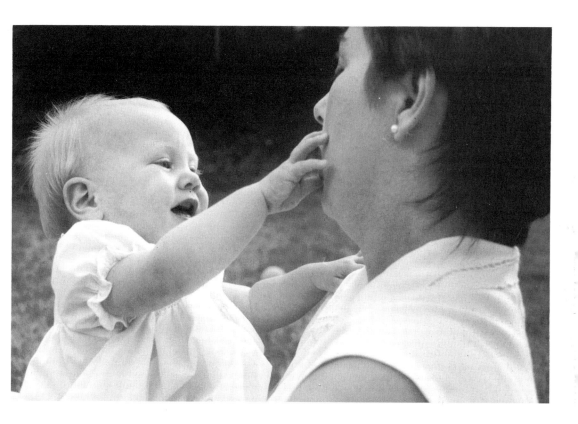

caja para encontrarlos. Experimenta con la permanencia de las personas, jugando a las escondidas. Exhibe una actitud imitativa en juegos que se basan en expresiones faciales, además de barbotar y emitir otra clase de sonidos. En los dos meses siguientes será emocionante ver y disfrutar su desarrollo cognoscitivo. Los padres no deben preocuparse en exceso por las frustraciones del bebé. Las puede controlar, y lo hará.

En este período de acelerada asimilación de los mensajes que le comunican quienes lo rodean, el bebé esperará, al final del día, el ruido que le indica que uno de los padres regresa a casa. De muchas maneras, habrá que respetar su sensibilidad. Exponerlo a ruidos demasiado fuertes o a cambios demasiado abruptos, e incluso dejarlo en un ambiente conocido o con alguien que antes le ha sido familiar, probablemente haga surgir la fragilidad que forma parte de este período de veloz aprendizaje. Toda la energía del bebé está dedicada a dominar y explorar estas nuevas habilidades cognoscitivas.

La permanencia de las personas empieza a seguir el mismo curso que la permanencia de los objetos. ¿Qué quiere decir esto? A los padres que quieran evitar episodios traumáticos, les doy el siguiente consejo. No dejen que un extraño ni miembros de la familia se apresuren a tomar al bebé en sus brazos. Adviértanles a los abuelos que harán bien en esperar, antes de alzarlo, a que el bebé los haya estudiado detenidamente y haya empezado a perder su recelo inicial. Pueden esperar que las separaciones necesarias, como dejarlo en la guardería o con la persona encargada, sean dolorosas y ruidosas. Déjenle saber siempre que piensan partir, y asegúrense de que quede en manos cariñosas. Al regreso, déjenle saber que lo han echado de menos. Reduzcan al mínimo durante algún tiempo todas las separaciones innecesarias y todos los cambios.

Los padres pueden jugar a esconderse y a otros juegos que se relacionan con esa ansiedad de separarse y de ser dejado. Escóndase a la vuelta de la esquina y regrese. Déjelo explorarle la cara, la ropa. Juegue con él frente al espejo. Haga que personas extrañas pero importantes entren en su vida para que pueda aprender acerca de ellas. No es necesario sobreprotegerlo. Pero sí debe darse cuenta de que el bebé atraviesa una etapa importante y exigente de desarrollo: un momento clave en estos aspectos cognoscitivos y sociales.

Alimentación. Los problemas en torno a la alimentación seguirán siendo que el niño quiere explorar y quiere controlar la situación. Éstos se harán más intensos. Cuando rehúse los alimentos, tenga listo un pedacito largo de pan o zanahoria cocida para que juegue. No le preste demasiada atención. Muévase en la cocina, atendiendo sus asuntos. Si se concentra en él, tendrá la tendencia a exhibirse y a fastidiar, dejando caer la comida o rechazándola. Pruebe con la cuchara. Déjelo jugar con ella mientras lo alimenta

Hacia adelante

con otra. Quizá acepte todo lo que usted le ofrece mientras esté distraído. Quizá no. Si no, no persista. Una vez más, no trate de controlar sus juegos o de alimentarlo cuando no quiere. No vale la pena.

Si no come, ¿tendrá hambre más tarde? Si usted no ha iniciado una batalla, probablemente sí, pero su deseo de dominar la situación es un fuerte e instintivo afán en esta época.

Sueño. Antes que el bebé gatee o trate de sostenerse contra algo para ponerse de pie, o a medida que aprende sobre personas extrañas, tal vez se empiece a despertar otra vez. Apóyese en los hábitos que utilizaba antes para ayudarle a volver a dormirse.

Durante el día, cuando se sienta frustrado ante un nuevo aprendizaje, ayúdele a aprender a consolarse a sí mismo. Refuerce esta noción con un juguete especial o con una cobijita. Si ha aprendido a chuparse los dedos o un chupete, ayúdelo a encontrarlos cuando está disgustado o desmoronándose. Cuando se calme, dígale lo bien que se ha portado.

Seguridad. Ésta es la edad en que un corralito para jugar puede ser útil, porque significa que estará seguro cuando usted se aleje. Si no utiliza uno, cuide de que en la casa haya una habitación segura para él. Su recién descubierta movilidad y la necesidad de satisfacer su inquisitivo impulso cognoscitivo lo harán meterse en todas las dificultades que se le presenten. ¡Prepárese!

Mala crianza. Durante esta consulta, muchos padres expresan de nuevo preocupación por la posibilidad de malcriar al niño. Si les preocupa darle a un bebé de ocho o nueve meses demasiada atención y exceso de amor, se trata de una preocupación innecesaria. Mi noción de niño malcriado va ligada a un niño ansioso, en busca de límites. Si nadie se los proporciona, necesita seguir buscándolos, probando la manera de lograrlo. En los meses venideros, usted verá comportamientos que son claramente una petición de esos límites. Cuando por primera vez el niño gatea hasta el televisor para *asegurarse* de que lo estén mirando, eso es lo que está sucediendo. Usted puede quitarlo de ahí o distraerlo. Pero establezca claros límites desde el comienzo. La disciplina es una responsabilidad de los padres: proporcionarle al pequeño límites firmes que pueda asimilar toma años; así que no se sienta frustrado.

8

NUEVE MESES

El bebé de nueve meses rara vez pasa la consulta sentado sobre las rodillas de papá o mamá. Se halla ansioso por estar en el piso o por sostenerse de pie apoyado en una silla o en una mesa, y los padres están igualmente ansiosos por exhibir estos maravillosos logros. La mayoría de las preguntas en esta consulta tendrán que ver con el desarrollo motor. Debido al afán del bebé por moverse, todo — comida, sueño, cambio del pañal — será diferente. Nuevas preocupaciones sobre seguridad, disciplina y ansiedad afloran diariamente a la vez que el bebé se retuerce, se rueda, gatea, se arrastra, se incorpora y se cae de la mañana a la noche.

Los nuevos dramas y conflictos traen consigo un nuevo equilibrio de los hábitos familiares y llevan a los padres a pedir apoyo. El predominio de la motricidad y la regresión en el sueño y la alimentación generalmente hacen de este período un típico momento clave y, por ende, una oportunidad para que yo me acerque a los padres en actitud de apoyo.

Padres o madres llegarán a mi consultorio a punto de estallar. "¿Cómo está?", pregunto yo a la espera de la primera ráfaga. "Terrible", dice la madre. "¿Sí?" "Sí, Alejandro se ha desorganizado por completo. O anda a la ofensiva, o llorando a gritos o chupándose el dedo y mirándome furioso. No se come nada de lo que le doy. No me recibe nada y, si quiere saber más, le cuento que no estoy durmiendo nada. Está en acción día y noche. Se despierta por lo menos una o dos veces en la noche. ¡Estamos los dos en completo caos!"

Tras escuchar atentamente, espero poder ayudarles a los padres a ver las cosas desde el punto de vista del niño. Tal vez, sugiero, se muestra difícil e indisciplinado porque está trabajando intensamente en aprender nuevas habilidades. Paralelas a ese aprendizaje están las dificultades con el sueño y la alimentación.

Habilidades motrices

En este momento decisivo, el bebé empieza a aprender a ponerse de pie. En presencia de cualquier objeto de dónde agarrarse — una silla o una mesa le sirven — empezará a tratar de incorporarse. Las piernas bien separadas, el cuerpo arqueado hacia adelante, gruñirá y se esforzará contra la ley de la gravedad. Con cuerpo vacilante se aferrará al borde de la mesa. Cuando esté allí, se quedará de pie largo rato. En el consultorio, si trato de interrumpirle ofreciéndole un juguete o alzándolo para examinarlo, me clavará una mirada como para derretirme, como diciéndome: "Déjeme en paz. ¿No se da cuenta de que estoy ocupado?" Si, estando sobre mi mesa, empieza a ponerse inquieto y a desesperarse, lo puedo contentar fácilmente, ayudándole a ponerse de pie. De nuevo, sonreirá feliz. Su meta es evidente y su concentrado esfuerzo es tan potente que protestará con vehemencia contra cualquier interferencia.

A esta edad, el bebé permanecerá de pie todo el tiempo que pueda, y luego llorará, más de frustración que de dolor. Si se cae, grita. No es que le duela caerse, pero se acabó la emoción de estar de pie, y es eso lo que le duele.

Gracias a Dios existen en el bebé los lugares blandos del cráneo y la flexibilidad de éste. Obviamente, la madre naturaleza quiso preservarle la cabeza de las caídas. Durante los dos primeros años, el cráneo del bebé es flexible y cede con cada golpe. El cerebro no se aporrea, como sí el de un

adulto que se cae o recibe un fuerte golpe en la cabeza. La naturaleza está preparada. Ese punto blando o fontanela no se cierra, y los huesos del cráneo no quedan soldados hasta cuando el bebé ya ha adquirido un equilibrio más seguro y camina bien, a los dieciocho meses.

A pesar de esta protección, los padres deben tener cuidado. Si el bebé no llora inmediatamente después de la caída, o pierde el sentido, podría haber sufrido una concusión. Yo trataría de tener un tapete en los sitios donde ensaya a ponerse de pie. Es muy probable que el bebé resista un golpe en la cabeza en un piso de madera pero no en uno de concreto. Tras varias caídas, el bebé empieza a aprender a doblarse en el medio. Saca el trasero y aprende gradualmente a dejarse caer despacio y equilibradamente, con un golpe suave.

El movimiento es la meta final. Cuando está de pie agarrado de algo, el bebé se encuentra bastante inmóvil. Pero está ya ansioso de andar. Si dispone de una silla puesta al revés o de un cochecito, aprenderá pronto cómo empujarlos hacia adelante, aferrándose a ellos. El deseo de levantarse y andar es parte intrínseca del ser humano.

Con frecuencia, durante esta consulta, los padres me preguntan si deben comprarle zapatos al niño. No lo recomiendo. Si está descalzo, puede agarrarse al piso con los dedos y equilibrarse mejor. Con zapatos, se resbalará y vacilará más. Cuando ya sepa caminar, los zapatos duros y resistentes le sirven, porque lo obligan a flexionar la planta para mover el pie. Esto le hará desarrollar un mejor arco.

El bebé de esta edad puede a menudo pasar de estar acostado boca abajo a sentarse y de allí a ponerse de pie. ¡Cuán compleja serie de habilidades motrices ha aprendido en sólo nueve meses! Todo esto le ha dado la sensación de que puede dominar su cuerpo y conseguir cualquier cosa que se proponga. ¡Ahora, de pie, se le ofrece un nuevo mundo! Trabajará arduamente en esta tarea día y noche. La tendrá como meta tan pronto se despierte por la mañana, y la revivirá de noche, su inconsciente ejerciendo presión para que actúe durante el ciclo de sueño liviano. Con razón se está "desmoronando".

Al ponerse de pie, agarrado de ese modo, encuentra

infinidad de maneras de probar este nuevo procedimiento. Si oye música, trata de bailar. Todos los espectadores aprueban efusivamente. ¡Es divertido bailar! Después quizá tratará de caminar de lado, pegado a los muebles. ¡Eso también funciona! Puede ir de un sitio a otro. Ahora, los objetos prohibidos que están sobre las mesas quedan a su alcance. El mundo ya no es plano. Él le ha agregado una tercera dimensión.

Disciplina temprana

El mundo de los padres también ha cambiado. En lugar simplemente de aplaudir todos los nuevos trucos, deben decidir sobre el "no". ¿Qué es mejor, retirar objetos o prohibirle algunos y tratar de restringir el alcance de su curiosidad? Estufas, lámparas, lavadoras, televisores y computadores personales, todos están ahora en la mira. La plantas interiores, cuyas hojas pueden ser tóxicas, de repente resultan muy atractivas. ¿Cómo hacen los padres para saber cuándo retirar las tentaciones y cuándo exigir disciplina? De acuerdo con mi experiencia, a menor posibilidad de conflicto, mejor. Las reglas más importantes, como la de no tocar la estufa, se aprenden mejor si no están diluidas por otras triviales. Así que yo retiraría las tentaciones que son fáciles de quitar y aislaría los sitios peligrosos con una silla o un mueble pesado, dejando tan sólo unos pocos que puedan suscitar conflicto.

Aunque los padres pueden distraer la atención del bebé a esta edad, la etapa de negatividad se aproxima. La distracción funciona sólo para cosas sin importancia y se convierte fácilmente en juego. Éste es el momento de prepararse para la negatividad del segundo año, por el bien de todos. Los padres me preguntan cuán temprano empieza la disciplina. La primera vez que el bebé gatea hasta el televisor o el radiador y *observa a su alrededor* para cerciorarse de que lo estén mirando, está pidiendo disciplina. Demuestra su noción de lo prohibido y su necesidad de límites. Es hora de que los padres reconozcan que el bebé los está invitando a que participen en su aprendizaje a controlarse a sí mismo (véase el capítulo 19). Éste es el primer momento clave de aprender cuándo y cómo inculcar disciplina. Los padres deben decidir cómo encarar el asunto y empezar a practicar. ¡El camino es largo!

Otra sorpresa capaz de causar paro cardíaco que les espera a los padres de un bebé de nueve meses es encontrarlo en mitad de las escaleras. A menos que puedan estar allí todo el tiempo para ayudar al bebé, deben colocar una puerta de seguridad en cada extremo de la escalera. Más adelante pueden enseñarle a subir y bajar, pero aún es demasiado pronto.

La bañera es otro escenario de alegría y peligros. La primera y vital regla es: *nunca* deje al bebé solo en la bañera, ni siquiera por un instante. Podría resbalarse y aspirar agua. En el mejor de los casos les causaría un gran susto y en el peor podría suceder algo grave. Si el niño va a estar cerca de una piscina, es el momento de asegurarse de que la piscina esté cubierta o completamente rodeada de cerca. Como pediatra, he conocido demasiados niños que sufrieron daño cerebral cuando se estaban ahogando en piscinas. Por eso soy sumamente firme en este aspecto de la seguridad.

En cuanto al resto de la casa, lo más seguro es volverla "a prueba de bebés". Si los padres no pueden hacerlo, deberían por lo menos volver muy seguras una o dos habitaciones para que sea allí donde el bebé pase el tiempo.

Sueño Como lo decía anteriormente, el bebé que está aprendiendo a ponerse de pie, practicará de noche también. Esto se convierte en otro momento clave, y por ello pongo énfasis en las decisiones que deben tomar los padres para reafirmar que el sueño es asunto *del bebé*. En cada ciclo REM, su nueva meta motriz saldrá a la superficie al pasar el bebé por un sueño más liviano. Cuando los padres lo pongan en la cuna, el bebé se levantará tan pronto salgan de la habitación. Si lo hacen acostarse, volverá a ponerse de pie — hasta diez o más veces.

He aquí lo que les digo a los padres. Para superar este hábito, cada vez que se levante, acuéstenlo con firmeza, arropándolo bien. Después de la segunda o tercera vez que se ponga de pie, permanezca uno de los dos con él, no permitiéndole que se levante de nuevo y acariciándolo para que se duerma. Peleará y gritará. Pero no se deje envolver en la pelea. Eso resultaría demasiado emocionante. Sea más firme que él. Ciertamente, necesitará su objeto o muñeco preferido para ayudarle, pero no lo aceptará elegantemente. Debe recibir claramente el mensaje de que es hora de irse a la cama.

El ritual que precede al sueño adquiere, en esta época, renovada importancia. Yo sugeriría que el pecho o el biberón forme parte de ese ritual. Sin embargo, como lo dijimos anteriormente, no lo deje en la cuna con el biberón lleno de leche. Es dañino para los dientes. Aliméntelo en sus brazos, meciéndolo y cantándole para tranquilizarlo. Pero no espere a que se duerma en sus brazos. Póngalo en la cuna cuando todavía está despierto. Déle una manta o un juguete para que lo abrace y le haga compañía. Siéntese a su lado y acaríciélo. Una vez más: la meta es que él encuentre su propia manera de ayudarse a dormir. Quizá tome tiempo, pero vale la pena.

Algunos bebés se mecen para consolarse. Se mecen vigorosamente, a menudo haciendo que la cuna se golpee contra la pared. Parece que disfrutan del sonido. Puesto que este acto lo tranquiliza, yo no lo impediría. El estruendo, o el daño a la pared, puede evitarse poniendo las ruedas de la cuna en soportes de caucho que impidan el movimiento. Así, el bebé podrá moverse a su antojo sin que la cuna se mueva. Desde luego, las tuercas de la cuna necesitarán de vez en cuando un ajuste.

Generalmente, cuando el niño ha avanzado en el desarrollo motor y ya empieza a caminar, sentirá menos frustración por la noche y ya no se mecerá tanto. Pero algunos niños se mecen por la noche, como parte de un hábito de relajación, durante varios años. No es síntoma de nada grave. Tal vez ayudarle a que se aficione a abrazar un juguete o una manta sirva para reemplazar el movimiento pero, si no lo logra, no hay motivo de preocupación. Si ha de ser independiente por las noches, necesita idear su propia manera de serlo, y, para algunos bebés, consiste en mecerse.

Cada racha de desarrollo provee una nueva oportunidad de aprender a dormirse. Si los padres tienen el empeño suficiente, cada vez debería ser más fácil. A medida que el niño crece en edad y complejidad, encontrará más y mejores maneras para eximir a los padres de la tarea de llevarlo a la cuna. También aprenderá maneras más complejas de consolarse y de ponerse él mismo límites.

A menudo los padres se quejan de que el bebé se pone cada vez más activo por las noches. Creo que está tratando de decirles algo. *Necesita* "derrumbarse". Pocos niños son capaces de "derrumbarse" solos. Necesitan un empujón de los padres. Cuando el bebé parece no aguantar más y estarse desmoronando, la señal dice claramente que necesita que alguien lo tranquilice y lo acueste. Cuando ambos padres están ausentes durante el día, es difícil tener la firmeza para dejarlo por la noche. Si están a la espera del momento en que el bebé generalmente ya no puede más y hacen de la hora de irse a dormir un ritual cálido y habitual, toda la familia aprenderá a contar con esta costumbre. La persona encargada del bebé debe tratar de evitar que el niño duerma largas siestas por la tarde.

A veces una madre me dirá: "¡Se pone completamente frenético! *Tengo* que ayudarle a dormirse. Se pega de la baranda de la cuna y no es capaz de acostarse. Tiene miedo". Le pregunto entonces si el niño, durante el día, es capaz de sentarse cuando está de pie agarrado de algún mueble. La respuesta es entonces: "¡Ah, sí! Durante el día es maravilloso. Es capaz de hacerlo muy bien, con suavidad". Ésta es la clave que me indica que, probablemente, no es que al bebé se le olvide por completo cómo hacerlo durante la noche. ¿Por qué no entrar y darle un empujoncito a ver si se dobla por el medio? Refrescarle así la memoria, junto con unas cuantas palabras tranquilizadoras, puede ser todo lo que se necesita. Después de unas cuantas noches sabrá cómo hacerlo solo. Los bebés aprenden velozmente a incorporar a su ciclo de sueño REM una tarea aprendida. Si pide ayuda, los padres pueden simplemente hacerle saber que están allí. Pero le corresponde al bebé dejarse caer y acomodarse para dormir.

A veces los padres se preguntarán si deben sujetarlo con

correas a la cuna para evitar que se levante. No me gusta nada la idea de arneses ni de correas. Un poco de enseñanza paciente resultará en patrones de aprendizaje que serán importantes para el niño durante años. Este momento clave es una oportunidad para que los padres aprendan a ayudarle a ser independiente, en este caso, de noche.

Alimentación

Las comidas no se libran de la tiranía de la nueva habilidad motriz. "Ya no deja que le dé la comida" — manifiesta la madre —. "Rechaza casi todo lo que le ofrezco. Simplemente se dedica a saltar en su silla". Como suele suceder, lo mejor no es oponerse sino unirse. Ofrezco las siguientes ideas. Aprovechen los dedos y la curiosidad del bebé. Cuanto más pueda ahora comer por sí mismo, mejor. Mientras usted anda por ahí ocupado en lo suyo, déjele al alcance una variedad de alimentos importantes, entre ellos proteínas (huevos, queso, carne), cereales, frutas y verduras. Déle unos cuantos pedacitos blandos a la vez y retírese del escenario de la alimentación. Le fascinará hacer su propia selección y comer por sí mismo. Tal vez permita que usted le dé pedacitos de comida blanda mientras él se ocupa en comer a dos manos; tal vez no lo permita. Por ahora, necesita comer casi del todo solo.

En lugar de batallar con él para que mantenga derecha una taza con líquido, déle una taza. Puesto que lo que generalmente hará será voltearla, échele sólo un poco de líquido. Le emocionará poder tomar solo, si lo logra. A los bebés les gustan las tazas o los pequeños termos de plástico con pico como transición a la taza de verdad.

El bebé probablemente no aprenderá a usar la cuchara hasta bien entrado el segundo año, pero a los bebés de nueve a diez meses les encanta imitar con la cuchara o dar golpes con ella y hacerla sonar. Nuevamente, proporciónele una cuchara y esgrima a la vez la suya.

Todas las nuevas distracciones hacen que los padres piensen en la posibilidad del destete. Algunos temen que, si esperan demasiado tiempo, el bebé se aferrará en exceso al pecho o al biberón. No estoy de acuerdo. Cuando el bebé dé señales de querer abandonarlo, desde luego, háganle caso. Pero no existe, que yo sepa, ninguna razón válida para presionarlo. Ciertamente, no existe un momento óptimo para el destete, un momento en que sea más fácil quitarle el pecho o el biberón. Hay muchas etapas en el desarrollo del bebé en que estará más interesado en aprender que en tomarse el biberón o en mamar. La comida, muchas veces, pasa a segundo plano. Como trasfondo de tantas aventuras en pos de la independencia, es posible que sea vital poder regresar al cariñoso, cálido y seguro ritual de recibir leche. Todas las veces que come por sí mismo alimentos sólidos está ejerciendo su independencia. ¿Por qué no dejarlo que regrese a la leche y, así mismo, asegurarse de que su alimentación sea completa? Fuera del biberón o el pecho, las comidas con un bebé de nueve meses no pueden ser prolongadas y cómodas. Cuando empieza a saltar en la silla y deja de comer, está diciendo que está aburrido. Hay que sacarlo inmediatamente de la silla y dejar de perseguirlo con comida. Además, no se le debe dar alimento sólido entre comidas. Si tiene que esperar hasta la próxima comida, se habituará al horario.

Cuando los padres me consultan sobre el destete, mi consejo es: empiecen eliminando la ración del mediodía. Dejen para eliminar de última la de la noche y la de temprano por la mañana. Fíjense bien que tome suficiente leche de la taza (dieciséis onzas) a medida que le retiran el pecho, pues cuando el proceso haya empezado, la leche materna disminuirá y ya no podrán contar con ella. Si quieren conservar la costumbre de amamantar por la mañana y por la noche, por la intimidad que representa, no lo duden. Es una manera muy amable de empezar y terminar el día. De nuevo, no aconsejaría que esperen a que el bebé se duerma en brazos: pónganlo en la cuna cuando esté tranquilo pero no dormido, y dejen que él haga el resto. (Si se desea una guía detallada de madres con experiencia en el destete, véase Huggins en la bibliografía.)

La nueva libertad de movimiento trae consigo la necesidad **Aprendizaje**
de aprender sobre el peligro. Por ejemplo, apenas empieza
a gatear, el bebé aprende que es peligroso gatear por el
borde de una superficie. El eminente estudioso del desarrollo infantil Robert Emde y sus colegas utilizaron esta noción
de la existencia de "abismos" para ingeniarse un experimento fascinante que prueba el concepto de "referencias".
Demostraron que cuando un bebé toma una decisión, utiliza claves de sus padres; es decir, "toma como punto de
referencia" su aprobación o desaprobación. Si se le permite
gatear por una superficie de plástico transparente que tiene
un "abismo" debajo, se detiene justo al borde del "abismo".
Aunque podría seguir gateando sin peligro, se da cuenta de
la caída de la mesa y se detiene antes sobre la superficie
plástica. Si su madre se sitúa al otro lado de la mesa,
ofreciéndole claves faciales, las busca. Si ella le sonríe, él
sigue gateando y atraviesa lo que ha percibido como un
peligro. Si ella frunce el ceño y lo mira en señal de advertencia, se detiene. Este experimento ilustra la capacidad del
bebé para utilizar las claves de sus padres cuando debe
tomar decisiones importantes. Asimila de ellos toda clase de
claves — gestos faciales y corporales, y lenguaje — para
ayudarse a descifrar sus actitudes y lo que para él significan.

Jugar a las escondidas y otros juegos repetitivos — como
chocar las cabezas repetidas veces — son las maneras que
tiene el bebé para crearse expectativas y ponerlas a prueba.
Si juegan a chocar suavemente las frentes, a cierto ritmo,
cerrará los ojos ante cada golpe. Luego, si cambian el ritmo
ligeramente, cerrará los ojos a tiempo, a la espera del golpe.
Cuando no sucede, mirará risueño a su contrincante. Se ha
creado una expectativa y le encanta que no se cumpla.

Llegar a comprender la permanencia de los objetos ("el
objeto permanece aunque no pueda verlo") da paso a comprender la permanencia de las personas ("si papá y mamá
están en otra habitación, todavía existen"). Jugar a las escondidas o a otros juegos que consisten en ocultar un objeto
o una persona es explorar este concepto. Jugando con estas
repeticiones, el bebé adquiere dominio sobre ellas. Aprende
que él puede controlarlas, y producirlas. No tiene ya que
temer a entregar algo, porque sabe que regresará. Aprende

esto con objetos neutros. Los juegos de esconderse son más emocionantes, pues incluyen personas. El desarrollo de la confianza en el medio ambiente está íntimamente ligado al dominio del concepto de la permanencia de objetos y personas. El bebé pondrá a prueba el ritmo de estos juegos, interrumpiéndolo para reírse. Si usted cambia de ritmo, lo mirará sonriente y a la espera. Esto significa que tiene sentido del ritmo. Estos juegos preparan el camino hacia la comunicación, el lenguaje y el compartir, más adelante, el ritmo de la conversación.

Los juegos de exhibición — aplaudir, decir "adiós" con la mano — le dan la oportunidad de jugar con los adultos. La emoción de estos juegos radica en la aprobación de los adultos. ¡Son los juegos especiales de los abuelos! Estos juegos aprovechan sus recientemente adquiridas habilidades de imitación, uno de los instrumentos más poderosos de aprendizaje de que dispone a esta edad el niño.

El bebé ensayará múltiples sonidos nuevos, como "ga ga", "ma ma", "ba ba", pero tal vez aún no tengan un significado específico. Explora los sonidos del idioma. En la cuna, es capaz de gorjear, usar inflexiones o ensayar un nuevo sonido o sílaba repetidamente. Utiliza estos sonidos para llamar a sus padres. Gritar ya no es su única táctica. Puede enriquecerla con el uso de gestos y sílabas a medida que empieza a tratar de manipular a sus padres.

El de *causalidad* es un nuevo concepto para el bebé de nueve meses y apenas empieza a aparecer. ¿Cómo funcionan las cosas? ¿Qué hace que el camión se mueva? A esta edad, la exploración se limita a esfuerzos tales como empujar un camioncito para que las ruedas se muevan. Quizá el niño lo empuje para ir tras él. Éste es ya un ejemplo de la manera como pone a prueba su espacio, como lo controla. Pero, en algún momento, le dará la vuelta al camión para examinarle las ruedas. Parece como si quisiera entender cómo anda el camión, justo en el momento en que él empieza a moverse.

Perspectivas de éxito o de fracaso. A los nueve meses ya se sabe, por el comportamiento del bebé, si él cree que tendrá éxito o fracasará en las tareas que se propone o que otros le proponen. Con frecuencia tenemos que evaluar en el Hospital Infantil de Boston a bebés de quienes sabemos muy poco. Cuando le asignamos al bebé de nueve meses una tarea de la escala de evaluación del comportamiento infantil, observamos su comportamiento, pues ése es su idioma. Por ejemplo, podemos darnos cuenta de muchas cosas con el simple hecho de entregarle dos cubos del mismo tamaño. El bebé que espera tener éxito en nuevas tareas los recibirá, se los llevará a la boca, se los frotará en el pelo y con frecuencia los dejará caer para ver si algún adulto se los devuelve. Finalmente, después de mucho probar y explorar, los unirá mostrando que sabe que ambos son del mismo tamaño. Luego mirará con cara de satisfacción y orgullo a la persona que lo está examinando. Espera que se le elogie.

En contraste, el bebé que prevé que fracasará tal vez reciba, obediente, los dos cubos. No hace mucho con ellos, como si pensara que a nadie le importará. Acerca los bloques el uno al otro, indicando que se da cuenta de que son del mismo tamaño, pero luego los hace a un lado como si nada. Mira aburrido, como expresando su sensación de fracaso, o como quien dice: "Me pueden golpear. No soy capaz de hacerlo. Merezco fracasar". Más adelante, a los doce meses, el mismo bebé tal vez tumbe un bloque que puso encima de otro, como por accidente, y mire acobardado, como sin esperanza. A los quince meses, cuando este mismo niño se tropieza, exhibe la misma mirada acobardada, de fracaso. No cree que tendrá éxito.

A los nueve meses, no sabemos si la suposición de que fracasará viene de su interior o de su medio ambiente. Si proviene de un hogar que nunca lo premia, sabemos que la falla proviene del medio y que no ha sido alentado a tener éxito. Si no, los padres y el pediatra deben observarlo más de cerca. Tal vez esté indicando que tiene dificultades para integrar información y aprendizaje. Tal vez tenga un problema de aprendizaje y no pueda recibir claves, integrarlas y responder a ellas sin pagar un precio. Tal vez sea hipersensible y tenga una perturbación de la atención. El niño que no es capaz de concentrarse en una tarea, o el que tiene leves problemas neuromotores, puede estar di-

ciendo a través de su comportamiento que cualquier tarea
le resulta tan difícil, que por eso piensa que va a fallar.
Estos niños necesitan ayuda prolongada, paciente y respetuosa. Si son entendidas, sus deficiencias pueden ser supe-
radas a tiempo. Para un niño con problemas de aprendizaje,
o con dificultades menores, el déficit mayor no es la inha-
bilidad, sino la suposición de fracaso, la empobrecida imagen de sí mismo. Si podemos identificar el trastorno a tiempo, tal vez logremos prevenir consecuencias graves. Siempre observo detenidamente a los niños de esta edad en
busca de indicios de su emoción interna o de reconocimiento del éxito cuando se aplican a una tarea.

Hacia adelante   **Alimentación.** De ahora en adelante, el bebé necesitará
que se ejerza cada vez más control sobre su alimentación.
Cuando pongo énfasis sobre el particular, especialmente las
madres me dicen: "Pero *tengo* que darle una dieta equilibrada". Los padres deben recordar que, a esta edad, lo principal no es la comida. La necesidad de imitar, de explorar,
de empezar a aprender a rehusar son prioritarias. Al año,
debe permitírsele controlar la situación.

Insto a ambos padres a que reconsideren cualquier intento de ejercer su dominio en el momento de las comidas y,
en lugar de ello, a que las conviertan en un rato de
interacción y aprendizaje. Cuando nuestra niña mayor tenía
un año, sus gracias, negativas y exploraciones durante la
comida estuvieron a punto de producirme úlcera. Aprendimos a dejarla que se alimentara sola. Después, podía unirse
a nuestras comidas o jugar cerca de la mesa pero no sobre
la mesa. A esta edad, no puede esperarse mucho en cuanto
a modales o a "dietas equilibradas". Para el niño es muy
importante aprender a alimentarse él mismo. El problema
de la mayoría de los padres es que también en su educación se puso demasiado énfasis en la comida. No perpetuar
esa presión es difícil.

Sueño. Un niño de nueve meses volverá a despertarse de
noche cada vez que adquiera una nueva habilidad motriz:

ponerse de pie, andar pegado a los muebles y caminar. ¡Es tan emocionante ese aprendizaje! Como veíamos, la emoción, al igual que la frustración, se prolonga hasta la noche y aflora durante los ciclos de sueño liviano. Esté preparado para insistir en un patrón de consuelo pero también de firmeza y ayúdele al bebé a volverse a dormir él mismo en cada ciclo. Yo, en su lugar, emplearía el mismo ritual que utilizará para las próximas separaciones. Adviértale que ya es hora de la siesta o de irse a la cama por la noche. Cuando proteste, consuélelo, pero hágale saber que la cosa va en serio.

Control de esfínteres. Quizá ya reconozca usted una de las causas primordiales de los problemas en el control de esfínteres: la presión que ejercen otros padres para que el aprendizaje empiece temprano. Puesto que la meta es que el bebé se entrene a sí mismo, no existe en absoluto razón para empezar ya. Si usted lo hace, estará obrando como se obraba antiguamente, cuando no existían pañales. Les advierto a los padres: es posible que de regalo para el primer cumpleaños del bebé reciban de los abuelos la bacinilla de entrenamiento. Este regalo los hará sentir culpables de no haber pensado todavía en el asunto. El regalo vendrá con el mensaje tácito: Ya es hora de empezar. No lo es. Cuando llegue el "regalo", agradézcanlo y díganle a quien lo envió que ustedes sí tienen un plan. Cuando el bebé tenga dos años estará listo para empezar a controlar los esfínteres. Piensan esperar hasta entonces, cuando será fácil y sin problemas. Si las insinuaciones continúan, hagan caso omiso de ellas y dejen saber que tienen muchas otras cosas de qué preocuparse.

Separación. En los próximos meses, las separaciones se dificultarán. Prepare al bebé cuando tenga que ausentarse. Al principio, déjelo solo por un rato breve con alguien a quien él conozca bien. Al regreso, muéstrele que está de vuelta. Aumente poco a poco el tiempo de separación. Esta etapa pasará pero puede ser terrible. El bebé está ahora desarrollando la noción de independencia y de que puede alejarse. Durante este proceso se volverá más *dependiente*.

Todas las transiciones adquieren ahora mayor magnitud, pues están llenas de implicaciones. Si el bebé va a una guardería, dejarlo por la mañana será difícil. Esto preludia el aumento de independencia del bebé. Es un buen momento para evaluar qué tan bien están haciendo su trabajo las personas que lo cuidan. Llegue en momentos inesperados. Dése cuenta de si está contento o no. Trate de establecer si las personas encargadas son sensibles al ritmo del bebé: sueño, juego, alimentación, etcétera. Además, cuando el bebé mira a los adultos que lo cuidan, ¿responden éstos de manera sensible, cariñosa y respetuosa? Si es ése el caso, será algo que facilite las separaciones. Si no, es hora de cambiar.

Al final del día, continúe pasando un rato de intimidad con él, quizá en una silla mecedora. Usted comunicará su angustia de haber estado lejos de él, pero ello forma parte del cariño. Reconocer estos sentimientos los acercará.

Seguridad. Revise sus medidas de seguridad periódicamente. Con cada etapa de desarrollo, especialmente con estos recientes triunfos motores, tendrá que reexaminar lo hecho anteriormente. La mayoría de los hospitales infantiles y los almacenes de juguetes tienen folletos sobre seguridad que servirán para recordarle todas las trampas que puede haber pasado por alto.

9

UN AÑO

Haber pasado el primer año merece una celebración.
Cada colección de fotos de la infancia contiene generalmente una en la que el mofletudo bebé de un año está a punto
de destrozar la torta con su única velita. Vale la pena sabo-
rear este cumpleaños como la calma que precede a la tormenta. Es muy probable que pronto, antes de la próxima
racha de desarrollo, todo el comportamiento del bebé se
desorganice. Justo antes de aprender a caminar, el bebé se
despertará durante la noche cada cuatro horas. Gritará cada
vez que pierda de vista a los padres. Subyacente, está la
idea de querer ser él quien se aleje. Cada tarea, al igual que
las confrontaciones y peticiones, tiene el poder de producir
enojada frustración. Toda esta turbulencia es producida por
la nueva meta: caminar ¡e independizarse!

Recuerdo a una familia, a la cual llamaremos los Posada,
que llegó a una cita con su hija de un año. Desde mi
consultorio supe que habían llegado. Cuando salí a la sala
de espera a saludarlos, me recibió una gritería de protesta.
"A Isabel siempre le encantaba venir" — me dijeron los
Posada, avergonzados —, "pero ahora cada cosa nueva
produce esta tormenta". Una vez que la pusieron en el piso,
se calmó. Había visto la pecera e iba hacia ella con la
velocidad del rayo. El padre opinaba que debía quitarle

algo de ropa. Salió tras ella, lo cual la hizo gatear más velozmente. La alcanzó de un salto. Ella gritó, medio emocionada por el éxito que tuvo en alcanzarla. Pero tan pronto se dio cuenta de que él "estaba a punto de hacerle algo", reanudó los chillidos de protesta. Después de haberle quitado el gorro y el abrigo, la soltó y ella arrancó disparada de nuevo. Esta vez se incorporó al lado de la pecera. En medio de la emoción se cayó hacia atrás, golpeándose la cabeza sonoramente. Gritó. Los Posada corrieron a su lado, seguros de que estaba herida. Como presencié los sucesos, me di cuenta, por su cara despierta y sus ojos vivos, de que no le había pasado nada. Estaba frustrada. La volví a poner de pie. Se tranquilizó, perfectamente satisfecha de sí.

Cuando se dio cuenta de que la había ayudado, me miró para ver si la estaba mirando a la cara. Yo estaba a la espera de esto y sabía que debía mirar hacia otro lado. En el umbral de la independencia, las fantasías del niño de un año de que le están invadiendo sus terrenos, se hallan en su momento culminante. La intromisión en su espacio personal, al mirarla a la cara, hará con seguridad que adopte una actitud defensiva. Dirigí la mirada más allá de donde estaba Isabel. Se rió. Me pareció que esto era una respuesta, así que le dije: "Hola, Isabel". Me di cuenta de que se había puesto tensa y empezó a gemir de nuevo. Entonces supe que me había apresurado demasiado. Me alejé. Esto despertó su curiosidad y empezó a seguirme. En este punto me di cuenta de que podíamos entrar en mi consultorio sin que hubiera una tormenta.

En mi consultorio, cuando quiero examinar a un niño de esta edad y quiero que esté contento durante la visita, le pido a uno de los padres que lo tenga sobre las rodillas mientras lo desviste. Dejo que se quede allí, sin acercarme, hasta que me doy cuenta de que ha empezado a relajarse y a entretenerse con un juguete que hay en el escritorio, a su lado. En ese punto, sin mirarlo a la cara, me puedo acercar y sentarme cautelosamente en el piso, enfrente de quien lo tiene alzado. Me siento y dirijo la mirada a la distancia. Se habrá puesto tenso al acercarme. Entre tanto, continúo hablándoles a los padres. Traigo el objeto preferido del niño: una frazadita o un muñeco. Si no tiene ninguno, traigo un muñeco del consultorio. A medida que lo acepta y empieza a jugar con él, me atrevo a iniciar el examen. Pongo el estetoscopio sobre la mano de uno de los padres, luego en el brazo, luego sobre el muñeco. Si no se siente demasiado amenazado, me atrevo a ponérselo a él brevemente. Luego lo paso de nuevo rápidamente al muñeco o a los padres. Sigo este juego de acercarme a él a través de los padres o del muñeco hasta que empiece a relajarse. Cuando se ha relajado le examino el tórax, el corazón y el abdomen. No dejo nunca que me pille mirándolo a la cara.

Examinarle los oídos a un niño de un año puede ser un verdadero trauma. Examino primero los oídos del muñeco y de los padres. Finalmente, les pido a los padres que lo pongan de costado, tomándolo del brazo. Le muestro cómo le examino el oído a papá o a mamá. Le examino el oído a él rápidamente. Tras hacerle de nuevo la demostración en el muñeco, les pido a los padres que lo pongan del otro lado. Examino el otro oído. Luego les muestro cómo abrir bien la boca. Les pido a los padres que abran bien la boca y digan "ahhh" y saquen la lengua. Muchos, muchos niños de esta edad nos imitarán a mí y a los padres. Si la imitación falla, les pido a los padres que lo sienten sobre las rodillas, hacia mí, y pasen los brazos por debajo de los brazos del bebé. Con la cabeza del niño sostenida entre los brazos del adulto en una completa llave de lucha libre, puedo rápidamente abrirle la boca con una paleta, examinarla y acabar el asunto pronto.

Cuando todo esto sucede según lo proyectado, no es probable que el niño proteste. Acepta mis maniobras y se da cuenta de que respeto su temor a que invadan sus terrenos. El empleo de la imitación con el muñeco y con los padres es lo suficientemente interesante para absorber su atención y distraer sus temores. Estas maniobras no le agregan más de cinco minutos al examen. Valen la pena, pues he logrado que el niño esté a gusto conmigo. Si está contento, me doy cuenta de la calidad de sus juegos y puedo evaluar su desarrollo mientras los padres y yo conversamos. Habiendo observado sus habilidades motrices en la sala de espera, ya sé si debo sospechar cualquier tipo de trastorno motor. Puesto que he visto a los padres con él, puedo evaluar la calidad de su relación. Para cuando paso al examen físico, ya sé mucho sobre él, sobre sus padres y sobre cómo se relacionan.

A menudo, la primera pregunta en esta consulta es sobre la repentina "irritabilidad" del bebé. "Cada vez que queremos algo, nos da la lata. Quiere tomar él todas las decisiones. Nosotros ya no podemos decidir nada". Si éste es el caso, me doy cuenta de que sus sentimientos de independencia están aflorando. Mirando hacia atrás, el primer año parece fácil comparado con esta nueva fase. La incipiente rebeldía del bebé toma por sorpresa a los padres. "¿Nos quiere usted decir que todos los bebés de un año son así? A nuestros amigos no les ha sucedido todavía. Estábamos convencidos de que habíamos creado un monstruo". Cuando los padres expresan su preocupación sobre este nuevo estado de confusión, obviamente sienten alivio si puedo ponerlo en el contexto del desarrollo del bebé.

No todos los bebés se vuelven independientes de repente y radicalmente. Pero cuando lo hacen, siempre me alegro por ellos. Éste es un verdadero momento clave si los padres se dan cuenta del progreso que representa. Aunque significa que el idilio del primer año ha terminado, la explosión de

autonomía es normal y saludable. La lucha del niño por expresarse y por encontrar sus propios límites tomará muchos años. Este tipo de bebé nos deja saber que lo hará abiertamente. Por increíble que parezca, esto hará que las cosas funcionen mejor. El bebé que es demasiado complaciente tendrá que rebelarse tarde o temprano y quizá, cuando suceda, sea más duro. El bebé fácil, complaciente, permite que el primer año transcurra sin contratiempos para los padres. El choque de la negatividad, cuando aparece, será proporcionalmente mayor.

Cuando llega la etapa de la independencia, los padres inevitablemente temen malcriar a su hijo. Un niño de un año que es independiente no es un niño malcriado. Como lo vimos anteriormente, el niño malcriado es el que no sabe cuándo esperar límites. No ha recibido ninguna forma de disciplina y desconoce sus propios límites o cuándo esperar límites por parte de los demás. El comportamiento que llamamos malcriado es su manera de pedir límites, lo cual él sabe de manera instintiva que necesita. La firmeza en el trato y el establecimiento de límites le ayudarán al niño, pero no lograrán que desaparezcan las normales tormentas del segundo año. Cuando el niño haya superado la ambivalencia que le produce su recién descubierta independencia, será más razonable. La tormenta pasará. Pero la disciplina seguirá siendo necesaria. Analizaremos el asunto con mayor detalle a medida que observemos cómo se presentan los próximos meses.

Habilidades motrices

En algún momento, al comienzo del segundo año, a veces antes, el bebé se convierte en caminante. El horizonte se despeja, se abre al mundo de la independencia. Con el afán de caminar, el niño empieza a experimentar una turbulenta ambivalencia. ¿Estaré solo y es realmente eso lo que quiero? ¿Me quiero alejar o no? ¿Debo hacer lo que dicen mis padres o puedo hacer lo que yo quiero? Ninguna otra etapa de la vida del niño está tan minada de angustiosas dudas, ni siquiera la adolescencia, aunque ésta trae consigo una turbulencia parecida. El conflicto entre "lo hago o no lo hago" es tan intenso que no se resolverá antes que haya pasado por lo menos año y medio. En momentos en que a nadie le importa, el niño que ya camina tendrá una estrenduosa pataleta en torno a decidir si pasa o no por la puerta. Las pataletas tendrán su momento culminante en el segundo o tercer año, como parte de esta lucha. Invariablemente, los padres se culpan a sí mismos. No deberían hacerlo. La pataleta es reflejo de una lucha *interior*. Quizá los padres hayan dado pie a ella pero no son sus acciones las que causaron la turbulencia, ni pueden ellos eliminarla.

Este afán de independencia y la negatividad que lo acompaña empiezan con el aprendizaje a caminar. Esta época señala un momento clave especialmente intenso, una racha de crecimiento extraordinario para el niño y un reto difícil para los padres. Cuando entienden qué les espera pueden reducir muchas tensiones. La estrecha interacción entre los logros motores y el desarrollo emocional se hace visible. Por ejemplo, las madres de niños que ya saben caminar pero que están inmóviles por causa de un yeso, me dicen que los niños estuvieron complacientes, ansiosos de dar gusto y tranquilos — hasta que el período de inmovilización terminó. Cuando volvieron a ponerse de pie, su concepto del mundo cambió. Se acabó la obediencia, se acabaron las maneras fáciles de complacerlos. Al caminar, el niño dice: "Me puedo alejar y puedo regresar. ¿Pero qué pasará si lo hago? Tengo control de mi destino, pero ¿qué quiero?"

Los niños no empiezan a caminar de repente. Durante todo el año el bebé ha estado practicando y ensayando los diferentes componentes de la marcha. Como lo veíamos anteriormente, el reflejo de marcha está presente al nacer y permanece los primeros meses. Incorpora muchas de las habilidades motrices que afloran de nuevo. Cuando la movilidad voluntaria se convierte en una posibilidad real en la segunda mitad del primer año, el reflejo de marcha desaparece. Arrastrarse y gatear lo reemplazan. Antes de desaparecer por completo, a los cinco meses más o menos, si uno hala al bebé para ayudarle a sentarse, con frecuencia tensará el cuerpo como para ponerse de pie, desplegando una gran sonrisa en reconocimiento de lo emocionante que es ponerse de pie. Está aprendiendo el control de los músculos del tronco que necesitará para ponerse de pie. Arrastrarse, gatear, ponerse de pie y, finalmente, desplazarse por los bordes de los muebles ocurren en secuencia. Sucesivamente, los ingredientes del proceso se van dominando uno a uno. Finalmente, están listos para integrarse en una sola habilidad. Andar pegado a los muebles ha preparado al niño para que mueva las piernas a la vez que mantiene el cuerpo erguido y el equilibrio. Cuando finalmente se siente valiente y se suelta de ambas manos, se tambalea y se cae. Pero vuelve a intentarlo, persistente, hasta que finalmente une todos los logros sensoriales y motores para caminar tambaleante. La reciente sensación de capacidad le brilla en la cara. Camina, camina, camina con una sonrisa de total satisfacción. ¡Lo logró!

Antes de este gran momento, toda su energía, día y noche, se invierte en este nuevo paso. Ver a alguien caminar lo puede hacer gritar. Cuando uno de los padres se aleja, llora de frustración. Se cae repetidamente, en su intento por mantenerse a la par con sus hermanos. Durante la noche, esta frustración emerge en cada ciclo de sueño liviano. Se pone de pie al borde de la cuna, llorando con renovada desesperación cada tres o cuatro horas, al recordar sus esfuerzos por lograr esta nueva meta. Dormir una noche completa se vuelve imposible para él y para sus fatigados padres.

La lucha del bebé por aprender una habilidad tan importante como caminar exige toda la energía de la familia. Tal vez esté plácidamente sentado en su silla de comer cuando el afán por caminar lo abruma. Se puede ver cómo de repente le cambian los ojos. Las manos, ocupadas en comer, se tornan inmóviles. Dispara al piso, o a las rodillas de los padres, con un golpe del brazo, los restos de comida, se aferra al espaldar de la silla y se retuerce para librarse de la bandeja. Se pone de pie en la silla, listo para caerse. Ponerse de pie y caminar son su prioridad. La comida y el hambre vienen después.

Todas las tareas diarias de la vida se convierten en batallas. Tratar de acostarlo para cambiarle el pañal es tiempo perdido. Con seguridad se sacudirá, pateará y gritará ante la sola idea. Los padres tienen que aprender a cambiarle el pañal sin acostarlo. De repente, simplemente hacer que se quede quieto para quitarle la ropa es más intervención de la que puede tolerar. Cubrirle los ojos para quitarle o ponerle un suéter o una camiseta significa que pierde de vista su meta. Probablemente arme una pataleta por cualquier restricción, motriz o visual.

Los padres de un niño que al año aún no camina se preocupan y se preguntan por qué tarda. Aunque les digo que es una suerte tener unos meses más de gracia antes que surja plenamente "el caminante", no se tranquilizan. Hay muchas razones por las cuales el niño de un año no está listo para caminar. Los niños más tranquilos tal vez simplemente no tengan prisa. En los Estados Unidos, el promedio entre los niños blancos es de doce a catorce meses. El segundo hijo y los siguientes tal vez tarden más. Requiere el doble de valor soltarse si tiene hermanos mayores pasándole por el lado y poniendo en peligro su precario equilibrio. Los niños pesados tienden a caminar más tarde, puesto que deben aprender a dominar un cuerpo de mayores proporciones.

Es también muy probable que los niños grandes tengan las coyunturas débiles. El niño que tiene articulaciones hiperextensas puede tardar en caminar hasta seis meses más de lo corriente. Cuando puedo doblarle al niño las rodillas o los codos más allá de un ángulo de 180 grados, puedo suponer que tiene ligamentos hiperextensos y una musculatura flácida en torno a las articulaciones. Esto no es necesariamente un defecto, pero le dificulta al niño aprender a caminar. Con el paso del tiempo, estos niños desarrollan fuerza muscular adicional para controlar estas articulaciones poco estables.

La frustración aumenta por momentos en estos niños con coyunturas débiles. Necesitarán, para aprender a caminar, el impulso adicional que les proporciona su frustración. Pero tal vez ésta traiga también consigo mal humor, exigencias y enojo ante la incapacidad de ponerse de pie. En estos niños, una baja tolerancia a otras fuentes de frustración puede durar algunos meses. A menos que los padres entiendan lo que sucede, tal vez se sientan desanimados. La mayoría de estos niños con debilidad en las coyunturas han sido muy buenos, tranquilos y fáciles de tratar el primer año. Los padres cariñosos quizá sientan como un fracaso el repentino deterioro del temperamento del niño. "¿Dónde nos equivocamos? Cuando trato de ayudarle, simplemente se desgonza. ¡Es difícil creer que realmente quiere caminar!" La ayuda de los padres no funciona porque quiere lograrlo él mismo. La frustración lo impulsará a aprender. Muchos de estos niños que tardan en caminar bien, al crecer se convierten en atletas. Es casi como si el afán de excelencia los empujara aún más lejos después.

La agitación que resulta de aprender a caminar llevará a los padres a preguntarse si tienen un niño "hiperactivo". La urgencia de moverse y estar erguido lo hace estar siempre en movimiento: pegado a los muebles, gateando frenéticamente, incluso rodándose para poder llegar a algún sitio. Una vez llega, se apresura a dirigirse a algún otro lugar. Esto no significa que el niño sea hiperactivo. Simplemente quiere aprender a ser móvil y a ponerse de pie.

Cuando el niño es verdaderamente hiperactivo el diagnóstico a esta edad se basa en la facilidad con que se distrae. No puede concentrarse en nada porque se distrae demasiado fácilmente con cualquier sonido o con lo que ve. No es capaz de aplicarse a una tarea. Cada sonido o estímulo nuevo se apodera de él. Si está solo y sin distracciones, puede concentrarse y aprender. Pero si oye cualquier sonido o ve algún cambio, queda a merced de su respuesta al suceso. Por ejemplo, incluso algo tan simple como que se caiga un cubo puede hacerle perder la concentración. El sonido o la imagen lo distraen. A la edad de un año, el niño verdaderamente hiperactivo e hipersensible siente que fracasará en cualquier tarea compleja. Esta sensación de fracaso marca todo lo que hace. Esto es completamente diferente del empecinado afán con que actúa el niño que está aprendiendo a caminar (acerca de la hiperactividad y la hipersensibilidad, véase el capítulo 26).

Sueño El afán por aprender a ponerse de pie y a caminar trastorna todos los ritmos diarios. Dos siestas, que antes eran habituales, ya lo son menos. El tiempo de la siesta quizá lo pase el bebé poniéndose de pie y sentándose dentro de la cuna. Con frecuencia recomiendo que los padres persistan en la costumbre de dejar al bebé un breve rato en la cuna por la mañana y por la tarde, pero sin preocuparse si no duerme.

Como lo vimos anteriormente, cuando el niño que está aprendiendo a caminar se despierta por la noche, sentirá el impulso de ponerse de pie en la cuna. En el proceso, tal vez se despierte, tal vez no. Quizá se ponga de pie y se desplace asido del borde y medio dormido. Pero, al hacerlo, sus alaridos de frustración despertarán a la familia. Esta fase no tiene que durar mucho. Como lo explicaba en los capítulos 7 y 8, tiene que continuar aprendiendo a volverse a dormir. Cada nuevo logro del día, o la batalla que lo antecede, saldrá a la superficie durante estos ciclos de sueño liviano. Los padres pueden ayudar reaccionando con calma y firmeza y reinstaurando todos los rituales familiares. Deben acariciarlo un rato y después dejarlo. Si los padres se quedan a jugar o simplemente permanecen en la habitación, están reforzando el comportamiento del bebé. Es como si le dijeran: "Si luchas con suficiente tesón, acabaremos dándonos por vencidos". Los padres que han escogido que el bebé duerma con ellos en la cama, deben prever los mismos patrones de perturbación del sueño y también deberán encontrar alguna manera firme de evitar que toda la familia, completamente despierta, se congregue en la alcoba cada tres o cuatro horas.

Una medida que puede ser de ayuda, cuando de dormir una noche completa se trata, es la de despertar al niño a las 10 u 11 p.m., justo antes que los padres se vayan a la cama. Pueden consentirlo, incluso alimentarlo si es necesario, y ayudarle a dormirse de nuevo diciéndole: "Papá y mamá están aquí contigo. Te queremos mucho y aquí estaremos cuando te despiertes". Por alguna razón, interrumpirle el ritmo de sueño *antes* que se despierte por sí mismo funciona como por arte de magia. La probabilidad de que se despierte a las dos de la mañana será mucho menor.

Cuando el bebé de doce meses se despierta por la mañana, está listo y es capaz de entretenerse solo. Si los
padres no corren a levantarlo ante el primer ruidito, tal vez
disfruten de un concierto de gorjeos y cancioncitas. Puede
ser una manera muy alegre de empezar el día.

Los padres que aún no han acostumbrado al niño a darle **Alimentación**
comida que él mismo pueda agarrar con los dedos encontrarán que, ya en este punto, el niño opondrá resistencia.
Una madre me contaba que la única manera como podía
lograr que su hijo comiera era distrayéndolo. Uno de sus
sistemas era subirle hasta tal punto el volumen a la televisión que el niño abría la boca sobresaltado. La madre le
embutía entonces la comida hasta que el niño cerraba la
boca firmemente. Entonces apagaba el televisor un minuto,
para luego ponerlo a todo volumen y meterle otro bocado.
Astuto sistema, sí, pero que tocaba sólo tangencialmente el
verdadero problema. A esta edad, el control de la alimentación debe ser del niño. Lo importante no es lograr que la
comida le entre gracias a manipulaciones dudosas. No sólo
debe tomar los alimentos con la mano, sino que los padres
no han de ser demasiado ambiciosos en cuanto a la dieta
del niño. Una "dieta equilibrada" no puede ser una meta en
el segundo año. Para el cuarto año, el niño tal vez esté listo
para comer de todo y para imitar los modales de sus padres
en la mesa, pero el segundo y tercer año estarán llenos de
peculiares experimentos.

Una semana el niño comerá huevos o carne; la otra
semana, nada de huevos y sólo derivados de la leche. A
veces, incluso, experimentará con verduras; pero no es algo
con lo cual se pueda contar, y cuanto más insistentes sean
los padres, menor será el éxito. Quizá a lo largo de un mes
la dieta resulte equilibrada. Los padres hacen bien en no
preocuparse de si lo es o no. El niño a esta edad es extremadamente sensible a las reacciones de los padres en torno
a la alimentación. Ésta es probablemente una indicación de
la importancia que tiene para él la autonomía en este aspecto. Para ayudarles a los padres a revisar las decisiones sobre

la comida del niño, he tratado de confeccionar una dieta diaria mínima. Para el segundo y tercer año, puede consistir en lo siguiente:

1. Dieciséis onzas de leche o su equivalente en queso, yogur o helado
2. Dos onzas de proteína que contenga hierro (carne o un huevo), o cereales enriquecidos con hierro.
3. Una onza de jugo de naranja o de fruta fresca.
4. Una multivitamina, que recomiendo para suplir la falta de vegetales en la dieta.

Cuando las madres concienzudas e idealistas oyen el anterior consejo, preguntan: "¿Me quiere decir que eso es todo lo que necesita en un período de veinticuatro horas?" Las tranquilizo en el sentido de que esto cubrirá las necesidades nutricionales básicas del bebé durante esta etapa de intensa negatividad. Cuando un niño mayor está comiendo bien, tal vez las vitaminas no sean ya necesarias. Pero, si las utilizan, los padres pueden olvidarse de insistir con los vegetales. "¿Ni siquiera vegetales verdes?" — me preguntan las madres —. "¿Ni siquiera vegetales amarillos?" Encuentro que debo hacer hincapié en que las verduras y la dieta equilibrada deben esperar hasta que toda esta etapa haya pasado y la selección de comida esté menos cargada de tensiones. Pero incluso cuando logro convencer a las madres, las abuelas se preocupan.

La alimentación es un aspecto en el cual la negatividad y la independencia atacan a los padres en un punto vulnerable. Por ello se trata de un valioso momento clave. Los padres sienten que alimentar al bebé es su responsabilidad. Dejarlo a su albedrío les produce una sensación de vacío, una sensación de haberlo abandonado. La tarea de los padres es entender y administrar estas emociones.

Cuando hablo con los padres, he aquí lo que recomiendo. En el momento en que el niño de esta edad pierda interés y empiece a untar la comida, o a dejarla caer, o a ponerse de pie en su silla de comer, sáquelo de ella inmediatamente. Termine la alimentación de sólidos con el pecho o el biberón. Después, déjelo tranquilo. No trate de prolongar la comida "otro ratito". Cuando la comida se acabó, *se acabó de veras* hasta la próxima comida. Si le da hambre, aprenderá a respetar las horas de las comidas. Finalmente aprenderá a comer cuando se le ofrece. Pero no cuenten demasiado con ello. A esta edad, el hambre se les olvida fácilmente, pues tienen de por medio la interesante actividad de tomarle el pelo a papá y mamá. Si tratan de alimentarlo entre comidas, o si dejan comida donde él pueda alcanzarla, estarán no sólo restando importancia a las horas de comida, sino utilizando una presión no tan sutil para hacerlo comer, e, invariablemente, ustedes serán quienes pierdan. Éstas son maneras rápidas de generar problemas alimentarios. Su necesidad de controlarlos a ustedes y de tener dominio sobre su alimentación estará muy por encima de su hambre y de cualquier deseo de comer.

Si empieza a guardar comida en la boca, o a escupirla, o a atragantarse o vomitar, les está diciendo muy claramente que en su opinión el rato de la comida está sometido a presiones. Consciente o inconscientemente lo están sometiendo a presión. Den un paso atrás y evalúen su comportamiento.

Durante estos meses, los padres a veces están tan preocupados con que tome leche que dejan que el niño ande todo el día con el biberón. Probablemente descubran que de este modo toma aún menos. No me gusta esta actitud, pues desvaloriza la leche como alimento y la convierte en instrumento de consuelo o de tomarles el pelo a los padres.

Una vez que esta costumbre empieza, no es fácil de cambiar. Tal vez el niño suplique e incluso quizá arme una pataleta para que le den un biberón con el cual caminar por todos lados. Los padres tienen que ser pacientes pero firmes, diciéndole al niño que puede andar con su animalito de felpa o con cualquier objeto que sea su preferido durante el día, y que el biberón está reservado para las horas de las comidas. Pueden incluso atar el biberón vacío al animalito, al muñeco o a la frazadita durante algún tiempo. Cuando haya transferido su apego, puede, con permiso de él, desatar el biberón. Entre tanto, no deben echarle leche en el biberón. Si no toma suficiente leche, pueden darle yogur, helado o queso (una onza de queso equivale a cuatro onzas de leche). Entonces, cuando sí le den el biberón, pueden hacerlo como parte de un importante ritual, abrazando al niño y haciéndole mimos al dárselo.

A los padres llegará a enfurecerlos también el eterno amasar y untar la comida por doquier. El niño lo hace como un acto de exploración pero pronto descubre un segundo beneficio: enojar a los padres. Una vez enfadados, los padres bien pueden retirarle la comida, bajarlo de su silla hasta la próxima comida y no convertir en polémica el hecho de que le gusta jugar con los alimentos. El refuerzo negativo será un incentivo para seguir con la tomadura de pelo.

Al niño de esta edad le gusta jugar con la cuchara, pero generalmente no logra llevarse comida a la boca. Hasta los quince o dieciséis meses no tendrá éxito. Entre tanto, estará aprendiendo a manipular utensilios, que es en sí un juego didáctico.

Si el chupete se volvió un hábito, éste es el momento para retirarlo. Yo no debatiría el asunto. Cualquier atención que los padres le dediquen la volverá motivo de tomadura de pelo. En el segundo año, el niño merece tener un soporte que le ayude a amortiguar la lucha que acompaña su independencia motriz. Perder el chupete, o dejarlo caer de la cuna para que los padres tengan que venir a entregárselo, forma parte de la diversión que le proporciona mortificarlos. Pueden atárselo a la mano con una cinta durante el día o a un objeto preferido durante la noche, o atárselo de la cuna con una cinta *corta* (corta, para evitar cualquier peligro de que se la ponga alrededor del cuello). Así podrá volver a encontrarlo él mismo, si se le muestra cómo hacerlo. No necesitará utilizarlo como medio de manipulación.

Dentición   En el segundo año, al niño empiezan a salirle las muelas. La hinchazón de las encías puede ser disminuida masticando algo que frote y alivie. Todo lo masticará. Ésta es la época en que es preciso cuidar de que el niño no coma cosas venenosas, como pintura con plomo, pues muchos niños empiezan a desarrollar la tendencia a comerse todo. La pintura que contiene plomo es dulce, y los niños peque-

ños comerán pedacitos de pintura. Hoy en día es menor el peligro de que encuentren pintura de plomo en sus casas, pues ninguna pintura moderna contiene plomo. Sólo se encuentra en casas viejas. Si ustedes viven en una casa vieja, es importante que le hagan pruebas al niño para establecer el nivel de plomo en la sangre.

Lenguaje

A esta edad, ya hay indicios de que el niño está aprendiendo lenguaje receptivo. Si se le pide al niño que traiga un juguete, o el pañal, mostrará que entiende, obedeciendo o dejando saber claramente que no lo hará aunque entiende. Las peticiones simples funcionan mejor que las complejas. El lenguaje receptivo se va poniendo cada vez más emocionante. Se pondrá de pie en la cama, con un brazo extendido, declamando con las inflexiones y ritmos de un orador. Casi ninguna palabra se distingue, pero se está formando la base del futuro lenguaje. Generalmente se distinguen unas cuantas palabras como *mamá* y *no*. Los nombres ya se asocian a la persona correspondiente. Puede que utilice gestos, como señalar. En cualquier caso, utilizará los ojos y los gestos faciales para acompañar las palabras.

Señalar y gesticular se convierten en verdaderas señales de comunicación. Cuando quiere mantener o atraer la atención de un adulto, señalará y vocalizará. Si no vocaliza claramente, los padres siempre le repetirán la palabra exacta. De este modo, le comunican que esperan que su lenguaje sea cada vez más claro. Puede incluso que lo repita con mayor claridad después de la corrección de los padres. Está ansioso por aprender a hablar.

Aprendizaje   Los conceptos de la permanencia de los objetos y las personas todavía dominan el día del niño. Al dar la vuelta a la esquina, llamará para asegurarse de que todavía están allí. Si no los ve, tal vez ensaye un ruido o haga algo prohibido para presionarlos a dejarse ver. De repente, después de un silencio amenazador, la televisión sonará a todo volumen.

Verlos venir hacia él es su premio. Ninguna dosis de censura contrarresta la dicha de lograr atraerlos. Quedarse solo — tanto durante el día como por la noche — es nuevamente importante. Es posible que, hasta ahora, lo haya aceptado. Ahora protesta enfáticamente y llora. Quiere controlar la situación. Él los puede dejar, pero no ustedes a él.

Para ayudarle al niño a superar esta etapa, les aconsejo a los padres decirle siempre que se van. En realidad, háblenle con tiempo. Antes que esté bajo la pena de la partida, prepárenlo y díganle que regresarán pronto. Como lo decíamos en capítulos anteriores, si le resulta demasiado difícil, déjenlo inicialmente por un lapso de unos quince minutos. Al regreso, recuérdenle que prometieron volver. Cada vez aprenderá a confiar más en ustedes. Gradualmente aprenderá a dominar sus sentimientos en torno a las ausencias. Entre tanto, protestar es lo más saludable que puede hacer. Si queda en manos de alguien con quien está familiarizado y que le tiene cariño, se volverá hacia esa persona, sollozando y buscando consuelo. Después que los padres se hayan ido, estará bien. Cada vez aprenderá un poco más. Al regreso, siempre recuérdenle que han regresado, como lo prometieron.

Acumulación. Éste es un nuevo concepto. Si al niño menor de un año se le ofrecen dos objetos, tomará uno con cada mano. Cuando le ofrezcan el tercero, un bebé de menos edad dejará caer uno para poderlo recibir. El bebé de un año tratará de tomar los tres. Quizá emplee la boca para tomar el tercero. Si los objetos son lo suficientemente pequeños, agarrará dos en una sola mano. Ha aprendido a acumular.

Construcción con bloques. El niño de esta edad pondrá un bloque encima del otro. Si se cae, mostrará su frustración y se dedicará rápidamente a otro juego. A medida que aprende a construir, adquirirá mayor y mayor precisión.

Imitación. Jugar a las escondidas o a gesticular será cada vez más emocionante e interesante. El niño imitará partes del juego, si no puede participar completamente. Esto indica que para él la imitación se está volviendo fuente de gran interés. Ésta es la edad en que el niño empieza a aprender mucho de sus hermanos mayores. Le enseñarán y él trabajará arduamente en la tarea de aprender. Imitará del comportamiento de los hermanos muchas cosas que nunca aprendería de los padres o de otros adultos. ¡A los niños les interesan mucho más los niños mayores que los adultos!

Causalidad. Antes del año, empujará un carrito de cuerda para hacerlo rodar. Al año, ya sabe que usted hizo algo para que rodara. Tal vez lo voltee para mirarlo por debajo. Pero le entregará el juguete para que usted lo ponga a rodar de nuevo.

Temores Debido al veloz aumento en el tamaño de su mundo, el espacio personal del niño se ha convertido de repente en algo muy preciado. Esta consciencia va unida a su sentido de independencia — también en veloz aumento — y a la dependencia con la que les hace contrapeso. Dos lados de la misma moneda. El bebé de un año permitirá que lo alcen, pero cuando se da cuenta de que ha perdido su independencia, tratará de bajarse. Quiere y no quiere. Cualquier acercamiento amenaza su sentido de espacio personal y de control sobre su mundo. Si puede estudiar minuciosamente a los extraños y "asimilar" sus facciones cuando todavía está apegado a los padres, puede gradualmente irlos aceptando. El "extraño" más amenazador para el niño es el *casi conocido,* como un tío o una tía o un abuelo que ve con poca frecuencia. Para darle la sensación de control que necesita a medida que resuelve las diferencias sutiles o evidentes, estas personas deben ser pacientes.

Hacia adelante **Negatividad.** El afán de independencia estará floreciendo y fortaleciéndose durante el siguiente año. *No* se vuelve la palabra preferida. Sacudir la cabeza de lado a lado, a la par que dice "no" con cara de satisfacción, se volverá el más frecuente comportamiento del bebé. Cualquier solicitud será recibida con hosca o declarada negatividad. Los padres deben estar preparados. Si puedo emplear la consulta del final del primer año para convertirla en momento clave y hacerles ver las razones por las cuales el niño complaciente se vuelve voluntarioso y difícil, no se sentirán tan culpables e impotentes. De otro modo sentirán la negatividad como algo personal contra ellos y tratarán de eliminarla o controlarla.

Pataletas. Éstas son características en el segundo año, y los padres tienden a sentir que tienen la culpa de ellas. Como lo decíamos anteriormente, no tienen la culpa. La intensidad y la pasión que el niño vuelca en cada decisión se ven reflejadas en la pataleta. Se puede intentar, pero no siempre se logra, prevenir estos momentos de máxima negatividad. Con frecuencia, un acercamiento firme pero desinteresado es lo más útil, pues le dice: "Ojalá pudiera ayudarte, pero no puedo. Decide tú lo que quieras y yo veré si tengo que decirte que no o que sí. De cualquier modo, te ayudaré a que decidas por ti mismo". Sé que es en apariencia cruel hacer la vista gorda ante una turbulenta pataleta, pero cualquiera que lo haya intentado sabe hasta qué punto es posible prolongarlas tratando de ayudar. Alejarse de la escena o darse un respiro es con frecuencia lo mejor.

Los padres a veces se preguntan por qué el niño de esta edad suele tener sus pataletas en lugares públicos. Para empezar, están recargados de excitación. También se dan cuenta de que la atención de los padres no está centrada en ellos y quieren recuperarla. Saben que pueden hacer desconcertar a papá y mamá, quienes se confunden más en público. La preocupación de los padres y sus intentos por suavizar la pataleta casi con seguridad la prolongarán. Mis mejores recomendaciones parecerán ambas imposibles: 1) Recoja al niño y olvídese de las compras. Regrese al automóvil y deje que la pataleta siga su curso normal en el auto. Infórmele con calma que no pueden quedarse en el almacén. 2) Trate el asunto como si el niño no fuera suyo; hágase el que no se da cuenta. La pataleta cesará pronto. Después, siéntese con él y abrácelo, diciéndole: "Es terrible estar tan enfadado, ¿verdad?" (Véase más sobre el tema de las pataletas en el capítulo 10.)

Disciplina. Aun cuando los padres puedan "desactivar" a un niño de esta edad cambiándole el pañal de pie, o retirando de su alcance objetos valiosos y frágiles, la disciplina se hará necesaria. Los padres deben seguir guardándola para las cosas importantes, a fin de que, cuando la apliquen, tenga mayor significado para el niño.

El niño de esta edad necesita rebuscarse algo que irrite a los padres. Como les advierto, es fácil predecir cuándo tendrá su peor comportamiento: al final del día, cuando ambos padres están cansados, cuando tienen una visita importante, cuando están hablando por teléfono o cuando van al mercado. Esta actitud enojosa llevará a los padres a tratar de buscar soluciones. Si se dan cuenta de lo que está pasando, se trata de un importante momento clave.

A esta edad, cuando el niño pide atención, necesita un abrazo o un instante de reconocimiento, pero no enfado. El castigo físico, como darle una palmada o un golpe, le comunicará dos cosas: una, que ustedes son más grandes que él y, por lo tanto, pueden salirse con la suya; y dos, que ustedes creen que está bien agredir. Al hablar con los padres, sugiero el siguiente procedimiento. Encuentren momentos para abrazar al niño en una mecedora a fin de romper el ciclo de excitación. Será benéfico para ustedes también. Al reprenderlo, díganle: "Lo siento. Te amamos mucho, pero no nos gusta lo que estás haciendo. Tenemos que impedir que lo hagas hasta que tú mismo sepas que no lo debes hacer".

En segundo lugar de importancia, entre las cosas que se pueden hacer por el niño, está la disciplina. Primero está el amor y luego viene la disciplina. La disciplina significa enseñar, no castigar. Se trata de que el niño haga suyos los límites. Cada oportunidad de ejercer la disciplina es una ocasión para enseñar. Por ende, al final de una maniobra de disciplina, siéntese a mimarlo y a abrazarlo, diciéndole: "Eso no lo puedes hacer. Tendré que impedir que lo hagas hasta que tú mismo seas capaz de dejar de hacerlo".

Control de esfínteres. Considérense afortunados si aún no han empezado a recibir sugerencias sutiles, y no tan sutiles, en el sentido de que es hora de que el niño deje los pañales. *Es demasiado pronto.* Hacia el final del segundo año, tal vez el niño esté listo. Piense en qué le estamos pidiendo al niño: que se dé cuenta con tiempo de que tiene deseos de orinar o de hacer una deposición, que aguante, que llegue hasta un sitio que *nosotros* hemos determinado, se siente y finalmente produzca. Luego le pedimos que se deshaga de lo que hizo soltando el agua del inodoro. ¿No es esto pedirle mucho en un momento en que el niño trabaja arduamente en la tarea de ser "su propio yo"? Les garantizo que si esperan a que él mismo tenga la idea y decida por sí mismo ajustarse, no incurrirán en los problemas de ensuciadas, mojadas, untadas o retenciones. Si empiezan el proceso demasiado pronto, bien pueden enfrentarse a cualquiera de las anteriores respuestas a la presión. Tiene que ser el propio logro del niño. ¡Tengan paciencia y esperen!

Morder, golpear y arañar. Éstos aflorarán pronto, junto con otros comportamientos desagradables, en el curso normal del desarrollo. Aunque mortifican, son previsibles en esta etapa. Empiezan como algo exploratorio; podría decirse que están poniendo a prueba sus habilidades. Se asocian con momentos de sobrecarga, cuando el niño pierde el control. Si ustedes también pierden el control, lo asustarán y reforzarán el comportamiento. Así que cuenten con que algunas de estas cosas sucederán. Cuando sucedan, álcenlo para impedir que continúe con su proceder, pero no respondan a ellas, ni negativa ni positivamente. Digan con toda la calma posible: "Eso no me gusta ni a mí ni a nadie. Simplemente no puedes hacerlo. Te voy a impedir que lo hagas cada vez que empieces hasta que tú mismo seas capaz de controlarte". Tener presente que los bebés de todas partes han actuado de igual forma les ayudará a decírselo con convicción.

10

QUINCE MESES

Los padres de niños de esta edad gozan de escasos minutos para leer las revistas en mi consultorio. Desde el momento en que llegan a la sala de espera tienen que estar alerta, con los ojos puestos en su ciclón para ver que esté bien, para desviarlo antes que se meta en problemas. Las preguntas que me hacen y la manera como su atención está constantemente dividida son indicios de cómo pasan los días, dedicados a prevenir que el niño se destruya a sí mismo y todo lo que lo rodea. Durante la cita el contacto conmigo es mínimo.

El niño también tiene la atención dividida. Mira de reojo a los padres para cerciorarse de que lo están viendo y mira también los juguetes. Mantiene todo el tiempo una cautelosa vigilancia en busca de qué ideas invasoras se me ocurrirán.

Cuando lo observo jugar, busco no sólo indicios de su desarrollo neurológico y físico, sino de cuán efectivo es en las tareas que emprende. ¿Espera tener éxito? ¿Es persistente? Cuando logra algo, ¿espera la aprobación de quienes lo rodean? ¿O se da por vencido con facilidad? ¿Trata de distraer la atención de las tareas que sabe que no puede lograr? ¿Se da cuenta de que está fracasando y mira para ver si es objeto de desaprobación? Si al niño lo abruma la sensación de extrañeza y de amenaza que emana del consultorio, es mucho más difícil para mí evaluar su comportamiento y su desarrollo. Por esa razón, trato de que quiera venir a verme, para que sea más valiosa mi ayuda a los padres en la promoción del bienestar del niño. Hacer exámenes físicos y aplicar vacunas no constituye una relación completa entre el pediatra y los padres.

Si el niño ya camina, les pido a veces a los padres que entren conmigo al consultorio y dejen que él los siga. Esto no siempre funciona, pero cuanto más temprano respetemos la independencia del niño, mejor.

Cuando los padres me anuncian que el niño se va a asustar conmigo, ya sé que se han emitido las señales equivocadas. Hará honor a la advertencia gritando cada vez que me acerco. Desde luego que al niño de esta edad no le gustan los exámenes, y menos las vacunas. Desde luego que, al respecto, tiene recuerdos de las visitas anteriores. Pero los padres pueden subestimar la capacidad del niño para estar a la altura de las circunstancias. A todos los niños les gusta ser el centro de atención. Si se respeta su ansiedad, podemos buscar una solución. Los juguetes nuevos que encuentra en el consultorio así como los premios que recibe después de la vacuna también son cosas que recuerda. Si el niño logra dominar la ansiedad, experimenta una sensación de éxito.

Cuando el niño está jugando en el consultorio me doy cuenta de sus adelantos. Para incorporarse, si está sentado, levantará el trasero sosteniéndose en los dos brazos. Cuando tiene las piernas derechas, se yergue tambaleante. Al separar las piernas recobra el equilibrio. Si acaba de aprender a caminar, estirará los brazos cuando camina, para mejorar el equilibrio. En su forma de separar las piernas está otro indicio de que acaba de aprender a caminar. A medida que se vuelve más experto en la tarea, acortará el paso. Cuando está verdaderamente seguro al caminar, es capaz de juntar las piernas y estirar los brazos por encima de la cabeza para alcanzar un juguete. Antes, esta maniobra seguramente le habría hecho perder el equilibrio. Es posible saber cuándo empezó a caminar el niño según la manera como ejecute estas maniobras.

Todas las habilidades cognoscitivas de los quince meses también entran en juego cuando trato de que el niño colabore conmigo. Cuando tengo que medirle la cabeza (el crecimiento de la cabeza es tan importante como su crecimiento lineal, tanto por el crecimiento gradual del cerebro como por tener una medida base en caso de que haya daño en el cerebro), me mido yo mismo la cabeza. El niño, al observar el metro alrededor de mi cabeza, se reirá por lo ridículo que me veo. Después quizá me permita medirle la cabeza a él. El otoscopio se aplica primero a los oídos de una muñeca, después a los oídos de los padres, y finalmente a los oídos del niño. Para pesarlo, le pido a uno de los padres que se pare en la báscula sin él y luego con él y después resto el peso del adulto. A veces esto hace que el niño, por curiosidad, se pare en la báscula; a veces no. Con suerte, podemos completar el examen sin siquiera un gemido.

De cualquier modo, logro observar al niño en una serie de situaciones. Veo con cuánta independencia se relaciona conmigo. Si es presionado, se rebelará. Esto está bien. Me demuestra que, utilizando una nueva adquisición cognoscitiva — el juego simbólico —, puede transferir su ansiedad a la muñeca y tranquilizarse al verme examinar a la muñeca. A esta edad, por lo general, es fuerte la imitación de los padres. Así pues, al utilizarlos como modelos, trato de establecer si está dispuesto a imitarlos. Todos éstos son procesos cognoscitivos florecientes. Entre tanto, puedo darme cuenta de cuánta ecuanimidad muestra ante el invasor examen. Si es capaz de enfrentarse al estrés y de manejarlo, valiéndose para ello de sus padres, de la muñeca o de mí para ayudarle, va por buen camino.

Será duro y lo sentirá como una traición cuando, al final de la consulta, le tenga que aplicar la vacuna contra el sarampión, las paperas y la rubéola. Lo preparo hablándole del asunto y mostrándole la inyección en la muñeca o en el osito. Le pido al padre o a la madre que lo estreche entre los brazos justo cuando se la estoy aplicando y, luego, que le haga monerías, como bailar, para distraerlo tan pronto haya terminado. Al final, le ofrezco un premio. Con frecuencia lo rechaza. Le explico que comprendo su enojo pero que debo ponerle la vacuna para mantenerlo sano. Quiero ser su amigo *y* su médico. El médico es alguien que quiere mantener sanos a los niños para que puedan jugar. El médico también los ama. A veces, después de esto, sí acepta el premio. Pero lo más importante es que los padres y yo no hemos pasado por alto los temores del niño, no hemos atacado su maravilloso, pero frágil, reciente sentido de sí mismo como persona independiente.

Disciplina

En el segundo año la disciplina se vuelve importante. Sin embargo, debe concebirse como un proyecto de enseñanza a largo plazo. La base de las decisiones que en torno a la disciplina deben tomar los padres es comprender que el niño necesita aprender la existencia de los límites. Lo que los padres hacen en torno a la disciplina en determinado momento no es tan importante como las actitudes y expectativas a largo plazo. Por esta razón, como lo decía anteriormente, escogería enfrentarme tan sólo a unos cuantos asuntos importantes. La inevitable preocupación de los padres por domar a su hijo ferozmente independiente hacen de éste un momento clave para todos.

Muchas parejas, especialmente aquéllas que tienen su primer hijo ya mayores, no quieren tener que cambiar su estilo de vida. Quieren enseñarle al niño que no puede tocar adornos delicados por todas partes de la casa. Aunque es quizá posible enseñarle esto, los padres invertirán preciosa energía y tiempo que estarían mejor empleados en asuntos más importantes. ¿Por qué no guardarlos por ahora? Así habrá menos problemas para enfrentar cada día. De todos modos el niño aprenderá, de múltiples maneras, autodisciplina y respeto por los derechos de los otros. Cada vez que los padres son modelos de un comportamiento considerado, estará aprendiendo de ellos. Pero quizá ese aprendizaje no se haga evidente de inmediato.

Los padres de niños relativamente sosegados llegan a preguntarme cómo saber que el niño necesita disciplina. Todo lo que tienen que hacer es escuchar al niño. Cuando toca algo prohibido y mira para ver si lo observan, o cuan-

do da señales de actuar de manera cada vez más provocadora, sabrán que les está pidiendo que intervengan y le
digan: "Deja eso. Ya basta".

A esta edad, los padres se preguntan si deben continuar
o empezar a usar un corralito. La respuesta es no. Pero el
niño sí necesita un lugar seguro donde puede dejársele
explorar. Si los padres no pueden lograr que la habitación
del niño sea segura, o no pueden organizarle parte de la
cocina, tal vez tengan entonces que recurrir al corral. Preferiría que no fuera necesario. Es un agravio a esta edad,
cuando la libertad de movimiento es una necesidad máxima. Ciertamente, preferiría que tuviera la libertad de explorar. Pero dejarlo libre *sí* significa que alguien debe estar
presente todo el tiempo para vigilarlo.

Las pataletas generalmente ya han hecho su indeseable
aparición para cuando el niño tiene quince meses (véase el
capítulo 9). Son sumamente embarazosas para los padres
cuando suceden en público. La gente se congrega, mirando
a los padres como si fueran reconocidos maltratadores de
niños. En una situación así, los padres deben volverse a los
observadores y sugerirles que ellos lo controlen. Se disper-
sarán rápidamente.

Cuando los afligidos padres me relatan la primera pataleta, llegamos a un momento clave, a una oportunidad única de decirles que este comportamiento es normal. Casi con seguridad el niño activo las tendrá durante al segundo año. El niño a quien nunca le da una pataleta durante el segundo o tercer año bien puede llegar a ser un adolescente explosivo y malhumorado o un adulto lleno de conflictos internos. Como dijimos antes, aunque el comportamiento o la solicitud de los padres bien puede desatar las pataletas, éstas provienen de la propia confusión interior del niño. Solamente él puede resolver la indecisión que las motiva. Es la lucha básica del niño de esta edad entre la dependencia y la independencia. Después que ha aprendido a manejar la lucha, será más fuerte y más seguro.

Les recuerdo a los padres algunos pasos que deben seguir. En primer lugar, tengan presentes las opciones, todas orientadas a permitir que el niño decida. Álcenlo o abrácenlo en silencio, llévenlo a un sitio seguro donde pueda resolver por sí mismo el problema o piérdanse de vista momentáneamente. Al no verlos, la pataleta perderá fuerza. Rápidamente regresen para decirle: "Siento no poder ayudarte más. Estoy contigo y te amo, pero esta pataleta es obra tuya". Darle al niño su espacio para que resuelva las cosas no es lo mismo que abandonarlo. Háganlo de manera que le dejen saber que quieren ayudarle. Pero tanto él como ustedes saben que los esfuerzos por ayudar servirán sólo para prolongar la pataleta. Los límites firmes le darán la seguridad de que, en su descontrol, no se pondrá en peligro.

A algunos padres les cuesta trabajo retirarse de la escena por temor a que el niño pueda hacerse daño. Es alarmante verlo patalear violentamente o golpearse la cabeza contra el piso. Sin embargo, es poco probable que se haga daño. Si se muestra demasiado violento, pueden ponerlo en la cuna o sobre una alfombra. Por fortuna, en la mayoría de los casos, parará antes de perder el control hasta ese punto.

Hace muchos años, pasé una semana en Oregón con los quíntuples Anderson, que en ese entonces contaban dos años. Uno de ellos tenía una violenta pataleta. Los otros cuatro lo rodearon tratando de detenerla. Sus esfuerzos lo volvieron más violento. Uno trató de tenerle los brazos, otro se acostó a su lado para arrullarlo y tranquilizarlo. Otro le gritó. El cuarto le vació agua fría encima. Nada funcionó y todos se dieron por vencidos. Tan pronto se alejaron, dejó de llorar. Se levantó rápidamente y empezó a jugar con ellos como si nada. Esta experiencia fue para mí una vívida prueba de que las pataletas reflejan un conflicto interno. El apoyo, no la intervención, es lo único que sirve. Cuando termine, los padres pueden encontrar maneras de comunicarle que comprenden cuán difícil es tener dos años.

Encontrar maneras seguras y simples de ejercer la disciplina, que no impliquen maltratar al niño, es una meta importante. El empleo de momentos de descanso les funciona a muchos padres durante el segundo año. Sostener al niño con firmeza y ponerlo en su cuna o en su habitación sirve para romper brevemente el ciclo de excitación antes que pierda del todo el control. Al romper el ciclo, los padres deben aclararle al niño cuál fue el comportamiento que los llevó a actuar de esa manera y luego colmarlo de fuertes abrazos.

Temores   Con el auge de la independencia y la comprensión que trae consigo la exploración, el niño adquirirá temores. El miedo a la bañera es común. En ese caso, uno de los padres puede bañarse con él, teniendo cuidado de no dejarlo deslizar solo en la bañera ni de ponerlo de pie en ésta, de modo que se sienta en peligro de resbalarse. Lavarle el pelo producirá atronadores gritos, así que no hay necesidad de lavárselo con demasiada frecuencia. Para lavarle el pelo hay que sostener bien al niño. El temor a perder el equilibrio y a que lo inclinen hacia atrás para enjuagarle el champú se agudiza en esta edad.

Habilidades motrices   Cuando el niño aprende a caminar, caminará todo el día, con la espalda curvada hacia atrás, el estómago echado hacia adelante y las piernas separadas, como lo describíamos anteriormente. Parecerá un pato con los pies extendidos. A medida que se acostumbra a caminar y a mantener el equilibrio, empezará a juntar los pies hasta ponerlos paralelos. Sólo cuando lleve un buen tiempo caminando será capaz de hacer otras cosas mientras camina. Si logra llevar un juguete en un brazo mientras camina, tiene un mes de experiencia. Si es capaz de alcanzar cosas por encima de la cabeza o de mirar hacia arriba cuando camina, ya lleva por lo menos dos meses de práctica. Cuando ya es capaz de ponerse en cuclillas y de voltear el torso, ha tenido dos o tres meses de experiencia.

Como lo anotamos en el capítulo 9, lo ideal es aprender a caminar descalzo. Los zapatos serán necesarios como soporte más adelante. Cuando el niño aprende a caminar, agarra el piso con los dedos de los pies, lo cual ayuda al desarrollo del arco. Los zapatos son necesarios tan sólo para proteger contra el frío y las superficies ásperas. El mejor ejercicio para los pies del niño es caminar descalzo.

Nuevamente, es importante hacer hincapié en que las escaleras deben estar cerradas arriba y abajo. Subir las escaleras le producirá curiosidad. Necesita aprender pero con alguien que lo vigile. Las escaleras alfombradas son más fáciles de subir y más seguras.

Alimentación

En esta consulta, mi preocupación primordial es que el niño tenga independencia en cuanto a su comida. ¿La escoge él mismo y se lo permiten sus padres? Reitero la dieta mínima, pues sé cuán difícil les resulta a los padres (especialmente a la madre) dejar que el niño haga las cosas a su manera.

Con frecuencia los padres sienten que deben por lo menos darle algo de papilla para bebé. Pero el niño de esta edad no necesita papillas. Todo lo que se le dé debería dársele de manera que pueda comérselo con los dedos o de modo parecido. Cuando la madre protesta: "No soporto ponerme en el trabajo de hacer algo especial para él para que después ni lo pruebe", le digo que no se moleste. Le está echando la culpa de la situación a la sensación de que el rechazo es contra su comida, cuando la realidad es que generalmente ella siente la necesidad de controlar lo que come el niño. La solución es dejar de cocinarle y respetar lo que está tratando de decir: "Quiero hacerlo por mí mismo". Las indirectas de los padres como: "Mira lo que te hizo tu mamá con tanto trabajo" o "¿Quieres de estas deliciosas zanahorias del plato de papá?" o "Mira a tu hermana mayor: le *encantan* las verduras", todas son claramente maneras de presionar, y con seguridad lograrán disuadir más al niño y llevarán a problemas con la alimentación más adelante. A menos que los padres estén tensos y presionándolo, probablemente comerá. Tienen simplemente que asegurarse de ofrecerle lo mínimo que decíamos anteriormente: carne que contenga hierro, huevo, cereal, leche, fruta y vitaminas (véase el capítulo 9).

A los pocos niños de esta edad que no toman leche, se les puede dar yogur, queso, helado u otros sustitutos. Cuando el bebé quiere ensayar beber en taza pero derrama la mayor parte del contenido, los padres pueden simplemente poner algo impermeable alrededor de la silla de comer y dejar que derrame a su antojo, o darle la bebida en la bañera. Es mejor que se olviden de la limpieza por un tiempo. Otras cosas, mucho más importantes, están en juego.

Este método de alimentación no dirigida les resulta francamente difícil a muchos padres, especialmente a las madres. Alimentar se convierte en el equivalente del instinto maternal. Mientras que la desnutrición es un terrible problema para el mundo, lo más probable es que no afecte a las familias que leen este libro. Cuando los padres no pueden manejar este aspecto decisivo de la independencia, busco lo que la psicoanalista Selma Fraiberg llama "fantasmas en el cuarto de los niños". Las madres me relatan espantosas historias de cómo eran dejadas por horas a la mesa para que terminaran la comida. El resultado extremo de obligar a comer durante años es la afección llamada anorexia nerviosa. Generalmente aparece en la adolescencia y empieza con un mal manejo de la alimentación en la temprana infancia. Los padres no deben correr el riesgo. El mejor seguro contra la posibilidad de perpetuar los problemas con la comida es retirarse de la escena y dejar que el niño resuelva. Él encontrará su propio equilibrio y a la vez conservará su sensación de independencia. Cualquier adulto sabe que la comida que uno mismo escoge sabe mejor.

A esta edad ya podrá manejar la taza y la cuchara. Si esto se le presenta como algo divertido, el uso de estos utensilios puede enriquecer su sensación de habilidad. Entre tanto, lo que pueda comer con la mano es suficiente.

Sueño

Los mismos aspectos en cuanto a rituales de autoconsuelo que ya hemos analizado, deben examinarse de nuevo a esta edad. Generalmente, cuando ha logrado caminar, el niño ya está en capacidad de volver a dormir noches completas. Es posible que ahora una siesta sea suficiente, temprano por la tarde, para no afectar la hora de irse a la cama. Puede que despertar al niño cuando los padres se van a retirar a dormir siga siendo una manera eficaz de garantizarle a toda la familia una buena noche.

Los padres que han elegido que el niño duerma con ellos tal vez estén reconsiderando la decisión. Es más probable que el niño que duerme con los padres se despierte a las dos y a las cinco de la mañana, y espere que se le amamante, o mime o meza. A veces esto causa conflictos entre los padres. "A mi marido no le gusta nada", dirá la madre. "Se siente desplazado. Pero ¿qué puedo hacer? No lo puedo dejar llorando". Yo tampoco sería capaz, y no es lo que propongo. Pero no considero que sea bueno para la familia entrar en conflicto por un asunto de esa naturaleza. Cuando les hago caer en cuenta que la situación puede durar varios años, "¡Por Dios, no!", dice la madre. "Mi marido se enloquecería si creyera que esto va a durar". Una posibilidad es poner una cuna al lado de la cama de los padres, como transición. De este modo los padres pueden todavía acercarse al niño para acariciarlo cuando pasa por un período de sueño liviano. Los padres que han sufrido pérdidas en el pasado o que han padecido en su infancia conflictos con el sueño y la separación, encuentran invariablemente difícil desprenderse del niño por la noche. Entonces, cada ruidito o leve gemido los hace correr a consolarlo. Cualquier niño luchará por mantener esta clase de comportamiento.

Juego El propósito primordial del niño en mi consultorio será distraerme para que yo no interactúe con sus padres mientras él juega. Yendo de un juguete a otro, probablemente logre nuestra respuesta diciendo: "Mira, mira". Aunque la atención aún le dura poco, me gusta cerciorarme de que examina los objetos con verdadero interés. ¿Logro que juegue con los juguetes durante un rato, o la ansiedad le consume toda la atención?

A esta edad, la diferencia entre la enorme energía del niño y su atención limitada, por un lado, y la genuina hiperactividad, por el otro, empieza a hacerse evidente. El niño hiperactivo es capaz de prestar atención durante una fracción de segundo. Pasa de un juguete a otro. Nunca se toma el tiempo para inspeccionar de cerca o para jugar de manera continua. La facilidad con que se distrae interfiere. Cualquier sonido o estímulo visual lo distraen con facilidad. Esto hace que su espacio para asimilar información sea breve. Se mueve constantemente, en un esfuerzo por manejar su hipersensibilidad. Generalmente tiene expresión preocupada. Las manos le tiemblan levemente cuando trata de agarrar un juguete. Si alguien aplaude varias veces, el niño verdaderamente hipersensible se sobresaltará cada vez. No es capaz de bloquear sonidos y estímulos visuales. Por ende, está a merced de cualquier estímulo a su alrededor. Su hiperactividad parece ser una respuesta a la hipersensibilidad de su sistema nervioso.

Si logramos identificar el problema pronto, puedo ayudarles a los padres a reducir los estímulos alrededor del niño. En ocasiones especiales, cuando necesita dedicarle atención a alguna tarea de aprendizaje, o comer o dormir, esto será decisivo. Con el tiempo, puede aprender cómo controlarse cuando se está sobrecargando: sacando frecuentemente ratos de descanso, asiendo un muñeco u objeto preferido, o descubriendo maneras de bloquear el estímulo. Si los padres no se dan cuenta del problema, pueden pensar que es malcriado o rebelde. Su reacción desmedida le agrega ingredientes a sus propias reacciones y la tensión familiar llega a niveles caóticos. Los padres de estos niños necesitan apoyo en cada consulta, incluso tal vez una recomendación de intervención temprana (véase el capítulo 26).

A esta edad, la mayoría de los niños son capaces de hacer una torre de cuatro cubos. Generalmente son capaces de encontrar un juguete escondido, si uno les muestra que está escondido debajo de una tela y luego de otra. A esto le llamamos "dos desplazamientos". Esta prueba de permanencia de los objetos es un delicioso juego a la vez que una muy diciente tarea cognoscitiva. El juego simbólico también empieza temprano en el segundo año. ¿Le da a la muñeca el biberón de juguete? ¿Le habla o la abraza de la misma manera como los padres lo hacen? ¿Construye un garaje con cubos (una representación simbólica)?

Cuando realiza un juego rítmico con el niño de esta edad — por ejemplo, cantándole tonadas infantiles —, ¿sabe cuándo esperar el desenlace? ¿Se ríe cuando le sostiene las manos para aplaudir con ellas, y luego termina? ¿Tiene un concepto de interrupción de las esperadas repeticiones?

Está empezando a entender mejor el concepto de causalidad. Con un juguete de cuerda, en lugar de entregarlo de nuevo al adulto cuando se termina la cuerda, tratará de darle cuerda él mismo. Cada aspecto del juego — que, en palabras de Montaigne, "es el acto más serio del niño" — revela la etapa de madurez del bebé. En él vemos los adelantos en aprendizaje, habilidad motriz y desarrollo emocional.

Lenguaje

La sonora jerigonza continúa, especialmente de noche y en la cuna. Las inflexiones y la práctica de palabras y frases muestran que el niño se está preparando para hablar. Los adultos se sienten impulsados a corregir y modelar el lenguaje tras cada intento. De esta manera, los padres llevan a sus hijos a la etapa siguiente. La mayor parte del tiempo, la meta son los sustantivos, no los verbos, los adjetivos o los adverbios — "yo", "papá", "mamá", "bebé" — aunque ocasionalmente aparecerá un "más" y, desde luego, "no". A esta edad, el niño empieza a mostrar verdadera frustración por no poder hablar. Gesticula claramente y entiende casi todo lo que se le dice.

Hacia adelante El segundo año es de renovado aprendizaje sobre cómo ser padres. En el idilio del primer año, el comportamiento del bebé era previsible y generalmente satisfactorio. Los esfuerzos de los padres producían una respuesta inmediata en el comportamiento del bebé. Esto cambiará. De ahora en adelante el niño querrá tomar sus propias decisiones. "¿Es sordo?" — se preguntará el padre o la madre —. "¿Me está oyendo pero se hace el que no entiende? ¿Qué debo hacer para mantener el control?" El "temible segundo año" es temible para los padres, pero no para el bebé. El segundo año está constituido por un increíble cúmulo de rápido aprendizaje. El impulso hacia la independencia trae consigo una especie de energía exploratoria y de interés en aprender acerca del mundo que son verdaderamente excepcionales. En el segundo año, aprender a ser padres consiste en saber aprender de los errores. Las satisfacciones del primer año han llenado de energía a los padres a medida que seguían la dirección que indicaba el niño. Ahora deben encontrar el camino en un nivel completamente diferente.

El principal momento clave a esta edad surge en torno al control. ¿Quién mandará? Cuando los padres sienten la necesidad de controlar, el niño la enfrenta con resistencia y negatividad. Es muy probable que los padres sientan que están fallando. La experiencia de ser padres en el segundo año se reduce a una permanente reorganización para encontrar nuevas maneras de manejar la renuencia del niño. Para los padres inflexibles, puede verdaderamente volverse un año terrible. Enfrentado con sentido del humor, el segundo año puede ser formidable.

Desde luego, durante este período, hay mucho trecho entre querer mantener el sentido del humor y lograrlo. "Cada vez que le pido que haga algo, se resiste" — me dirán los padres —. "Incluso su postura dice que no. O se pone como una muñeca de trapo, o se comporta como una bestia, arqueándose y tratando de librarse de mí". Esta negatividad surge porque cada deseo de los padres plantea al niño un dilema: "¿Lo hago o no? ¿Lo quiero hacer o no?" Como les aconsejo a los padres, si verdaderamente quieren que haga algo, decirle que no lo haga tal vez funcione. Pero si es importante, yo sería persistente. Si no lo es, déjenlo pasar. Cuanto menos enfrentamientos haya, mejor. Así, los que sean necesarios se convertirán en una lección para todos.

Control de esfínteres. Durante cada consulta de este año, reitero la importancia de esperar hasta el final del segundo año para empezar a entrenar al niño en el control de sus esfínteres. Los padres que tienen prisa tal vez dirán: "Pero ya es consciente de sus deposiciones. Se hala los pantalones cuando ha terminado". O: "Sale a esconderse cuando está haciendo una deposición en el pañal". Éstas son señales sumamente claras y simplemente ponen de manifiesto el hecho de que, cuando esté listo, querrá ser él quien controle su higiene personal.

Alergias. Como lo vimos en capítulos anteriores, la mejor manera de tratar las alergias es prevenirlas. En la mayoría de las personas existe la tendencia genética a que surjan en determinados momentos: cuando se está estresado, cuando hay mucho polen en el aire, o cuando hemos comido o inhalado algo dañino. Pero la tendencia rara vez se manifiesta, porque es posible que se requieran varios factores para producirla. Hasta cierto punto, es posible que muchas alergias menores no produzcan ningún síntoma. Pero cuando se le agrega un gato, piel de animal, polvo, moho, almohadas de plumas, colchones de crin, huevos, productos de pescado, estrés u otros de los alergenos comunes, el sistema ya no lo soporta: puede aparecer entonces el asma, la fiebre del heno o el eccema. La causa variará. La tensión emocional o la separación puede producir los síntomas. Los padres les temen a estas causas psicosomáticas y empiezan a defenderse contra el temor de que le hayan hecho algo terrible al niño. La negación quizá impida que actúen para evitar que se repitan las causas y por ende los síntomas.

Existe una segunda razón por la cual es necesario prevenir con tiempo las alergias. Cuanto mayor sea el niño al manifestarse la alergia, más difícil será tratarla. Recomiendo que se hagan grandes esfuerzos en la temprana infancia para prevenir las reacciones alérgicas y les propongo a los padres los siguientes pasos. Si aparece un salpullido, tómenlo en serio. Eliminen cualquier alimento nuevo. Si el salpullido persiste, empiecen a bañar al niño y a lavarle la ropa con jabón hipoalergénico. Eliminen la lana en la ropa y las mantas, al igual que los colchones, cojines y almohadas de plumas. Si el culpable es un juguete, sustitúyanlo gradualmente por otro. Si la calefacción de la casa funciona a base de corrientes de aire caliente, cubran la salida de éste con ocho capas de muselina a modo de filtro. En la estación en la que hay polen en el aire, cierren la entrada de aire y no abran la ventana de su habitación por la noche. Un purificador de aire es una buena idea.

A medida que el niño va creciendo, cuéntenle qué debe hacer acerca de su trastorno. Denle la oportunidad de que él les diga cuándo necesita algo para la piel, la respiración dificultosa o la nariz congestionada. Cuando le administren medicamentos, acuérdense de decirle después: "¿Viste que supiste qué hacer? Y cuando lo hicimos, funcionó".

Para el niño el aspecto más temible, y que más ansiedad produce, de una afección alérgica es la sensación de que nadie sepa cómo manejarla. A los padres les hago varias sugerencias. En primer lugar, como lo acabamos de anotar, actúen de manera preventiva. Después, cuando el síntoma se presente, llamen a pedir ayuda pronto. Infórmenle al niño qué están haciendo y por qué. Más adelante, dejarlo controlar sus propios síntomas es la mejor manera de prevenir la ansiedad y la sensación de impotencia que acompañan y exacerban las manifestaciones alérgicas como el eccema y el asma (véase el capítulo 14).

Variación de los afectos. Casi siempre el niño trata de manera diferente al padre y a la madre. Será más duro con quien siente mayor dependencia, generalmente la madre. Quizá trate al padre más como a alguien especial. Este tratamiento diferente quizá produzca celos. Es preciso que los padres se den cuenta de que ello es normal y que es importante para poner a prueba la fortaleza de los lazos afectivos.

La cambiante dinámica de la familia continuará en los meses siguientes a medida que el niño, que ha sido el centro de atención de todos, trata de ser más independiente. Si todavía lo cuida uno de los padres en casa, éste empezará a pensar probablemente en regresar al trabajo medio tiempo o en llevar al niño a jugar con otros compañeritos. No se trata, seguramente, de una coincidencia que la mayor independencia del niño y la dependencia que la equilibra — seguir a los padres a todos lados — llevan al padre que lo cuida a pensar de esa manera. A esta edad, un pequeño grupo de juego es excelente idea. El niño aprenderá mucho de sus compañeros en el próximo año. Cuando se ha acostumbrado a un pequeño grupo con uno o dos niños que van a su paso, es más fácil considerar la clase de sistema que se desea para dejarlo durante el día. El segundo año es una gran oportunidad para que se empiece a relacionar con otros niños.

Diferencias individuales. El segundo año parece subrayar las diferencias entre los niños. Los tranquilos y atentos parecen aun más observadores y sedentarios, en contraste con los vehementes y activos, que están moviéndose siempre. Éstos últimos a duras penas se sientan el tiempo suficiente para aprender a hablar o para demostrar sus nuevas habilidades cognoscitivas. Se la pasan en movimiento. Probablemente los padres los califiquen de hiperactivos, pues de veras parecen tener poca capacidad de concentración. El afán de moverse es poderoso. En los menos activos, la intensidad se vuelca hacia la observación y una actividad motriz más reducida.

Los padres pueden preocuparse por estas diferencias. Cuando los niños están en uno u otro extremo de la escala, los padres necesitan que se les dé seguridad. ¡Gastan tanto tiempo en comparar a su hijo con otros niños! "¿Por qué mi hijo no camina todavía?" "Nunca parece moverse tanto como otros niños". O: "No para. No se sienta nunca para ver un libro o en mi regazo. ¡Todos sus amigos son tan cariñosos!"

Puesto que tantos padres comparan, me pregunto qué propósito cumplen las comparaciones. Los padres aprenden sobre los procesos de desarrollo viéndolos en otros. Analizando las diferencias entre los niños, el padre puede visualizar toda una escala. En mi trabajo, ha sido muy satisfactorio constatar cuánto se puede aprender de los estilos tan disímiles de los bebés. Lo que me preocupa es la energía que puede desperdiciarse en la ansiedad que suscitan estas comparaciones. En lugar de aceptar al bebé que tienen, los padres parecerían querer meterlo en el molde del niño "ideal". Si yo pudiera hacer solamente una cosa como pediatra, me gustaría ayudarles a los padres a regodearse en la individualidad de su bebé. El peligro de las comparaciones es que pueden acabar infundiendo en el niño una sensación de inferioridad. Por ejemplo, los hombrecitos casi siempre son un poco más lentos en el desarrollo motor que las niñas. Y sin embargo los padres de varoncitos quieren que éstos sean rápidos y activos. Me parece importante que los padres se concentren en sus propios hijos y se complazcan en el modo de desarrollarse de esos hijos, antes que presionarlos a ajustarse a nociones de "niños promedio".

Cuando los padres empiezan a comparar, los desvío del tema describiéndoles cómo está aprendiendo *su hijo:* sus peculiaridades, sus luchas y sus triunfos personales.

11

DIECIOCHO MESES

Cuando el niño de esta edad entra en mi consultorio, empieza a explorar. Al acercarse a mi escritorio, a la lámpara o a los estantes de libros y tratar de alcanzar algo, anuncia: "¡No!" En ese momento sé hasta cierto punto, por adelantado, qué tipo de preguntas me harán los padres. Casi todas tendrán que ver con la creciente negatividad. "Ya no me hace caso. Me lleva hasta el punto de querer darle una palmada, pero realmente no quiero hacerlo. Pero me provocará repetidamente hasta que tengo que hacer algo. Cuando tiene pataletas, sabe escoger precisamente los lugares donde sea más embarazoso". Las madres se pondrán tristes al hablar de los cambios del niño. Los padres tienden a plantear la cuestión del castigo. Sé que mi principal función es hacerles entender este continuo aumento de la independencia y la negatividad. Sus preguntas reflejan su necesidad de controlar. Éste es un momento clave para reiterar la importancia de la disciplina y para hablar de nuevo sobre lo que es un programa de enseñanza a largo plazo.

Hago también hincapié en que su hijo "es perfectamente normal. Todos los niños de su edad pasan por esta fase". Los padres asentirán, aliviados. Pero que yo los tranquilice les será útil sólo durante un período breve. Es importante comprender que el propósito del comportamiento negativo es ayudarle al niño a solucionar sus dilemas en torno a la independencia. Los actos de provocación que obligan a los padres a imponer una disciplina reflejan en el niño una apasionada búsqueda de límites. Deben encontrar maneras eficaces de disciplinar para poder enseñarle estos límites. Las tormentas que llevan a las pataletas son también un reflejo de cuán apasionadamente siente el niño lo relacionado con la independencia. Si puedo hacerles comprender esa búsqueda, tal vez puedan admirarla y disfrutarla.

Hoy en día, muchos padres de niños de esta edad trabajan durante el día fuera de casa. Cuando regresan por la noche, sueñan con la dulce reunión. No es eso lo que encuentran. Un niño saludable a esta edad guardará para ellos sus más intensos sentimientos. Los padres que no han estado en casa durante el día regresan — o se encuentran, al pasar a recogerlo en la guardería — a un niño que ha esperado todo el día para poder desmoronarse. Al verlos, el niño estalla. Se tira al suelo, gritando y pataleando, y golpeándose con la cabeza contra el piso. En la guardería, si los padres tratan de alzarlo para alistarlo a salir, patea y grita lastimeramente. Un padre me contó cómo casi deja caer a su hija cuando ésta estaba en el proceso de desbarajustarse en sus brazos. "Es más: era lo que me apetecía hacer. Me había apresurado a salir del trabajo para venir por ella. Estaba ansioso por verla. Lo que me encontré, en cambio, fue esta personita dando alaridos que me hacía detestarla. Lo peor fue que la profesora me miró y dijo: 'Nunca me hace eso a mí'. Eso sí que me hizo sentir horrible".

La persona que se encarga del bebé rara vez recibe la misma desintegración apasionada que reciben los padres. Tal vez lo que quiso hacer la profesora fue darles la tranquilidad de que la niña no pasaba el día en estado de infelicidad. Pero su observación fue un claro ejemplo de "guardar la portería". Hemos hablado de la competencia inconsciente, tácita, entre los padres. Esto sucede igualmente entre padres y encargados de cuidar al bebé. Infortunadamente, su observación fue hecha en un momento del día en que el padre se hallaba en un estado de fatiga y vulnerabilidad. Si la profesora hubiera dicho, en lugar de lo que dijo: "Lo ha estado esperando con tanta ansiedad. En todo el día no había estado tan emocionada", de este modo el padre habría interpretado correctamente la pérdida de control de su hija.

La negatividad es una cara de la moneda; la otra son la colaboración y el cariño. En cualquier apasionado proceso de desarrollo, salen a la superficie sentimientos encontrados. El niño tiene que poner a prueba tanto los sentimientos positivos como los negativos. Sin un período de intensa negatividad, el niño podría ser pasivo y lleno de conflictos internos. En el segundo año, los conflictos del niño deben aflorar. El papel del padre es reconocerlos como parte importante del proceso y aceptarlos, pero también ayudarle a contenerlos. Aprender a ejercer control de sí mismo y a convivir con sus conflictos es un proceso a largo plazo, y estas tempranas lecciones pueden ser tormentosas. "Parece que le encantaran los niños negativos", me dijo una irritada madre cuando admiré la negatividad de su hijo. Me encantan, sí..., siempre y cuando que no sea la negatividad de mis propios hijos.

Disciplina

El niño necesita explorar los límites de tolerancia de los encargados de cuidarlo. Sus padres y quienes cuidan de él verán diferentes aspectos del niño. Por ejemplo, una nodriza o la abuela me dirán que cuando están con el bebé han descubierto maneras de calmarlo cuando está demasiado activo. "Si no lo calmo, se excita más y más, rompe cosas, tiene pataletas y parece totalmente desesperado. Cuando le doy ratos de descanso meciéndolo, es tan dócil. Cuando los padres llegan, al final del día, empieza a provocarlos. Parece tener demasiado poder sobre ellos. No me gusta que pierda el control, pero ¿cómo puedo ayudarles?" Para contestar una pregunta como ésta, primero le aseguro a la persona encargada que el niño está aprendiendo de ella autodisciplina. En segundo lugar, le digo que los niños se comportan de distinta manera con diferentes adultos. Finalmente, le digo que cuento con que el niño se comporte mal con los padres al final del día. Le aconsejo no interferir una

vez que llegan los padres. De otro modo, la situación se vuelve un triángulo, y nadie gana. Al igual que el niño aprende a actuar de diferentes maneras con el padre y la madre, aprenderá a actuar de diferente manera con los adultos que lo cuidan.

Dentro de las escasas horas de que disponen los padres que trabajan, la disciplina firme parecerá imposible. Los padres me dicen: "Nos ponemos tan contentos de verlo, pero después de treinta minutos de patadas y gritos, empezamos a desear poder volverlo a dejar. Durante los fines de semana es como si quisiera ver qué tan lejos puede ir. Nos pone a prueba hasta que estamos furiosos y fatigados. Sé que nos está castigando por no estar con él durante la semana, pero ya no tenemos ratos agradables". La culpabilidad que sienten los padres alimenta esta situación. No soportan ser firmes cuando no han visto a su hijo en todo el día. Pero la disciplina es importante para el niño. El niño que está poniendo a prueba a los padres enviará señales muy claras. Está diciendo que necesita ayuda para resolver qué puede hacer y qué no. No se trata del castigo. Poner límites y enseñarle al niño sobre esos límites no es lo mismo que castigarlo.

Si los padres logran ver la disciplina, sosegada y consecuente, como una parte intrínseca de amar, no deberían sentirse culpables. Con frecuencia les digo: guarden la disciplina para cosas importantes. Entonces, cuando comience un ciclo de comportamiento provocador, deténganlo a tiempo. Alcen al niño para controlarlo. Si eso no funciona, dense un rato de descanso: en su habitación, en su cama o en una silla. Siéntense con el niño después. Traten de hacerle entender por qué tuvieron que impedir que continuara su comportamiento. No esperen demasiado y no le hablen demasiado tiempo. Déjenle saber que van a ser firmes y que esperan que no lo haga más.

Si el padre o la madre me dicen: "Nunca me dejaría hacer eso cuando está descontrolado. ¡Está demasiado enfadado y yo también!", propongo lo siguiente: Hagan con tiempo planes de lo que deben hacer. Después, actúen pronto. Díganle que lo aman pero que no pueden tolerar su comportamiento. Si vacilan, se dará cuenta. Abrácenlo cuando esté comportándose bien. Siéntense a mecerse juntos. Necesita saber que no siempre están enfadados con él. La disciplina es parte del cariño y de la enseñanza de límites. Requiere mucho tiempo. Ningún método es jamás mágicamente eficaz. El castigo físico, como lo decíamos antes, no funciona. Implica que está bien arreglar las cosas por la fuerza — en lo cual yo no creo.

Alimentación

Durante cada consulta hay que hablar de los asuntos relacionados con la comida. El niño tiene que explorar cada técnica descrita. El niño de dieciocho meses aprenderá a usar un tenedor y una cuchara, pero en algún momento querrá volver a comer con los dedos. Los padres pueden darle alimentos que pueda comer con los dedos o con el tenedor, lo que él prefiera.

Las madres que aún están amamantando se preocuparán. "Quería terminar el primer año. Ahora me cuesta trabajo dejar de alimentarlo. Todavía viene y me desabotona la camisa. Me avergüenza un poco pero encuentro difícil no complacerlo". La única razón por la cual aconsejaría el destete sería si obstaculiza el aumento de su independencia. Pero si es autónomo en todos los otros aspectos, esta cercanía es buena. He estudiado culturas en las cuales las madres amamantan con un pecho al recién nacido mientras que con el otro alimentan a su hijo de hasta cinco años (después de los cinco años ya no lo buscan). A los niños les va de maravilla pero las madres se ven macilentas. "Todo el mundo me dice que debo dejar de hacerlo, que simplemente me estoy dando gusto yo", me dicen con frecuencia las madres que amamantan. ¿Por qué no? Reunirse con el niño para amamantarlo es placentero después de un día de trabajo o de un día de negatividad y conflicto.

Con los niños de esta edad, las madres empiezan a preguntarse cómo hacer para que dejen el biberón. Muchos niños ya no lo usan para tomar leche, pero continúan caminando por doquier con él colgando de la boca. Ese empleo del biberón me molesta, pues lo están utilizando simplemente como soporte, no para tomar leche. Cuando se distancia de la alimentación y la comunicación, el biberón pierde su significado. Como lo vimos en el capítulo 9, puede ayudársele al niño a hacer la transición a una frazadita o a un objeto preferido amarrándole a éste el biberón. He aquí los pasos concretos que les sugiero a los padres. Ofrézcanle leche en el biberón solamente cuando le den de comer en los brazos. Cuando lo pida entre comidas, prométanle que se lo puede tomar antes de la siesta o antes de la noche, pero que quieren dárselo ustedes. Háganlo parte del ritual de irse a la cama. Empiecen con un libro, en una mecedora, y luego sigan con el biberón. De este modo, pueden llevar al niño a un estado de relajación y sueño. Nunca lo dejen solo en la cama con el biberón. Se merece un rato especial con uno de los padres. Tener leche en la boca durante toda la noche le dañará los dientes permanentes, como lo anotamos anteriormente. Aparte de este daño, lo están privando de un importante ritual y de la sensación de seguridad. Los necesita a ustedes si todavía necesita el biberón.

El sonambulismo aparecerá con cada nuevo motivo de **Sueño**
estrés: la ausencia de uno de los padres, la visita de la
abuela, un día lleno de actividades o un tormentoso día de
juego con otros niños. Se necesita una actitud firme y
tranquilizadora. Los padres le están enseñando a que sea
independiente por la noche. Pueden hacer uso de los recursos a los que acudieron en otras ocasiones: utilizar los
esfuerzos por ser independiente que hace durante el día y
mostrarle admiración cuando logra tranquilizarse por sí
mismo durante el día. Entonces, el mismo patrón de esperar
que sea independiente por la noche adquiere significado.

Una siesta es todo lo que los padres pueden esperar en
el segundo año. Recomiendo un almuerzo temprano para
poner después al niño a dormir de las doce del día a las
dos de la tarde, evitando que duerma otra vez pasadas las
dos o dos y media. De otro modo, será más y más difícil
lograr que se vaya a la cama a una hora razonable.

De todos modos, será cada vez más difícil que se acueste
por la noche. Insto a los padres a que dupliquen el énfasis
en los rituales y en su decisión de que la hora de acostarse
es una *hora fija*. Cuanto más excitado se ponga el niño a
la hora de irse a la cama, más difícil le será aceptar que es
hora de dormir. Hacer que un niño de esta edad se acueste
no es tarea para los débiles de carácter. El ritual de la
mecedora y el cuento ciertamente ayudan. Un objeto especial — una frazadita o un osito — se vuelve todavía más
decisivo a la hora de irse a la cama. Puede recurrirse a él
durante el día o cuando se despierte por la noche. Los
padres a veces no saben qué pensar de estos apegos a
objetos especiales, particularmente cuando son raídos y de
aspecto lastimoso. Piensan que un niño pegado a una frazada o a un osito muestra aire de abandono. En realidad,
según me demuestra la experiencia, lo cierto es lo contrario.
Cuando en el Hospital Infantil de Boston examinamos niños
cuya procedencia desconocemos, siempre nos complace ver
al niño que es capaz de tranquilizarse chupándose el dedo
o gracias a un objeto especial. Este niño ya ha demostrado
su fortaleza interior. Nos muestra que ha recibido cariño en
casa. Los padres cariñosos promueven en los niños esta
capacidad de darse a sí mismos tranquilidad.

Habilidades motrices La postura del niño de esta edad hace preocupar a los padres. ¿Será siempre barrigón? Su postura doblada hacia atrás, con la pancita hacia adelante, continuará hasta el tercer año. Luego, como por arte de magia, se enderezará y el abdomen se templará.

De los dieciocho meses a los dos años, el niño se la pasa experimentando. Treparse a todo es cada vez más emocionante. Pero no puede confiarse en que el niño se asuste de las alturas; así que los padres deben protegerlo. Deben cuidar de que haya alfombras o almohadones bajo sus escaleras preferidas, si es que se le va a permitir subirlas. En esta etapa correrá a todas partes en vez de caminar.

Empezará a bailar, a girar, a poner a prueba todas sus habilidades motrices: balancearse, dar vueltas, trotar. Tratará de alejarse de los padres cada vez que se le presente la oportunidad: en un almacén, en la calle, en cualquier lugar. Los padres necesitan conservar una mano libre para contener sus andanzas; de otro modo, se alejará veloz.

Separación En el segundo año, dejar al niño puede ser muy doloroso. Es capaz de protestar violentamente. A menudo me ha parecido que el grado de vehemencia de las protestas tiene correlación con la fortaleza de su ego. En otras palabras, la protesta es una manera saludable de manejar las separaciones. ¿Por qué ha de querer quedarse cuando ya tiene noción de seguirlos a todas partes, y cuando él mismo es quien quiere irse?

En el Hospital Infantil hicimos un estudio sobre las protestas de los niños pequeños cuando las madres los dejaban por la mañana. Los niños cuyos padres los preparaban de antemano en casa ya habían empezado a adaptarse a la separación. Cuando tenían que separarse, ya estaban listos. Madres e hijos asumían la separación de manera escueta: nada de rodeos, nada de prolongar la protesta. Los niños a quienes no se les había preparado en casa estaban en dos categorías. Algunos manifestaban su descontento de manera ruidosa. Los otros, más introspectivos en su aflicción, nos preocupaban más. No parecían poder manejar su tristeza ni jugar con los otros niños.

Para manejar la separación, el primer paso es preparar al niño con tiempo. Entonces, los padres deben estar listos para aceptar una saludable explosión. En tercer lugar, deben prometerle que regresarán y, al regresar, recordarle que cumplieron su promesa. Ésta es la base para la futura confianza.

Aprendizaje y juego

Un aceleramiento del desarrollo es el premio que reciben los padres para compensar el tormentoso comportamiento. Cuando los padres se distancian lo suficiente para darse cuenta del rápido aprendizaje que acompaña la turbulencia del niño, no tendrán que considerar esta edad como "el temible segundo año". La capacidad de aprender de otros niños por imitación también se acelera en el segundo año. El niño de esta edad necesita compañeros. Uno o dos compañeros habituales de juego bastan. Pero se trata de una época en que es decisivo que el niño salga del capullo padre-madre-niño al revoltoso mundo de otros niños. Si tiene hermanos mayores, es menos urgente, pues tendrá la oportunidad de aprender de ellos. Éste es el momento para aprender sobre sí mismo en relación con los demás. Aprenderá más sobre sí mismo de otros niños que de los padres.

No hay nada más maravilloso que observar a dos niños de esta edad jugando en estrecha proximidad. Juegan un rato largo lado a lado. Su juego es paralelo. Parece que no se miraran el uno al otro. Sin embargo, derivan gran cantidad de comportamiento de juego el uno del otro. Parecen asimilar patrones de juego a través de su visión periférica. Repiten secuencias completas de juego y comunicación aunque no se observan el uno al otro. Uno de los niños golpea con un juguete. "¡No! ¡No! ¡No!" El otro niño hace lo mismo. El primer niño hace una torre. El otro también. El primer niño dice: "¡No!" y tumba los bloques. El otro dice: "¡No!" y tumba los bloques. Los gestos imperiosos, la postura del cuerpo y las actitudes faciales son todas similares. Considérese la cantidad y calidad de aprendizaje que contiene toda esa fiel imitación.

Hildy Ross, psicóloga canadiense, puso a jugar paralelamente a un niño de dos años y a otro de uno. Su deseo de comunicarse y de imitar los llevaron a intercambiar sus técnicas individuales y a adoptar las del otro. El niño de dos años regresó a un nivel de juego como de quince meses. El de un año se esforzó hasta jugar como un niño de quince meses. Querían identificarse el uno con el otro. Este estudio me demostró cuán importantes pueden ser las relaciones con compañeros.

El deseo de ponerse a prueba puede volverse caótico. Morder, halar el pelo, arañar y golpear, todos estos actos afloran y suscitan imitación. Con frecuencia van dirigidos al "mejor amigo". Los padres y los profesores, horrorizados, reaccionan en exceso y castigan al niño que mordió o golpeó o tiró del pelo al otro. Antes que eliminarla, esta reacción excesiva establece un patrón. Estos comportamientos, en apariencia agresivos, no empiezan como tales. Ocurren en ocasiones en que el niño está abrumado y pierde el control. Después de los hechos, el agresor queda tan horrorizado como la víctima. Cuando los padres intervienen, se establece la culpa. Con el próximo estado de fatiga del niño, el patrón se repite. La interferencia de los adultos lo refuerza.

Morder suele producir los más severos castigos. A todos los padres les asusta esto: que el niño muerda o que alguien lo muerda. Lo que parece más temible es la pérdida de control: "¿Seguirá sucediendo?" Yo trataría de tranquilizar a los dos niños: el mordedor y el mordido. El primero lo necesitará más, pues estará asustado ante la pérdida de control, incluso más que la víctima por haber sido atacada. La persona encargada debe sentarse con él y decirle: "A nadie le gusta que lo muerdan. A ti tampoco te gustaría. La próxima vez que te sientas así recuerda que yo puedo ayudarte". Habrá que repetírselo vez tras vez. Una ingeniosa madre le compró a su niño un hueso de caucho para perro para que mordiera en lugar de atacar a sus amigos.

En el pasado, he mantenido en mi consultorio listas de nombres de niños de dos años para que los padres los puedan reunir. Dos o tres que están en la misma etapa de aprendizaje sobre sí mismos pueden aprender mucho del otro. Dos que muerden o dos que golpean pueden ponerse a jugar juntos. Si uno se enfada, puede que muerda al otro. La víctima responderá con un mordisco. Se mirarán el uno al otro como quien dice: "¡Eso me dolió! ¿Por qué lo hiciste?" Y no lo volverán a hacer. Me parece que los niños de esta edad realmente no se dan cuenta de que duele. Ellos no intentaban causar dolor y se asustan después de los hechos. Puesto que el síntoma es el resultado de una pérdida de control, es demasiado tarde para detenerlo. Pero con el tiempo pueden aprender a controlarse, pues es verdaderamente lo que quieren. El dar y recibir de las relaciones entre niños es el mejor aprendizaje. Lo único que hacen los adultos es interferir este aprendizaje.

Las madres de los mordedores se preguntan si ellas deberían morder como represalia. ¡No! Eso es ponerse a su nivel y es degradante para el niño y para la madre. De lo que se trata es de enseñarle con calma que este comportamiento es inaceptable y de proponerle un sustitutivo adecuado: un juguete para golpear, procedimiento que surte efecto.

El juego sigue siendo el instrumento de aprendizaje más poderoso, pues el niño puede probar varias situaciones y acciones diferentes para establecer cuál le funciona. Es difícil sobreestimar la importancia del juego para un niño pequeño.

Imagen de sí mismo. El psicólogo Michael Lewis ideó un ingenioso experimento para conocer la imagen que tiene el niño de su propio cuerpo. Se le da un espejo para que se mire. Después de un rato, el investigador lo retira del espejo y le unta colorete en la nariz, sin que se dé cuenta. Cuando se mira de nuevo en el espejo, la reacción del niño depende de su edad. Al año, el niño se observará detenidamente, viendo el color extraño en la nariz. A los quince meses, los niños se frotan la nariz contra el espejo y tratan de quitarse el colorete. Se reconocen y tienen la noción de que algo ha cambiado. A los dieciocho meses tratan de quitarse el colorete de la nariz.

A esta edad, la exploración de sí mismo se acentúa. Al niño le producen curiosidad sus ojos, la nariz, la boca. Cuando tiene oportunidad, el ombligo y los genitales tam-

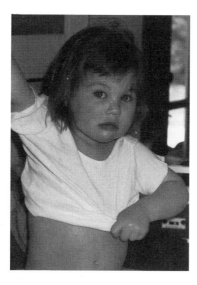

bién despiertan su curiosidad. A los niños de esta edad les emociona su pene cuando están sin pañal. Las niñas se meten un dedo en la vagina. Esta parte del cuerpo debe parecerles verdaderamente especial cuando finalmente queda al descubierto. Está tapada y fuera de su vista durante tanto tiempo, que con razón se vuelve una zona de especial sensibilidad. Los padres no deben tratar de detener esta exploración. Son partes del cuerpo con las cuales necesitan familiarizarse.

Hacia adelante **Control de esfínteres.** Les aconsejo a los padres esperar un poco más. Aunque la mayoría entiende las razones para esperar hasta que el niño tenga la noción de qué se espera de él y esté listo para hacerlo solo, algunos se impacientarán: "No quiero que entre a la universidad en pañales". Una verdadera fuente de presión es el requisito, que exigen la mayoría de los preescolares, de que, para recibir al niño, éste controle ya sus esfínteres. Muchas guarderías esperan que hayan dejado los pañales a los dos años y medio, por tarde. Si es posible, buscaría, para llevar al niño, un lugar que respete la necesidad de esperar hasta que él mismo esté listo. No sucede nada mágico a los dos años y medio. Y es vital que sea el niño quien decida el momento. Aunque muy pocos padres quieren forzar a los hijos, a menos que estén conscientes de sus propias presiones internas para que el niño esté limpio y seco, es posible que acaben apurándolo.

En este momento, tal vez sea útil mirar hacia adelante y saber qué esperar.

Más o menos a los dos años, varios pasos en el desarrollo empiezan a converger. Cuando esto ocurra, el niño estará listo. Habrá llegado el momento de dejar que él mismo controle sus esfínteres.

1. Habrá superado la excitación de caminar y estará listo para sentarse.
2. Estará listo para entender palabras y conceptos como: "Ésta es tu bacinilla. La mía es la grande. Algún día usarás la tuya, como yo uso la mía".
3. Existe una etapa alrededor de los dos años en que los niños quieren imitar. El niño camina como su padre, la niña como su madre. Sutilmente, se están identificando con los adultos importantes que los rodean. Quieren ponerse la ropa de papá y mamá. Están incluso incorporando a los suyos los gestos de los adultos. La imitación puede ser útil para enseñar el comportamiento para ir al baño.
4. A los dos años de edad, la mayoría de los niños empiezan a poner las cosas en su sitio. Tienen un concepto de orden y de dónde ponen los padres las cosas. Este afán de guardar cosas como los padres puede ser transferido a la orina y a las deposiciones.
5. La negatividad va y viene alrededor de los dos años. Antes de eso, siempre está cercana a la superficie. Empezar cuando tiende a la negatividad llevaría, con seguridad, al fracaso.

Todos estos mecanismos de desarrollo pueden ser puestos al servicio de ayudar al niño a adaptarse a las exigencias de la sociedad de que esté seco y limpio día y noche.

"¿Por cuáles comportamientos debo guiarme?", me preguntarán los padres. Que el niño gruña y se hale los pantalones en el momento en que está haciendo una deposición en el pañal indica que es consciente de sus producciones. Cuando llegue a un período de desarrollo relativamente tranquilo — ni demasiado negativo, ni demasiado activo —, trataría de establecer si se interesa en las idas de los padres al baño. ¿Se está volviendo organizado? ¿Imita mucho? ¿Puede obedecer a dos o más órdenes? Por ejemplo, si se le pide que vaya al guardarropa, encuentre las pantuflas y las traiga, ¿puede seguir esta secuencia de tres instrucciones? Ésta es una señal de que está adquiriendo un lenguaje receptivo y puede retener en la mente dos o tres órdenes en secuencia.

Dadas todas las trampas en el proceso de controlar los esfínteres, algunos padres se preguntan si no hacer nada es la mejor manera de evitar los errores. Sin embargo, tal vez de ese modo el niño no entienda qué se espera de él. De todos modos es necesario mostrarle los pasos aunque se le debe permitir que no los siga, si no quiere. Puesto que a los padres les queda prácticamente imposible imaginarse un niño de dieciocho o veinticuatro meses colaborando con nada, lo mejor que puede hacerse es posponer el control de esfínteres y el entrenamiento que implica, hasta que esté listo.

Cuándo ser firme con el niño. En algunas situaciones, como cruzar la calle, no es posible esperar a que el niño resuelva. Cuando ocurren, les digo a los padres, dejen claramente saber que "la cosa es en serio". Mientras que los padres no tienen que imponerse para hacerle probar una nueva verdura, habrá situaciones en que la autoridad deba imponerse. Por ejemplo, los padres me llaman desesperados porque deben darle un medicamento al niño. Cuando la situación es así de importante, háganle saber que el asunto no está para regatearlo y que difiere de otras ocasiones, como las comidas. *Tiene* que hacerlo. Si es necesario, deberán metérselo en la boca cuando esté acostado. Si se atraganta y lo escupe, háganlo de nuevo, y de nuevo, hasta que lo acepte. Recuerdo mi hirviente frustración cuando, como pediatra, tuve que hacer esto. Una de nuestras hijas me escupió píldoras varias veces, cada vez mirándome directamente a la cara. Finalmente se dio por vencida. Cuando la abracé después, no sé quién sintió más alivio.

Otra manera de administrar medicamentos es que un segundo adulto sostenga al niño sobre las rodillas, bien inclinado hacia atrás y agarrado con una buena llave de lucha libre: los brazos paralelos a la cabeza, sostenidos por los del adulto. Con la cabeza hacia atrás, para que no pueda escupir, se le puede entonces poner el remedio en la boca de modo que o se lo trague o se atragante. Tomará la decisión correcta.

Todo esto parece brutal, y debe reservarse para una *situación de verdadera emergencia* (véase el capítulo 27). Cuando el niño se dé cuenta de que la situación es seria, generalmente cederá pronto en su rebelión.

Ésta es la edad en la que los niños empiezan a salirse de la cuna; así que necesitan cojines o alfombras debajo de ésta, pues es posible que el niño se caiga de la cuna. No sucede con frecuencia pero puede suceder. Cuando empiece a salirse, habrá que bajarle las barandas de la cuna. Entonces, la habitación puede servir de cuna, con una baranda en el marco de la puerta. Siempre abrigo la esperanza de que esto no suceda demasiado pronto. La maravilla de la cuna es que parece decir: aquí es donde debes permanecer por la noche. Una vez que los niños duermen en una cama o en el suelo, no hay verdaderamente límites a sus excursiones. La cuna simboliza los límites que se necesitan para protegerlos de noche. Lo más peligroso que conozco es que un niño pueda recorrer solo la casa.

El niño de dieciocho meses prácticamente no conoce el miedo. En las escaleras, da un paso al aire y podría caer lejos. Enséñele cómo subir y bajar gateando o dando pasos a la vez que lo sostiene de la mano. Aprenderá pronto. Pero la puerta sigue siendo vital. Toda la energía insaciable e incontenible del niño deber ser celebrada a la vez que controlada. Puertas, cunas y unos brazos firmes representan seguridad y límites.

12

DOS AÑOS

Cuanto más tiempo transcurra entre consultas, más emocionante me resulta ver los adelantos del niño en su desarrollo. Para los padres, es una satisfacción mostrarme los progresos a mí, un espectador tan interesado. El rostro se les ilumina cuando les digo de su hijo: "¿No es glorioso?"

Una de las más deliciosas características de los niños de dos años es la manera como entran, remedando la forma de caminar de uno de los padres. La identificación con las personas de su sexo es a veces muy notoria. El niño camina, gesticula y sonríe como el padre; la niña como la madre. ¡Sutil identificación desde ahora!

La negatividad todavía predomina, pero tanto el niño como los padres saben manejarla mejor. Debemos hablar de ese aspecto de nuevo, pero ya no con la misma ansiedad, con la misma duda acerca de si "podría arruinarles la vida" que sentían los padres en la última consulta. Generalmente, el niño será capaz de jugar en el rincón de los juguetes con intensa concentración mientras los padres hablan conmigo. Si no, si es demasiado apegado a las faldas de la madre o demasiado temeroso de dejar a los padres, es hora de preguntarnos por qué. Debería ya estar dispuesto a ser más independiente. Me complace que los padres hagan preguntas como: "¿Hasta qué punto debemos tratar de que sea independiente?" "¿Qué tan lejos debemos dejarlo ir?" o "¿Qué clase de disciplina debemos emplear?" Si es "demasiado bueno" a esta edad, sí me preocupo.

Cuando el niño entra en mi consultorio, quiero encontrar la clase de confianza y seguridad que demuestra el niño que ha adquirido la expectativa de tener éxito en la vida. Después de sólo un instante, puedo darme cuenta de si esas cualidades están presentes. En esa breve observación, me doy cuenta de varias cosas:

1. *Confianza en sí mismo.* Cuando el niño entra en mi consultorio, debe saber qué hacer con los recuerdos de las anteriores visitas. El niño que es seguro se dirigirá como un rayo hacia los juguetes, como si fuera el dueño del sitio. Entra primero que sus padres pero se asegura de que lo sigan. Demuestra con su andar seguro que está preparado para dominar situaciones nuevas. Su curiosidad acerca de mis juguetes me indica que se trata de una mente inquisitiva, lista a emprender nuevas tareas.

2. *Habilidad.* El niño de dos años tiene andar firme, las piernas juntas, los brazos a los lados, la postura erguida. Se lanza en picada hacia los juguetes y se agacha a recogerlos con puño firme y ademán bien coordinado.

3. *Lenguaje.* Sus "hola" o "carro" o "no" son sonoros y melodiosos, no estridentes. Es un sonido musical invitador.

4. *Identificación con el género.* El niño ya habrá asimilado el comportamiento del padre, y la niña el de la madre. Esta identificación es clara a los dos años y dice mucho sobre la capacidad de imitación y la temprana conciencia del niño sobre su sexualidad.

5. *Mano derecha o izquierda.* El niño que tiende a usar la mano derecha alcanzará el juguete nuevo con la mano derecha. Tal vez me haya extendido la mano derecha para saludarme. Si es zurdo, utilizará la mano izquierda con confianza. Si está confundido o es ambidextro, debo estar atento, pues quizá esto interfiera en su destreza.

Juego y desarrollo Todo esto me proporciona claves importantes mientras hablo con los padres. Lo miro jugar cuando conversamos. A medida que lo observo, aprendo más sobre su habilidad para dominar tareas cognoscitivas acordes con su edad. Por ejemplo, el niño tal vez haga con bloques un cuadrado, una especie de habitación. En la habitación coloca una muñeca. "A casa" — dice mientras levanta un muñeco —. "¡Toc, toc! ¿Entras?" Retira un cubo para dejar entrar al muñeco. Los dos muñecos se abrazan.

En esta escena el niño demuestra su habilidad para utilizar el *juego simbólico*. Utiliza los muñecos para imitar a las personas en su vida. El gran suceso para este niño será el regreso de su padre a casa por la noche. El juego simbólico produce *imitación*. En su empleo de las *diferencias sexuales* y el comportamiento de los muñecos demuestra sus fantasías. Con frecuencia, las imitaciones que hace el niño de las conversaciones y las cosas que ocurren en el hogar demuestran su capacidad para asimilar el comportamiento de los padres y para imitarlo. Muestra su habilidad para reconocer inflexiones sutiles. Cuando mueve el bloque para que el muñeco entre, demuestra un sentido de los *medios-fines* (qué hay que hacer para lograr que algo suceda) y un sentido de la *causalidad* (si se abre la puerta, se podrá entrar).

Incluso una acción insignificante como ésta confirma toda clase de logros. Tal vez el niño traiga el camión de cuerda a la "casa", ponga los muñecos cuidadosamente en el camión, los acueste paralelos al piso, para que ninguno se caiga del camión, y luego le dé cuerda al camión para que ande. Los juegos de imaginación en un niño de esta edad revelan su habilidad para asimilar y conceptualizar el comportamiento y el significado de lo que sucede a su alrededor. Es evidencia, no sólo de la capacidad cognoscitiva, sino de una especie de libertad emocional. El juego imaginativo del niño tenso o infeliz será escaso o estará del todo ausente.

El nivel de delicadeza con que el niño manipula sus juguetes, su *habilidad motriz refinada* en el acto, por ejemplo, de darle cuerda a un juguete, me indica que su sistema neuromotor está intacto y que le resulta fácil utilizarlo. Un niño con parálisis cerebral leve o cualquier trastorno neurológico se mueve torpe y temblorosamente; a menudo tiene dificultades para enfocar su comportamiento y no apunta a donde debe en sus esfuerzos por asir algo. Todo esto puede identificarse tras observar un breve período de juego.

Al mismo tiempo, estoy aprendiendo lo que le cuesta al niño asimilar la información de su mundo, digerirla y organizarse para la acción. En otras palabras, ¿su sistema nervioso está aceptando y utilizando la información eficientemente? ¿O tiene que superar demoras sutiles en el procesamiento de la información? La prolongada atención del niño, su capacidad de aislar los otros juguetes, de escoger los que se ajustan a su juego simbólico, evidencian su buen control de los estímulos que le llegan. Cuando un niño tiene un sistema nervioso hipersensible, cada nueva señal auditiva o visual lo distrae. Corre de un juguete a otro. Si hablamos cerca de él, lo distraemos con nuestras voces. A veces, cuando tiene dos años, ya ha aprendido maneras de manejar las fuentes auditivas de distracción. Por ejemplo, puede que sus ojos salten hacia donde hablamos cada vez que nos oye. Cuando esto sucede, tal vez fuerce la cabeza hacia los juguetes para superar el efecto de nuestras voces sobre su sistema nervioso en vivo. Aunque a merced de las señales auditivas, ha aprendido a manejarlas redoblando la atención sobre su actividad (un ajuste costoso pero eficaz). También dominará su hipersensibilidad con un aumento de la actividad motriz, lo cual a la vez parcialmente supera y descarga los efectos de esta hiperactividad. Estas señales pueden ser indicios de un trastorno en la atención y deben ser revisadas. Estos niños necesitarán nuestra atención al entrar al preescolar o a la escuela. Manejar las distracciones de otros niños puede resultarles difícil.

Para buscar señales de hipersensibilidad, aplaudo repetidamente para ver si el niño puede aislar estímulos auditivos repetidos. A fin de identificar las dificultades para organizar información, le doy un rompecabezas simple; el niño que es incapaz de entender relaciones espaciales lo abandonará pronto. Para establecer si el niño tiene dificultades en manejar el equilibrio y el espacio, trato de darme cuenta de

si necesita asegurarse con una mano para poder jugar con la otra.

Todas estas observaciones pueden hacerse mientras el niño juega y yo escucho las preocupaciones de los padres. Si veo que existe alguno de estos problemas, lo examino para establecer si tiene deficiencias neurológicas menores o dificultades para procesar información o prestar atención. Si encuentro motivos de preocupación, lo remito a exámenes más exhaustivos. Estoy convencido de que es importante diagnosticar pronto estos problemas. Los padres observadores son con frecuencia los primeros en darse cuenta. Muchos me dicen que desde muy temprano se dieron cuenta de que el niño tenía mayor dificultad que sus otros hijos para resolver problemas simples. Lo observaron: 1) frunciendo el seño cuando trabajaba en alguna actividad, 2) demorándose el doble de lo que debería para hacer una tarea que ya dominaba, 3) dándose pronto por vencido para seguir con una tarea más conocida y más fácil, y 4) utilizando toda clase de maniobras para distraer la atención del adulto, si se daba cuenta de que le estaban proponiendo un problema que no era capaz de resolver. Todas estas observaciones de los padres me han hecho darme cuenta de los

esfuerzos valientes y recursivos que hace el niño para superar dificultades en asimilar y utilizar información. Cuando
confirmo los temores de los padres, probablemente sientan
alivio de que hablemos sobre cómo ayudarle.

Si la dificultad parece menor, les hago a los padres las
siguientes sugerencias: Traten de disminuir la presión y de
ofrecer apoyo adicional. En primer lugar, háganle saber al
niño que entienden que le cueste trabajo pero que saben
que *puede* hacerlo. Luego, escojan ratos en que no haya
distracciones ni para él ni para ustedes. Siéntense en un
lugar tranquilo y despejado para realizar juntos una actividad especial. Háblenle suavemente y utilicen tan sólo una
modalidad: voz, movimiento, ojos. Sin presionarlo demasiado, lo cual simplemente le haría perder interés, muéstrenle
cómo hacerlo paso por paso. Dejen que pruebe, fracase,
pruebe, fracase. Luego, muéstrenle de nuevo cada paso,
lentamente, uno a uno. Cuando domine un paso, estimúlenlo a que ensaye el siguiente. Si puede lograr un pasito cada
vez, podrá reunir la suficiente confianza en sí mismo para
probar el siguiente. Cada uno le agregará algo a su sensación de habilidad, que había sido tan aporreada. Déjenlo
que se aleje, descanse y luego regrese.

Para estos niños, el ritmo es importante. Si puede aprender a hacer las cosas con cierto ritmo, habrá dado un gran
paso hacia el dominio de la sobrecarga de su sistema nervioso. La más ardua tarea de los padres será no cuidarlo en
exceso y no sobreprotegerlo. Tienen que dejarlo sentirse
ligeramente frustrado para que, cuando logre algo, se trate
de *su logro*, no del de ellos. Alejarse un poco y dejar que
él pruebe es importante. No es fácil ser padres de un niño
así. Pero al darle un sentido de su propia capacidad de
lograr, los padres lo habrán equipado para el futuro. Sobra
decir que yo siempre escogería, para comenzar y para terminar, cosas que él pueda hacer bien (véanse los capítulos
18, 26 y 34).

En el consultorio, debe permitirse que sea el niño quien
decida si prefiere el regazo materno o las rodillas del padre

**Acostumbrarse al
médico**

o si quiere sentarse en la mesa de reconocimiento. Si el niño me permite ayudarle a vestirse y desvestirse, puedo estar seguro de que me verá como a un amigo digno de confianza. No les quito los pañales, pues me he dado cuenta de que es importante dejarles algo puesto como símbolo del respeto a su intimidad. Con suerte, el niño habrá traído un muñeco u osito sucio y ajado, cuya carita sucia y cuerpo desbaratado me dirán cuán amado es. Si no, en mi consultorio habrá algunos. Le pregunto: "¿Puedo ser el médico de tu osito (o muñeco, o lo que sea)?" Generalmente el niño se sonreirá. "Médico del osito", tal vez diga. Tomo esto como señal de aprobación y le pregunto: "¿Por qué no le pones tú el estetoscopio?" Lo dejo utilizar el estetoscopio y luego el otoscopio. "¿Puedes abrazar al osito para que no se preocupe cuando le miro los oídos?" Abrazado fuertemente a su osito, tal vez me ofrezca uno de sus oídos para que lo examine y luego el otro. Tras esto, es muy fácil examinarle los oídos al niño. "Muéstrale al osito cómo abrir la boca ... *grande*. No tendremos que utilizar un bajalengua si le muestras cómo abrir bien la boca". Cuando hayamos pasado por todo esto, probablemente me permitirá examinar el abdomen del osito, luego el suyo y sus genitales. "El osito es maravilloso, lo mismo que tú". El niño resplandecerá de orgullo y, una vez terminado el examen, quizá se acerque casi bailando a la báscula para que lo mida y lo pese. Casi no tengo que premiarlo al final, pues se ha premiado él mismo con su satisfacción al dominar su estrés. Lograr entablar una relación firme y respetuosa es un momento clave entre los dos, un logro para él y una ventana hacia su desarrollo para mí.

Lenguaje   El niño de dos años utilizará frases con verbos y empezará a utilizar adjetivos y adverbios. "Ir a tienda". "Vestido bonito". "*Quiero* eso. Es lindo". Hasta ahora no ha identificado adverbios de lugar, pero tal vez diga "arriba" cuando quiere que lo alcen o "abajo" para que lo bajen. Si le piden: "Ve y trae un juguete de la otra habitación. Tráelo aquí y ponlo sobre la silla", demostrará clara comprensión de estas tres capas de lenguaje receptivo. El tiempo de todos estos logros varía enormemente. En un niño que no habla, la medida de diagnóstico más fiable, me dice la psicóloga Elizabeth Bates, de San Diego, son los gestos. Si puede gesticular claramente y utilizar el cuerpo como instrumento de lenguaje, ya com-

prende los códigos de comunicación y probablemente hable finalmente. No está retrasado intelectualmente. El lenguaje de los gestos puede observarse en niños que hablan, cuando no logran decir exactamente lo que quieren. Señalarán y harán mímica de lo que quieren, de una manera casi inteligible.

Si los padres quieren que el niño de dos años diga palabras, pueden impulsarlo a ello diciendo: "Creo que sé qué es lo que quieres, pero debes decírmelo. Prueba. ¿Es el camión ... o la casa ... o la muñeca?" Es bien probable que el niño trate de imitar la palabra.

El diálogo con los padres no es, de ninguna manera, la única manera como el lenguaje se desarrolla en el niño. Katherine Nelson, psicóloga de la Universidad de la ciudad de Nueva York, grabó los sonidos de una niña desde los veintiún meses hasta los tres años de edad. Estas grabaciones incluían largos monólogos de cuando la niña estaba sola en su cuna. La doctora Nelson y sus colegas, un distinguido grupo que incluía a Jerome Bruner y Daniel Stern, analizaron posteriormente las grabaciones y escribieron sus observaciones en un libro titulado *Narratives from the Crib (Narraciones desde la cuna)* (véase la bibliografía). Una teoría sumamente interesante que surgió de estas observaciones es que estos monólogos no son simplemente una práctica o juego, sino intentos de "analizar" las experiencias del día. Había indicios de que esta niña tan pequeña estaba de hecho recreando su mundo. Experiencias claves, como quedarse en el jardín infantil (a los treinta y dos meses), eran relatadas e interpretadas así:

El papá y la mamá de ella se ... se quedan todo el tiempo ... pero papá y mamá no. Ellos me dicen qué pasa y después se van a trabajar, porque yo, porque yo, porque yo no lloro.

En estos monólogos se hace evidente el significado de la experiencia del niño y de la creciente noción de su yo.

El desarrollo del lenguaje puede tardarse, por muchas razones:

1. En caso de duda, las deficiencias auditivas se deben descartar *siempre*.

2. El niño que puede comprender y utilizar un lenguaje corporal claro tal vez esté rehusando hablar (manifestación de negatividad). Los padres se deben preguntar si están cuidándolo demasiado y haciéndole la vida demasiado fácil, de manera que no tenga que hablar para conseguir lo que quiere.

3. Un tercer o cuarto niño probablemente no se apresure a hablar. Los otros niños hacen todo lo que necesita. Los padres deben observar su lenguaje corporal por medio del cual tal vez se esté comunicando con ellos.

4. Los hogares bilingües tienden a retardar la producción del lenguaje hasta un año. El niño tiene que usar diferentes sonidos para formar palabras. Lo hará, pero más tarde. Pienso que la espera vale la pena, pues a la larga tendrá dos idiomas.

5. Un trastorno del proceso auditivo puede causar demoras. Éste debe ser identificado por un experto en trastornos auditivos y del aprendizaje. Los padres deben pedirle al pediatra que los mande a él si las dificultades continúan.

Con frecuencia los padres se preocupan si el niño tartamudea. La mayoría de los niños entre dos y tres años tartamudean cuando el lenguaje está haciendo su veloz aparición. No son capaces de seguirle el paso. Es el equivalente a tropezarse cuando están aprendiendo a caminar. Corregir o indicarle cómo se dicen las palabras sólo agrava la presión. Todos deben darle tiempo y no afanarlo ni permitir que se sienta presionado. Inconscientemente, todos los adultos presionamos al niño que está aprendiendo a hablar. Cada vez que él dice algo, nosotros lo decimos inmediatamente de la manera correcta. Estamos programados, podría decirse, para llevarlos hacia un lenguaje adulto. Cualquier presión adicional en este momento logrará sólo volver crónicas las dificultades transitorias. La mayoría desaparecerá con el tiempo. Si el niño está verdaderamente atrasado en la comprensión y la expresión, merece una completa evaluación. Un especialista en terapia del lenguaje puede proveer mucha información sobre las habilidades del niño de dos años.

La mayoría de los padres utilizan, para hablarle al niño, palabras de bebé. ¿Significará esto un retraso en el desarrollo del lenguaje adulto? No lo creo. Todo el mundo le dice al bebé palabras infantiles. Esta manera de hablarle significará para el bebé: "Ahora te estoy hablando *a ti,* no a nadie más". En algún momento, yo cambiaría. Eso significará: "Me siento orgulloso de que estés creciendo y quieras hablar". Hablarle como hablan los adultos le da la oportunidad de tener un modelo correcto para imitar.

Sueño Los recientes desarrollos en el idioma se dejarán ver quizá durante los períodos de sueño liviano cuando el niño está tratando de volverse a dormir. Sin despertarse del todo, empezará a hablar, diciendo todas sus nuevas palabras. Puede tranquilizarse él mismo hasta volverse a dormir.

Es posible que ahora hagan su aparición los terrores nocturnos. Si ello sucede, asustarán tanto a los padres como al niño. Ocurren en el sueño profundo y vienen acompañados de alaridos descontrolados y de pataleo. Cuando se efectúan pruebas al niño, los terrores se manifiestan, en el electroencefalograma, como pequeñas convulsiones. Si los episodios son muy fuertes, puede buscarse la ayuda de un especialista. Si no lo son, la presencia sosegada de uno de los padres que viene a despertar al niño puede ser suficiente. El niño lo ve, se tranquiliza y se vuelve a dormir. Los terrores nocturnos generalmente aparecen en las noches que siguen a un día estresante o difícil. Tal vez haya habido visitas, o los padres fueron duros con el niño cerca de la hora de acostarlo. Los terrores tal vez sean una manera de deshacerse de lo que queda de las tensiones del día.

Los padres que ya no forman parte del patrón de sueño del niño sentirán ahora el gusto de oírlo hablar hasta dormirse, por la noche. Se quedará acostado en la cuna después que termina el ritual de irse a la cama, repasando todo lo que hizo durante el día. Estas "narraciones desde la cuna", que mencionábamos antes, son a veces dirigidas a una muñeca o a un animal de felpa. Los padres pueden reconocer en ellas asociaciones con las experiencias cotidianas del niño. A veces los monólogos duran media hora o tres cuartos de hora. Después se dormirá. Ahora dan frutos todos los esfuerzos de los padres por enseñarle al niño a dormirse solo. La autonomía resultante hace posible un emocionante dominio de las cosas. Repasando su día e interpretándolo, el niño domina cualquier tensión o frustración que haya quedado.

Alimentación

Cuando les pregunto a los padres durante la consulta a los dos años cómo va la alimentación, responden: "Es un sucio". El niño dejará caer la comida del tenedor y se desesperará. Luego tal vez la unte por doquier o tire todo el plato al piso. Si es él quien controla su comida, no dejará que los padres le ayuden. Si le hacen alguna observación o sugerencia, se desmorona. Tienen que hacer la vista gorda. El niño quiere poder manejar sus cubiertos tan desesperadamente, que el fracaso le dolerá. Tiene locura por poder hacerlo igual que sus padres.

Permitir esta independencia es muy difícil. Los padres no se aguantan el afán de dirigirlo un poco. Cuanto más se molesten por hacerle "algo especial", más se rebelará. *Tiene* que dejar en claro que es él quien decide. El deseo de los padres de que coma "algo especial" lo pone sobre aviso. En el instante en que los padres hacen cualquier sugerencia bien intencionada — por ejemplo, que las arvejas son más fáciles de comer con la cuchara que con el tenedor — se vuelve un caos: "¡Arvejas no!" Los padres que insisten están buscando problemas. Si respetan al niño por las luchas que tiene que llevar a cabo para comer como un adulto, para decidir por sí mismo, y aceptan la mugre que acompaña la tarea de aprender a usar los cubiertos, las comidas serán finalmente placenteras. Los modales en la mesa deben esperar. Aunque esto puede parecer una eternidad, no tardará más de uno o dos años. Si los padres insisten en darle ellos la comida, probablemente establezcan problemas alimentarios para toda la vida.

Control de esfínteres   Como lo hemos dicho, quizá demasiadas veces, es el niño, y solamente él, quien debe decidir el momento para controlar sus esfínteres. Debe hacerse caso omiso de cualquier presión que quieran ejercer los abuelos, la guardería o amigos solícitos. Tiene que ser *su* logro, no el de ellos.

Solamente cuando todas las señales de que está listo (de las cuales hablamos en el capítulo anterior) hagan su aparición debe iniciarse el entrenamiento. Las señales son el lenguaje, la imitación, la limpieza, la disminución de la negatividad. Sucederá probablemente en algún momento durante el tercer año. Cuando los padres y yo hablamos sobre este momento clave tan importante, los pasos que recomiendo seguir son:

Primero Conseguirle una bacinilla y ponerla en el suelo, para que pueda llevarla a donde quiera. Díganle que es suya y déjenlo que se acostumbre a ella como algo que le pertenece. "La grande" (el inodoro) es para los padres. La pequeñita es para él, para su entrenamiento.

Segundo Después de una semana más o menos, llévenlo a que se siente en su bacinilla, *con ropa*, mientras que uno de ustedes se sienta en "la grande". Léanle o denle una galleta para que permanezca allí unos instantes. Esto es tan sólo para establecer el hábito diario de sentarse allí. Si le quitan la ropa, puede parecerle demasiada intromisión y asustarlo.

Tercero A la semana siguiente pregúntenle si está bien quitarle el pañal para que se siente allí una vez al día. Usted se sienta en su "bacinilla", él en la suya. Deben reiterar: "Esto es lo que hago todos los días. Esto es lo que papá hace. Esto es lo que la abuela hace. Tu muñeca, tu osito (etcétera) pueden hacerlo. Utilizamos la bacinilla cuando estamos grandes como tú".

Cuarto La tercera semana llévenlo a la bacinilla con el pañal sucio, para deshacerlo de la suciedad y luego echar ésta en el inodoro. Entre tanto, digan algo por el estilo de: "Aquí es donde podrás hacerlo algún día. Esto es lo que hacen papá y mamá todos los días. Ésta es tu bacinilla, ésta es la nuestra". No evacuen sus deposiciones del inodoro delante de él. Los padres me dicen que a los niños les fascina verlas desaparecer. Esto puede ser cierto, pero el niño también se pregunta a dónde van cuando desaparecen. Los niños pueden preguntarse durante años a dónde se fueron sus deposiciones. Todos los niños sienten que ellas son parte de sí mismos. No las hagan desaparecer hasta que pierda interés y salga del baño.

Quinto El paso siguiente queda completamente a discreción del niño. De hecho, si en cualquier momento se rebela contra uno de los pasos, olvídense un tiempo del entrenamiento. Ustedes simplemente le están mostrando cada paso para que pueda darlo cuando quiera. En este momento, si se ha interesado en los pasos anteriores, pueden ofrecer quitarle la ropa y dejarlo corretear con el trasero al aire. Si está listo para probar solo, ofrézcanle que le llevan la bacinilla a la habitación o al patio donde él se encuentra. Puede hacer sus necesidades cuando quiera. Después, cada hora le recordaría que intente hacerlo. Si está listo, estará dispuesto a colaborar. Si en efecto produce algo, déjenlo allí para que lo admire. Pueden felicitarlo pero no en exceso. Demasiados elogios pueden mermarle a su propia satisfacción con el logro.

Sexto Si verdaderamente está listo, pueden dejarlo sin los pantalones cada vez más tiempo. Si se moja o hace una deposición en el piso, regresen a los pañales. No lo vuelvan un asunto grave. Simplemente díganle: "Después volvemos a intentarlo. No hay prisa. Algún día lo harás como papá y mamá y la abuela". Estarán contando con su deseo de imitar a las personas importantes y de identificarse con ellas.

Cada paso debe darse a su tiempo. Si se preocupa o se rebela, olvídenlo un rato. A algunos niños empezará a importarles tanto que tendrán pataletas sobre si usar la bacinilla o no. Se pararán en frente del inodoro, saltanto y diciendo: "Quiero hacer". La angustia en su rostro y en su comportamiento mostrará la lucha en su reticencia a colaborar. Una vez sentados en la bacinilla, se abstendrán. Si los empujan en ese momento a que ensayen, estarán aumentando la presión. El sistema está ya recargado. Al igual que cualquier otra pataleta, si entran a participar, la refuerzan y prolongan. En un asunto como éste, en que la autonomía es un ingrediente vital, el niño debe poner fin a su propia lucha y tomar sus decisiones. Al igual que con la pataleta, ustedes pueden prolongarla pero esto no servirá de ayuda. La decisión es de él. Él debe resolverla, no importa cuán dolorosamente, antes que sea su logro. Ofrézcanle de nuevo sus pañales, especialmente para la noche y para la siesta. Olvídense del entrenamiento por ahora. Ya sabe qué esperan de él, y debe hacerlo cuando esté listo.

La madre me dirá con frecuencia: "Ha estado reprimiendo su necesidad de hacer deposiciones. Se para enfrente de la bacinilla, gritando como si algo le doliera. Le digo: 'Juanito, inténtalo. Tú sabes qué hay que hacer. Si usas la bacinilla, se te quitará el dolor'". Esto es falso. El dolor lo tiene en la cabeza; es el dolor de la indecisión. La participación de la madre está agravando su indecisión. Ella debe abstenerse y volver a ponerle el pañal. Si me dice que "se comporta como si al ponerle los pañales lo estuviera castigando", tal vez ha hecho de este entrenamiento algo demasiado importante. Lo único que puede hacer es no intervenir más y dejar que él le muestre cuándo quiere intentar de nuevo. Ella puede decirle: "Los pañales son para que puedas hacerlo cuando quieras". Cuando alguno de los padres me pregunta: "¿Usará todavía pañales cuando entre a la escuela?", me doy cuenta, por la pregunta, de cuán tensos están con el entrenamiento. Necesitan revisar sus sentimientos para poder dejar de intervenir y dejarle el asunto al niño. La mayoría de nosotros fuimos entrenados demasiado pronto o demasiado forzosamente y es difícil no hacer lo mismo con nuestros hijos. Pero evítenlo.

Cuando el niño empieza a retener sus deposiciones, está indicando que se resiste a la presión, tanto interna como externa. Por razones que quizá no tengan nada que ver con sus padres, tal vez se haya dado cuenta de las cosas y quiera dejar los pañales antes de estar listo. El peligro de retener las deposiciones es que puede llevar rápidamente al estreñimiento. El viejo mito de que el estreñimiento envenenaba el organismo carece de fundamento. Los niños pueden tener una deposición cada semana y ser perfectamente sanos. El intestino grueso se agrandará para adaptarse. Cuando el hábito cambia a uno más normal, el intestino grueso se adapta de nuevo a su tamaño normal. Así que lo mejor es no interferir y dejar la rebelión a sus anchas.

El problema con las deposiciones retenidas es que seguramente se volverán grandes y sumamente duras. Hieren, cuando son eliminadas, el esfínter anal. Una fisura anal es dolorosa. Entonces, la necesidad de hacer una deposición trae a la memoria el dolor. El esfínter anal se estrecha para evitar que pase la deposición. Se produce un círculo vicioso: la retención por razones psicológicas va acompañada del reflejo de retención en el esfínter. El resultado puede ser el ciclo de constipación, las fisuras anales crónicas, e incluso una afección llamada megacolon.

Cuando vean que esto está sucediendo *tienen* que eliminar cualquier presión. Pónganle al niño de nuevo los pañales para la siesta y para la noche, por lo menos, y díganle: "Puedes hacer tus necesidades tranquilo y yo cuidaré de que no te duela". Después, ofrézcanle aplicarle ungüento de petróleo en el ano para proteger la fisura. También, pídanle al médico un buen ablandador de deposiciones. Quizá deban usarlo durante mucho tiempo hasta que el niño *y el esfínter* hayan olvidado el dolor de las deposiciones. Debe poder producir deposiciones suaves que no ocasionen de nuevo la herida en el esfínter. Los padres deben estar dispuestos a decirle: "Toda esta agitación por usar la bacinilla es lo que ha hecho que te duela. Vamos a asegurarnos ahora de que no te duela, para que lo hagas cuando quieras. Lo decides tú, no nosotros".

Séptimo Para aprender a orinar en el inodoro, el varón debe empezar sentado. El niño que aprende primero a hacerlo de pie no querrá sentarse. Es muy divertido pararse y regar la tapa del inodoro, o la pared de enfrente, hacer ruidos con el chorro y manipular el pene. Cuando el niño ya sepa orinar en la bacinilla, el padre puede mostrarle cómo lo hace.

Algunos padres no están seguros de poder conservar la naturalidad. Si pueden tener presente que al niño lo hará inmensamente feliz compartir esta tarea con ellos, pueden olvidarse del pudor. Si el niño no quiere volverse a sentar después de haber experimentado la emoción de hacerlo de pie, el, padre puede servirle de modelo también. Servir de ejemplo para el aprendizaje de estos menesteres es lo más natural.

El padre debe estar prevenido de que el niño tal vez quiera comparar el tamaño del pene. Puede incluso querer tocarlo. El padre puede simplemente decirle: "El mío es más grande que el tuyo, así como yo tengo todo más grande: las manos, los pies, todo. Algún día crecerás como yo en todas tus partes". Cuando el niño pregunta por el vello púbico, el padre puede agregar: "Algún día tendrás pelo en la cara, el cuerpo y alrededor del pene, como yo". Esto da pie a preguntas.

Octavo El control de esfínteres por la noche no debería empezar hasta que ya aguante durante la siesta y hasta que no dé algún indicio de que quiere dormir sin los pañales. Esperen hasta que esté verdaderamente listo: pañales secos o ninguna orina durante al menos cuatro a seis horas al día. Para que valga la pena, el niño tiene que estar verdaderamente listo para colaborar por la noche. Mientras no solicite ayuda, o no lo haga espontáneamente, yo eliminaría el proyecto de entrenarlo para la noche hasta que tenga tres años o más. La mayoría de los niños no están listos para no mojar la cama de noche sino hasta los cuatro o cinco años de edad.

Frecuentemente, las niñas están listas primero que los niños. No sabemos realmente por qué. Los niños tienen que estar verdaderamente listos para despertarse y levantarse a ir al baño por lo menos una o dos veces. Controlar las necesidades durante el día no es suficiente. Cuando el niño está lo suficientemente mayor, recibirá durante el sueño la señal que le indica que debe levantarse a vaciar la vejiga. No sirve que los padres lo levanten y lo lleven al inodoro durante la noche. Cuando se le han mostrado los pasos, se ha hecho todo lo que se debía hacer. Después de esto, es mejor no intervenir. Los niños tardan un año o más en estar listos para controlar los esfínteres de noche. En nuestra sociedad, somos demasiado exigentes en la manera como presionamos a los niños a que controlen los esfínteres. Ni siquiera me gusta la frase "entrenar para que controlen los esfínteres". Debería ser: "aprender a controlar los esfínteres".

Si tienen más de un niño, tal vez nunca tengan que entrenar sino al primero. Los niños con hermanos mayores pueden aprender de ellos. Es posible, sin embargo, que deban recordarle al mayor que no debe presionar en exceso. Es increíble hasta qué punto los menores aprenden de los mayores ... y con cuánta facilidad.

Sexualidad

El control de los esfínteres aumentará el interés por los órganos genitales, en ambos sexos. La masturbación y la exploración, como otros momentos claves del desarrollo, son enteramente normales a esta edad. Los niños juegan con el pene. Las niñas se encuentran la vagina e incluso se insertan objetos ... todo como parte de la exploración normal. Los padres me preguntan: "¿Qué tanto es demasiado?" Si el niño se retira para masturbarse cuando hay otras cosas interesantes qué hacer o se masturba para provocarlos a ustedes y a otros, se trata de un síntoma de tensión en la vida del niño. Si el niño empieza a masturbarse en público, asegúrenle que es perfectamente normal investigar y jugar con su cuerpo, pero que es algo privado y preferirían que lo reservara para sitios privados, pues a otras personas no les gusta verlo. Si lo está haciendo con demasiada frecuencia, busquen las razones. Al igual que chuparse el dedo o mecerse o golpearse la cabeza, la masturbación excesiva puede ser una señal de que el niño se halla bajo mucha presión. Todos éstos son patrones normales y saludables para distensionarse en momentos difíciles. Pero si persisten y suceden con demasiada frecuencia, los padres deben ceder en cualquier presión sobre aspectos tales como los modales en la mesa, el comportamiento para comer, el control de esfínteres, etcétera. A medida que el niño crece, encontrará maneras más aceptables de distenderse.

Los padres no deben preocuparse cuando la niña intenta por primera vez insertarse objetos en la vagina, pues probablemente no se haga daño ni se rompa el himen. Si a los padres les ofenden sus exploraciones, es mejor que aprendan a relajarse. Si parece especialmente inmersa en su masturbación, como lo mencionábamos antes, deben buscar la causa, pero todas las niñas tratan de encontrar "dónde está el pipí" y por qué tienen una vagina. Todos los niñitos se exploran el cuerpo también. A veces se causan una erección con la masturbación. Mantengan la calma, les digo a los padres. Si preguntan, tengan una respuesta. Traten de no enredarse demasiado ni complicarse. Esto sólo los hace preguntarse por qué ustedes se preocupan tanto por ciertas partes del cuerpo de ellos.

Todos nos preocupamos por el riesgo de aumentar el interés de los niños en lo sexual a esta edad. Tengo en mi consultorio una muñeca con un hueco en la espalda. Al principio quise desecharla, pues era una distorsión de lo que esperaba ver el niño. Ahora la utilizo como instrumento de diagnóstico. Cuando veo que el niño la mira intrigado, le puedo decir: "Te preguntas por eso que está ahí, ¿verdad? Tú y yo sabemos que todos tenemos huecos en otros lugares: en el ombligo, en el pene, en la vagina y en el trasero. Ella no es como nosotros, ¿verdad?" El niño mirará agradecido, incluso a los dieciocho meses. Ya saben dónde tienen el ano y la vagina. Lo que buscan es aceptación a su curiosidad y una respuesta a sus preguntas sobre sus ombligos y genitales, las partes más recónditas de su cuerpo.

Negatividad y agresividad

A los niños de dos años continúa cambiándoles abruptamente el estado de ánimo. De repente se enojarán y perderán el control. Cuando los padres tratan de ayudar, el niño tal vez muerda, o patee, o se golpee la cabeza.

En estas ocasiones el niño puede retener la respiración. Esto les da a los padres un susto mortal. Se preguntan si el niño volverá a respirar. ¿Se pondrá azul hasta hacerse daño cerebral? Probablemente no. Una vez que deje de respirar, se relajará; incluso si llega a perder el sentido, empezará a respirar de nuevo. La circulación se recuperará inmediatamente. Los episodios de contención de la respiración son asustadores, pero no es probable que le hagan daño al niño. Más bien les hacen daño a los padres e incluso les hacen dudar de imponer la disciplina. Esto es infortunado, pues el niño necesita la disciplina tanto como antes e, incluso más pronto y con mayor firmeza, la actitud tranquilizadora o los abrazos. La respuesta más eficaz es abrazarlo y llevarlo a su habitación, donde esté seguro. Después los padres deben retirarse diciendo: "Cuando hayas terminado con eso, puedo volver. No me gusta este comportamiento, y no parece que pueda ayudarte". Después pueden consolarlo y decirle: "Algún día aprenderás a controlar estas cosas tú mismo".

El niño que es muy agresivo en grupo, siempre quitándoles las cosas a los demás y tumbándolos cuando tratan de defenderse, tal vez no sepa cómo dejar de hacerlo. A los otros padres no les gustará y le tendrán desconfianza. Eso es duro para él, pues se dará cuenta de que no es querido. Los padres pueden hablarle *antes* de unirse al grupo y recordarle que a los niños no les gusta que los traten mal. Deben decirle que en el momento en que empiece a hacerlo, tendrán que irse con él ... y cumplan. Cuando los padres se vayan, deben hacerle saber que tiene algo que aprender: a controlarse a sí mismo. Entre tanto, los padres deben encontrarle un compañero de juego que sea igualmente agresivo. Los niños aprenderán el uno del otro el significado de la agresión y aprenderán juntos a controlarse.

Si al niño le cuesta compartir, sugiero conversar con él antes que otro niño venga de visita. Los padres pueden decidir con él cuáles juguetes quiere compartir y cuáles no, para guardar éstos últimos. Aprender a compartir es una tarea difícil en la infancia. Si eso es lo que se espera de él, aprenderá. Ésta es la edad para empezar.

Ayudar en casa. ¿Cuándo puede el niño aprender a ayudar en las labores de la casa? Ahora no es demasiado pronto. En familias atareadas, que trabajan, la ayuda será pronto muy bienvenida. El niño deriva un gran estímulo a su amor propio de sentirse útil y competente.

Al principio, desde luego, enseñarle al niño a ayudar requiere esfuerzo *adicional*. Los padres tendrán que destinar ratos durante el día para mostrarle al niño cómo poner la mesa, cómo enjuagar un plato de plástico, cómo arran-

Hacia adelante

carle las hojas a la lechuga ... cualquier cosa que crean que es capaz de hacer. Entonces puede elogiársele por contribuir al trabajo familiar. Cada momento invertido de esta manera es una inversión para el futuro. En esta generación, los niños y niñas que aprenden a ayudar estarán mucho mejor preparados para un mundo en el cual ambos padres deben trabajar. Estarán dispuestos a compartir las tareas del hogar y no esperarán que se les sirva.

Televisión. A los niños pequeños les fatiga enormemente la televisión. Es un medio exigente: exige una especie de atención visual y auditiva exclusiva. Observen al niño al final de un programa al cual le ha puesto atención. Estará inquieto y descontrolado. La mayoría de nosotros conoce la sensación de salir a la calle después de una función diurna de cine, desincronizados con el mundo.

Por fortuna, la mayoría de los niños no se quedarán quietos frente al televisor durante mucho rato. Están demasiado emocionados con sus propias actividades. Si quisieran ver la televisión todo el tiempo, me preocuparía. Ningún

niño de esta edad debería ver televisión en tandas de más
de media hora y, aun así, hay que confortarlo después.
Cuando los padres utilizan la televisión como nodriza, deben darse cuenta de que los programas asaltan los sentidos
del niño, y éste es un alto precio.

Por otro lado, la televisión sí puede proporcionar un sano
aprendizaje. De igual manera como los niños imitan la
agresión y la violencia de la televisión, también puede esperarse que aprendan de una figura amable y paternal
acerca de la empatía. Ciertamente, reciben mensajes de
"Plaza Sésamo". Los niños verán una A en un libro y empezarán a cantar la canción que "Plaza Sésamo" pone cuando les está enseñando sobre esa letra. Este potencial hace
que sea aún más importante que los padres controlen tanto
la calidad como la cantidad de televisión que el niño ve. Es
bueno escoger cuidadosamente los programas y que no
vean más de media hora de televisión dos veces al día.
Idealmente, los padres deberían participar durante por lo
menos una de estas sesiones.

Un nuevo hermano. "¿Cuándo es el momento ideal para
tener otro bebé?", me preguntará la madre. "¿Ideal para
quién?", contesto generalmente. "Pues, me gustaría que
quisiera al bebé ... y que lo viera como suyo". Esto son
vanas ilusiones. Ningún primogénito quiere la intromisión
de un segundo niño. Los padres deben decidir por sí mismos cuándo sienten que pueden habérselas con otro. Con
frecuencia se preocupan de que van a romper la estrecha
relación que tenían con el primero. Me complace oír esto,
pues ¡los padres que son capaces de amar a un niño durante el segundo año están verdaderamente enamorados de
él! Si ellos sienten que pueden con otro, el niño también
podrá. Aunque no será fácil, a largo plazo darle un hermano es darle un regalo. Tendrá, si hay un hermano, que
aprender a compartir. Puede que un hijo único aprenda o
no a compartir; tener un hermano lo obliga a compartir.

El niño mayor puede identificarse con los padres y ayudar con el bebé. Tal vez no le guste el bebé, pero aprenderá a aceptarlo como hermano y, a la vez, aprenderá
mucho más (véase el capítulo 36).

13

TRES AÑOS

Justo cuando el niño cumple tres años, es muy probable que los padres empiecen una segunda luna de miel con él. La negatividad y las batallas internas parecen resolverse como por milagro. El niño de dos y medio a tres años se vuelve tranquilo y colaborador, de manera que hace que el año anterior parezca haber valido la pena. Los padres a duras penas pueden creerlo. Se sienten transportados al delicioso idilio de mediados del primer año, cuando todo era color de rosa. Este período de tranquilidad aparece entre el negativo segundo año y el "comienzo de la adolescencia temprana" entre los cuatro y los seis años. La lucha en torno a la identificación sexual y a la agresividad los perturbará entre los cuatro y los seis años, pero la edad de los tres años puede ser una época bendita para un pacífico reajuste.

Si los problemas de antes persisten, es ésta una buena época para encararlos y tratar de resolverlos. Tenemos una consulta especial en el Hospital Infantil de Boston para tratar los problemas que surgen durante los tres primeros años. Al parecer, muchos padres son capaces de encarar, con el niño de tres años, los problemas que ya habían surgido. Ha habido un aprendizaje tan veloz, tanto para el niño como para los padres, que no han quedado ni el tiempo ni la energía necesarios para poner en perspectiva y encarar los problemas que ya llevan tiempo.

Entre los problemas que tal vez no se hayan resuelto se encuentra el de que el niño no *duerma* la noche completa solo. Aprender a dormir durante un período de ocho a doce horas, como lo decíamos en capítulos anteriores, exige del niño que sea capaz de pasar por tres ciclos de sueño liviano y tal vez de despertarse del todo. Cuando se despierta, debe hacerles frente a los sentimientos de separación, a los temores nocturnos a sus "monstruos" y a los recuerdos de conflictos que hubo durante el día. No hay una etapa que esté libre de ellos, ni siquiera ésta, aunque el niño aparente tranquilidad.

Otro problema durante la noche pueden ser sus *temores*. El niño de tres años empieza a ser consciente de sus sentimientos de agresividad. Teme por sí mismo a la vez que surge la agresividad. Representará sus temores y soñará con ellos de noche. A menos que los patrones nocturnos estén ya muy bien establecidos, empezarán a surgir sueños durante los ciclos REM. Probablemente sueñe con la agresión y, por lo tanto, tenga temores nocturnos. Tal vez estos sueños perturben las noches durante el tercer o cuarto año. Cuando en el medio ambiente del niño hay estrés, o cuando debe adaptarse a una nueva situación, los temores surgirán de nuevo por la noche. Poco a poco, el niño deberá aprender a consolarse a sí mismo, pero esto tomará tiempo (véase el capítulo 37).

Cuando los padres se den cuenta de que están trabados en un forcejeo con el niño, es el momento de evaluar qué está sucediendo. La independencia del niño es decisiva para el desarrollo de una sana imagen de sí mismo. El control es asunto de los padres. Los padres deben respetar la necesidad de autonomía del niño. Pero la necesidad de control de los padres, y de autonomía del niño, no tienen por qué entrar en conflicto a menos que los padres no puedan deshacerse de los "fantasmas" de su propio pasado: conflictos de su propia infancia que no han sido resueltos. Para promover una resolución, con frecuencia deben primero encarar consigo mismos estos profundos conflictos.

Comidas A los tres años, el niño está listo para comer solamente a las horas de comida. Éstas pueden ahora ser un rato para estar en familia, para compartir. No necesita alimentarse entre comidas, ni necesita estar ingiriendo cosas de bajo valor nutritivo. Necesita esperar con ansiedad positiva la conversación y la diversión de las horas de reunión familiar. Es importante organizar su día de manera que esto pueda suceder. Todos pueden levantarse más temprano para que el desayuno sea relajado, y pueden tratar de comer por la noche juntos, incluso si el niño tiene que comer algo liviano antes para poder aguantar. Las familias pueden hacer resaltar que "en esta casa comemos juntos lo que preparamos en equipo. Todos ayudamos y nos sentimos orgullosos de lo que preparamos".

Para un niño que es difícil con la comida, la dieta mínima básica no es muy complicada: dieciséis onzas de leche, dos onzas de proteína, algo de pan o cereal integral, unas cuantas onzas de fruta y una multivitamina. Ésta última es necesaria sólo si el niño no está comiendo bien. De nuevo, los padres deben estar alerta contra los fantasmas de su infancia, como los recuerdos de la madre que los obligaba a sentarse dos horas frente al plato y luego guardaba lo que quedaba para dárselo más tarde. La reticencia del niño a comer les recordará a los padres la desesperación y la humillación que padecieron. Si reconocen esto, pueden evitar repetirlo. Los padres también imponen reglas a sí mismos y al niño que les ayuden a cambiar viejos patrones.

Para el niño

No se come nada entre comidas (a menos que sea parte de un plan para permitirle comer tarde con la familia).

No se regresa a la mesa una vez que se ha retirado. El niño no tiene que permanecer sentado, pero una vez que se levanta, ése será el final de la comida.

Para los padres

Procuren ser ejemplo de buenos modales, pero no den cantaleta.

No usen los postres como incentivos.

No hablen de la comida ni le rueguen al niño que coma.

No cocinen cosas especiales sólo para el niño (se decepcionarán cuando las rechace).

Si la comida no se ha convertido ya en un campo de batalla, el niño de tres años empezará a imitar el comportamiento de quienes lo rodean. Comerá lo que ellos coman. Adquirirá incluso algo de modales en la mesa. Si los padres pueden hacer de las horas de comida un rato familiar lleno de placer y diversión, no tendrán problema. Para las familias que trabajan, esto puede ser difícil, debido a los diferentes horarios, a estar presionados por el tiempo, etcétera. Pero una o dos comidas en familia son todavía más importantes cuando la familia pasa por momentos de estrés.

Todas estas presiones constituyen aún mayor razón para insistir en que todo el mundo ayude. Los padres no deberían hacerlo todo. Poner la mesa, preparar comidas simples y levantar los platos después constituyen maravilloso entrenamiento para el futuro del niño. Aunque la participación del niño puede acabar por hacer gastar el doble de tiempo, no deben ni rogarle ni afanarlo. En lugar de ello, deben demostrar que cuentan con su ayuda, que la esperan, mostrarle cómo hacer las cosas, motivarlo y explicarle que debe ayudar todos los días. Cuando lo haga, su acción merece ser premiada. Todo este tiempo y esfuerzo darán su fruto más adelante.

Puesto que la mayoría de los amigos del niño comerán caramelos y chocolates y tomarán gaseosas, los padres quizá teman hacerlo sentir diferente si ellos no le proporcionan estas cosas. Los padres pueden hacerle caer en cuenta de que "así es nuestra familia"; de que ellos son "diferentes de nosotros". Las galletas y los caramelos pueden ser algo especial. Si el niño va a donde los vecinos en busca de estas comidas poco nutritivas, los padres pueden tratar de hablar con franqueza con el vecino, u otros responsables, como los abuelos, para explicarles en qué consisten sus esfuerzos por inculcar en el niño hábitos de alimentación apropiados y confiables. Aquellos responsables deberían ayudar. Si no lo hacen, ya los padres sabrán quiénes son sus aliados ... y quiénes no lo son. Quienquiera que se haga cargo del niño debe estar al tanto de la posición de los padres al respecto.

Control de esfínteres

En esta etapa, el niño de tres años sentirá como si toda la vida hubiera sabido controlar los esfínteres, al menos durante el día. Se tomará muy a pecho cualquier error en cuanto a mojarse o ensuciar los pantalones. Las regresiones en el control de esfínteres ocurrirán en momentos comprensibles, por ejemplo cuando uno de los dos padres se ausenta, o cuando nace un nuevo bebé. Los padres necesitan ayudarle a entender estos accidentes. De otro modo tal vez se sienta culpable y agobiado. Si entiende el porqué de los accidentes, no se sentirá tan conturbado que los repita. Los fracasos repetidos ocurrirán o por exceso de presión de los padres o simplemente porque no está listo. Los padres no deben permitir que se sienta torpe. Los pañales deben utilizarse no como un castigo, sino como una manera de aliviar sus temores a equivocarse. Cuando empiece a readquirir el control, los padres pueden recordarle qué tanto ha logrado, hacerle saber que ha sido su propio logro y expresar lo orgullosos que se sienten de él.

Tan pronto como se dé cuenta de que controla de nuevo la situación, estará listo para utilizar pantaloncitos de entrenamiento. Lo bonito que tienen es que el niño puede quitárselos con facilidad. (Utilizarlos, en el caso de una niña, como "pantalones de niña grande" antes de que esté lista puede con seguridad causar un retroceso.) Deben reservarse para cuando verdaderamente esté listo. Si los moja hasta el punto de mojar el piso, no está listo y sentirá el episodio como un fracaso. Tal vez se dé por vencido y vuelva a mojarse y a ensuciar los pantalones. Lo que aconsejo es estar siempre un paso atrás. Adelantarse equivale, ante sus ojos, a presionar.

Una genuina comprensión de la necesidad que tiene el niño de ir a su propio ritmo hace del control de esfínteres un momento clave, una oportunidad de prevenir problemas tales como las mojadas en la cama (enuresis) o el estreñimiento. El niño les informará a los padres cuando esté listo para dejar el pañal de noche. Empezará por no mojarse ni durante las siestas ni durante la primera parte de la noche. Los padres deben esperar hasta estar seguros de que el niño está listo. Lo demostrará durante el día, aguantando un poco aun cuando los padres saben que ya necesita orinar. Lo que esperan los padres es el interés del niño por mantenerse seco durante la noche — y él irá mostrando el camino.

En cierto momento, los niños empiezan a darse cuenta de que quieren crecer. Quieren ser como todos a su alrededor. En el cuarto año, la mayoría de los niños empiezan a ser conscientes de que deben mantenerse secos durante la noche. Los niños de tres años, en las guarderías o en los preescolares, se presionan entre sí: "¿Todavía usas pañales de noche? Yo no. ¡Yo no me mojo!" El otro se ruborizará y dirá: "Yo tampoco", incluso si no es cierto. La presión entre compañeros empieza pronto. Agregarle presión por parte de los padres no sirve de nada.

Independientemente de con cuánta frecuencia tranquilizo a los padres en torno al control de esfínteres, les parece que *su* niño va a usar pañales toda la vida. Ningún padre realmente cree que su niño va a ser capaz de dar el siguiente paso. En un aspecto de tantas presiones como el de las mojadas involuntarias en la cama, la ansiedad tácita de los padres puede llevar al conflicto. A los padres les importa mucho. Hay cierto número de niños (menos niñas, al parecer) que tienen una vejiga inmadura. A estos niños les cuesta trabajo aprender a controlar una vejiga llena durante ocho horas por la noche. Muchos de ellos no estarán listos para permanecer secos hasta que tengan seis u ocho años, cuando la vejiga haya madurado. Muchos duermen demasiado profundamente para despertarse. Tienen patrones de sueño inmaduros, que deben también ser respetados. La presión por parte de la familia y los compañeros aumenta el sentimiento de culpa y el conflicto en torno a no ser capaces de no mojarse. Los padres deben tranquilizarlos para que no se sientan mal. Ciertas formas de obrar pueden ser útiles, pero sólo les hago sugerencias a los padres cuando me piden ayuda: "Trata de aguantar un poco más cada vez que tengas deseos de hacer pipí durante el día". De ese modo pueden conscientemente "enseñarles" a sus vejigas a aguantar un poco más. Pero los padres deben tener cuidado: incluso esto puede constituir presión y desvalorizar al niño. Tiene que ser un logro del niño o, si no, el niño lo sentirá como un fracaso.

A los padres que están ayudándole a su hijo, les hablo acerca de ello y les sugiero los siguientes pasos: Una vez que el niño ha manifestado interés, ofrézcanle dejar una bacinilla cerca de la cama. Aunque quizá esté sólo a un paso del baño, le exige esfuerzo salirse de la cama y llegar hasta allí. Una bacinilla especial puede ser un símbolo del deseo de los padres de ayudarle. Podrían permitirle que la pinte con pintura fosforescente, con un diseño que él mismo escoja. También ofrézcanse a venir a llevarlo al baño justo antes que ustedes se retiren a dormir. Si él quiere, y está listo, se despertará cuando ustedes lleguen a sacarlo de la cama. Si no se despierta, no hay caso. Llevarlo así a vaciar la vejiga no tiene sentido. Lo que se busca es enseñarle a *despertarse él mismo* durante la noche. Cuando esté listo, reconocerá la señal, durante el sueño liviano REM, de que tiene la vejiga llena. Entonces se levantará e irá al baño. Se despertará temprano por la mañana. Cuiden de no quitarle los pañales de noche mientras no esté listo y pueda llegar bien al baño. Es muy probable que su interés en la tarea de no mojarse disminuya si en sucesivas noches fracasa y moja la cama. En determinado momento el asunto le resulta de suma importancia. Entonces, le parece terrible fracasar.

Otra desviación en el camino hacia el exitoso control de esfínteres es la retención de las deposiciones. Como lo anotaba en capítulos anteriores, es natural que el niño experimente un conflicto en cuanto a entregarle sus deposiciones al inodoro. Por qué a unos les importa y a otros no es algo que aún no entiendo, pero más vale respetar su conflicto subconsciente. Surge el temor al dolor de la defecación. El ciclo de retención — lo cual produce una deposición grande y dura que duele al ser expulsada — se crea rápidamente. El temor consciente al dolor refuerza el deseo inconsciente de retener las deposiciones. Es necesario romper este ciclo tan pronto como es identificado. Los padres deben seguir las sugerencias que ofrezco en el capítulo 3 sobre ayudas para ablandar las deposiciones, una dieta rica en fibra y la aplicación de vaselina en el ano agrietado. Es importante tranquilizar al niño en el sentido de que esto hará que no sienta dolor al defecar. Al hablar de lo que está sucediendo, los padres contrarrestan los temores conscientes e inconscientes. Cuando el niño produce la deposición, los padres deben dejarla en el inodoro hasta que el niño haya perdido interés en ella. Tal vez prefiera regresar a los pañales para producirla con tranquilidad; así que los padres pueden proporcionarle el uso de pañales durante las siestas y por la noche. Repetimos: es mucho más probable que los niños, en mayor medida que las niñas, encuentren conflictivo este asunto, aunque no sabemos por qué (véase el capítulo 42).

Miedos y fobias

El mundo en expansión del niño de tres años traerá consigo nuevos temores y fobias. Tal vez se empiece a molestar con las sirenas de los autos de bomberos o con el ladrido de un perro. Surgen las fobias a los lugares extraños y al consultorio del médico. Éstas pueden tener base en algo real, y los padres deben tratar de ayudar comprendiendo y preparando, sin esperar que las palabras tranquilizadoras hagan evaporar los temores. Es posible que detrás de estos temores haya asuntos importantes.

Por ejemplo, tal vez al niño lo perturben todos los bebés del vecindario. No querrá acercarse a la casa del lado porque la vecina acaba de tener un bebé. Su hermanita ya tiene nueve meses, así que los padres no se explican por qué está de repente tan preocupado. Pensaban que ya se habría "adaptado". Sin embargo, el niño mayor nunca se adapta del todo al nuevo bebé. En cada nueva etapa del desarrollo del bebé, la rivalidad surge de nuevo. A medida que el bebé se mueve más y es más atractivo, el niño mayor sentirá con más fuerza la rivalidad. Detrás del terror hacia los bebés, este niño de tres años está probablemente resolviendo sus emociones en torno a sus sentimientos de agresividad. A medida que se siente al borde de reaccionar, debe redoblar los esfuerzos por contenerse. El esfuerzo es costoso. Los miedos, las fobias y las pesadillas surgen en estos momentos. Representan el precio que el niño paga por controlar sentimientos indeseables.

Los padres pueden hablarle al niño acerca de los sentimientos que ellos sospechan puede estar albergando y prepararlo para los crecientes temores que sentirá ante la sirena o el ladrido del perro. Deberá también aprender a abrirse y a manifestar su agresividad de manera segura. Les doy a los padres el siguiente consejo. Una de las maneras como el niño puede aprender es identificándose con la forma como ustedes expresan la agresividad. Llévenlo cuando hacen ejercicio o corren. Háblenle de la existencia de maneras seguras de manejar sentimientos peligrosos. Quizá no

comprenda del todo, pero obtendrá consuelo de estas conversaciones. A medida que surgen en él los sentimientos agresivos, aumentará la probabilidad de que los verbalice y haga preguntas.

Durante esta época en que los miedos y las fobias están apareciendo, es más importante que nunca limitar la televisión que ve el niño. Los padres deben estar presentes cuando el niño vea programas que tal vez le produzcan miedo. Una hora al día es siempre suficiente para que vea televisión, y la mitad de este tiempo deberá verla en compañía y tener luego un rato de charla. Las conversaciones no sólo lo tranquilizan, sino que le proporcionan la oportunidad de aprender acerca de los valores que son importantes para los padres.

Ésta es la época en la cual la imaginación del niño se enciende. Observará a todos de manera nueva. Estará conociéndolos no sólo mediante la observación sino a través de imaginarse escenarios para ellos. Asimilará este nuevo aprendizaje en sus juegos imaginarios. El juego simbólico (en el cual utiliza muñecos y juguetes para representar sucesos e interacciones) ya ha hecho su aparición en el segundo año. Ahora puede utilizar como símbolos a las personas que lo rodean. Creará también sus personajes imaginarios.

Primero, a esta edad los niños crean amiguitos imaginarios. El amigo imaginario es capaz de obrar milagros. Puede hacer todas las cosas malas y experimentar todas las cosas buenas con las que sueña el niño de tres años. El niño hablará de su amigo imaginario como si fuera real. Los padres que están acostumbrados a serlo todo para el niño pueden incluso sentir celos de este amado compañero y llegar a preocuparse de su alejamiento de la realidad. No deberían. Cualquier primogénito tendrá la disposición para crear uno de estos amigos imaginarios. Lo necesita como apoyo. El segundo y tercer hijos casi nunca tienen la oportunidad de concebir un amigo fantástico. El niño mayor lo impide. Al primogénito, el amigo imaginario le sirve para

Imaginación y fantasía

muchos propósitos. Puede representar en él todas sus experiencias imaginadas.

Los adultos deben respetar la naturaleza íntima de estas fantasías. Ello es preciado para el niño. Tan pronto como los adultos invaden esta intimidad con preguntas sobre el amigo imaginario, fijan en la realidad estas fantasías. Los amigos imaginarios se desvanecen cuando los adultos inquieren sobre ellos. Después de compartirlos, tal vez el niño no hable nuevamente de ellos. O se vuelven secretos, o pierden todo su encanto. Una vez, cuando le pregunté a mi nieto cómo era su "amigo", me contestó con desdén: "¡Abuelo! Es *solamente* imaginario". En palabras de Emerson: "Respeten al niño ... No irrumpan en su soledad".

Con toda esta efervescente imaginación, aparecen dos nuevos atributos. Probablemente surja el sentido del humor, y la habilidad del niño de sentir empatía hacia los demás se hará manifiesta. Cuando un bebé llore, querrá acudir. Cuando otro niño tenga algún dolor, lo observará detenidamente para ver cómo maneja la situación. Puede incluso demostrar preocupación por su dolor. Estas dos características son importantes cuando estoy evaluando, en niños de esta edad, su capacidad de ser flexibles en su personalidad y cuando busco muestras de una buena imagen de sí mismos.

¿De dónde vienen estas nuevas características de la personalidad? Vienen de todas las fuentes de que hemos hablado: de la identificación con los padres y otras personas a su alrededor y de la cuidadosa observación de sus reacciones en cada situación. Provienen también de su lucidez acerca de la creciente complejidad de sus sentimientos: de agresividad y de deseo de traspasar los límites. La más rica fuente de humor, empatía y compasión es la imaginación del niño y todas las complejas experiencias que sus fantasías le proporcionan.

Relaciones con los compañeros En el tercer y cuarto años, las experiencias con otros niños de su edad se vuelven muy importantes. Necesita estas experiencias. No sólo puede aprender patrones de comportamiento de otros niños sino que puede poner, con tranquilidad, a prueba los suyos. Todos los niños de tres años se hacen chanzas y se retan. Se empujan mutuamente a límites que ellos mismos no se atreven a probar. Se causan enfado. Se hacen llorar. No ven la hora de encontrarse. Se abrazan, apretándose entre brazos y piernas con furor. Aprenden los unos de los otros las maneras seguras y las peligrosas de probar sentimientos nuevos y complejos. Las amistades son importantes, y la rivalidad es una parte decisiva de esas amistades. El niño de tres años tratará a su querido y leal compañero como rival, como bebé que necesita cuidados maternos, como padre, como todo posible compañero. La exploración sexual rápidamente se vuelve parte de este aprendizaje. La mayoría de los niños de tres años practican alguna versión del juego de "médico y enfermera". Esto proporciona la oportunidad segura de explorar el cuerpo.

Este juego exploratorio y esta experiencia con otros lo llevan a sentirse más seguro de sí mismo. Me preocuparía por el niño que no empieza a tener a esta edad relaciones seguras. Si no caen bien a otros niños, los padres deben tomar esto en serio. Otros niños se dan cuenta cuando hay un niño con problemas y guardan distancia. El niño ansioso y el niño iracundo amenazan el equilibrio que han logrado con sus propios temores y agresividad. Si a un niño lo aíslan sus compañeros, probablemente exista una razón.

A veces los padres pueden ayudar con las primeras experiencias de grupo. Si un niño nunca ha tenido experiencia con otros niños de su edad, los padres pueden presentarle primero un amigo. Deben encontrar alguien que se le parezca en personalidad, hacer un gran esfuerzo por juntarlos, después llevarlos a excursiones juntos y dejarlos que aprendan el uno del otro. Si el niño logra llevarse bien con un miembro de un grupo, aprenderá más acerca de cómo comportarse y el otro niño le ayudará a ingresar al grupo.

Si su problema gira en torno a compartir, los padres pueden explicarle por adelantado que nadie verdaderamente quiere compartir y luego pueden ayudarle con las técnicas. Sugiero que le ofrezcan permitirle llevar uno o dos preciosos juguetes que no tiene que compartir y hablarle de que esté dispuesto a compartir los otros. Cuando da un paso, así sea pequeño, hacia compartir, los padres deben darle el crédito. Aprender a compartir es una de las tareas más difíciles de la vida.

Los comienzos de la empatía hacia los demás se dan cuando el niño comparte voluntariamente con otros. Cierto, se le ha dicho repetidamente: "Debes aprender a compartir". Pero de repente lo hace sin presión. "¿Quieres un pedazo de mi galleta?" Observará luego la cara de su amigo para ver si esta generosidad da sus frutos. Sabe que necesita y que quiere un amigo. Éste es el primer indicio de un proceso cognoscitivo llamado altruismo.

Hacia adelante
En el próximo trienio, los padres del niño de tres años pueden esperar un período de intenso desarrollo. La clase de aprendizaje tormentoso que hace el niño en esta edad me parece una especie de vistazo previo a la adolescencia. La manera como el niño de cuatro y cinco años aprende acerca de la sexualidad y acerca de los sentimientos de agresividad probablemente es paralela al estilo con el cual les hará frente en la adolescencia. A algunos padres les resulta aterradora esta perspectiva. "Ojalá no me lo hubiera dicho", me dirán. En realidad, esta etapa puede ser divertida de presenciar y divertida para participar en ella, si uno logra verla como un gran impulso en el desarrollo. Si los padres logran aprender a no percibir las pruebas, las tormentas y la resistencia como algo en contra de ellos, esta etapa puede convertirse en una maravillosa apertura a experiencias nuevas.

Aprender sobre la identidad sexual. ¿Qué significa para el niño entrar en esta etapa? Necesita aprender a manejar sentimientos fuertes de manera más segura y más madura que cuando era todavía un bebé. Necesita aprender cómo identificarse con cada uno de los padres. Necesita saber cómo funcionan: cómo puede ser como ellos y *no* como ellos. ¿Cómo lo logrará? Pasará del padre a la madre. En este período, durante un tiempo enfocará su pasión por completo hacia uno de los padres, y lo asimilará por completo, haciendo caso omiso del otro. Si uno observa detenidamente al niño de esta edad, podrá darse cuenta de cómo refleja, de manera sutil pero clara, características de alguno de los padres: en la manera de caminar, en su cadencia al hablar, en sus preferencias en cuanto a comida y en muchos otros aspectos. Pero pronto se tornará en otra dirección para comportarse como si ese padre ya no existiera. El otro se vuelve su preferido. Escoge al nuevo preferido para todo, comportándose como si el otro no tuviera ninguna credibilidad. Hace caso omiso de uno de ellos por completo para emular cada gesto, cada palabra, del nuevo preferido. ¿Por qué necesita variar de esta manera en sus preferencias? Pienso que se trata de economía. Para poder asimilar a cada uno de los padres completamente, necesita enfocar. Si estuviera distraído prestándoles atención a ambos, su asimilación sería incompleta y más costosa. Freud ha llamado "edípicos" los episodios de apego al progenitor del sexo opuesto. Cuando suceden más adelante, en la adolescencia, son incluso más intensos y apasionados. El primer "ensayo" prepara al niño — y a los padres — para la tarea de organizar más adelante importantes identificaciones sexuales.

Sobra decir que estas variaciones en la lealtad pueden ser sumamente dolorosas para la persona excluida. "Antes esperaba ansiosa mi regreso a casa — me dirá el padre con nostalgia —. Se ponía tan alegre y era tan divertida cuando yo llegaba. Ahora me da la espalda. Así pueda sonar tonto, me siento rechazado". Si los padres saben qué está sucediendo y pueden conservar la paciencia durante esta apasionada mutabilidad, se sentirán menos heridos. "No se den por vencidos" — les digo —. "Regresará". Pero, eso sí, no permitan que él se sienta rechazado por ustedes. Adopten una actitud de no sentir los cambios como algo personal contra ustedes. En un momento de calma, el padre excluido puede decirle: "Quiero un rato contigo exclusivamente para mí". Léale de noche — solos usted y él — o reserven un rato durante el fin de semana para que el miembro de la pareja que padece el rechazo salga solo con el niño. No alberguen demasiadas esperanzas; pero puede convertirse en un rato para cimentar la relación mientras que el niño hace el trabajo que necesita hacer: aprenderlo todo acerca de cada uno de los padres. Todo este comportamiento durará unos cuantos meses; después cambiará. El progenitor que es en el momento el centro de atención puede ayudarle al otro admitiendo haber experimentado antes esta sensación de rechazo.

En ocasiones, ser el preferido puede también ser molesto. Cuando una niñita se vuelve linda y seductora, el padre puede sentirse incómodo. Una vez más, si se percibe como una manera normal de poner a prueba su identificación con la madre, la etapa puede ser disfrutada. Esta capacidad de seducción tal vez también sea practicada con otros hombres. De este modo, la niña puede esconder sus intensos sentimientos hacia el padre. Es el otro lado de la misma moneda.

Sentimientos de agresividad. La tarea más difícil y menos evidente de esta etapa es la de aprender a manejar el enfado y la agresividad. Es verdaderamente un proceso largo y probablemente tome muchas formas. Poner a prueba a uno de los padres hasta obligarlo a reaccionar es una de las formas como el niño aprende qué es y qué no es aceptable. Regresar al hábito anterior de las pataletas es otra forma. Tal vez se vuelva abiertamente iracundo y caprichoso. O quizá se vuelva "demasiado bueno y complaciente". Me preocupa más esto último. Prefiero ver al niño de esta edad enfadarse, poner a prueba la paciencia de los padres y provocarlos. Está expresando sus conflictos abiertamente y aprendiendo más a través de ello. El niño ansioso de complacer a todo el mundo a su alrededor asume para sí mismo el costo y tendrá que probar más adelante (véase el capítulo 19).

Hábitos. Muchos "síntomas" como el tartamudeo, la mentira, el robo y la masturbación harán su aparición en los próximos años. Los veo todos como formas de exploración. Los niños recurren a ellas, las ensayan y luego pasan a otras formas de exploración. Si los padres han tenido problemas con estas cosas en su propio pasado, probablemente reaccionen en exceso. Entonces se quedan como hábitos en el niño. Los padres, preocupados, tal vez presionen al niño para que suspenda el comportamiento indeseado, o tal vez hagan caso omiso sistemáticamente del síntoma. El niño percibe la tensión a su alrededor y responde a ella repitiendo el síntoma, que entonces tal vez se vuelva un hábito.

Si parece que esto está sucediendo, he aquí lo que les digo a los padres. Siéntense con el niño a hablar sobre el problema. Hagan hincapié en que no fue su intención ser tan severos. Háganle saber que *él* no es "malo", y que aprenderá a controlarse a medida que se vuelve mayor. Asegúrense de que le quede claro que ustedes piensan que él es maravilloso y que será capaz de manejar por sí mismo el problema. Podrán ayudarle sólo si él quiere ayuda, pero manténganse fuera de la situación y apóyenlo. Cualquier niño de tres años necesita saber una y otra vez que sus padres lo respetan y lo aman exactamente como es (véase el capítulo 24).

Desarrollo cognoscitivo. En el mundo lleno de presiones de las familias de hoy, muchos padres de niños de tres o menos años se preguntarán cuándo empezar a enseñarles a leer y escribir. Mi respuesta es: No lo hagan mientras él no lo pida. Es demasiado fácil excederse en la enseñanza de letras y números. Para mí, el momento no es tan importante como el deseo del niño de aprender. Esperen a estar *seguros* de que la idea de aprender parte de él. Es muy fácil presionar a un niño de esta edad, máxime si es complaciente, a aprender pronto. Pero hace más daño que bien. Esto lo hemos sabido durante algún tiempo.

En los años sesenta hubo un movimiento en pro de la enseñanza temprana, dirigido por un profesor de la Universidad de Yale, el doctor O. K. Moore. Era su parecer que si a los niños se les podía enseñar temprano a leer y a escribir, serían más competitivos cuando entraran en la escuela. Era cierto. Para darles gusto a los adultos, niños de tres años eran capaces de leer y escribir bien. No parecían entender qué estaban leyendo, pero podían leer. Cuando llegaban al primer grado, estaban más adelantados que otros niños y recibían, por supuesto, la aprobación que necesitaban por parte de los adultos. Pero a otros niños no les caían particularmente bien, y muchos de estos niños "precoces" no habían aprendido las habilidades que necesitaban para entenderse con sus compañeros. Se orientaban hacia los adultos.

En el segundo y el tercer grados, empezaban a fallar. El proceso mecánico que habían utilizado antes para aprender no se hacía extensivo al aprendizaje más complejo que necesitaban en los años posteriores. Parecían atascados en sistemas más primitivos de aprendizaje. Cuando empezaban a dejar de ser los primeros de la clase, perdían la aprobación de los adultos para quienes habían estado actuando. Estos infortunados niños tocaban entonces fondo. Ya no eran las estrellas. Otros niños los habían abandonado. Los adultos se sentían decepcionados, lo cual hacía sentir a los niños tristes y abandonados. A pesar de esto y de pruebas posteriores de que este aprendizaje precoz era costoso, muchos padres todavía se sienten ansiosos de que sus niños empiecen con una "ventaja". Libros y programas que pro-

meten "enseñarle a su bebé a leer" continúan proliferando. Manténganse lejos de ellos.

El niño que aprende mejor es el que aprende *para sí mismo*, no para los demás. El juego es su manera de aprender. Cuando aprende a través del juego, ensaya diferentes técnicas para descubrir qué es lo que funciona para *él*. Cuando no puede lograr algo que le interesa lograr, se siente frustrado. La frustración lo lleva a descubrir cómo hacerlo. Cuando finalmente lo logra, siente una maravillosa emoción: ¡Lo logré *yo!* Éste es el más estimulante combustible que existe para el aprendizaje futuro. Los padres ambiciosos deben aprender a observar al niño, a quedarse en el trasfondo y dejarlo aprender por sí mismo. Es difícil pero necesario. La tarea del padre es admirar y aprobar, no empujar.

Escoger un preescolar puede hacerse con la misma concepción en mente. El juego es la poderosa manera como el niño aprende a esta edad sus más importantes tareas: cómo jugar con otros niños, cómo relacionarse con otros adultos y cómo aprender sobre sí mismos como seres sociales. Las tareas de los niños de esta edad son enormes: 1) Experimentar la sociabilidad, 2) aprender sobre la agresividad y 3) aprender cómo identificarse con todos los que los rodean. Son tareas emocionales, no tareas cognoscitivas. Yo escogería un preescolar pensando en la gente que trabaja en él y que interactúa con los niños, no en su programa de aprendizaje. Si existe presión para actuar y aprender, tal vez haya muy poco tiempo para que los niños aprendan sobre sí mismos. Los padres deben ir a la escuela y observar: ver por sí mismos de cuánto tiempo disfrutan los niños para jugar sin dirección y para aprender sobre sí mismos como personas. El mejor aprendizaje que los padres pueden darle a un niño de esta edad es sobre sí mismo, sobre sus compañeros. La única cosa que me gustaría que todos los niños de esta edad sintieran sobre sí mismos es: ¡Soy importante! ¡Les resulto simpático a todos!

Segunda parte

RETOS AL DESARROLLO

14

ALERGIAS

La mejor manera de tratar las alergias es prevenirlas.
Tratar las alergias una vez que se han establecido es mucho
más difícil. En mi consulta, siempre he hecho hincapié en
trabajar conjuntamente con los padres para identificar al
niño potencialmente alérgico. El peligro de buscar posibles
alergias radica en que los padres califiquen de vulnerable a
un niño perfectamente sano. Si esto puede evitarse, sin
embargo, hay todas las razones del mundo para pensar que
prevenir las alergias, o tratarlas desde el comienzo, tal vez
evite llegar a una situación en la cual el niño se sienta
indefenso y frágil, y se cree un círculo vicioso de síntomas,
depresión y manifestaciones psicosomáticas de la alergia.

Alergias y ansiedad   Evitar temibles apariciones de asma o eccema es muy importante para el futuro bienestar del niño. Hoy en día, son
tantas las maneras de ayudarles a estos pacientes, que un
esfuerzo en todos los frentes desde el principio vale la
pena. Una vez que la alergia se pone en marcha, y si no
se descubre un tratamiento que funcione, los niños sienten
crecer la ansiedad y la indefensión. Es en este momento
cuando aparecen los aspectos psicosomáticos de la enfermedad.

Aunque ciertos problemas como el asma pueden cargarse de ansiedad y volverse en parte psicosomáticos después de algunos episodios alarmantes, debo aclarar que no creo que el asma o el eccema *empiecen* por problemas psicológicos en el niño o por dificultades en la familia. Probablemente exista una predisposición genética, reforzada por la presencia de alergenos en el medio ambiente. Es sólo cuando la enfermedad se manifiesta que el paciente se alarma y se siente afectado por ella.

Los niños asmáticos probablemente les demuestren su ansiedad a los padres y probablemente "utilicen" el síntoma para toda clase de comportamientos manipulativos, tales como la rebeldía, la fatiga, el desafío o simplemente la búsqueda de atención. Inevitablemente los padres se verán envueltos en la situación a medida que su propia ansiedad aumenta. Si no logran controlar los síntomas en el niño, su culpabilidad, disgusto y preocupación exacerbarán las tensiones en la familia y en sus relaciones con el niño. De este modo, el asma puede fácilmente volverse un punto psicosomático de enfoque para toda la familia.

En niños con reacciones alérgicas, las infecciones simples pueden prolongarse y complicarse. Un resfriado, por ejemplo, puede durar dos o tres semanas, dando paso a un nuevo resfriado, que a su vez agrava la congestión que quedaba del anterior. Igualmente, un simple dolor de garganta se complicará con la congestión, lo cual le agrega otra semana al período de infección. Los tejidos se inflaman y hacen que el niño ronque; las adenoides se crecen y bloquean los conductos del oído interno o de los senos nasales. Las infecciones del oído interno tal vez deban ser tratadas con antibióticos para reducir la inflamación que está presionando de manera dolorosa el tímpano.

El eccema y el asma constituyen expresiones mucho más severas de las tendencias alérgicas y tienden a volverse crónicas. En el caso del eccema, el picor lleva a rascarse, y rascarse agrava el problema. La necesidad de rascarse puede volverse una respuesta automática a la ansiedad, o incluso al aburrimiento o a la frustración, y rápidamente convertirse en una costumbre en infantes y niños pequeños.

Con el asma, cuando el niño emite con un silbido y no

puede respirar, rápidamente se alarma. La respiración difícil
lo pone ansioso; la ansiedad intensifica la dificultad respiratoria y el silbido. Se siente indefenso, incapaz de manejar
la enfermedad o su temor a ella. Con razón estas afecciones
alérgicas se vuelven "psicosomáticas" sin que hayan transcurrido muchos de sus ciclos.

No hay necesidad, sin embargo, de dejar que el eccema
o el asma lleguen hasta este punto. Cuando sé que ha
habido una tendencia a las alergias en otros miembros de
la familia, trato de hacer conscientes a los padres de un
dato tranquilizador: cuanto mayor sea el niño al aparecer
los síntomas de las alergias, menor será la probabilidad de
que sean severas y mayor la facilidad de tratarlas. El niño
que quizá habría padecido de eccema en todo el cuerpo si
lo hubiera contraído en el primer año tendrá, si ocurre en
el segundo año, un leve salpullido en los pliegues de los
codos y en las corvas.

Al parecer existe un umbral de tolerancia a los estímulos
alérgicos que aumenta gradualmente con la edad. Este
umbral lo traspasa más probablemente una combinación de
alergenos que uno solo. Aunque el niño puede ser muy
alérgico a una sola cosa — pelo de gato, chocolate o pescado — y mostrar el síntoma tras estar expuesto sólo una
vez, la mayoría de los niños acumulan con el tiempo las
alergias. Es como poner un ladrillo sobre otro. Tal vez se
las arregle para vivir con varios alergenos menores, a los
cuales es ligeramente sensible, sin mostrar síntomas. Pero
cuando padece de una infección respiratoria, come demasiado huevo, o hereda una almohada de plumas, entonces
tal vez la torre de ladrillos se derrumbe y el niño muestre
un síntoma alérgico.

Medidas preventivas　　La prevención debe empezar pronto. Insto a la nueva madre
de una familia alérgica a que dé el pecho a su bebé. Nunca
he conocido bebés alérgicos a la leche materna y he visto
demasiados sensibles a la leche de vaca, que respondían
con congestión nasal, vómito, diarrea y, en el peor de los
casos, un eccema generalizado. Eliminar la leche de vaca y

utilizar leche de soya como sustitutivo mejorará radicalmente los síntomas, aunque puede pasar más de una semana antes que desaparezcan del todo. Sé que el eccema en los bebés se puede prevenir, porque durante los últimos quince años he visto sólo un caso de eccema generalizado entre miles de niños que he tratado.

A los nuevos padres que provienen de familias alérgicas les digo que, después de la alimentación con leche materna, la segunda medida en importancia consiste en asegurarse de que la cama del bebé esté libre de juguetes alergenos y que su objeto preferido, sea éste un osito o una frazada, esté hecho de materiales sintéticos. Para el baño y la ropa deben usarse jabones puros y suaves. La ropa retiene restos de detergente que pueden producir salpullido en los niños sensibles. Ciertos aceites para bebé, polvos y lociones pueden también contener ingredientes que produzcan salpullido. Si esto sucede, el almidón de maíz y el aceite mineral son excelentes sustitutivos.

La más probable causa de salpullido en un niño menor de un año es la introducción de algún alimento nuevo al cual puede ser sensible. El salpullido generalmente aparece cerca de cuatro o cinco días después que se le ha estado dando el alimento nuevo. En nuestra metáfora de la torre de ladrillos, el alimento nuevo puede ser justo el ladrillo que ya la torre no soporta.

Para evitar este problema, les aconsejo a los padres que esperen tanto como puedan en los cinco primeros meses para empezar a darle algún alimento para bebé. La mayoría de las alergias a la leche empezarán a aparecer en estos meses, aunque tal vez no surjan hasta que otros alergenos — que pueden ser quizá ciertos aditivos en los alimentos preparados o los granos — se le agreguen. Más concretamente, les digo a los padres que tomen las siguientes medidas. Cuando introduzcan alimentos nuevos, háganlo de uno en uno y esperen por lo menos una semana o diez días antes de darle uno diferente. Nunca utilicen mezclas de alimentos a menos que estén seguros de que solamente uno de los ingredientes representa novedad. Utilizar cereales mixtos y alimentos mixtos, tales como fruta mezclada con farina o tapioca, es una buena manera de buscar problemas.

Lean las etiquetas en los envases de los alimentos y compren el más puro, o, mejor aún, preparen ustedes mismos la comida. No tiene que tratarse de un proceso especial antes de cada comida. Pueden congelar varias raciones en una cubeta de hielo y descongelar sólo uno o dos cubitos a la vez.

Los huevos y el trigo son los alimentos a los cuales con más frecuencia es sensible el organismo del niño. Es menos probable que causen trastornos después que el bebé cumpla seis meses. Así que los padres deberían esperar para dárselos hasta que el bebé tenga más de seis meses. Éste es otro de los casos en los cuales la tolerancia aumenta con el paso del tiempo. Les pido a los padres que esperen nueve meses antes de darle a probar al bebé pan de trigo; después esperar dos semanas más para darle yema de huevo, y otras dos semanas para darle la clara del huevo. Cuando el niño presenta un salpullido o agudos síntomas gastrointestinales por causa de algún alimento, haberle dado estos alimentos gradualmente da su fruto. Se puede inmediatamente retroceder a una dieta más simple antes que el síntoma alérgico se establezca y se vuelva problemático. El salpullido desaparecerá y se le habrán ahorrado al niño mucha incomodidad y malestar. Por fortuna, los alimentos no se mantienen como alergenos importantes, y la mayoría de los niños salen de la etapa de tendencias alérgicas menores en el segundo año.

Aprender a controlar las alergias

Una vez que el síntoma alérgico se manifiesta, es más difícil eliminarlo. En ese punto debemos eliminar no sólo la causa inmediata sino los causantes menores del daño. Si los padres quieren y son capaces de hacerlo, tal vez el niño pueda tolerar de vez en cuando el estímulo más potente. Así, cuando el niño sufre de fiebre del heno con cada resfriado, o padece eccema cada vez que come trigo, o asma cada vez que se enfada, el método preventivo buscará eliminar *todos* los alergenos con los cuales el niño convive, aunque sea capaz de convivir con ellos la mayoría del tiempo.

Aconsejaría que primero se hiciera una limpieza a la cama y la habitación del niño, puesto que es allí donde pasa la mayor parte de su día. Es una tarea grande: plumas, colchones de pelo, kapok, cobijas de lana, animales de felpa, excepto aquellos rellenos de espuma de caucho o materiales sintéticos, mascotas, muñecas con pelo de verdad, animales peludos que pueden llenarse de polvo y plantas de flores, todos deben desaparecer. Si la afección persiste, será necesario eliminar alfombras y cortinas (pues atrapan el polvo) y trapear el piso con cera todas las semanas para controlar el polvo y el moho. Los aparatos de aire acondicionado y los filtros de aire son costosos, pero sí ayudan a proteger al niño del aire contaminado y de los alergenos que se transportan en el aire y que causan infecciones.

Aunque todo esto suena abrumador y deprimente, debe pensarse en su conveniencia, si el niño está empezando a entrar en un círculo vicioso de asma y fiebre del heno. Para cuando ya ha sufrido dos ataques de bronquitis con infecciones respiratorias leves o ha tenido dos resfriados que han terminado afectándole los oídos o que le han causado congestión prolongada, aconsejaría aplicar cuanto antes el mencionado plan de acción. Además, sugeriría el uso de antihistamínicos; el niño combatirá mejor un resfriado si no tiene la respiración obstruida.

El aspecto más importante de un procedimiento conscientemente preventivo como éste es que los padres, y también el niño, pueden empezar a sentir que tienen bajo control los síntomas alérgicos. Al no permitir que los síntomas se vuelvan un problema mayor, los padres pueden prevenir el desarrollo del componente psicológico de la enfermedad.

Aprendí de un niño que llamaré Timothy cuán importante es esta sensación de control. Tim era un niño activo, a quien le encantaba jugar a la pelota y hacer chanzas a sus amigos y me echaba chistes cuando venía a mi consultorio. Pero Tim sufría de asma. Cuando empezaba a respirar con dificultad, cambiaba todo su aspecto y modo de ser. Se veía vencido y preocupado y su mirada era de temor. Se ponía pálido y esquivaba mi mirada cuando venía a que lo examinara.

Tim se sentó en la mesa de reconocimiento, con los hombros caídos, respirando con un leve silbido, el tórax bombeando aire de manera más difícil que lo que el asma parecía exigir. "Tim" — le dije —, "pareces preocupado por ti mismo". "Usted también lo estaría" — contestó — "si nadie supiera qué hacer para ayudarle y nada marchara bien". Con estas pocas palabras, Tim me estaba comunicando una gran cantidad de información: se sentía atemorizado, vencido e indefenso. Cuando le apliqué una inyección de adrenalina para mejorar su respiración, le dije qué esperaba que sucediera. Cuando sintió alivio, le dije: "Viste que sí sabemos qué funciona. Ahora tenemos que encontrar las cosas que tú y tus padres pueden hacer cuando tengas dificultad en respirar y antes que me necesites a mí".

Hablamos sobre los medicamentos que sus padres le podían dar, poniendo énfasis en que cuando los remedios actuaran sentiría la diferencia. Después le puse algunas tareas que lo beneficiarían: limpiar su habitación; mantenerse alejado de los gatos, que eran en su caso alergenos; encender el purificador de aire cuando *él* sintiera que lo necesitaba, y pedir con confianza a sus padres el medicamento contra el asma cuando empezara a sentir dificultad en respirar. En revisiones posteriores, cuando las sugerencias que hice habían empezado a surtir efecto, hablamos sobre cómo *él* estaba venciendo sus dificultades respiratorias.

Un día, Tim entro corriendo en mi consultorio con un resfriado, resollando ligeramente, pero alegre y charlando. "Doctor Brazelton, no me ponga esa medicina con un pinchazo. Tengo en el bolsillo un remedio que me voy a tomar *después* que me ausculte. Primero óigame el pecho, porque después le voy a mostrar cómo puedo detenerlo *yo mismo*". Lo examiné. Luego orgullosamente se tomó su propia medicina y me pidió que lo dejara sentarse en la sala de espera unos cuantos minutos. Lo llamé treinta minutos más tarde para escuchar su respiración aclarada y me miró, con los ojos sonrientes, como quien dice: "Lo logramos, ¿no?"

Tim superó su asma en la adolescencia, al igual que les sucede a muchos niños a quienes se les han controlado bien las alergias. Me enseñó mucho acerca de los efectos psicológicos que tiene sobre el niño una enfermedad recurrente, que los adultos no parecen saber manejar. Me enseñó también cómo, con apoyo, el niño puede empezar a sentir que controla la situación.

Las siguientes son mis pautas para que los padres controlen las alergias:

1. Deben manejar su propio pánico para no comunicárselo al niño. Éste es el primer paso, y tal vez el más difícil.
2. Eliminen alergenos comunes — polvo, moho, grasas, polen, pelo o pieles de animales, juguetes o animales rellenos de kapok o plumas, almohadas de pluma, mantas de lana, colchones de pelo — de la cama del bebé.

3. Si las infecciones respiratorias duran más de una semana en un niño pequeño, o le causan dificultad respiratoria o congestión inusual, pregúntenle al doctor si las alergias pueden estar agravándolas. Si éste es el caso, un procedimiento vigoroso en cada infección respiratoria tal vez prevenga que se acumulen síntomas más graves.

4. El silbido asmático debe ser tratado inmediatamente con una limpieza antialérgica del medio ambiente del niño y con medicamentos eficaces. Tal vez la infección deba ser tratada con antibióticos, y el silbido deba ser tratado con medicamentos antialérgicos. Cuando el niño mejora, puede recordársele que el remedio funciona. Asegurarle al niño que "sabemos lo que estamos haciendo" le dará la sensación de dominio y combatirá el pánico natural que probablemente se sume a la falta de aire y al silbido.

5. Consúltenle al médico sobre el uso de adrenalina o aminofilina si los remedios caseros no funcionan. Es más fácil interrumpir el círculo vicioso de dificultad respiratoria y pánico si el tratamiento eficaz se administra pronto.

6. Si los medicamentos de la casa y el consultorio no funcionan, consúltenle a un alergólogo. Este especialista puede hacer pruebas e identificar los alergenos y recomendar un tratamiento más complejo.

7. Tengan paciencia y recuerden que la adolescencia puede ser el momento de cambio. Muchos niños se liberan de las alergias con los cambios de la adolescencia.

15

"MOJADAS" EN LA CAMA (ENURESIS)

Las mojadas en la cama son un problema molesto. La pregunta importante es: ¿de quién es el problema? Al principio, el problema es de los padres. Tan pronto como se enteran de que otros niños de la misma edad no orinan de noche — a los tres o cuatro años de edad — empezarán a preocuparse si su hijo aún no lo ha logrado. Cuando la presión de los compañeros empieza, se vuelve asunto del niño. En un grupo de juego de niños de tres y cuatro años, la competitividad hará pronto su aparición. "Yo ya no uso nunca pañales, ¿y tú?" "No". "¿Te mojas de noche?" "No". Con frecuencia, los adultos oyen esto, sabiendo que quien responde todavía se moja en la cama. Él (generalmente se trata de un varoncito) se siente culpable y presionado por sus compañeros. Cuando el niño tiene cinco años, en nuestra sociedad, todos los comprometidos tienden a ver las mojadas en la cama como un problema.

¿Está listo el niño?

¿Cuándo deberían los padres empezar a preocuparse por las mojadas en la cama? Con un método de control de esfínteres que se centra en el niño, que le permite a él decidir cuándo dar cada paso, la mayoría de los niños lograrán tener éxito diurno a los tres años de edad. ¿Existe un itinerario previsible para lograr el éxito de noche? Muchos niños no están "listos" para aguantar la necesidad de orinar cuando nosotros pensamos que deberían estarlo. En Inglaterra, el doctor Ronald MacKeith fue de los primeros en señalar que muchos niños tienen una vejiga inmadura, lo cual les dificulta el control nocturno. También hay algunos niños con patrones de sueño inmaduros. Sus patrones de despertarse durante el sueño liviano (REM) no están lo suficientemente desarrollados para darles la señal de levantarse de la cama y no mojarse. Estos niños necesitan desarrollarse a su propio ritmo, el cual hay que respetar. La presión de padres y compañeros puede agravar los sentimientos de culpa e incompetencia, pero no cambiarán los patrones de desarrollo del niño. Los padres deben ser pacientes y esperar a estos niños. Además, deben ayudarle al niño a entender el porqué de su "falta de éxito". Lo contrario puede conducir a que tenga una imagen pobre de sí mismo: una imagen de fracaso. Un niño de seis años me miraba implorante en el consultorio: "¿Alguna vez seré capaz de haccrlo?" "Hacerlo" significaba no mojarse durante la noche y darles gusto a quienes lo rodeaban. Sus ojos contenían una mirada de fracaso y desesperanza — ¡a los seis años de edad!

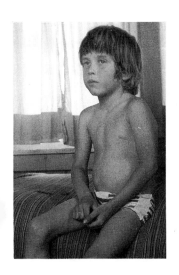

Si los niños continúan orinándose en la cama, debería examinarse la orina en busca de una infección. Esto forma parte de cualquier buena revisión habitual y es especialmente importante si el niño tiene dificultades urinarias. El análisis de la orina puede ayudar a descartar dificultades del riñón o la vejiga que estén agravando la incontinencia tanto de niños como de niñas.

El control diurno parece resultarles más fácil a las niñas (en promedio, lo logran 2.46 meses antes que los niños), a la vez que tienen menos probabilidad de mojarse de noche. Algo de esto puede deberse a diferencias anatómicas, pero con certeza se debe a diferencias en la expectativa social y en sutiles patrones de comportamiento ligados al género, y

a las expectativas que los hombrecitos tienen de sí mismos.
A los cinco años, es muy probable que el varoncito trate de
esconder su "defecto". La negación echará raíces, y él se
resistirá a compartir sus sentimientos de vergüenza o fracaso. Cuando veo en mi consultorio a un niño que se moja
en la cama, ya está en guardia. Cruzará las piernas cuando
trate de examinarle el pene. Se ruborizará o entrará en
ruidosa actividad cuando conversemos sobre sus hábitos de
higiene. Ya ha empezado a sentirse vulnerable y culpable.
Los padres que se dan cuenta de que se está desarrollando
una de estas situaciones tal vez quieran consultarle al médico para que descarte motivos fisiológicos. Al reconocer
que muchos niños padecen de inmadurez en el control de
la vejiga y en sus patrones de sueño, los padres querrán
primero tranquilizar al niño en el sentido de que él está
bien y luego hacer todo lo posible por disminuir la presión.
Son necesarias algunas pruebas, además de los análisis
habituales de la orina. Los rayos X rara vez muestran un
problema. En general, la tarea consiste en ayudarle al niño
a lograr un estado más maduro en sus hábitos de sueño.

Cómo pueden los padres ayudar

Por encima de todo, no orinarse de noche debe convertirse
en la meta del niño, no en la de los padres o la sociedad.
Los padres deben de algún modo relajarse en su afán. Si
esto parece imposible, tal vez deban pensar en la conveniencia de buscar la ayuda de un terapeuta o de alguien
que les ayude a entender cómo desactivar la presión indeseable sobre el niño, a la vez que la participación de los
propios padres. La tarea de los padres es escuchar los sentimientos del niño y apoyarlo en sus propios esfuerzos por
no mojarse.

Si hay problemas de una imagen pobre de sí mismo, o
de inmadurez psicológica, o de autodesvalorización, deben
ser encaradas. Si el niño se halla sujeto a demasiadas presiones por parte de quienes lo rodean — escuela, compañeros o familia — éstas deben ser disminuidas en lo posible. El padre debe acercarse aún más a su hijo. Una salida
regular semanal juntos le da al niño la oportunidad de

identificarse con el padre y al padre la oportunidad de entender la imagen que su hijo tiene de sí mismo. Los padres no deben indagar, sino estar disponibles.

Cuando el niño esté listo para darlos, he aquí otros pasos que recomiendo cuando hablo con los padres (de nuevo, especialmente con los padres de hombrecitos).

1. Propónganle al niño que aguante la orina un poco más de tiempo durante el día, para tratar de mejorar el control de la vejiga.
2. Con permiso del niño, pueden despertarlo antes de retirarse ustedes a dormir. En ese punto, él debe asumir el control, o no funcionará. No lo lleven hasta el inodoro.
3. Una salida especial para comprar una "bacinilla para la noche" que se mantenga al lado de la cama del niño, que pueda pintarse con pintura luminosa, podría volverse un símbolo del apoyo de los padres. Entonces, pueden despertarlo para que la use. Esto debe ser hecho en plan de apoyo y *no* de presión. Independientemente de qué tan cerca esté el inodoro real de la cama, este símbolo especial puede ser significativo.
4. Un reloj despertador al lado de la cama para que lo despierte a las dos de la mañana podría ser útil, *siempre y cuando que* el niño esté preparado. Antes de ello, constituye presión innecesaria que funcionará a la inversa.
5. Esfuerzos sutiles para tranquilizar y apoyar al niño en cuanto a su masculinidad y su éxito durante el día pueden ser útiles para la noche. Pero, si se llevan al extremo, pueden acabar cohibiéndolo.
6. Cuando el niño quiere hablar, pueden conversar sobre sus sentimientos, las presiones que siente y el hecho de que su vejiga necesite tal vez madurar y que quizá él tarde un poco más en aprender a despertarse a tiempo. Si esto es un verdadero diálogo, puede ser tranquilizador para el niño.
7. Pueden ayudar a disipar el mito de que existe una fecha mágica precisa a los cinco o los seis años de edad, después de la cual ya ningún niño se orina. La presión

social, unida a las expectativas de los padres, es más de lo que el niño pequeño puede manejar.

8. Si el niño continúa orinándose en la cama después de los siete u ocho años, o si el problema interfiere en la adaptación del niño — en su imagen de sí mismo, en su capacidad de relacionarse con los compañeros, o en su habilidad de percibirse como un hombrecito con éxito —, es hora de buscar la ayuda de un psiquiatra o psicólogo infantil o de un pediatra especializado en estos problemas. Esto podría darle fuerzas en un momento importante de su desarrollo.

16

LLANTO

El llanto de un niño hace desmoronar a los adultos. Y sin embargo, todos los niños lloran y a veces parece que necesitaran llorar. ¿Cuándo deben preocuparse los padres y cuándo deben dejarlo en manos del bebé?

Antes de pensar que el llanto de un niño en particular es señal de un problema, es importante entender que el llanto es un comportamiento universal, adaptativo, y que es la mejor manera que tiene un bebé de comunicarse. Como lo vimos en los capítulos 2, 3 y 4, hay por lo menos seis causas de llanto en el bebé: dolor, hambre, cólico, aburrimiento, incomodidad y desahogo al final de un día de tensión. La nueva madre puede aprender a diferenciar, ya a las tres semanas, los distintos tipos de llanto. Algunas investigaciones han demostrado que incluso a los tres días una madre distingue el llanto de su bebé del de otro en la guardería para recién nacidos.

El lenguaje del llanto

Varios llantos en el recién nacido son tan diferentes que se pueden utilizar para diagnosticar. La calidad del llanto refleja el funcionamiento del sistema nervioso central (SNC). Un bebé con trastornos menores o mayores del SNC tiene un llanto característicamente agudo y doliente que refleja su agitación interior y que puede producir enojo y confusión en quienes lo rodean. El maltrato infantil y el abandono se correlacionan con estos llantos de sonido doliente. Con la epidemia de la cocaína y el *crack* que enfrentamos en estos momentos, está en rápido aumento la cantidad de bebés que lloran de manera aguda, penetrante y obstinada. Este tipo de llanto representa un gran reto para quienes cuidan de ellos. Los padres biológicos o los padres adoptivos a duras penas pueden tolerar el llanto de estos bebés. El llanto del recién nacido es una importante señal para la sociedad y la familia: refleja el nivel de bienestar del bebé.

Una evaluación del llanto — su ritmo, su timbre, su latencia (es decir, cuánto se demora para empezar) — y de la capacidad del bebé para calmarse y para dejarse calmar es una parte importante de la evaluación del recién nacido. La calidad del llanto y la capacidad del recién nacido para dejarse tranquilizar le abren al evaluador dos importantes ventanas hacia el futuro del bebé: una ventana hacia su temperamento y otra hacia el "trabajo" que los padres deben realizar para calmarlo. Un bebé vehemente y enérgico probablemente demuestre un alto nivel de actividad, un breve período sin llanto y un tipo de llanto agudo y de alto volumen que quizá resulte difícil de calmar. Un bebé tranquilo y sensible entrará en calor más lentamente y tendrá un llanto de menor intensidad pero muy persistente. Tal vez intente en repetidas ocasiones tranquilizarse él mismo: chupándose el dedo, mirando a su alrededor o cambiando de postura. Cuando finalmente no pueda ser consolado, su gemido será insistente y perturbador. Estos patrones forman parte del temperamento y del estilo de cada bebé. Parecen ser estables en los bebés pequeños y predecir con bastante precisión el futuro temperamento. (Describo estas diferencias individuales con cierto detalle en *Infants and Mothers*.) Configuran también la imagen que los padres tienen del niño e influyen sobre la adaptación que los padres deben hacer en el proceso de conocerlo.

Conocer las exigencias del llanto del recién nacido es una de las primeras tareas de los nuevos padres. ¿Tiene hambre? ¿Está incómodo? ¿Necesita cambio de pañal? ¿Está aburrido o cansado? ¿Sentirá realmente dolor? Todas éstas son preguntas que movilizan la adrenalina y la "reacción de alarma"* en los nuevos padres y que los obligan a buscar una solución. Cada vez que sus esfuerzos funcionan, la experiencia de éxito les da ánimo. Cuando éstos no funcionan, probablemente ensayen maniobra tras maniobra, a menudo con creciente ansiedad y tensión. Sin embargo, creo que los padres aprenden más de los fracasos que de los éxitos. Por consiguiente, fallar en encontrar una solución inmediata tal vez lleve a los padres a detenerse, retroceder y preguntarse, ¿ahora qué?, y, en el proceso, aprender a observar al niño. A medida que lo hacen, aprenden más y más sobre él.

Llanto prolongado o inquieto

Al llanto irritable y difícil del final del día, que se presenta en un 85 por ciento de los bebés, a menudo se le denomina cólico y se atribuye a problemas gastrointestinales o a la hiperactividad. Para los nuevos padres, es una seria prueba de su habilidad para cuidar del bebé. En los capítulos 4 y 5 hablaba sobre este momento clave, sobre la época en que los padres y el pediatra se preparan para enfrentarse al episodio previsible y regular de llanto que se presenta desde cerca de las tres a las doce semanas. Cuando el bebé tiene dos o tres semanas, les ayudo a los padres a anticiparse a este rato de inquietud del bebé y a verlo como una especie de "desahogo" y una reorganización diaria del inmaduro SNC. Al preparar a los padres, espero darles las razones que explican el problema desde el punto de vista del bebé. Espero prevenir la angustia y la reacción desmedida de los padres que no prevén este tipo de comportamientos y no los pueden aliviar. En un momento en que el bebé necesita que se le permita, durante breves períodos, "descargar el sistema" con un poco de llanto, los padres probablemente se excedan en sus esfuerzos por tranquilizarlo.

---

*Una reacción de alarma es aquélla que, frente a la percepción de una situación de emergencia, mueve inmediatamente a un estado de alerta, causa aumento de la circulación y la presión sanguíneas y aumenta el oxígeno que va al cerebro.

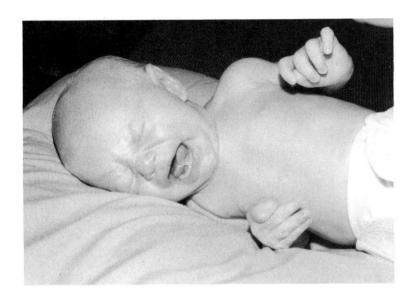

Cuando el período de llanto empieza, los padres deben decidir cómo lo van a manejar. Hay que tranquilizarlos en el sentido de que los sistemas emocional y fisiológico del niño madurarán, de manera que el período de llanto se haga innecesario más o menos a las doce semanas de edad. En general, mermarle al estímulo es la mejor solución.

Si los padres se sienten en conflicto y ansiosos por el llanto del bebé, tienden a reforzarlo. En un momento en que el sistema nervioso del bebé se halla en carne viva, el ansioso revoloteo de los padres puede sobrecargar la capacidad del bebé de asimilar y utilizar los estímulos. El resultado puede ser el cólico. Las semillas del fracaso en la interacción quedan sembradas. La manipulación constante puede incluso interferir en los patrones personales del bebé de darse consuelo y alivio.

Cuando el rato de irritación nerviosa normal pasa, los padres tal vez queden demasiado ansiosos o ensimismados. El llanto subsecuente del bebé ya no produce la reacción adecuada. O saltan demasiado pronto a estimular en exceso al bebé o no responden, o lo hacen de manera inadecuada. Los padres enfadados o deprimidos le comunican rápidamente sus sentimientos al bebé. A esto seguirá más llanto, o un llanto más difícil de entender. Cuando este ciclo se establece, el resultado puede ser un bebé hipersensible y atemorizado.

Si el llanto en este período aumenta y las maniobras usuales de reducir el estímulo no lo callan ni lo calman, o si el llanto abarca más de dos horas cada noche, esto indica que hay trabajo de diagnóstico por hacer. Una de las razones puede ser que el niño es hipersensible y se siente fácilmente agobiado. Si éste es el caso, maniobras sutiles y relajantes pueden ser la clave. Quien cuide al bebé no debe a la vez mirarlo *y* hablarle *y* mecerlo. Lo mejor es escoger uno de los tres procederes. Si ninguno de éstos funciona, el niño tal vez esté expresando alguna intolerancia gastrointestinal o un trastorno de naturaleza anómala, como un sistema nervioso hipersensible, hiperreactivo o desorganizado.

Es posible que otros bebés lloren por estar en un medio ambiente que no los forma. La incapacidad del bebé de dejarse tranquilizar puede ser reflejo de la desorganización o de la depresión de los padres. Los bebés que padecen cólico grave con frecuencia tienen padres deprimidos, que necesitan ayuda para su incapacidad de entender y satisfacer las necesidades de un bebé activo y vehemente. El pediatra puede evaluar la contribución del bebé y, de ser necesario, buscar un terapeuta o un sistema de apoyo para los agobiados padres. La depresión posparto se presenta en un considerable número de madres. Si una depresión grave no es reconocida puede llevar a problemas para la madre y el bebé (por ejemplo, hábitos autodestructivos, estrés en el matrimonio y un desarrollo tardío del bebé). Éstos son evitables, pues, con el tratamiento adecuado, la depresión posparto puede ser manejada y tratada. Nuestra actual sociedad no forma ni protege adecuadamente a los nuevos padres.

Para el niño hipersensible, cualquier ocasión, como una nueva experiencia, un momento de transición o la presencia de un extraño, puede dar pie a un llanto inconsolable. La actividad del bebé es constante y desorganizada. Tal vez evite la mirada y muestre comportamientos repetitivos y "autistas" (como golpearse la cabeza, voltear la cabeza, halarse el pelo o pellizcarse el cuerpo o la cara). No se calma con las medidas corrientes, como utilizar una voz suave, sostenerle los brazos para que no se sobresalte, incluso envolverlo en una manta, darle el chupete, o alimentarlo. Parece estar llorando en busca de un tipo más profundo de comprensión.

Este bebé y sus padres necesitan ser examinados por alguien capacitado en la observación de niños, un psiquiatra o psicólogo infantil, que pueda establecer en qué medida el bebé contribuye al problema y ayudarles a los padres a entender al bebé y su propia contribución. Algunos nuevos padres sienten una ambivalencia instintiva y arraigada hacia su nuevo bebé. Si puede ayudárseles a entender las razones que radican en su propio pasado (sus fantasmas), pueden aprender a comunicarse con el niño. Este tipo de terapias se están convirtiendo en un nuevo campo llamado psiquiatría infantil. Como pediatra, preferiría no llamarlo psiquiatría, pues esto parece dar a entender que existe un problema mental crónico. Estas dificultades, en cambio, me parecen eminentemente remediables si los padres pueden buscar ayuda pronto.

El llanto como parte del desarrollo

En etapas posteriores de la infancia, el llanto sigue siendo reflejo del estado interior del niño y demanda de los padres una atención muy parecida a la que hemos descrito para el recién nacido. Hambre, dolor, aburrimiento, fatiga e incomodidad, al igual que la solicitud de atención, tienen diferentes características de llanto cuando se registran en un instrumento llamado espectrógrafo de sonido. Por ejemplo, el llanto de dolor es absolutamente característico: un grito agudo, seguido por un breve período de apnea (suspensión de la respiración), seguido, a su vez, por sollozos repetidos y angustiados y luego por otro llanto agudo y penetrante. Todos los otros tipos de llanto se registran de manera diferente. El llanto de dolor continúa cuando el bebé es alzado. Los otros llantos cesan.

A medida que el niño progresa, la tarea de los padres consiste en establecer qué tanta atención exige cada uno de estos llantos y cuándo y cómo el niño puede "aprender" a consolarse a sí mismo. Me alegro siempre de encontrarme con bebés de seis o nueve meses que han aprendido maneras de consolarse solos: el dedo o el chupo, una frazadita o un oso, o un patrón de comportamiento especial que les ayuda a calmarse. Cuando vemos uno de estos bebés en el Hospital Infantil de Boston, sabemos que este niño ha sido amado y ha desarrollado recursos internos hacia los cuales puede volverse cuando se siente solo o perturbado. El bebé que ha sido descuidado no habrá aprendido a buscar consuelo en lo que lo rodea o en sí mismo. Estos niños sienten una especie de desesperanza y vacío que se nota en su llanto. Nos hacen sentir con deseos de abrazarlos fuertemente. Pero cuando uno lo intenta, se aíslan, se vuelven sobre sí mismos, y abrazarlos se hace casi imposible debido a su resistencia física. Es decisivo intervenir para salvaguardar en estos bebés la capacidad de desarrollarse emocionalmente y de establecer relaciones en el futuro.

En los períodos de regresión que se asocian con los impulsos del desarrollo — los momentos claves que describo en la primera sección de este libro —, el llanto puede formar parte del comportamiento desorganizado corriente. Este llanto también puede ser difícil de entender. Si los padres intervienen desesperadamente, puede que aumenten la cantidad e intensidad del llanto. En algún momento se hace necesario presionar un poco al bebé para que aprenda a calmarse solo. Es aquí cuando el dedo o el chupete, como parte de un patrón de autoconsuelo, pueden ser de gran ayuda. Esto debería "enseñarse" durante el día, cuando no está demasiado irritado para aprender. Después se le puede orientar hacia ese recurso en otras ocasiones. ¿Deberíamos promover este tipo de "muletas"? Me parece que la respuesta tiene que ser sí. Vivimos en tiempos de tensión, e incluso los bebés necesitan aprender desde temprano cómo manejar su propio estrés y el estrés que los rodea.

El llanto en el segundo año, e incluso en el primer año, que parece dirigido a los padres y que no obedece a causas evidentes, excepto la de pedirles atención, es tal vez una señal de alerta. El niño ansioso y poco hábil, que muestra este tipo de llanto, es tildado a veces de malcriado. Aunque el llanto exigente está orientado a lograr una respuesta de los adultos, su misma calidad lleva el mensaje: "Ustedes no pueden satisfacerme". Un niño malcriado es aquél que no ha aprendido sobre sus límites, que ha vivido en un medio de excesiva solicitud y protección. Debido a su propia ambivalencia o a sus propios conflictos, los padres tal vez traten de hacerlo todo por este niño. A menudo acuden con excesiva premura, antes que el niño haya tenido la oportunidad de querer hacer las cosas por sí mismo, de sentir cierta frustración, o de necesitar probar de nuevo, y antes de poder disfrutar la vital sensación de "¡lo logré *yo solo!*" Esta sensación es decisiva para su futura imagen de sí mismo, para su sensación de habilidad. Estos niños son con frecuencia llorones, gemidores y difíciles.

Hay ocasiones en las que los padres pueden llegar a intervenir demasiado. A veces, cuando el niño ha estado enfermo o ha tenido un comienzo difícil, o los padres han perdido anteriormente un niño y ven a éste como un milagro — un "niño Jesús"—, revolotean permanentemente a su alrededor. A estos niños nunca se les permite sentirse frustrados, manejar sus propios daños menores, caerse y levantarse solos para proseguir adelante. A esto lo llamamos el síndrome del niño vulnerable. De aspecto triste e infeliz, lloran mucho. Su llanto exige atención permanente, como si fuera necesario llenar el vacío que deja la ausencia de imagen de sí mismos. Provocan y ponen a prueba a los adultos que los rodean. La razón por la cual les parecen malcriados a los adultos es porque buscan desesperadamente una noción de límites y una imagen de sí mismos como personas capaces.

Muchos de estos niños necesitan una serie de fronteras seguras, aprendidas de la disciplina de los padres. De los nueve meses en adelante, y en aumento en el segundo año, la disciplina se convierte en la segunda tarea más importante para los padres. Como lo veremos en el capítulo 19, esto significa enseñanza, no castigo. La meta es darle al niño pequeño la oportunidad de encontrar sus propios límites. Un niño con sensación de límites es un niño que se siente seguro. El niño "malcriado" prueba los límites en busca de su propia seguridad. Cuando el niño está en plan de provocación, o de probar o de llorar incesantemente en busca de atención, los padres deben tomar en serio este comportamiento (véanse en el capítulo 19 sugerencias sobre diferentes métodos para enseñar límites).

Cuando el niño repite el llanto o el comportamiento provocador sin la más leve muestra de progreso, los padres deben preguntarse: "¿Me estoy comunicando con él?" "¿Tiene algún problema más profundo que no estamos identificando?" En lo posible, yo buscaría el problema para tratar de ayudarle a entenderlo (por ejemplo el nacimiento de un hermanito, la ausencia de uno de los padres, una nueva escuela, un amigo que le ha hecho daño). Los padres pueden pedirle que les ayude a encontrar una solución antes que se desintegre en llanto, en exigencias o en escenas emotivas. Cuando él puede ofrecer soluciones, los padres deben utilizarlas, y luego darle al niño el crédito por haber asumido la importante responsabilidad de decidir qué funcionaba.

Con el paso del tiempo, el llanto debe hacerse más claro en sus intenciones desde el punto de vista del niño, y los padres deben comprender su papel en satisfacer las necesidades que el llanto expresa. Si un niño mayor llora sin propósito y sin consuelo, me preocuparía de que se trate de un indicio de tristeza generalizada y buscaría consejo profesional. Si, en cambio, forma parte de la fase que precede un nuevo desarrollo o una nueva adaptación, lo vería como apropiado y útil en la tarea de entender al niño.

17

DEPRESIÓN

La depresión en un niño puede ser muy alarmante para los padres. ¿Cuándo hay que preocuparse? Todos los niños se entristecen de vez en cuando y pasan por períodos de depresión. En momentos así, necesitan amor y consuelo adicionales. Si sus sentimientos se deben a las decepciones comunes e inevitables de la infancia, la tristeza durará poco. Los adultos deben responder con sensibilidad.

El llanto es una respuesta activa y saludable a estar triste o necesitado. Me gusta ver que el niño que está triste llora. El niño que padece una depresión más severa mostrará, en cambio, varios de los siguientes síntomas:

Identificar la depresión

- *Ausencia:* El niño no está al alcance de los demás, inclusive de los padres, hermanos y compañeros.
- *Mirada apagada y letárgica:* Los ojos del niño no brillan, su expresión facial se ve disminuida, sus movimientos corporales son escasos.
- *Pérdida de energía:* El niño se nota inusualmente cansado e inactivo.
- *Sentimientos de desesperanza, desamor y culpabilidad:*

El niño hace pocos esfuerzos por expresar estos sentimientos.

- *Cambios en el apetito, el sueño y los hábitos de higiene:* Todos éstos pueden verse afectados y perturbados.
- *Dolores de cabeza y de estómago:* Éstos se presentan antes de un suceso importante, como ir a la escuela, al campo de juegos o a una fiesta.
- *Efecto deprimente sobre otros:* La gente se siente triste en presencia del niño. Éste no dejará que nadie se le acerque.
- *Cambio en los hábitos:* El niño se vuelve sucio, mal vestido y despeinado.

A menos que estos síntomas sean pasajeros y puedan ser comprendidos como reacciones ante alguna decepción conocida o ante un suceso deprimente en la vida del niño, son motivo de preocupación.

Al tratar de determinar si algunos de estos síntomas representan una depresión grave, los padres pueden hacerse varias preguntas. En primer lugar, ¿cuándo se presenta la tristeza? Si sucede sólo después de críticas o sucesos tristes, puede considerarse normal. Si ocurre en ocasiones no apropiadas o está presente todo el tiempo, me preocuparía. El niño puede estar diciendo que necesita que se le preste más atención a sus sentimientos. Cuando la tristeza invade momentos felices, también, entonces los padres deben preocuparse.

En segundo lugar, ¿existe una buena explicación para la tristeza, como la pérdida de un perro o de un juguete preferido, la ausencia de uno de los padres, la presencia de un nuevo hermano o la pérdida de un amigo? ¿Se han presentado hechos — en la escuela, con los vecinos o en el hogar — que puedan dar motivo a sentimientos de tristeza? Quizá se han sumado varios sucesos. Si estos sucesos pueden ser identificados y el niño puede ser animado a expresar sus sentimientos, entonces quizá no esté verdaderamente deprimido y pronto se sentirá mejor. El niño normalmente extrovertido y vivaz puede pasar por épocas de tristeza. A menos que duren mucho tiempo, los padres pueden contar con que se recuperará.

Si, en cambio, el período de tristeza o ausencia es desproporcionado con el suceso y parece arraigarse, los padres deben preocuparse. Unas dos semanas es tiempo razonable para observar y esperar. El niño que de por sí es silencioso, tímido o introvertido, y que se vuelve aún más marcadamente solitario, debería ser tomado muy en serio. El niño que presenta dificultades de aprendizaje o deficiencias de concentración ya tiene graves razones para estar triste o mostrarse ausente. Su imagen de sí mismo ya ha recibido un revés. Ante cualquier indicio nuevo de angustia debe prestársele seria atención.

Cómo responder a la tristeza y a la depresión

Al mismo tiempo que tratan de evaluar los síntomas y de decidir si deben buscar ayuda externa, los padres pueden responder aplicando varias medidas importantes:

1. Tomen en serio al niño. Sacarlo de su estado a base de chanzas no funciona y desvaloriza sus sentimientos. Con frecuencia, si pueden reconocer la tristeza del niño, pueden también ayudarle a él a comprenderla.
2. Estimulen actividades que el niño disfruta y lleva a cabo con éxito. No lo presionen, sin embargo. Aumenten su

amor propio reconociéndole los pequeños triunfos y mostrándole que admiran su competencia.

3. Déjenle saber claramente al niño que entienden que esté triste.

4. No presionen al niño para que se desahogue de las razones hondas por las cuales está triste, a menos que estén seguros de poderlas encarar. Si tienen la sensación de que hay sentimientos más profundos, y ustedes mismos se sienten temerosos, necesitan ayuda externa.

5. Ayúdenle al niño a sentirse protegido y cuidado. Díganle: "Entendemos cómo te sientes. Podemos y vamos a ayudarte. Estamos aquí y te amamos".

La tristeza y la depresión son un grito de auxilio. Mientras que los sentimientos de pérdida, soledad, incompetencia, furia inexpresable y depresión son normales y los experimentan todos los niños, los padres necesitan precisar si se trata de sentimientos pasajeros que el niño puede manejar, o si el niño se siente abrumado. Si persisten, o si agravan una personalidad de por sí frágil, o si agravan una adaptación mal hecha, el niño debe ser visto por un especialista. Tanto el niño como los padres sentirán alivio de encontrar alguien capaz de comprender su tristeza y de protegerlo de los temores y culpabilidad que se suman a la sensación de desamparo. El médico o la enfermera calificada puede enviar a los padres a un psiquiatra infantil o a un psicólogo especializado en terapia con niños. Los hospitales o centros médicos locales o los centros médicos universitarios también pueden enviar a los padres a un psiquiatra o psicólogo indicado.

18

TRASTORNOS DEL DESARROLLO*

Si se sienten preocupados por retrasos en el desarrollo del niño, y si la preocupación persiste, no esperen. Háganlo examinar primero por el pediatra y, de ser necesario, por un especialista en desarrollo infantil. Como soldados de vanguardia en la lucha por la salud y el bienestar del niño, los padres deben respetar sus propias observaciones e intuición. Si cualquier aspecto del desarrollo del niño — sea motor, cognoscitivo, emocional o de comportamiento — los inquieta, llamen al médico o pidan una cita con él. Si el pediatra u otra de las personas que cuidan al niño, como la enfermera calificada, les dice que todo anda bien, pero el problema parece persistir, pidan, de todos modos, que se les envíe al especialista.

---

*Este capítulo fue escrito pensando en los padres que están preocupados por retrasos en el desarrollo del niño. No intenta ser una descripción exhaustiva de todas las afecciones que pueden ocasionar retraso. Intenta, más bien, ayudarles a los padres a saber cuándo buscar una opinión profesional.

Cómo evaluar el desarrollo

Los capítulos anteriores de este libro dan una idea general de qué se debe esperar a cada edad. Existen varios mapas del desarrollo que se utilizan para evaluar el progreso del niño. En el campo del desarrollo general, uno de los primeros mapas fue elaborado por Arnold Gesell y después reformado por otros, como Nancy Bayley, quien ideó la prueba Bayley de evaluación para los primeros años de vida. En el campo cognoscitivo, la labor de Jean Piaget abrió el camino, y muchos otros, entre ellos Jerome Bruner, Jerome Kagan y Howard Gardner, han mejorado nuestra comprensión de cómo se desarrolla la mente del niño. El resultado ha sido un mapa del desarrollo cognoscitivo del primer año de vida. El mapa del desarrollo emocional es menos claro, pero psicoanalistas como Selma Fraiberg, Stanley Greenspan y otros, en el nuevo campo de la psiquiatría infantil, han intentado establecer parámetros. Gracias a toda esta investigación, muchas pruebas de diagnóstico y revisión se han ideado para evaluar el desarrollo del niño.

El conocimiento que hemos adquirido recientemente sobre las formas en que un sistema nervioso inmaduro se repara nos deja en claro que se debe intervenir con la mayor prontitud. Los niños son capaces de recuperarse de muchos problemas del desarrollo emocional, cognoscitivo y motor. Cuanto más pronto se identifiquen estos problemas y se encuentren maneras de apoyar y compensar, mejor será el desenlace. Es, por lo tanto, muy importante pedir ayuda en el momento en que surja la preocupación.

Identificar los trastornos en el desarrollo

Desprovistos de ayuda, los padres ansiosos pueden agravar los retrasos en el desarrollo. Sin darse cuenta, tal vez se hagan demasiado solícitos o presionen al niño a "ponerse al día". Ninguna de estas actitudes funcionará y ambas tenderán a comunicarle al niño una deficiente imagen de sí mismo. Si el niño trata de ponerse al día pero falla, se sentirá fracasado. Una sensación de desesperación y falta de ilusión agravarán entonces los problemas subyacentes. En los siguientes párrafos describo algunos de los síntomas que merecen evaluación.

Retrasos graves en el desarrollo motor. Los músculos flácidos o hipertónicos (demasiado activos) son ambos motivos de preocupación. Si el bebé no utiliza alguna extremidad o no puede levantar de la cuna la cabeza o partes de su cuerpo, me preocuparía. ¿Tiene ciertos músculos que parecen permanentemente tensos? El bebé que tiene los músculos tensos, pero que es capaz de relajarse de vez en cuando, no tiene, seguramente, problemas neurológicos. Pero si la tensión de los músculos interfiere su capacidad de probar movimientos nuevos y aprender tareas diferentes, debería ser revisado. ¿Se excede en la distancia cuando trata de alcanzar algún objeto? ¿Cuando trata de ponerse de pie o de alcanzar algo lo hace con movimientos entrecortados, torpes e inciertos? ¿Se agrava esta torpeza e inseguridad de movimiento cuando está bajo estrés o tiene fiebre? Esto puede indicar una limitación neurológica que supera en situaciones óptimas pero que no puede superar cuando a su sistema nervioso se le suma un motivo de estrés. Un niño con un desequilibrio entre los músculos flexores y los extensores (discinesia) necesitará ayuda para desarrollar sus habilidades motrices. Entre los problemas que no son fáciles de identificar de inmediato pero que pueden causar retrasos en el desarrollo, figuran la parálisis cerebral leve, los trastornos del movimiento (véase también el capítulo 24), los tics y el síndrome de Tourette.

Si el pediatra opina que existe un problema, enviará a los padres a un neurólogo, que tal vez recomiende alguna terapia. Las terapias más eficaces aprovechan la capacidad del niño y la combinan con sistemas de motivación que refuerzan su deseo de repetir el comportamiento logrado y de mejorarlo. Los métodos eficaces no presionan al niño para que logre cosas de las que no es capaz. El desestímulo o una sensación de fracaso pueden hacer que el procedimiento se vaya a pique. Por esta razón, es decisivo que los especialistas planifiquen con los padres las técnicas de intervención, los apoyen y trabajen con ellos.

Atrasos en el desarrollo cognoscitivo. Como lo vimos en la parte primera, el desarrollo cognoscitivo también sucede de manera bastante previsible. Una noción de permanencia de los objetos y de los efectos de la gravedad muestran que la capacidad mental del niño está aumentando. La expectativa del bebé de que ciertos individuos a su alrededor reaccionarán de cierta manera es signo de que está aprendiendo sobre el aspecto previsible de algunos sucesos. Desde que tiene un mes, el bebé tendrá diferentes expectativas respecto al padre y la madre. Espera una interacción juguetona del padre, y de la madre una interacción llena de cuidados. Su propio comportamiento diferente con cada uno de ellos es síntoma de lo que el bebé ha aprendido a esperar. Su mirada alegre e inquisitiva al padre, en contraste con la mirada seria, como diciendo: "Vamos al grano", a la madre, denotan un aprendizaje refinado. A los cinco meses, su detallada inspección de un sitio extraño y su sobresalto ante una voz extraña indican hasta qué punto están bien definidas sus expectativas. En los próximos meses, la imitación, la memoria y una noción de causalidad empiezan a aparecer.

Cuando estas expectativas y habilidades tardan en aparecer en el niño, esto puede ser indicio de un atraso en la capacidad de comprensión debido a una interferencia en el procesamiento de la información, tales como un déficit del aprendizaje o alguna otra forma de desorganización del sistema nervioso. Podría deberse también a una falta de experiencias con personas o con juguetes. En un ambiente adecuado para la crianza, y de no haber sido prematuro el niño o tener otras condiciones fuera de lo común, sería difícil entender un atraso de más de dos meses en la aparición de cualquiera de estas expectativas y habilidades.

Es importante reconocer que un atraso motor o una incapacidad no van necesariamente acompañados de un atraso en al campo cognoscitivo. Por ejemplo, incluso un bebé sin extremidades o sin experiencia motriz, sin la capacidad de interactuar con su medio ambiente, desarrollará de todos modos la noción de causalidad y de la permanencia de los objetos. Cuando examiné a un bebé de ocho meses que tenía brazos endebles y por piernas sólo muñones, me di cuenta de que miraba al piso en busca de los juguetes que yo dejaba caer. Cuando utilicé un juguete de cuerda para probar su noción de causalidad, lo observaba, fascinado. Seguía con la cabeza el recorrido del juguete a lo largo de la mesa. Cuando se detenía, me miraba y gruñía, como diciendo: "Haz que ande". Movía hacia adelante la cabeza y el cuello, mirándome a los ojos. Su madre me dijo: "Eso es exactamente lo que hace con nosotros cuando quiere que pongamos a andar un juguete". Había aprendido sobre causalidad a base de simple observación.

En contraste, un bebé de la misma edad — en el hospital, porque no prosperaba debido a carencias del medio ambiente — no podía responder a ninguna de estas pruebas. No tenía experiencia con objetos ni esperaba que uno de ellos se pudiera "echar a andar". Con una atención cálida y rica en el hospital, empezó a interesarse por los juguetes y por las personas. En un período de diez días ya era receptivo a la enseñanza. Aprendió un día sobre la permanencia de los objetos. Unos días más tarde, entendió el concepto del juguete de cuerda. Me miró primero para ver si podía confiar en mí. Luego me entregó el juguete para que yo lo "hiciera andar".

La causas del retraso en el desarrollo cognoscitivo son demasiadas para enumerarlas aquí. Entre ellas se cuentan el síndrome de Down (mongolismo) y otras formas de retraso mental, el trastorno por déficit de atención (véase el capítulo 26), el síndrome fetal de alcohol, y varios trastornos del aprendizaje, como la disfunción cerebral mínima. Si los padres y el pediatra están de acuerdo en que hay un retraso, o si la preocupación de los padres persiste, debe apresurarse el envío al neurólogo, al psiquiatra infantil o al psicólogo infantil, según sea la naturaleza del problema.

Los trastornos sensoriales que no se diagnostican cuando el bebé está recién nacido, como problemas de visión o auditivos, desde luego, también pueden causar retraso en el desarrollo cognoscitivo. La intervención temprana puede ayudarle al niño a compensar. Pruebas simples de visión y audición se pueden llevar a cabo en el consultorio del pediatra. Los problemas más sutiles pueden ser diagnosticados sólo por el oftalmólogo, el audiólogo o el otorrinolaringólogo (véase el capítulo 39 para obtener información sobre problemas del habla o la audición).

Retrasos en el desarrollo emocional y social. Una serie de condiciones pueden interferir en el desarrollo emocional del bebé y en sus habilidades interpersonales. El recién nacido será vulnerable si fue prematuro o sufrió estrés prenatal. La hipersensibilidad a las experiencias auditivas, visuales, táctiles, cinéticas u orales puede interferir en el desarrollo del apego. Un bebé así tal vez esquive la mirada cuando los padres traten de comunicarse. Tal vez se estremezca o se ponga rígido cuando alguien lo abrace. Cuando lo alcen, tal vez se resista o se escape de los brazos como un bulto. Si el bebé devuelve la comida, la rechaza o tiene dificultad para tragar, el encargado de cuidarlo se sentirá rechazado. Una sensación de fracaso y enfado en el adulto tenderá a desestimular el cuidado cariñoso y cálido y el juego. Esto, a su vez, le agregará otro factor a los problemas de desarrollo del bebé.

Algunos de estos problemas quizá duren poco si los padres tienen paciencia y entienden la causa. Los medicamentos administrados a la madre durante el parto, la falta de oxígeno o la privación intrauterina pueden hacer que el recién nacido sea distante, como lo vimos en el capítulo 2. Después de estos traumatismos, el recién nacido tal vez esté debilitado y responda poco cuando se le alimenta. Succiona con debilidad, se atraganta y tiende a regurgitar. Si responde a cualquier estímulo social, es de manera moderada. No es capaz de llevarse las manos a la boca. Cuando se le ayuda a sentarse, deja atrás la cabeza. Es imposible moverlo a responder de manera que satisfaga a unos padres ansiosos y cariñosos. Si a los padres no se les explican las razones de este comportamiento, pueden alarmarse y temer daños permanentes. Es importante que el médico o la enfermera explique que, con el tiempo, la mayoría de estos bebés mejora a la vez que mejora su nutrición, a medida que el medicamento desaparece del organismo y a medida que el sistema nervioso tiene la oportunidad de lograr un nuevo equilibrio. Si esto no ocurre, debe consultársele al neurólogo. Si se descarta daño neurológico, el especialista en pediatría del comportamiento o el psiquiatra infantil pueden ayudar.

Para evaluar el estado de un bebé que ha tenido un comienzo difícil, buscamos ciertas cosas que nos indican que el sistema nervioso está intacto. Las habilidades interpersonales deben desarrollarse en los primeros meses. En las primeras semanas, el bebé aprende a prestarles atención a los estímulos sociales y a prolongar esa atención. Las sonrisas y otras expresiones faciales, las vocalizaciones y los movimientos corporales hacia quien lo cuida son señales, no sólo de la capacidad del bebé para interactuar adecuadamente, sino que son necesarias para fomentar la interacción entre padres e hijo. El estado de un bebé de esta edad que no se pone alerta ante la voz de la madre, o que no demuestra emoción físicamente ante la aparición del padre, debería ser evaluado. Esquivar la mirada, fruncir el ceño y alejarse de los estímulos sociales tal vez sean las defensas de un sistema nervioso hipersensible. Tal vez también se deba a que el medio ambiente recarga al bebé o reacciona inadecuadamente ante él, creando en el niño el temor al fracaso en la comunicación.

Si el bebé parece indiferente tanto a los juguetes como a la gente que le es conocida, si sus emociones carecen de relieve, todo esto es motivo de preocupación. Si también empieza a adquirir hábitos repetitivos — mecer la cabeza, dejar los ojos "a la deriva", mecer el cuerpo, retorcerse los cabellos, cubrirse la cara o las orejas con las manos — es necesaria una evaluación (véase el capítulo 24). Un bebé que no sonríe y que responde al aspecto social de su vida a base de comportamientos sin significado, repetitivos, acompañados de una mirada vidriosa y desinteresada, tal vez está dando señales de un daño neurológico o de un trastorno del desarrollo llamado autismo (el cual describimos más adelante en este capítulo).

Si existe este problema, estos síntomas se agravarán, en lugar de mejorar, en los meses siguientes. El niño deprimido o distante tendrá una mirada inexpresiva y el cuerpo flácido. No buscará con la mano las caras de los padres para explorarlas. Cuando el adulto se incline sobre él para suscitar una sonrisa o una vocalización, volteará la cara con expresión triste. Se resistirá a ser mecido o a que lo abracen. Tal vez rechace la comida y empiece a perder peso. Si esto continúa, quizá desemboque en una afección conocida como falta de medrar o crecer. Se presenta en bebés con problemas neurológicos o psicológicos, o en bebés abandonados. El doctor George Engel, en Rochester, Nueva York, demostró que si uno alimenta a un bebé en un ambiente desagradable, sin interacción, éste no digerirá adecuadamente. Si, en cambio, el bebé es mimado, se le habla, se juega con él mientras come, los jugos gástricos necesarios serán secretados de modo que pueda asimilar los nutrimentos. A partir de esto hemos aprendido que las respuestas de la gente que rodea al bebé son tan vitales como la comida. Estas respuestas deben estar adaptadas a la capacidad del bebé de utilizarlas.

Para tratar de establecer si en el desarrollo del bebé existe algún problema que esté causando retrasos emocionales, se necesita una cuidadosa evaluación del comportamiento del bebé y sensitivas entrevistas con los padres.

Durante este tipo de evaluación, puede ofrecérseles a los padres ayuda para que adapten sus respuestas a las capacidades del bebé.

En un niño de ocho a dieciséis meses, el retraso en el interés por los juguetes y por las personas constituye motivo de preocupación. Si el niño reacciona de manera apática y sin interés cuando se le ofrece un juguete, o maneja el juguete de manera repetitiva y sin significado y es indiferente a perderlo, tal vez tenga un trastorno en el desarrollo afectivo (emocional). A esta edad, los síntomas de depresión y distanciamiento (acompañados o no de comportamientos repetitivos y sin significado, falta de diferenciación entre los padres y los extraños y ausencia de resistencia o negatividad) son señales de problemas emocionales para los cuales los padres deben buscar ayuda.

Las señales que hemos estado describiendo — tono emocional plano, movimientos repetitivos y falta de interés en la gente — pueden ser síntomas de *autismo*. Además, el niño autista evitará el contacto físico, tal vez tenga dificultad en establecer vínculos afectivos, probablemente tenga retraso en el desarrollo del lenguaje y puede presentar reacciones erráticas al estímulo sensorial. A este niño ciertos estímulos visuales o auditivos lo volverán frenético, mientras que no notará siquiera otros.

No es fácil diagnosticar el autismo, y las causas aún no son claras. Debe descartarse un problema sensorial, como sordera. Un pediatra, particularmente uno especializado en trastornos del desarrollo, debería ver primero al niño. Para diagnosticar el problema y recomendar un tratamiento, tal vez sea necesario el concurso de psiquiatras, neurólogos, otorrinolaringólogos y terapeutas del lenguaje.

Aspectos posteriores del desarrollo que pueden causar preocupación. Los niños que se desarrollan normalmente en los aspectos motor, cognoscitivo y emocional durante los primeros meses pueden padecer trastornos emocionales más adelante. En el segundo y tercer año, me preocuparía por el niño que es "demasiado bueno". El que no manifiesta la esperada actitud negativa y las pataletas puede estar reprimiendo su impulso hacia la autonomía. El niño que permanece solo y que se acobarda ante otros niños de su edad tal vez esté dando señas de una sensación de aislamiento y pasividad que debe ser atendida. Que otros niños lo hagan a un lado puede ser algo sumamente diciente. El niño con problemas emocionales subyacentes tal vez se siente frente al televisor a chuparse el dedo, a retorcerse el cabello o a jugar con la nariz y la cara. Tal vez se aísle de cualquier situación que le exija algo, como la presencia de los abuelos, los extraños u otros niños. Tal vez tenga mal color y una tonicidad muscular pobre y quizá coma con desgano. Un niño con problemas tal vez sea de espíritu apático, no responda y permanezca indiferente a las emociones de su mundo.

En el otro extremo de la escala, hay niños de esta edad que manifiestan emociones extremas, que pasan de lo cálido a lo frío, desproporcionadas a la situación. Esto también es motivo de preocupación. Si pasan del llanto a la risa, y de ésta a mirar de manera ausente, si tratan a sus juguetes y a las personas básicamente de la misma manera, necesitan ayuda. El niño perturbado se sobreexcita con facilidad y no responde a la actitud cariñosa y solícita de quienes lo rodean. Parece no estar en contacto con los demás. Risas inusitadas, carcajadas histéricas, llanto o reacciones llorosas, todo esto desemboca en pataletas, que alternan con períodos de comportamiento depresivo desproporcionado en relación con el estímulo que lo causó.

Si el niño parece estancado en este tipo de comportamiento, los padres tal vez se sientan alarmados y no sepan a quién acudir. Si piden una opinión a amigos o a un profesional no muy ducho en cuestiones psicológicas pueden quizá oír: "No se preocupen, ya se le pasará" o cosas por el estilo. Si los síntomas persisten, deben atender a su propio criterio y buscar que se les remita a un psiquiatra infantil. Mediante una evaluación competente pueden comprender los problemas emocionales subyacentes e iniciar una terapia antes que éstos se agraven.

19

DISCIPLINA

Después del amor, el segundo regalo más importante de
los padres al niño es el sentido de la disciplina. Sin embargo, esto plantea dilemas muy difíciles de resolver. ¿A qué
edad debe empezar la disciplina? ¿Qué es "demasiado estricto"? ¿Qué constituye un castigo adecuado? De acuerdo
con mi experiencia, éstas son preocupaciones comunes. La
mayoría de los padres se dan cuenta de cuán vital es
establecer límites. Pero hacerlo de manera consecuente y
eficaz es una de las tareas más difíciles de los padres.
Todos queremos tener hijos "que se porten bien", pero nos
preocupa a la vez apagarles el espíritu o abrumarlos con
demasiados límites.

Me parece que en los últimos diez años, los padres han
entrado en mayor conflicto con los límites y la disciplina.
Cuando ambos padres trabajan todo el día, detestan ser
autoritarios durante el poco tiempo que permanecen en
casa con los hijos. Pero los niños se reservarán todo el día
su comportamiento más provocador para ponerlo a prueba
en un ambiente seguro y amoroso. Su necesidad de aprender los límites es aun más importante cuando los padres
han estado ausentes.

Algunos padres se sienten en conflicto porque se acuer-
dan de que sus padres fueron demasiado severos con ellos.

No quieren repetir recuerdos dolorosos. Si fueron maltratados en su infancia, le tienen temor a descontrolarse hasta el punto que llevó a sus padres a maltratarlos. Estas personas tal vez requieran ayuda para encarar sus "fantasmas" conscientemente, para poder satisfacer la necesidad que el niño tiene de la disciplina.

Promover la autodisciplina

Disciplina significa enseñar, no castigar. Es más importante lo que se enseña en *cada* ocasión que la reacción a este incidente o aquél. En ciertas ocasiones el castigo no tiene que formar parte de la disciplina, pero sí debe aplicarse inmediatamente después del mal comportamiento, debe ser corto y debe respetar los sentimientos del niño. Después que el castigo ha terminado (un rato en la habitación o la retención de algo especial), deben sentarse con el niño castigado y tranquilizarlo: "Te amamos, pero no podemos permitir que hagas lo que hiciste. Algún día aprenderás a controlarte solo y entonces no tendremos nosotros que detenerte".

Los niños sienten que necesitan la disciplina y harán

grandes esfuerzos para obligar a sus padres a imponer límites. En algún punto hacia el final del segundo año, el niño hará conocer esta necesidad a través de provocaciones evidentes: tocar los controles de la televisión, tirar la comida al piso, morder, en fin ... El niño empezará a explorar qué está permitido y qué no, con una obstinada sensación de emoción y temor en esta aventura. Cuando ya se puede mover, el peligro siempre está cerca.

Sin disciplina, los niños en el segundo año empiezan a comportarse de manera "malcriada". Se vuelven ansiosos, empeñándose en lograr de sus padres la imposición de límites, a sabiendas de que son incapaces de establecer por sí mismos sus propios límites. De observar a estos niños excitados, he aprendido la importancia de establecer límites de manera firme y comprensiva. La disciplina consecuente, reservada para lo que es verdaderamente importante, no es una amenaza para la personalidad del niño. Muy por el contrario, forma parte de la tarea que tiene el niño de conocerse a sí mismo.

La autodisciplina, la meta de la disciplina, se da en tres etapas: 1) Probar los límites a través de la exploración, 2) provocar para obtener de los demás una sensación clara de qué está bien y qué no lo está, y 3) interiorizar estas fronteras antes desconocidas. Por ejemplo, cuando uno de nuestros hijos empezó a gatear, la estufa, desde luego, se volvió un codiciado destino. Cada vez que se dirigía allí, reaccionábamos de manera enérgica y, desde su punto de vista, satisfactoria. A sabiendas de que reaccionaríamos, se cercioraba de que lo estuviéramos mirando antes de dirigirse a tocarla. Si no estábamos prestando atención, se retiraba o hacía algún ruido para obligarnos a prestarle atención. Hasta que le decíamos el esperado "No toques eso", permanecía en estado de conmoción. Si éramos de cualquier forma dubitativos, empezaba a tratar de tocar la estufa para obligarnos a reaccionar. Si reaccionábamos violentamente, como lo hacíamos al final del día, cuando ambos estábamos cansados, se deshacía en llanto. Pero, mientras sollozaba, nos estudiaba las caras detenidamente, y nos parecía notar cierto alivio en su mirada. Tras unos cuantos meses de caminar incierto y no de gatear, se acercaba a la misma estufa, se paraba enfrente y se decía "No" en voz alta, y continuaba su camino hacia otros emocionantes lugares. Había incorporado a sí mismo los límites nuestros. Viéndolo retrospectivamente, nos damos cuenta de que nuestra incertidumbre lo sumía en la incertidumbre. Cuando éramos claros, como lo éramos en cuanto a cosas graves como la estufa caliente, se daba cuenta y aceptaba como propios nuestros límites.

La mayoría de los casos no son, sin embargo, así de claros. La mayor parte del tiempo, los niños parecen provocar por cosas que realmente no les importan a los padres. Los padres se ven estancados en la indecisión. ¿Este asunto es de los importantes? ¿Si hacemos la vista gorda, pasará a otro? ¿Deberíamos ser firmes ahora para que nos haga caso cuando sea realmente importante? Puesto que el niño se percata de cualquier duda, tiende a repetir el comportamiento o incluso a acelerarlo. Es verídico que uno puede pasarse el día entero diciéndole que no a un niño pequeño y que él puede pasarse todo el día provocando.

Como les digo a los padres, si la disciplina se guarda para las cosas importantes (para lo que realmente vale la pena) podrán ser firmes y decididos; el niño se dará cuenta, y la disciplina funcionará. La disciplina funciona cuando de verdad sentimos que es vital y cuando el niño percibe que para él es importante respetar la decisión. Su deseo intrínseco de que haya límites se verá satisfecho por el de los padres cuando el niño se expone a sí mismo o expone a otros a peligros y al dolor.

La disciplina y las etapas del desarrollo

En cada etapa del desarrollo hay ciertos comportamientos que parecen demasiado agresivos o descontrolados pero que son, de hecho, normales. Si ustedes reaccionan en exceso ante ellos en esta fase exploratoria, tal vez acaben reforzándolos. Los niños deben poder probar toda clase de comportamientos agresivos. En ciertas edades muerden, pellizcan, mienten, roban, dicen malas palabras, al igual que prueban a fumar, a tener relaciones sexuales, a quedarse fuera de casa hasta tarde. Estos "sondeos" quizá no tengan malas intenciones en el comienzo. Cuando la gente reacciona con vehemencia, el niño se preguntará por qué. Así que probará el comportamiento de nuevo, como tratando de comprender por qué provocó la reacción anterior. A medida que lo pone a prueba vez tras vez, su ansiedad se acumulará y tal vez adquiera una compulsión inconsciente. El proceder que al comienzo carecía de importancia termina por cargarse de impulsividad y emoción. Con el tiempo, el niño pierde el control. Su comportamiento suscita tanta furia a su alrededor, que se establece el ciclo de repetición. El niño y los padres entran en un círculo vicioso. Si esto empieza a suceder, los padres deben tratar de ver el comportamiento como una manera de expresar ansiedad por algo que el niño no puede comprender. Estará a merced de este sentimiento y de sus reacciones compulsivas.

Para evitar o desactivar la situación, hay maneras útiles de reaccionar cuando el comportamiento exploratorio aparece por primera vez. Los siguientes son ejemplos, dirigidos a los padres, de "travesuras" normales y de maneras de enseñar límites sin afianzar el problema.

De cuatro a cinco meses. Morder el pezón durante el amamantamiento es común en los bebés de esta edad si los dientes les acaban de salir y los bebés necesitan probarlos. La madre puede dejar en claro que no le gusta, alejando al niño del pecho. Cada vez que el niño trate de morder, aléjelo con firmeza pero sin reaccionar excesivamente. Deje que el bebé le muerda el dedo.

De ocho a diez meses. El bebé querrá halarles el cabello, rascarles el ojo, o pincharles la cara con el dedo, todo sin intención de hacer daño. El cabello, los ojos y la cara ejercen sobre él una gran fascinación. Si ustedes reaccionan, la reacción le agrega emoción. Háganle saber al niño, firme pero tranquilamente, que duele. Déjenle saber que les gusta la exploración, pero no cuando es dolorosa. Si continúa, reténganle las manos con firmeza hasta cuando aprenda a controlarse por sí mismo. Cada vez, díganle: "No nos gusta, y te agarraremos la mano hasta que aprendas a no halar, o arañar o pinchar de manera que duela". Empezará a entender. Si es necesario, pónganlo en el suelo hasta que se calme un poco; después álcenlo de nuevo para mimarlo y explicarle por qué papá y mamá actúan así.

De doce a catorce meses. Mordiéndolos o pellizcándoles la cara o el hombro, el niño explora la experiencia de morder, las reacciones de la gente y cómo lograr esas reacciones. Este comportamiento debe manejarse de la misma manera. Después de dejarlo en el piso, díganle que lo alzarán para abrazarlo, pero no para que los muerda.

De dieciséis a veinticuatro meses. Ahora tal vez el niño ensaye a morder, halar el pelo o arañar a otros niños. Está tratando de aprender sobre otros niños y cómo lograr su atención. Con frecuencia, ésta es una reacción desmedida ante el estrés causado por no conocer a otros niños o por no saber cómo manejar su gran deseo de conocerlos. Suele ocurrir en una situación nueva o especialmente difícil. Si los padres reaccionan desproporcionadamente, lo cual sucede con facilidad — a la mayoría de las madres les horroriza ver a sus hijos haciendo estas cosas — lo más probable es que ambos niños acaben asustados. El niño que fue mordido necesita consuelo, desde luego, pero acaso también deba comprender que sólo se trata de la manera como el otro niño está tratando de conocerlo. El niño que mordió necesita el mayor consuelo, pues estará asustado tanto por lo que acaba de hacer como por la reacción del otro niño. Álcenlo para consolarlo y explíquenle que duele y por eso al otro niño no le gustó. Cálmenlo hasta que recupere el control y luego traten de proporcionarle otras maneras de acercarse al niño. Necesitará más experiencia con otros niños. También es importante dejarle saber que ustedes lo retirarán de dichas situaciones si él no las puede controlar. Cuanto menos se involucren los adultos, sin embargo, mejor. Si el niño persiste en comportarse así, busquen a otro mordedor o a otro que hale el pelo, de su edad y tamaño. Júntenlos y déjenlos que aprendan el uno del otro. Cada uno de ellos probablemente muerda y arañe al otro. Si uno muerde, el otro responderá mordiendo; ambos se mirarán aterrados de que dolió, y lo pensarán dos veces antes de probarlo de nuevo.

De dieciocho a treinta meses. Las pataletas y el comportamiento violento y negativo empiezan a aparecer a esta edad. En el segundo y tercer año hay un surgimiento crítico y natural de la independencia.   El niño está tratando de separarse de los padres para aprender a tomar sus propias decisiones. Con frecuencia se ve atrapado en su propia indecisión en momentos en que realmente no le importa a nadie, *excepto al niño*.

No es posible evitar las pataletas, así que no intenten. *No* se tiren al piso a patalear con el niño. *No* le echen agua fría ni traten de sacarlo de ese estado a punta de choque. Cuanto más se inmiscuyan, mayor será la duración de la pataleta. Con frecuencia lo más sabio es simplemente asegurarse de que no se pueda hacer daño, y luego salir de la habitación. La pataleta o el comportamiento violento probablemente pasen pronto después que se vayan. Pasado un ratito, regresen, álcenlo para abrazarlo estrechamente y mimarlo y siéntense con él en una mecedora para tranquilizarlo. Cuando esté en disposición de escuchar, traten de hacerle saber que entienden cuán difícil puede ser tener dos o tres años y no ser capaz de tomar decisiones. Pero asegúrenle que *sí aprenderá* y que, entre tanto, está bien descontrolarse.

De tres a seis años. Algunos niños de esta edad tirarán o quebrarán cosas en arranques de furia. Al final del día, o en otra ocasión en que se esté desmoronando, el niño tal vez pierda el control. La alegría de estos actos agresivos va acompañada de la ansiedad que siente cuando se da cuenta de lo que ha hecho.

En primer lugar, infórmenle que no le está permitido portarse así, que no se lo permitirán si se dan cuenta a tiempo. Abrácenlo tan estrechamente que tenga que irse calmando hasta recobrar el control. Siéntenlo en las rodillas el tiempo que sea necesario para que se ponga en disposición de oír. Luego, conversen con él sobre por qué creen que sintió la necesidad de hacerlo, por qué no le está permitido, y sobre el hecho de que ustedes comprenden cómo se siente de mal por actuar de manera descontrolada y destructiva. Asegúrenle que tratarán de ayudarle antes que pierda el control. Pídanle que les diga si hay algo que pueda detenerlo. Si su sugerencia funciona, denle todo el crédito. Esto, a sus ojos, empieza a restaurarle el control.

Encontrar la disciplina necesaria

Cuando traten de imponer la disciplina, los padres cuidadosos se preguntarán: "¿Le apagaremos el espíritu si somos demasiado rígidos o punitivos?" Los padres amorosos no quieren un niño pasivo. Si se les pregunta a los padres si quieren tener un niño agresivo, la mayoría responde: "No demasiado agresivo, pero sí que sepa defenderse". Obviamente, hay una conexión entre agresividad y castigo. La tarea, entonces, no consiste en aplastar los impulsos de autodefensa y agresión del niño, sino en enseñarle a convertirlos en comportamientos aceptables.

Cuando los padres me preguntan cómo saber si son demasiado estrictos, les sugiero que le pongan atención:

- Al niño que es demasiado bueno o tranquilo, o que no se atreve a expresar sentimientos negativos.
- Al niño que es demasiado sensible incluso a las críticas más leves.
- Al niño que no pone a prueba a los padres de la manera apropiada a cada edad.
- Al niño sin sentido del humor y sin alegría de vivir.
- Al niño que es irritable y ansioso la mayor parte del tiempo.
- Al niño que exhibe síntomas de presión en otros aspectos — alimentación, sueño, higiene— y que tal vez se comporte como un bebé o como un niño mucho menor.

Cualquiera de estos síntomas es una señal a los padres de que deben relajar un poco la disciplina y reservarla para lo que es verdaderamente importante.

Cuando se me piden pautas de disciplina positivas y concretas, les doy a los padres los siguientes consejos:

- *Respeten el nivel de desarrollo del niño*, en particular el tipo de aprendizaje que esté explorando en cada etapa.
- *Ajusten la disciplina a la etapa de desarrollo del niño.* En el caso de un bebé o de un niño pequeño, traten

primero de distraerlo hacia otra actividad. Si esto no funciona — y con frecuencia no funcionará — deberán retirarlo físicamente. Si el niño es mayor de dos años, la disciplina debe siempre ir acompañada de una explicación de las razones que puede tener para "portarse mal"; traten de establecer qué produjo el comportamiento agresivo y denle a él también la oportunidad de entenderlo.

- *La disciplina debe adaptarse al niño.* Hagan uso de lo que conocen acerca del temperamento y sensibilidad del niño. El niño sensible se sentirá desolado por castigos que tal vez sean adecuados para un niño activo y aguerrido.

- *Cuando el niño está con amigos de su edad, traten de no intervenir.* Cuando los padres se inmiscuyen, convierten un simple intercambio entre niños en algo complicado en que por lo menos la mitad del comportamiento del niño va dirigido a los padres.

- *Sírvanle de modelo al niño.* Ayúdenle a aprender mecanismos de control sobre las situaciones dándole ejemplo. Con frecuencia, la manera como le ayuden a resolver un conflicto es más esclarecedora que miles de palabras. Una actitud firme pero amorosa es la mejor forma de dar ejemplo.

- *Cuando el acto de disciplina se haya cumplido,* ayúdenle a entender de qué se trata. En el momento, su propia tensión agravará la del niño. Pero cuando pase el episodio, si ustedes o él pueden llegar a entenderlo, se le iluminará la cara y se darán cuenta de que ha habido un gran progreso en su capacidad de entenderse a sí mismo y de entender sus sentimientos de agresividad.

- *Utilicen el aislamiento,* pero sólo por un breve período. Cuando termine, abrácenlo y explíquenle por qué fue necesario dejarlo un rato solo en su habitación.

- *Pídanle consejo al niño sobre qué cree él que serviría la próxima vez.* Luego pruébenlo. Si funciona, reconozcan su aporte.

- *El castigo físico tiene verdaderas desventajas.* Recuerden lo que significa para el niño verlos perder el control y actuar de manera físicamente agresiva. Significa que ustedes creen en el poder y en la agresión física.

- *Tengan cuidado de no enviar señales contradictorias.* Si le dicen: "No golpees" o "No hagas eso", cuando en el fondo no están convencidos, tal vez agraven la falta de control del niño.

- *Cuando la disciplina no funciona, reexaminen la situación.* ¿Reaccionan constante e ineficazmente? ¿Significa el proceder del niño que siente ansiedad o descontrol o que necesita más afecto?

- *Alcen al niño después, para consolarlo.* Esto es difícil pero decisivo. Mientras lo mecen y lo abrazan, díganle que sienten mucho que sea tan *difícil* aprender a controlarse. Debe quedarle claro que lo quieren y que respetan su lucha por conocerse. "Te amamos, pero no podemos permitir que te comportes de esta manera. Cuando aprendas a controlarte, ya no tendremos que hacerlo nosotros".

Acuérdense de estimular al niño cuando su actitud sea positiva: "Mira que bien. Realmente estás tratando de controlarte, ¿verdad? ¡Nos sentimos muy orgullosos de ti!"

20

DIVORCIO

En un divorcio, nadie gana. Los niños sufren. Los estudios longitudinales de Judith Wallerstein con niños de padres divorciados muestran que los niños pueden aun tener nostalgia de la unidad familiar original hasta catorce o quince años después. La familia original quizá hubiera sentido y causado estrés, pero el niño sueña con tener de nuevo al padre y a la madre. Cuando la pareja llega a un callejón sin salida, debe considerar el efecto que el divorcio tendrá sobre los niños y cómo lo piensan manejar. Con frecuencia, los padres me preguntan: "¿No es mejor para los niños que nos separemos en lugar de permanecer juntos peleando?" Si no conozco toda la situación, no puedo contestar. Un especialista en terapia familiar puede ayudar, si se le consulta antes de una ruptura. Las familias divididas no son fáciles para los niños. Las familias formadas por un padre o una madre vueltos a casar (familias mixtas) no son fáciles — ni para los niños ni para los adultos. Los adultos que tienen que desunir la familia se hallan ante la seria obligación de proteger, en la medida de lo posible, a los niños envueltos en esta situación.

La manera más inapropiada de tratar a los niños es ponerlos en la mitad de las disputas de la pareja: utilizarlos como un balón de fútbol. Con mucha facilidad la pareja maneja sus sentimientos de competencia y su ira utilizando al niño. Esto con seguridad le hará daño al niño. Su capacidad de establecer relaciones sólidas con otros adultos en el futuro seguramente se verá perjudicada por la insensibilidad de los padres en vías de divorciarse. Tratar a los niños de esta manera puede aumentar la probabilidad de que el divorcio sea una tendencia que pase de generación en generación. El niño que se ve enredado en las batallas de sus padres crece con la perspectiva de volverse un adulto iracundo, inseguro y beligerante. La tarea de ambos miembros de la pareja es luchar para que esto no suceda.

Los niños seguirán anhelando la "familia de antes". Se sentirán abandonados por el progenitor que ya no vive en casa y temerán que el que vive con ellos también los abandone. "Si uno me puede dejar, ¿por qué no el otro?" La mente del niño magnifica las separaciones cortas. Cada vez que uno de los padres se ausenta, el niño se pregunta: "¿Se habrá ido para siempre? ¿Por qué se fue? ¿Se acordará de regresar? ¿Quién cuidará de mí?" Antes de cada separación, el miembro de la pareja que se piensa ausentar debe preparar al niño cuidadosamente. Al regresar debe decirle: "Te extrañé. ¿Tú me echaste de menos? Recuerda que te dije que regresaría (en tal o cuánto tiempo) y aquí estoy. Te preocupas, ¿verdad?" La pareja debe estar preparada para encarar las emociones del niño en relación con sentirse abandonado. Cada vez que el niño tiene la oportunidad de expresarlas, el adulto tiene la oportunidad de demostrarle que el abandono no constituye la naturaleza de todas las relaciones.

El progenitor ausente tiene una responsabilidad paralela. Las visitas deben ser claras, regulares y puntuales. Incluso una espera de quince minutos es, para un niño pequeño, una eternidad. La visita del adulto ausente se convierte en símbolo de sustitución de lo que más teme: el abandono. Si es usted quien se ha ido de casa y debe retrasarse, llame al niño. Cuando llegue, dígale cuánto siente haber llegado tarde. Háblele al niño antes de hablar con su excónyuge.

El niño sentirá temor de que la razón por la cual uno de

Responsabilidad de los padres

los padres se ha ausentado es porque no lo ama, porque es un niño malo. Los niños toman todo personalmente. Cuantas veces se le diga que la separación o el divorcio no es su culpa, de todos modos continuará culpándose. Años después, los niños se atreven a verbalizar sus temores: "Yo sé que si hubiera sido un niño más obediente no se habrían separado nunca". "Es mi culpa que se hubieran divorciado cuando lo hicieron. Yo me fui para la escuela y los dejé". "Decidieron divorciarse cuando me pillaron fumando". Los niños pequeños son menos capaces de expresarse, pero se sienten igualmente responsables de la separación. Ambos padres deben estar preparados para reiterar cuantas veces sea necesario: "Te queremos y nunca fue nuestra intención dejarte. Nosotros, los mayores, no fuimos capaces de vivir juntos, pero ambos queremos estar contigo. Nada que hagas cambiará jamás este sentimiento".

El adulto divorciado debe recordar que dar muestras de animadversión hacia el excónyuge asustará al niño. Lo tomará personalmente. "Si papá y mamá pueden pelearse, también me pueden odiar a mí. Tengo que ser perfecto para que no me pase a mí". Cualquier error o desviación en su comportamiento pone de relieve la imagen que tiene de sí mismo como desechable. Los padres pueden ayudarle al niño a tranquilizarse en el sentido de que no necesita tratar de ser perfecto. El hecho de que no tiene que forzarse a cambiar debe recordársele constantemente, pues es muy probable que haga regresión a ese sentimiento con el trauma del divorcio. La mayoría de los niños hacen regresión en el campo en que tuvieron el último logro. Si acaba de aprender a no orinarse de noche, tal vez empiece a mojarse en la cama de nuevo. Si ha estado hablando bien, quizás empiece a tartamudear. Su comportamiento será o muy complaciente o muy provocador. Los padres sensibles aceptarán esto y hablarán sobre ello con el niño para que también él entienda que es normal y de esperarse.

Ayudarle al niño a adaptarse
Después de una penosa separación, probablemente surjan problemas con el sueño. Es bien probable que el niño

quiera dormir con el progenitor que permanece en casa. El adulto, igualmente solitario, seguramente "necesitará" al niño. Si usted está en esta situación, absténgase. El espacio entre dos personas que se sienten solas es una protección vital. El niño necesita valorar y ahondar su independencia. El adulto necesita resolver sus propios asuntos. El niño que se ve obligado a llenar los vacíos de una adulto solitario y abandonado puede ver estorbada su capacidad para adquirir su propia identidad. La relación con el progenitor de sexo opuesto puede volverse demasiado intensa sin la presencia protectora del tercer integrante del triángulo. El niño que vive con uno de los padres quizá tenga mucha más dificultad para esclarecer la importante necesidad de identificarse con cada uno de los padres. Puede percibir la cercanía como una sensación de peligro que quizá no sentía cuando ambos padres estaban presentes.

No sólo es probable que durante el divorcio aparezcan problemas de comportamiento, sino también lo es que la inmunidad física del niño refleje sus tensiones internas. Resfriados, otitis media y otras enfermedades se presentarán en esa época, aumentando el estrés de la de por sí estresada familia. Pasarán, sin embargo, a medida que la familia se adapta.

En el momento del divorcio, la familia extensa se vuelve aún más importante para el niño. Los hermanos pueden protegerse mutuamente contra el temor de la separación. Las relaciones entre hermanos a veces se hacen más estrechas. Aunque surgirán rivalidades, deben verse como la consecuencia de la necesidad de cuidados mutuos. Tomar las rivalidades demasiado en serio puede aparecer como un síntoma más de fragilidad en las relaciones de la familia que ya no está unida. Los padres deben permanecer imparciales ante la rivalidad entre hermanos y permitirles a ellos resolverla. Es demasiado fácil ir colocando al hermano mayor en el papel del progenitor ausente. Es pedirle demasiado. No es el momento de ponerle al niño semejante peso sobre los hombros. Querrá dar la medida de ese nuevo papel y se esforzará para lograrlo. Es muy probable que adopte una actitud protectora hacia los hermanos menores, pero esto no es justo. Necesita tiempo para sanar y recuperarse. Quizá necesite hacer su propia regresión, para cuidarse a sí mismo.

Los abuelos, las tías, los tíos y los primos pueden volverse fuente importante de apoyo para los niños durante un divorcio y después de él. No sólo pueden ayudarle al niño a comprender la separación sino que pueden también satisfacer su necesidad de que en su vida haya constantemente personas que lo amen y con las cuales pueda contar. Lo protegen del inevitable temor de ser abandonado. Los abuelos y la familia del cónyuge que se ausenta siguen siendo importantes. El cónyuge que permanece con los hijos debe conciliar sus propios sentimientos sobre los suegros y otros parientes políticos para lograr respetar la necesidad que el niño siente de tener una familia.

Durante el divorcio, los abuelos seguramente se dediquen a "malcriar" a los niños. Tal vez abandonen toda disciplina. El cónyuge que permanece con los hijos se sentirá amenazado por la falta de normas de los abuelos. El niño se aprovechará de esto: "La abuela me da lo que quiero. Tú eres mala y no te das cuenta de lo mucho que sufro". Al padre o a la madre que se halle en esta situación, le señalo los problemas comunes y le doy el siguiente consejo. Puesto que usted mismo se siente desnudo y desposeído, esta crítica es un golpe bajo. Lo encolerizará. Si se trata de los suegros, se sentirá aun más enfadado por el hecho de que socaven las reglas domésticas. Si puede, hable con los suegros. Pídales que lo respalden en su esfuerzo por apoyar al niño con reglas firmes y disciplina. La disciplina es aun más vital — e incluso más difícil de lograr — cuando las familias se desbaratan. La falta de disciplina deja al niño en el limbo: se ve obligado a encontrar sus propios límites en un momento en que siente que se le derrumba el hogar. La disciplina respetuosa ("Lo siento, pero ésta *sigue siendo* la manera como las cosas se hacen acá") se vuelve una fuente de seguridad.

Sea cuidadoso en cuanto a traer a su vida una persona del sexo opuesto. Espere hasta tener bastante seguridad de que se trata de una relación con la cual el niño puede contar. El hijo de una pareja divorciada estará predispuesto a entablar relaciones con el nuevo integrante del sexo

opuesto. Se sentirá profundamente defraudado si no funciona. Cuando forme una nueva relación duradera, indíquele al niño que los "amigos" y los padrastros son diferentes de los padres pero que tener uno puede ser maravilloso. Hable con el niño de los temores que pueda sentir de que usted se muera o lo abandone. Dígale que no va a dejarlo bajo *ninguna* circunstancia.

Encuentre libros sobre familias divorciadas, o haga que conozca otras familias "como la nuestra". Hoy en día, los hijos de divorciados no son una pequeña minoría, pero aun así es importante conocer otros niños que se están adaptando a un divorcio.

Finalmente, trate de no sobreproteger al niño. Permítale que haga su propia adaptación, y, de vez en cuando, hágale saber que lo está haciendo muy bien. Cuando el niño sea capaz de manejar la tensión y el cambio, verá reforzada la imagen de sí mismo. El amor constante, el respeto y la disciplina, todos pueden ser prodigados sin exceso de cuidados.

Custodia compartida Los jueces en los casos de divorcio carecen con frecuencia del tiempo suficiente o de la información requerida para decidir cuál de los padres es el más indicado para desempeñar el papel principal en el cuidado de los niños. En un intento de ser justo con los padres, el juez tal vez divida la semana del niño. Lo he visto con demasiada frecuencia. Es sumamente difícil para un niño de cualquier edad pasar de un hogar a otro cada media semana. Esto lo priva de tener un territorio permanente y propio. Recuerdo a una niña de cuatro años que pasaba media semana con cada uno de los padres. Se paraba en la puerta de su dormitorio, montando guardia como un perro. Había sido mi amiga y nos teníamos cariño. Puesto que confiaba en mí, sentí que podía tener la seguridad de decirme: "No puedes entrar aquí. Nadie puede entrar. Es *mi* habitación". Me di cuenta de que tener un territorio era, en este momento, de vital importancia para esta niña, que tenía que repartirse entre dos hogares. Los padres que piensan ensayar este sistema de custodia compartida deberían considerar la posibilidad de trasladarse de casa ellos cada media semana para dejarles a los niños un territorio permanente.

Si a usted este arreglo le resulta demasiado inconveniente, por lo menos asegúrese de que la habitación del niño nunca sufra alteraciones de ninguna clase sin su autorización. Si la tiene que compartir, cuide de que tenga su propio territorio dentro de la habitación. Un letrero en la puerta, algo como "La habitación de Isabel", puede ser de ayuda. Si el niño va y viene, puede ir y venir con algunos juguetes preferidos. Usted y su excónyuge tal vez tengan que estar pendientes de que no olvide los juguetes.

La pareja debe establecer, en la medida de lo posible, los mismos rituales y normas en cada hogar. Aunque los dos padres no pueden en realidad tratar de igual forma al niño, tener algunos hábitos parecidos le ayudará a encontrar un sentido de normalidad. Mantengan juntos a los hermanos en los actos que hayan planificado. Ellos se necesitan mutuamente. A veces, sin embargo, pasar un rato a solas con uno de los padres es también fuente de alivio. El programa debería ser regular y claramente explicado. Tener un calendario en el cual se marquen en rojo y verde los días en cada casa puede ayudarle al niño a planificar su semana.

Deje las negociaciones y discusiones con el excónyuge para las ocasiones en que el niño no esté presente. Cada cambio de hogar es una agonía para el niño. Tenga en cuenta la posibilidad de que haya regresiones temporales justo después de cada traslado. Hable sobre éstas pero no afloje ni las reglas ni la disciplina.

Trate de no impedir que el niño se identifique con su excónyuge, independientemente de su enfado. Cuando trata de impedirlo mina la imagen que el niño tiene de sí mismo. El niño necesita a ese otro padre o madre. Si el padre o la madre ausente está verdaderamente ausente y es de poco fiar tal vez deba incluso, por el bien del niño, tratar de presentarlo a él o presentarla a ella bajo una luz más favorable. "Él quisiera verte más a menudo". "Ella está lejos pero te quiere". Esto es difícil de hacer pero vale la pena intentarlo, por el bienestar del niño.

Padrastros y madrastras

No es fácil armonizar familias. Ningún padrastro debería esperar que su hijastro lo acepte con facilidad o le agradezca. Es mucho más probable que sienta que el padrastro o la madrastra es un intruso, alguien que le roba el cariño del padre o de la madre. Cuanto más necesitado el niño, mayor será el resentimiento hacia el nuevo padre (o hacia la nueva madre). La historia de la Cenicienta con su madrastra malvada se basa en numerosas experiencias. Pero estos conflictos se pueden ventilar y manejar. Es muy probable que se presenten crisis en torno a la disciplina, el sueño, la alimentación y prácticamente todos los aspectos del desarrollo. Un padrastro o madrastra inteligente tomará distancia para permitir que el padre o la madre presente decida cuándo y dónde actuar.

Cuando llegue la hora de la confrontación, los hijastros dejarán muy en claro que no tienen que obedecer (ni piensan obedecer) al padrastro. La madre o el padre y el nuevo cónyuge deben planificar un frente unánime antes que se presente el enfrentamiento. Tarde o temprano, el padrastro o la madrastra ha de sentir que su cónyuge — el padre o la madre — no lo apoya suficientemente. Si el padrastro o la madrastra siente que su cónyuge está sobreprotegiendo a sus propios hijos, la disciplina se hará más difícil. Por todas estas razones, las parejas con frecuencia se dan cuenta de que se entienden mucho mejor en los escasos momentos en que están sin los niños. Estos ratos en que los cónyuges están a solas son muy importantes.

Mark Rosen, en su libro *Stepfathering [Ser padrastro]* (véase la bibliografía), ofrece excelentes pautas para los padrastros, algunas de las cuales he adaptado en la lista siguiente:

1. El temperamento innato, que produce diferencias aun en los recién nacidos (como vimos en la parte primera), significa que el contraste entre los hijos biológicos y los hijastros no es enteramente consecuencia de la condición de los padres.

2. Cada adulto reacciona de manera diferente ante cada niño. Las diferencias entre hijastros e hijos biológicos son únicamente una de las variables que ocasionan las diferentes reacciones.

3. El comportamiento de los hijastros continúa evolucionando, especialmente después que la pareja se casa y ellos se sienten más seguros.

4. Los sentimientos entre usted y su cónyuge influirán directamente en su relación con los hijastros. Si su cónyuge no ofrece apoyo y manifiesta desacuerdo en cuanto al papel de usted en la vida de los niños, la posibilidad de establecer una buena relación con ellos se ve muy disminuida.

5. El padre o la madre ausente tendrá siempre una presencia en la vida de la nueva familia. Cuanto mejor sea la relación entre los exesposos, menor será el estrés del niño.

6. Debe prever que los momentos de transición — como las visitas del otro o al otro — sean difíciles. Hablen sobre el asunto antes y después. Otros cambios, como el nacimiento de un bebé, requerirán aún más preparación y paciencia.

Los niños que han sido amados, que han recibido apoyo
a lo largo de un divorcio y que han sido instados a adaptarse a su manera a la nueva familia probablemente adquie-
ran una fortaleza especial. Las familias divorciadas no tienen
el monopolio sobre el estrés y las crisis. Todos los niños
necesitan tener la sensación de seguridad, la flexibilidad y
la independencia que les exige un mundo lleno de cambios
rápidos y permanentes.

21

MANIPULACIÓN
EMOCIONAL

"¡No me quieren! Si me quisieran me dejarían quedarme levantado viendo televisión. Todos los otros papás y mamás dejan a sus niños ver televisión. ¡Ellos sí quieren a sus hijos; en cambio ustedes no me quieren!"

Los padres ya estarán familiarizados con este evidente intento de manipular. Vendrá acompañado de una expresión de opresión y angustia. La falta de sutileza de esta petición indica que el niño se da cuenta de que no tiene esperanzas de lograr lo que quiere. Pero, aun así, golpeará a los padres en un punto vulnerable, y muchos padres reaccionarán con enfado.

La manipulación emocional generalmente se entiende como un intento de controlar a otra persona por medio de artimañas y a través de medios injustos o insidiosos. Pero en el contexto de la relación padres-hijos es muy normal y, a menos que los padres reaccionen de manera desmedida, no es tan insidiosa. Los niños están probando sus alas. Tratan de manipular para conocer los límites de los padres.

Cuando piensen en la manipulación emocional, los padres deben primero recordar que también ellos manipulan a sus hijos "por su propio bien". Con frecuencia tratan de ejercer influencia sobre el comportamiento de sus hijos, con premios, elogios, sobornos y amenazas. Los niños aprenden rápidamente a imitar el ejemplo de los padres. Incluso el niño de uno y medio a tres años aprende pronto que, cuando se trata de atraer la atención de sus padres, acercarse con su libro preferido es mucho más eficaz que simplemente pedir atención. Poner carita triste o acercarse de manera mimosa a los padres es también muy eficaz. Nadie diría en ese caso que se trata de artimañas o que ese comportamiento tiene un propósito insidioso.

Cuando las visitas al supermercado se ven afectadas por pataletas, las cuales son acalladas a su vez por promesas de "premios" que los padres darán si el niño se queda tranquilo "quince minutos solamente", ¿quién está manipulando a quién? ¿Alguno espera ganar? Lo dudo. Veo esto como una especie de lenguaje entre los adultos y el niño. Por lo menos hace que la visita al supermercado sea mucho más emocionante. Si siempre existe la amenaza de una pataleta, y si el padre o la madre siempre están ensayando nuevos y tentadores premios, los quehaceres aburridos se vuelven muy animados. Y, mientras tanto, cada uno explora los límites del otro.

¿Cuán temprano puede aparecer la manipulación en la vida de un bebé? Durante las investigaciones que llevamos a cabo en una guardería infantil — y que describimos en el capítulo 6 —, observamos algunos bebés de cuatro meses y nos dimos cuenta de que nunca se interesaban mucho en los adultos que cuidaban de ellos ni en los juegos. Sonreían y vocalizaban cordialmente al adulto cuando les hablaba, pero rara vez se movían en ese momento. Nos dimos cuenta de que estaban ahorrando su energía emocional. Sin embargo, cuando las madres (en algunos casos los padres) llegaban a recoger a sus bebés, al final del día de trabajo, cada bebé miraba a la madre o al padre ansiosamente los primeros minutos y luego empezaba a llorar. Sollozaba sin control hasta que la madre lo alzaba. Al llegar a los brazos

Cómo empieza la manipulación

de la madre, se retorcía como si estuviera incómodo y apartaba la cara cuando la madre trataba de besarlo. Todas las madres decían lo mismo: "Está enfadado porque lo dejé todo el día". Si las personas encargadas de cuidarlos son sensibles y bien preparadas, les señalarán a las madres que los bebés han reservado para ellas todas las emociones

fuertes del día. Ahora que se sienten seguros y amados, pueden atreverse a expresar estos sentimientos. Lloran y se desmoronan porque se sienten seguros. Durante nuestra investigación, una de las madres me dijo: "¿Me quiere usted decir que me está manipulando con su llanto? Pero si sólo tiene cuatro meses. ¿Cómo sabe cuán penoso me resulta?" Lo miró y le hizo una caricia debajo de la barbilla, diciéndole amorosamente: "¡Niño necio, estás feliz de verme!"

Éste es sólo uno de los muchos ejemplos del valor que tiene para un niño pequeño sentirse poderoso. Cuando estos bebés se desmoronaban en los brazos de sus padres, se daban cuenta de las fuertes emociones que desencadenaban. Los bebés y los niños pequeños tienen la necesidad de explorar los límites de su poder: "¿Me puedo salir con la mía esta vez, o no? ¿Qué tan lejos puedo ir? Mira cómo se pone de colorada mi mamá cuando le digo que no me voy a lavar las manos. ¿Se enojará papá *cada vez* que dejo los zapatos en el vestíbulo cuando él llega a casa? ¿Hasta dónde puedo atreverme?" Probar y manipular son una manera de establecer la fortaleza y la importancia de cada una de las expectativas de los padres. Si un proceder no ocasiona una reacción, no vale la pena repetirlo. Con frecuencia, mediante esas maniobras, un niño manipulador mantiene comprometidos a sus siempre ocupados padres. El proceder se verá reforzado si la solución es que, al final de un día de trabajo, los padres se apresuren a irse a la cocina. El niño que ha estado en la guardería o en el preescolar todo el día saldrá de allá cargado de sucesos emocionantes que querrá compartir y trabajará arduamente para atraer la atención.

Los niños también manipulan a los padres para enfrentarlos entre sí. Es su manera de establecer quién manda y dónde encuentran indulgencia. "Mamá me dijo que sí podía. Ahora tú me dices que no puedo. ¿Porqué es ella tan buena y tú tan malo?" Si el resultado de esta prueba es una discusión entre los padres y el más estricto no recibe respaldo, el niño habrá aprendido una lección. Habrá descubierto que los padres prefieren pelearse a respaldarse en sus decisiones. Se da cuenta de que con frecuencia puede lograr lo que quiere si provoca esos desacuerdos. Esto le da una sensación de peligroso poder, lo cual es emocionante pero temible. Vuelve al niño ansioso e inseguro.

La manipulación se encuentra prácticamente presente en cada momento del día del niño. Durante las comidas, se manifiesta en el acto de tirar la comida al piso para ver si la madre o el padre la recoge. Un niño mayor tal vez diga: "No me voy a comer esta hamburguesa, pero si me dan un perro caliente, sí me lo como". Los padres dirán: "No te puedes comer el postre mientras no te hayas comido todo lo que tienes en el plato". A la hora de irse a la cama, el vaso de agua, o el "tengo que ir al baño otra vez" y otros pretextos no son muy sutiles, pero cumplen el propósito de posponer la hora de irse a la cama. Los padres contribuyen a esa situación cuando dicen: "Te dejo ver televisión media hora más si luego te acuestas inmediatamente".

¿Qué se logra con todas estas maniobras? Representan una lucha por el poder, una exploración necesaria por parte de padres e hijos sobre los límites de las habilidades del otro. Cuando les pregunto a los padres por qué no ponen término a los eternos dramas del momento de irse a la cama, algunos reconocen que detestan el final del día, que detestan tener que despedirse del niño. "Si lo despacho demasiado temprano, se acostará con la sensación de que no lo amamos y lo hemos abandonado". No me parece que el niño se sienta poco amado o abandonado por el hecho de que el hábito de irse a la cama tenga límites firmes y claros, pero sí me doy cuenta de que la batalla que precede al acto de acostarse puede ser una manera como los padres y el niño atenúan la separación. Inconscientemente, cada uno está tratando de diluir el pesar de la separación, temeroso del futuro, cuando sean necesarias separaciones aún mayores.

"Siempre son más buenos con él que conmigo. Siempre dejan que él se salga con la suya; en cambio conmigo siempre se enfadan". Estas comparaciones envidiosas son una forma común de manipulación. ¿Qué logra? Puesto que los padres así acusados nunca tienen muy claro su comportamiento anterior, la acusación tiene un eco de verdad. Todos sabemos que no somos del todo iguales en nuestro comportamiento con los hijos. Las acusaciones de injusticia tocan un punto flaco. Con esta ventaja, el niño puede presentarles su caso a unos padres levemente culpables. La posibilidad de salirse con la suya aumenta. Si es astuto, reservará este sistema para raras pero importantes ocasiones.

¿Deberían, como padres, permitirle que los manipule de esta manera en ciertas ocasiones? Depende de las circunstancias y de la importancia del suceso. No existe ninguna razón por la cual no puedan entrar a participar en el juego de la manipulación y compartir el orgullo del niño cuando éste se dé cuenta de cuán hábilmente ha maniobrado. La capacidad de manipular sutil e inteligentemente es una ventaja hacia el futuro de todos los niños. Sin embargo, también querrán los padres dejar las cosas en claro: En primer lugar, no necesitan tratar a cada niño ni cada circunstancia de la misma manera, y su intento de manipulación les produce enfado. Al mismo tiempo, admiran su habilidad y quieren hacérselo saber. Puede que aun así no lo dejen hacer lo que quiere, pero lo ven desde su punto de vista. De este modo le hacen ver los pros y los contras de su intento, y le muestran respeto.

Como decíamos, el elogio de los padres puede verse como una manera de "enseñarle" al niño. Cuando trata de amarrarse solo los cordones de los zapatos, todos los padres tienden a elogiar su esfuerzo. "¡Muy bien, Susana! Ahora déjame que te muestre cómo haces el nudo". Con el estímulo, están tratando de mantenerlo interesado para lograr que los imite. Cuando esto funciona, se convierte en un poderoso sistema para encauzar el aprendizaje. Sin embargo, es fácil olvidar que la mayor motivación para el niño es *su propio gusto* por haber logrado hacer algo. Demasiada solicitud y elogio pueden despojar al niño de sus propios triunfos. Los sobornos, en particular, probablemente resulten degradantes, pues no le permiten al niño recibir el crédito de que fue él mismo quien tuvo la capacidad de tomar la decisión correcta. Dan a entender que en su caso sólo funcionan los sobornos, nunca la razón.

Responder a la manipulación

Los padres en el supermercado, que mencionábamos al principio del capítulo, podrían haber preparado al niño para la larga caminata y haberlo mantenido interesado con oportunidades de participar. En lugar de esperar a que se desmoronara, los padres podrían haberse sentado con el niño ante uno de los mostradores y disfrutado de unos helados, premio por su ayuda y su sostenida atención. La manipulación puede ser sensible y respetuosa o torpe y denigrante.

Para estimular la colaboración y reducir los intentos de manipulación del niño, las siguientes sugerencias pueden ser útiles:

1. Antes que surjan los problemas, hablen sobre ellos. Presenten abiertamente las opciones y el cómo quisieran que se comportara el niño. Escojan los momentos en que el niño no esté alterado para discutir lo que hay que discutir, no cuando esté en medio de una crisis.

2. Respétenlo por su capacidad de tomar decisiones sobre las opciones que se le ofrecen. Orienten las opciones hacia su nivel según su edad y hacia su capacidad de mantener el dominio sobre sí mismo y de recordar cuál fue la opción que eligió.

3. Recuerden que los comportamientos provocadores son la manera como el niño prueba sus propios límites y se pone a prueba a sí mismo.

4. Estudien su propia tolerancia al mal comportamiento del niño. Quizá ciertas actividades los hagan reaccionar en exceso.

5. Únanse al niño en lo que le piden que haga. Esto no sólo le proporciona un modelo, sino que les da a todos una sensación de estarse comunicando entre sí.

6. Reconozcan que el aumento de la presión y de la manipulación da lugar a que aumente el desafío; presenten alternativas.

7. Si definitivamente quieren que el niño haga algo, nunca pregunten: "¿Lo harás?" En lugar de ello díganle: "Hazlo ahora".

8. Elógienlo cuando hayan logrado que colabore.

Cuando nosotros, como padres, utilizamos la manipulación, corremos el riesgo de minar la confianza, mermando la capacidad del niño de estar a la altura de la situación. Cuando los padres son directos y sinceros en sus expectativas acerca del niño, él sentirá que confían en él y que le dan poder. La comunicación sincera es el sistema más poderoso que pueden establecer los padres. El niño puede entonces tomar su propia decisión, darse cuenta de que "esto lo decido yo" y sentir la satisfacción del logro cuando es capaz de colocarse a la altura de las circunstancias. A la vez, los padres están dando ejemplo al niño de cómo sustituir la manipulación emocional.

22

TEMORES

Todos los niños pasan por etapas de temores. Los miedos son normales y les ayudan a los niños a resolver problemas del desarrollo. También atraen la atención de los padres hacia las luchas del niño. Producen el apoyo de los padres en el momento en que el niño lo necesita.

Temores universales   El temor a caerse es inherente a todos los bebés y se manifiesta en el complejo movimiento de agarrarse denominado el reflejo de Moro. Éste se describe en el capítulo 2. Cuando el bebé se siente descubierto o sobresaltado, o cuando se le deja caer de repente, extiende los brazos hacia los lados y luego los une en un gesto de asirse de cualquier persona o cosa cercana. El mono pequeño emplea este reflejo para ayudarse a mantenerse pegado a su madre mientras ésta se mueve. El llanto sobresaltado que acompaña a este reflejo atrae la atención de los padres. Así, incluso al nacer, el bebé está equipado para pedir ayuda ante su temor instintivo de caerse o de quedar sin piso.

Puesto que la mayor parte de la infancia está llena de períodos de temor, los padres necesitan entender estos miedos. De otro modo, tal vez se vean atrapados en ellos y produzcan un arraigamiento de los temores en el niño. Los temores surgen durante la infancia en momentos previsibles. Tener miedo produce un aumento de la adrenalina y una especie de aprendizaje acelerado sobre la mejor manera de controlar el miedo. Pero si el niño se siente agobiado por su reacción de temor, no se beneficiará de este aprendizaje constructivo. Los padres no pueden erradicar los temores de los niños, pero pueden ayudarle a tomarlos menos a pecho y a aprender de ellos.

Esto es difícil, en parte porque los temores de los niños tal vez evoquen en los padres temores no resueltos. Todos los padres reconocen cuánto miedo pueden infundir las brujas, los fantasmas, los monstruos. Cuando por primera vez el niño se despierta gritando con el cuento de que "hay un monstruo en mi habitación", los padres recordarán su propio temor a los monstruos. Probablemente se excedan en sus esfuerzos tranquilizadores. El niño percibe la ansiedad, la cual se suma a la suya. En las noches siguientes, el "monstruo" empieza a tomar forma más y más real. A medida que las descripciones del niño se vuelven más vívidas, cautiva la imaginación de los padres y también ellos se ven cada vez más atrapados en ese temor. Con su desmesurada reacción, le prestan al temor cierta credibilidad y hacen improbable que el niño pueda manejar por sí mismo su miedo. Si los padres pueden darse cuenta de que están reaccionando con demasiada vehemencia y pueden reconocer esos temores como parte de un proceso de aprendizaje, estarán en mejores condiciones de ayudarle al niño.

Inevitablemente, los temores surgen en períodos de nuevo y acelerado aprendizaje. La nueva independencia del niño y sus nuevas habilidades lo desequilibran. Los miedos absorben la energía que necesita para readaptarse. Al manejar sus temores, el niño aprende a controlarse y a manejar también el acelerado crecimiento. Después, tal vez incluso sienta que ha escalado una cumbre del desarrollo. Los niños dicen: "Yo le tenía miedo a eso. Ya no". Cuando el niño se ha controlado en mi consultorio durante una inyección dolorosa, siempre le digo: "¡Mira lo que has hecho! Te dolió y te quejaste. Pero luego te contuviste y ya no estás llorando. ¡Has crecido!" Me mira con verdadero orgullo de su logro y dice: "¡Ya ni siquiera les tengo miedo a las inyecciones!" Puede que tema la llegada de la próxima ocasión, pero se siente orgulloso de su logro. Todos nos sentimos orgullosos — sus padres y yo — y él merece nuestro reconocimiento.

Recientemente, el psicólogo Jerome Kagan y otros han demostrado que la timidez y el recelo ante situaciones nuevas probablemente sean innatos. En tales casos, los padres tímidos y sensibles probablemente tengan hijos tímidos y sensibles. Los padres que se dan cuenta de estas tendencias en sus hijos pueden evitar agravarlas con sus propios temores. Apoyando al niño y mostrándole cómo ellos mismos han manejado las situaciones nuevas y temibles, pueden enriquecer los recursos internos del niño.

Temor a los extraños

El temor a los extraños es uno de los primeros síntomas reconocibles de los miedos infantiles. La capacidad de notar las diferencias entre los extraños y los padres se hace evidente incluso en bebés de cuatro a seis semanas, como lo decíamos en capítulos anteriores. Hemos filmado a bebés muy pequeños, de uno a seis meses de edad, durante su interacción con adultos juguetones. Incluso al mes, podemos ver diferencias en el comportamiento y en las actitudes de los bebés hacia la madre, el padre y los extraños. Ya reconocen las caras, las voces, los ademanes de los padres y lo demuestran reaccionando de manera muy diferente. El temor a los extraños que demuestran a los cinco meses, a los ocho meses y al año no es una repentina noción de la diferencia entre los padres y los extraños. Antes bien, representa un aumento de la consciencia de las acciones de los demás y de su propia habilidad para reaccionar. Como lo vimos en el capítulo 6, para no llorar desesperadamente en el consultorio del médico, el niño de cinco meses tiene que estar viendo a su madre directamente. Está observando y escuchando a personas y cosas en su medio ambiente con un nuevo nivel de participación. Un abuelo chocho o la niñera de un bebé de esta edad harían bien en no apresurarse a alzarlo en brazos o a mirarlo directamente a los ojos sin un período inicial de "conocerse". Los padres prudentes de un bebé de esta edad se quedarán bien a la vista durante cualquier situación extraña.

El próximo arranque de temor a los extraños aparece en algún momento cercano a los ocho meses. Esta vez es más intenso. El bebé se deshará en llanto inesperadamente en lugares extraños o incluso cuando pasa algún extraño que lo mira a la cara. Aun si está seguro en brazos de mamá, lo percibe como una intromisión. Se está volviendo más consciente de los sitios y personas nuevas. Éste no es el momento de dejarlo solo con extraños sin la oportunidad de conocerlos a su manera. Los padres deben, inicialmente, tenerlo cerca hasta cuando esté listo para quedarse solo. Después que se termine esta etapa de más o menos un mes, todavía será sensible a las experiencias nuevas, pero ya habrá aprendido a manejarlas. Los niños que permanecen en una guardería durante el día o se quedan con alguien diferente de los padres tal vez ya hayan aprendido cómo tratar a determinadas personas y cómo manejar situaciones extrañas. Pero en algún momento quizá se pongan cada vez más agitados cuando los padres se van. A causa de la nueva consciencia, tal vez empiecen a necesitar más preparación y mimos antes de quedarse con extraños.

A los doce meses surge de nuevo esta misma noción de la importancia de los "propios" familiares *del bebé* y de su espacio personal. Durante todo el segundo año, a medida que aprende sobre el mundo nuevo y en rápida expansión que se le abre cuando aprende a caminar, valorará y temerá al mismo tiempo su propia independencia En el momento en que está aprendiendo a alejarse corriendo de sus padres, la dependencia se verá igualmente acrecentada. Estando en el consultorio, se pegará a sus padres al darse cuenta de cuán extraño y temible es el nuevo lugar. Cuando me acerco para examinarlo, tiene que estar sentado en las rodillas del padre o de la madre. Pongo la mirada más allá de él, nunca en su cara. Con el estetoscopio ausculto el pecho del osito o de la muñeca preferida y el de los padres. Como vimos en el capítulo nueve, tal vez el proceso se demore un poco. Pero el beneficio es que en el segundo año adquirirá una confianza en mí que le durará toda la vida. Los adultos que respetan la necesidad que tiene el niño de esta edad de temerles a las experiencias nuevas y abrumadoras le ayudan a superar los "viejos" temores y a aprender a sobreponerse a los nuevos.

En el segundo año y en el tercero los niños necesitan aprender cómo comportarse con compañeros de su edad. Desde luego, sentirán temor cuando llegan a un grupo nuevo de bulliciosos niños. A los padres de niños de dos o tres años, les hago las siguientes sugerencias: En primer lugar, esperen que el niño se les pegue al pantalón o a la falda. Prepárenlo con tiempo en cuanto a quiénes y qué se va a encontrar. Díganle con franqueza si van a quedarse con él. Díganle cuánto tiempo puede estarse pegadito a ustedes y cómo le ayudarán a acostumbrarse a la nueva situación.

Si lo llevan a jugar con otros niños de su edad, dejen que se quede al lado de ustedes hasta que pueda empezar a identificarse con alguno de ellos. Entonces, lentamente se acercará a él, si da señales de aceptación. Traten de dejarlo jugando por lo menos con otro niño antes de retirarse. Cuando esté bien, retírense con prontitud y dejen la situación en manos del niño. Si se enfrasca en una batalla, no intervengan y dejen que los dos niños la manejen. Aprenderá más acerca de sí mismo si está solo que si continúan aconsejándole y protegiéndolo. Los niños de esta edad están listos para aprender los unos de los otros acerca de cómo comportarse. De los grupos pequeños de niños de la misma edad ellos aprenden cómo manejar situaciones abrumadoras — paso a paso. Un grupo de juego que se reúna regularmente y que conste de dos o tres niños es uno de los mejores antídotos contra la excesiva timidez y temor a otros niños. Si al niño lo agobia la presencia de demasiados niños agresivos, probablemente seguirá siendo temeroso y tímido.

Clases de temores en el niño pequeño

Entre las edades de tres y seis años, los niños con seguridad sentirán temores. A medida que el niño aprenda sobre sus propios sentimientos agresivos, empezará a temer la agresividad de otras personas y situaciones. A medida que aprende sobre sus florecientes sentimientos de independencia, necesitará temores que le ayuden a dominar los anteriores sentimientos. Esta etapa es, en sus luchas, comparable a la adolescencia.

Temor a los perros y a otros animales que muerden. A medida que el niño aprende a dominar sus instintos, uno de los cuales era morder cuando estaba tenso, tal vez sienta temor de cualquier cosa que, según cree, lo puede morder. Cualquier cosa nueva o desacostumbrada puede hacerle sentir miedo a ser mordido. Al igual que un perro u otro animal desconocido quizá "muerda", también existe el peligro con otros· niños o con una persona desconocida. Por ejemplo, una niña de dos años que se subió al tranvía con su madre vio dos monjas vestidas con largos hábitos negros. Nunca antes había visto una monja. Miró a su madre inquisitivamente y le preguntó: "¿Muerden a bebé?"

Temor a los ruidos fuertes. Los automóviles de bomberos, las ambulancias o las puertas que se azotan de repente suscitan en el niño reacciones violentas y temibles. Tal vez le recuerden su propia repentina pérdida de control y se sienta de algún modo implicado cuando estos ruidos se repiten. Por la misma razón, la agresión en la televisión, incluso en niños mayores, evoca el fantasma de sus propios poderosos sentimientos agresivos. Se asusta de verlo en otros.

Temor a la oscuridad, a los monstruos, a las brujas y a los fantasmas. Los temores siempre afloran en la noche. Depredadores soñados se vuelven temibles imágenes proyectadas en la oscuridad. Esto ocurre en la época en que el niño está creciendo aceleradamente hacia su independencia. El niño está adquiriendo consciencia — y se siente en conflicto con ello — de su dependencia de los padres.

Temor a las alturas. El temor a saltar de los muebles o de las ventanas (las fantasías, tipo Peter Pan, de volar) pueden surgir a esta edad y permanecer algún tiempo. Incluso los adultos permanecen temerosos de las alturas y de la sensación de que podrían llegar a arrojarse al vacío. Estos temores llegan cuando el niño se vuelve consciente del peligro de caerse de grandes alturas y de que es lo suficientemente independiente para tener que protegerse a sí mismo.

Temor a la muerte de uno de los padres. El miedo a la muerte de los padres hace juego con las fobias a la escuela, o con el temor de salir de casa para ir a fiestas o de visita. En parte, se deben a la timidez y al temor natural de verse agobiados. También se relacionan con los llamados deseos edípicos. Inconscientemente, pero hondamente ligado a cada uno de los padres, el niño siente temor de querer deshacerse de uno de ellos. El temor del niño a su propia muerte puede aparecer a los cinco años más o menos. Puede deberse a que teme una revancha por sus "malos" deseos. Aunque estos sentimientos son demasiado profundos para hacérselos notar a un niño, será útil para los padres darse cuenta de que son normales. Tal vez entonces eviten reaccionar excesivamente ante su repentino temor a la muerte: la propia o la de los padres. Ésta es la época en que los padres pueden tranquilizar al niño diciéndole que están para protegerlo y que no permitirán que él esté en peligro ni ellos desaparecerán.

Cuando la muerte le llega a alguien de la familia o a una mascota amada, los padres deben respetar los sentimientos y el temor que surjan. Éstos son momentos adecuados para que los padres conversen sobre su propia manera de manejar sus temores (véase el capítulo 29).

Temor a los extraños y al abuso sexual. El temor a que los extraños puedan hacerle daño al niño está hoy tan presente en las mentes de los padres, que el problema puede ser tanto proteger al niño de los temores gratuitos como del peligro real del abuso sexual. Al niño pequeño no debe nunca ponérsele en situación de decidir por sí mismo en quién confiar. Es tarea de los padres proteger a los niños pequeños de la mejor manera posible.

Aunque los padres deben empezar a enseñarle al niño de cinco o seis años cómo protegerse contra extraños, es muy fácil exagerar. Me preocupa que esta generación de niños no se atreverá nunca a establecer relaciones con gente nueva si tenemos demasiado éxito en asustarlos contra la gente "nueva" y extraña. Los niños tan pequeños no deben ser colocados en situaciones peligrosas. Cuando se le da al niño consejo en el sentido de que no permita que nadie desconocido le toque el cuerpo, los padres deben pesar cuidadosamente estas advertencias con el riesgo de volverlo demasiado sensible en cuanto a su cuerpo. Ciertamente que debe tener recelo de las personas extrañas que, en la escuela o en los sitios de recreo, lo hagan sentir incómodo, pero esto debe ser equilibrado con la sensación de que hay personas a quienes puede amar y en quienes puede confiar de todo corazón. Tal vez la mejor protección que tiene el niño de sentirse demasiado preocupado esté en saber que puede comunicarles inmediatamente a los padres cualquier temor o inquietud, a sabiendas de que lo escucharán y de que harán algo al respecto.

Temor a los niños agresivos. A medida que el niño se hace mayor, las relaciones con los compañeros se vuelven más importantes y son cada vez más complejas. El niño necesita aprender a relacionarse con los demás desde el segundo año, si no ha de ser un ser solitario y aislado en los siguientes años escolares. Como lo mencionábamos antes, les hago algunas sugerencias a los padres. Traten de permitirle aprender a integrarse a un grupo poniéndolo primero en contacto con uno o dos niños de su edad. Si es tímido, permítanle que se tome el tiempo que necesite. Encuentren para él un niño que se le parezca, y ayúdenles a hacerse amigos. Después ayúdenle a su hijo a aprender alguna especialidad. Si puede perfeccionarse en el deporte, la música u otro campo, los niños lo respetarán. Cuando llegue a casa, abrumado por las burlas y chanzas, recuérdenle que todo el mundo debe aprender a soportar chanzas. "Los niños siempre tratan de hacerles chanzas a sus amigos". Déjenle saber que si es capaz de soportar bien las burlas probablemente no se repitan.

Temor al fracaso. Todos los niños le temen al fracaso. Es, para todos nosotros, un estado natural. Puede ser útil para empujarnos hacia el éxito y la excelencia. Pero también puede ser destructivo. Si el niño parece estar agobiado por el temor al fracaso, tal vez necesita una mayor base de confianza en sí mismo. Háganle saber que lo quieren tal como es. Elógienlo por los éxitos pequeños y no lo presionen hacia el éxito. Tal vez necesita menos estrés para desempeñarse bien y más premios verbales cuando logra el éxito. Tal vez necesite oportunidades de lograr el exito en cosas pequeñas. Sugeriría experiencias de baja intensidad con otros niños con quienes pueda competir y experiencias de aprendizaje que pueda lograr fácil y satisfactoriamente. Si esto puede hacerse sin aumentarle las presiones, estimúlenle sus aptitudes y habilidades particulares para que pueda descollar dentro del grupo. Si se ve como un ser con éxito que es especial para sus padres empezará a adquirir la confianza en sí mismo que le hace falta — lentamente, paso a paso.

Temor a la guerra o al desastre nuclear. Los niños intuyen los sentimientos de impotencia de sus padres ante la carrera armamentista existente en algunos países. Por los medios de comunicación se han enterado sobre la agresión militar y la destrucción que puede resultar. Los niños pequeños carecen del sentido de la perspectiva para enfocar estos temores. El temor al aniquilamiento que todos albergamos encuadra dentro de los temores a su propia agresividad y a la represalia que creen merecer por causa de sus deseos agresivos. Así que se preocupan, y cuando los adultos que los rodean se preocupan también, las fantasías de los niños se salen de control. Como adultos, debemos darles a los niños pequeños una sensación de límites de la agresión mundial. Como padres, debemos comunicar esperanza en nuestra sociedad, al igual que una profunda responsabilidad hacia los otros que pueda gradualmente contrarrestar la violencia que nos rodea.

Cómo ayudarle al niño a controlar los temores

El siguiente consejo va dirigido no sólo a los padres, sino a todos los adultos cariñosos interesados en ayudarle al niño a manejar sus temores. En primer lugar, escuchen atentamente y respeten lo que el niño les diga acerca de su miedo. Ayúdenle a ver que tener miedo y preocuparse por las cosas es normal. Sólo entonces tranquilícenlo, diciéndole que lo que ahora parece temible y sobrecogedor puede ser dominado y que, a medida que sea mayor, aprenderá a superar el temor. Ciertamente que pueden mirar con el niño debajo de la cama o en el clóset para ver si hay brujas o monstruos, pero no se agiten demasiado en el proceso ni le presten demasiada atención. Háganle saber que papá y mamá saben que allí no hay nada, pero que todos los niños se preocupan.

Apoyen al niño en su lucha por encontrar cómo dominar sus temores. Déjenlo que haga regresiones. Déjenlo ser dependiente y que abrace su osito de felpa u otro objeto preferido y que se comporte en estas ocasiones como un bebé. No querrá portarse como un bebé por mucho rato. Aun en el momento en que lo están abrazando, sentirán que trata de escabullirse. En ese momento pueden elogiarle su coraje y el ser tan "grande".

Ayúdenle a entender las razones que hay detrás de sus temores; v. g., que está tratando de aprender algo sobre situaciones nuevas y algo asustadoras. Háblenle de cómo está tratando de aventurarse en el mundo, de defenderse solo, de alejarse un poco de ustedes, y cómo todo esto da miedo. Utilicen los propios términos de él. No se pongan demasiado intelectuales o por encima de él. No servirá de nada.

Tranquilícenlo, diciéndole que todos los niños de esa edad sienten temor. Sugiéranle que les pregunte a sus amigos cómo manejan ellos sus miedos. Háblenle de los temores que ustedes tenían a esa edad y cómo aprendieron a superarlos. "Siempre me sentía raro antes de ir a una fiesta. Todavía me quedo en la puerta hasta que veo a alguien conocido y entonces me le acerco. Ya aprenderás tú también cómo hacerlo. Yo sé exactamente cómo te sientes".

Entre tanto — y esto especialmente para los padres —, salgan solos con el niño cada semana a hacer cosas juntos. Esto abrirá la posibilidad de que les cuente sus cosas y, lo que es más importante, le dará la oportunidad de identificarse con ustedes. Si está aprendiendo sobre la agresividad, ahora puede aprender cómo ser agresivo sin peligro — de la manera como sus padres lo son. Puede, incluso, que no necesiten hablar sobre esta manera; quizá él mismo se dé cuenta.

Cuando finalmente el niño se sobreponga a sus temores, háganselo ver para que pueda aprender de su éxito. Hacer comentarios sobre su logro servirá no sólo para sacarlo del terreno de los temores y llevarlo al de las conquistas, sino que establecerá una pauta para él y para ustedes. Pueden volver a referirse a este éxito cuando se presenten nuevos temores.

Si los temores del niño, o en general su carácter asustadizo, empiezan a invadirle su modo de vida, o si los temores se prolongan por un período largo (seis meses), o si afectan su capacidad de hacer amigos, yo buscaría la ayuda de un profesional. Estos temores pueden ser la manera mediante la cual el niño pide desesperadamente consejo. Solicítenle a su médico ayuda para encontrar un terapeuta. Busquen instituciones confiables que los puedan remitir a un psiquiatra o a un psicólogo infantil.

23

PROBLEMAS CON LA ALIMENTACIÓN

Desde el mismo instante en que la madre estrecha al recién nacido contra su pecho, ella sabe instintivamente que los amorosos mensajes que acompañan la alimentación son tan importantes para el bienestar de su bebé como la comida misma. Está en lo cierto. Sin estos mensajes, la comida no será suficiente para impulsar el crecimiento emocional, tal vez ni siquiera el crecimiento físico.

La experiencia de alimentar

Como lo mencionábamos en el capítulo 5, existe un síndrome llamado de falta de medrar o crecer, con el cual vemos enjutos bebés de ocho meses que todavía pesan lo mismo que pesaban al nacer. Quizá recibieron suficiente comida, pero les faltó la comunicación amorosa. Cuando los traen al hospital, llegan con caritas que no dan esperanza de respuesta, los ojos opacos, la mirada lejana y una total incapacidad de comunicarse. Se apartan de cualquier contacto humano como si fuera doloroso. Porque les ha faltado un cuidado acompañado de cariño, la comida les pasa por

el intestino sin ser digerida. Tan pronto como un ser amoroso les muestra a estos niños que pueden atreverse a mirarle la cara a un adulto cariñoso, o que pueden permitir que se les cante, se les meza o se les mime y abrace en el momento de la alimentación, dejan de arquearse en ademán de rechazo y dejan de esquivar la mirada. En ese momento, empiezan a ganar peso y a prosperar. Pueden volverse personitas felices y llenas de confianza en sí mismas. Estos bebés representan casos extremos que demuestran claramente que, para satisfacer las necesidades del bebé, la alimentación debe ir acompañada de mensajes de amor. Aunque la comida es vital para la supervivencia, la calidad de la vida futura del bebé depende también del cariño que los padres proporcionen junto con la alimentación.

Aunque a todos los padres les gustaría que sus bebés disfrutaran de la alimentación, es muy probable que los padres tengan sus propias dificultades emocionales. De nuestra propia infancia nos quedan impresas las experiencias de la alimentación. Todos hemos tenido experiencias que dominan nuestro comportamiento en momentos tan importantes como el de alimentarnos. Nuestras reacciones no son conscientes sino que están basadas en viejos patrones: "Pues ahí te quedas sentado hasta que te comas las verduras. Nunca vas a crecer si no te tomas la leche". Esta afirmación *tal vez* contuviera algo de verdad hace cincuenta años, pero ciertamente es falsa hoy. Con suplementos vitamínicos adecuados ninguna verdura en particular es decisiva para la salud del niño. La espinaca que hacía poderoso a Popeye es tan sólo uno de los más empolvados mitos que quedan; muchos otros dominan nuestro comportamiento. Creamos problemas innecesarios porque sentimos con demasiada fuerza nuestra responsabilidad. *Desde luego,* es probable que reaccionemos con demasiada vehemencia ante la responsabilidad de alimentar a nuestros hijos; la tarea de "una buena madre", siempre creímos, es lograr que el bebé coma.

Los padres se enfrentan a sus propios "fantasmas" cuando se encuentran con cualquier problema en la alimentación del niño. Necesitan darse cuenta de que ello forma parte del deseo de ser buenos padres. Si pueden recordar sus propias experiencias con la alimentación, no tienen por qué perpetuarlas. Obligar al niño a comer es la mejor manera de crear un problema. Para que comer le sea placentero al niño, debe ser *él* quien controla lo que selecciona, lo que rechaza y cuándo dejar de comer.

Por su propia naturaleza, el comer es un terreno en el cual los padres y el bebé se le miden a la constante batalla entre la dependencia (recibir alimento) y la independencia (alimentarse solo). Lo más probable es que ningún otro aspecto del desarrollo se vea implicado en esta batalla. Debe ganar la independencia. La manera como la alimentación se maneje puede incluso ejercer influencia en la calidad de la imagen que el niño tenga de sí mismo como persona competente y completa. Su necesidad de expresarse en la alimentación se vuelve tan decisiva para su desarrollo como la cantidad de calorías que consume. Pero a los padres solícitos les cuesta trabajo darse cuenta de esto. La tarea pertinente es lograr que cada momento de alimentación sea una experiencia profundamente satisfactoria, para que, a medida que crezca, el niño pueda sentir que alimentarse a sí mismo produce igual placer.

El asunto es si dar el pecho puede verse con la misma perspectiva. Amamantar puede ser una experiencia cercana, cálida e íntima para la madre y el niño. Puesto que la leche materna está adaptada al bebé humano — desde los puntos de vista nutricional, digestivo y antialérgico, al igual que por dar protección natural contra las infecciones —, cada madre debe considerarla la primera opción. Sin embargo, si, por cualquier razón, la madre no se siente a gusto con la idea de amamantar, o si a ella o al bebé se les vuelve una experiencia desagradable, esto debería tomarse en cuenta seriamente. La madre le comunicará sus sentimientos al bebé, y ello determinará si comienzan bien o mal. Un bebé a quien se abraza y estrecha amorosamente al darle el biberón (sin que *nunca* se le deje solo con el biberón recostado contra algo) tendrá también lo que necesita, como lo decíamos en capítulos anteriores.

Pautas de alimentación y etapas del desarrollo

Inicialmente, el bebé necesita establecer él mismo el horario. Cuando ustedes, los padres, están tratando de entenderlo, es mejor satisfacer sus exigencias y aprender *poco a poco* cuáles llantos significan que tiene hambre y cuáles quieren decir que está aburrido o cansado. En el comienzo y en posteriores etapas de crisis, siempre es mejor adoptar el sistema de alimentarlo cada vez que lo pida. Sin embargo, una vez que tengan una idea más clara de las necesidades del niño, pueden empezar a guiarlo hacia un horario. Para todos en la familia será un alivio poder empezar a tener horas fijas para alimentarse, dormir y jugar. A las seis semanas de edad, el horario de un bebé de gestación completa debe ser ya bastante regular, de modo que la alimentación se efectúe más o menos cada cuatro horas. A las doce semanas debe ya alimentarse cinco veces al día a horas previstas. A las veinte semanas, la mayoría de los bebés necesitarán sólo cuatro comidas: a las 7 a.m., al mediodía, a las 5 p.m. y a las 10 p.m. A los seis o siete meses, la alimentación (con comida sólida) será a las 7 a.m., al mediodía y a las 5 p.m.; tomará leche a las 7 p.m. ¡y a la cama toda la noche!

Desde el punto de vista de la nutrición, los bebés no necesitan alimento sólido hasta los seis meses de edad. De hecho, no aprenden a tragar sólidos antes de los tres meses. Antes de esto, los chupan pero no los tragan voluntariamente. Sin embargo, a los cuatro o cinco meses, muchos bebés necesitan alimentos sólidos para ayudarles a dormir toda la noche y alargar el tiempo entre una comida y otra durante el día. Si el bebé está ya comiendo regularmente cada cuatro horas y durmiendo ocho horas seguidas durante la noche, y vuelve a querer comer con más frecuencia, yo probaría a darle alimentos sólidos. Tal vez ya no lo satisfaga recibir solamente leche.

A los ocho meses, el bebé estará listo para utilizar su nueva y emocionante habilidad de hacer pinza con los dedos índice y pulgar. Si le dan dos o tres pedacitos blandos de comida cuando lo sientan a comer — para que los manipule, los agarre, los unte y finalmente se los meta en la boca — se darán cuenta de su fascinación. Trabajará arduamente hasta por una hora para manejar bien estos pedacitos; así de emocionado estará con la sensación de que puede controlar su propia alimentación. Permitirá incluso que le den las papillas mientras él se se perfecciona en su habilidad. De hecho, si no permiten que se alimente solo ya hacia el final del primer año, estarán probablemente creándole un problema de alimentación para el segundo año. Al año, estará sacudiendo la cabeza, cerrando la boca y tirando la comida, lo que significa claramente: "Quiero ser independiente en mi alimentación".

Al año, el niño ya debe defenderse solo comiendo con los dedos. Pedacitos blandos de la comida de los adultos que pueda masticar con las encías le entrarán fácilmente. Si son demasiado gruesos o duros, podría atragantarse con ellos; así que asegúrense de que sean adecuadamente blandos. Al año, empezará a rechazar ciertos alimentos: un mes las verduras, otro la carne, otro el huevo. Una vez más, les está diciendo que necesita controlar la situación, poder decidir qué come. Si pueden dejarlo *escoger y rechazar* durante el segundo año, no tendrán, probablemente, dificultades con la alimentación. Pero esto implica que *ustedes no tendrán control* de la situación. Debe alimentarse él mismo. No será capaz de manejar un tenedor o una cuchara hasta los dieciséis meses de edad; así que necesita poder escoger pedacitos de comida. Denle de lo que coman ustedes, a menos que sea duro. Si no lo quiere y parece querer algo diferente, simplemente díganle: "En la próxima comida te damos eso", y no insistan en que se coma lo que no quiere.

Las horas de comida con un niño de esta edad están llenas de rechazos, de negatividad, de provocaciones para descubrir los límites. En el terreno de la alimentación, *desde luego* que siempre querrá lo que no está preparado. No permitan que esto los afecte: la clase de comida no es lo importante; es el juego lo que importa. Si quieren que la actitud de provocación vaya y venga, síganle el juego. Será más fácil, sin embargo, si imponen ciertos límites firmes. Pueden simplemente decirle: "Esto es lo que vamos a comer ahora. Si quieres mantequilla de maní, te la damos en la próxima comida". Cuando se la den, de todos modos, no la querrá.

A los padres les resulta mucho más fácil relajarse en torno a estas comidas irregulares, si se dan cuenta de cuán simples son las necesidades nutricionales de un niño a esta edad. Como lo anotábamos en el capítulo nueve, sólo requiere estas cuatro clases de alimentos:

1. Dos tazas de leche o su equivalente (cuatro onzas de queso, o dos tazas de yogur, helado, etcétera).
2. Dos onzas de carne o un huevo (si no come de ninguno de los dos, pueden batirle un huevo en la leche o darle un suplemento de hierro).
3. Una onza de jugo de naranja o un pedazo de fruta fresca, para proporcionarle vitamina C.
4. Una multivitamina que supla sus necesidades de verduras durante esta época de negatividad.

Muchos niños rehúsan comer verduras durante el segundo año. Su madre o su suegra tal vez les diga que ustedes no le parecen buenos padres porque el niño no come una "dieta equilibrada" de legumbres verdes y amarillas. He conocido muy pocos niños de esta edad que comieran verduras y he visto miles que no las recibían pero que han crecido a pesar de no comer *nada de verduras* durante más o menos un año. Tal vez la generación que crezca sin ser obligada a comerlas ¡acabe pidiéndolas!

A los cuatro o cinco años, *siempre y cuando que* no hayan convertido la comida en un emocionante combate, el niño empezará a probar cosas nuevas, a comerse la famosa "dieta equilibrada". Pero, aun así, no importa desde el punto de vista nutricional: los cuatro alimentos básicos que mencioné lo mantendrán bien durante la infancia.

En cuanto a los modales, olvídense de ellos hasta el tercer año o el cuarto. Los aprenderá imitando los de ustedes. No los aprenderá a base de oír: "Haz esto. Haz lo otro". Sin embargo, yo establecería límites firmes en cuanto a qué tanta comida puede tirar y untar por doquier. Cuando el niño es especialmente negativo, le daría sólo dos pedacitos cada vez. Cuando empiece a untarlos en la mesa o a tirarlos, suspendan. Retírenlo de la mesa hasta la próxima comida. Si quieren que aprenda sobre los límites, no le den refrigerios entre comidas. Los refrigerios son para los niños de cuatro y cinco años que ya dominan el hábito de tres comidas al día.

Los padres que se enorgullecen de su habilidad culinaria — y aquéllos que han esperado a los treinta años para tener hijos — con frecuencia encuentran más difícil aceptar el rechazo a sus sabrosos esfuerzos. Si lo toman como una afrenta personal y piensan que van a reaccionar apasionadamente, la situación puede evitarse. A menos que el niño no esté comiendo los pocos alimentos esenciales que acabo de mencionar, díganle que tendrá que esperar a la próxima comida. Dejen en claro que siempre tiene la opción de no comer de lo que le ofrecen, pero que no puede seleccionar indefinidamente lo que quiere en lugar de lo ofrecido. Luego recuérdenle que ustedes y él saben perfectamente cuál es el juego al que quiere jugar.

Alimentación e independencia

Algunos niños pasarán por etapas de comilonas específicas (dos semanas de mantequilla de maní, por ejemplo). Esto no le hará daño a un niño bien nutrido. Pero estas comilonas pueden representar otras intensiones: ser negativo, ser como sus amigos o probar a los padres a ver si puede manipular a la familia durante las comidas. Todas éstas son razones bien conocidas y normales que explican estos caprichos. Déjenlo que se salga con la suya y, si es posible, ayúdenle a entender *por qué* esta pasando por estas etapas de comilonas específicas. Luego dejen que se canse del alimento de moda. No se apresuren a prepararle un sustitutivo. Si lo hacen, decidirá entonces que quiere algo diferente.

Las comilonas, la aversión y el rechazo a ciertos alimentos y muchas otras variaciones en la alimentación son fases enteramente normales en el desarrollo del niño. Necesita establecer su independencia en cuanto a la alimentación. Necesita encontrar su identidad dentro de la familia, para hacer sus propias selecciones y poner a prueba los límites de la tolerancia de los padres. Las horas de comida serán mucho más agradables si pueden darse cuenta de esto y respetarlo. Si no son capaces y si (como tantos de nosotros) ustedes son padres que se enredan y se tensan por lo poco que el niño ha comido, pueden esperar que caigan rayos y centellas durante las comidas. Sus hábiles ruegos, apetitosas opciones, sobornos y entretenciones lograrán que durante un tiempo se coma lo que le den. El problema es que no funcionarán a largo plazo y se presentarán problemas alimentarios innecesarios. Para el niño, alimentarse sólo es una actividad preciosa y emocionante y debe ser un terreno donde ejerza la autonomía. De lo contrario, la alimentación se volverá una batalla que, de uno u otro modo, *ganará el niño.*

Por otra parte, si durante meses el niño no quiere recibir ni siquiera los alimentos básicos que señalé, quizá sea hora de buscar ayuda. Si no está ganando peso y se está quedando por debajo del nivel que establecen las tablas de peso, es hora de pedir consejo. El médico puede aconsejar dónde buscar la ayuda adecuada de un psiquiatra o psicólogo infantil. Puesto que cualquier trastorno físico afectará a la alimentación, el médico seguramente querrá primero descartar causas físicas. Si no existe ningún problema médico, el terapeuta puede examinar al niño y ayudarles a los padres en lo que les corresponde en relación con los problemas de la alimentación. No se desesperen y no esperen demasiado tiempo.

24

HÁBITOS

A medida que crecen, los niños exploran una amplia gama de comportamientos. Ensayan, intentando darse consuelo o liberar tensiones, ciertas acciones repetitivas como golpearse la cabeza contra algo, chupar o mecerse. Si la atención de los padres o una verdadera necesidad de darse consuelo no fijan estos hábitos, el niño los abandonará y probará otros comportamientos. De esta manera, el niño explora toda una serie de hábitos. La fijación de éstos probablemente no ocurra sino cuando se le da demasiada importancia a cierto patrón de comportamiento.

La importancia que para el niño tienen las medidas de autoconsuelo, como chuparse el pulgar o aferrarse a una muñeca o a una frazada, se explicó en el capítulo 1. Éstas son las válvulas de seguridad del niño en un mundo estresante, y no deberían verse como problemas. Otros hábitos, que pueden comenzar como exploraciones normales pero que se tornan problemáticos si los padres reaccionan desmesuradamente o si el niño está bajo un gran estrés, incluyen la masturbación, comerse las uñas, y los tics.

Masturbación　　En el segundo año, todos los niños empiezan a explorarse el cuerpo cada vez que se les quitan los pañales. Un niño puede, tocándose, producirse una erección. Mira maravillado, luego satisfecho de sí mismo, al experimentar la nueva sensación. La niña se mete los dedos en la vagina, con los ojos vidriosos, meciendo el cuerpo al darse cuenta de que esa parte del cuerpo le depara sensaciones especiales. Puesto que esa parte del cuerpo ha estado cubierta por los pañales durante los dos primeros años, el niño de dos a tres años puede llegar a fascinarse con estas nuevas sensaciones. Tal vez se esconda en un rincón para explorarse. Cuando percibe que los padres lo desaprueban, aumenta su deseo de averiguar más sobre esta excitante experiencia.

Incluso cuando los padres son capaces de tolerar ese comportamiento del niño en privado, temen que se vuelva obsesivo y que lo haga en público. Puesto que este comportamiento normal solía estar velado de misterio y vergüenza durante la infancia de los padres, a ellos les resulta muy difícil no preocuparse.

Recuerdo a una pareja que vino a consultarme con cara de solemnidad y profunda preocupación. Su niña de quince meses se acostaba en el piso a mecerse, utilizando una almohada o los dedos para estimularse. Su mirada distante y el rubor que le asomaba en las mejillas cuando se mecía alarmaban a los padres. Pensaban que estaba padeciendo una convulsión. Cuando observé los "episodios" me di cuenta de que se trataba de una actividad masturbatoria normal.

Esta pequeña vivía en un hogar activo y excitante. Había tres niños mayores y seis adultos. Todos jugaban constantemente con ella, provocándola e instándola a responder. Como contrapeso a esto, se retiraba a su propio mundo, utilizando la actividad masturbatoria como método para ausentarse. Les dije que era normal, pero les sugerí que redujeran la excitación a su alrededor y que la pusieran dos veces al día a descansar en su habitación. "¿No se dedicará entonces a masturbarse en su habitación?", me preguntaron los padres. Contesté que quizá sí, pero que necesitaba la oportunidad de calmarse de alguna otra manera y de escapar de la presión. Desde luego que los padres también se preguntaban qué hacer cuando la niña empezaba a mecerse de ese modo en público. Les sugerí que lo tomaran como una señal de que necesitaba alejarse del exceso de estímulo. Debían alzarla, abrazarla y llevársela a un ambiente tranquilo. Los padres ensayaron estas medidas y el "síntoma" desapareció en una semana.

Cuando los padres se preocupan porque el niño se masturba, el primer consejo que les doy es: No pongan énfasis en ese comportamiento. No muestren disgusto ni traten de inhibirlo. Si es frecuente, busquen las razones subyacentes. ¿Es un niño muy tenso? ¿Está demasiado estimulado? ¿Cuenta con otras maneras de proporcionarse consuelo?

Si el niño es tenso, tranquilícenlo abrazándolo silenciosamente, meciéndolo y ayudándole a relajarse. Si el niño se masturba en público, retírenlo del lugar que lo sobre-estimula. Llévenlo a su habitación o a otro lugar tranquilo. No se preocupen de lo que haga en su habitación; en realidad, díganle que no hay problema con masturbarse en privado.

Establezcan si hay otras personas a su alrededor que le están prestando demasiada atención al hábito del niño. Otros niños o adultos en la casa tal vez estén reaccionando en exceso y diciéndole al niño que masturbarse es tabú. En lugar de ayudarle, esto contribuye a volverlo un hábito permanente.

Si la masturbación es excesiva y el niño se abstiene de participar en actividades interesantes, me preocuparía, en especial si incurre en el hábito con mucha frecuencia. ¿Se trata de una manera permanente de manejar el estrés y el exceso de emociones? Tal vez habría que hacerlo examinar para descartar que sea hipersensible o sufra de algún tipo de autismo. ¿Le han hecho pruebas de orina? ¿Tiene la niña vaginitis? A veces, tanto las niñas como los niños tienen una razón fisiológica por la cual se masturban en exceso.

Comerse las uñas

Todos los niños pasan por etapas en que se comen las uñas. Se sientan frente al televisor o en la cama, durante la siesta o por la noche, mordiéndose frenéticamente una uña tras otra. Los padres, al observarlos, sienten que se les eleva la adrenalina. No pueden abstenerse de quitarle al niño el dedo de la bóca. O le dicen: "¿No te duele?" El niño asiente en silencio y continúa buscando una pequeña astilla de uña. Los padres tratan valerosamente de abstenerse, pero no son capaces de reprimir el siguiente comentario: "¿Te acuerdas de cómo te hiciste sangrar el dedo la vez pasada?" El niño vuelve a asentir en silencio. Ya para este momento se estará meciendo suavemente en silencio y tendrá la mirada vidriosa puesta en algún punto lejano. Los padres se sienten rechazados e incluso celosos. Quizá intenten de nuevo — en vano — guardarse sus comentarios. Finalmente, en un último esfuerzo por detener el comportamiento y recuperar contacto con el niño, el padre o la madre exclamará: "¡Entonces deja de hacerlo!"

Los ojos del niño adquieren vida. Deja de hacerlo y mira directamente a los padres como quien pregunta: "¿Cuál es el problema?" Automáticamente, el dedo todavía húmedo se dirige a la boca. Esta vez trata de controlarse. Con esfuerzo se sienta encima de la mano. Está impaciente por que termine el episodio. Siente alivio cuando la madre se va de la habitación. Y reanuda su búsqueda de un pedacito desflecado de uña.

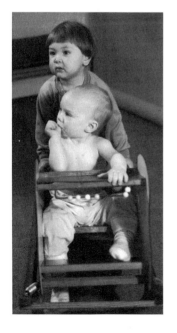

Con sus protestas, los padres han reforzado el comportamiento, haciendo que de inconsciente y regulatorio (utilizado para consolarse, tranquilizarse y controlarse) pase a ser consciente. Será ahora algo que el niño utilice como acto de rebelión contra la indeseada y poco comprendida intromisión de los padres.

La mayor parte de los hábitos se establecen de esta manera. La mayoría de nosotros ha experimentado estas intromisiones de los padres. Cuando vemos en el niño este comportamiento distanciado es verdaderamente difícil no querer irrumpir y hacer contacto. Los padres, al igual que otras personas que rodean al niño, ven este comportamiento como un síntoma de que "algo le falta". Con seguridad les parecerá que sólo un niño solitario y falto de afecto persistiría en el hábito. Esto no es cierto. Chuparse el dedo, comerse las uñas, mecerse, etcétera, son formas de autoconsuelo intensamente personales que la mayoría de

los niños, y muchos adultos, necesitan en ocasiones. Durante etapas previsibles del desarrollo del niño, tienden a re-
aparecer. Tienden a arraigarse cuando el mundo exterior
recela de estos hábitos y trata de entrometerse.

Tics

Un tic es un movimiento brusco y repentino de alguna parte
del cuerpo — la cara, el cuello o los hombros — que
sucede inconsciente y repetitivamente. En el niño, los tics
suelen aparecer cuando se está concentrando o está tenso.
La mayoría de las veces, el niño no es consciente del tic.
Si ustedes, los padres, llaman la atención sobre él, el tic
aumentará. Entonces se preocupan. A menudo los padres
asocian los movimientos repentinos con una convulsión.
Esta respuesta le comunica al niño una sensación de ansiedad que exacerba el problema. Si se hace caso omiso de
ellos, los tics desaparecen después de un tiempo. Ocurren
a los cuatro o cinco años y desaparecen a lo seis o siete.
Tal vez se presenten nuevamente cuando el niño atraviese
un período de estrés, como el cambio de escuela o la
llegada de un nuevo bebé. Puesto que vuelven a presentarse en un momento en que los padres también estarán tensos, es muy probable que éstos lo refuercen de alguna
manera: o prestándole atención o preocupándose abiertamente.

A menos que los tics se asocien con otros síntomas
inusuales, debería hacerse caso omiso de ellos. Si continúan, busquen las tensiones subyacentes y traten de resolver ese problema. Si el niño pasa por una etapa de adaptación, cuiden de que reciba mucho apoyo y afecto. Pero
cuenten con que puede manejar su estrés y aprender de él.

25

HOSPITALIZACIÓN

Aunque una hospitalización atemoriza tanto al niño como a los padres, puede también ser una experiencia positiva. Gracias al ambiente de cariño que se respira hoy en día en la mayoría de los hospitales infantiles, un niño puede mejorar su amor propio y elevar su madurez aprendiendo a superar los temores y la ansiedad relacionados con la estadía en el hospital. En el Hospital Infantil de Boston hemos aprendido a ayudarles a los niños a adquirir una sensación de dominio con base en su experiencia en el hospital. Ciertos estudios que hemos llevado a cabo nos demuestran que nuestros esfuerzos han sido fructíferos. Para el niño, la experiencia de estar lejos de casa, de estar enfermo o herido, y de ser cuidado por adultos que no son sus padres será siempre un reto traumático. El papel de los padres, entonces, es apoyar al niño de manera que le ayuden a aprender de la experiencia y a dominarla.

Preparar al niño para la estadía en el hospital   Para ofrecerles a los padres los siguientes consejos, me baso en mi experiencia y en mis observaciones. En primer lugar, prepárense *ustedes*. Antes de poder ayudarle al niño, deben tener bajo control la ansiedad de la separación y el suceso por venir. Pregúntenle al médico o consúltenle al hospital cuáles serán los procedimientos a los cuales se verá sometido el niño. Hagan arreglos para estar con él en los momentos claves, como el momento del ingreso, el día de una operación, o durante los procedimientos dolorosos. Hagan planes para permanecer con él por lo menos durante la primera noche o hasta que el niño se acostumbre a estar en el hospital. Incluso si tienen que batallar con el hospital para lograrlo, es aconsejable hacerlo. Ningún hospital espera que el niño esté sin uno de sus padres durante el ajuste inicial o durante cualquiera de los procedimientos temibles y dolorosos a los que quizá deba enfrentarse. La presencia de uno de los padres es vital si el niño tiene que estar lejos de casa y soportar procedimientos dolorosos. En la medida de lo posible, preparen al niño con tiempo. Después, cuando esté pasando por la experiencia, repítanle las palabras de explicación.

Sabemos, por nuestra experiencia, que la mejor manera de preparar al niño es ser, en la medida de lo posible, francos y exhaustivos en la descripción de lo que va a pasar. Según la edad del niño, pueden decirle: "Estarás en un pabellón donde hay otros niños enfermos, y donde los niños tienen vendajes y tubos que les entran en las venas de los brazos. Tal vez sientas temor, pero yo estaré contigo. Después de la operación, tú también tendrás tubos en el brazo, porque ésa es la manera como los médicos y las enfermeras te alimentan mientras te mejoras y mientras apeteces de nuevo bebidas y comida. A veces tendrán que pincharte con una aguja, en el dedo o en el brazo. Duele, pero por poco tiempo. Puedes pedirle a la enfermera o al doctor que te muestren qué hacen con tu sangre. Ésa es la manera como ellos se dan cuenta de qué tan enfermo estás y cómo sanarte. No es agradable que lo pinchen a uno en el dedo. Te tomaré la otra mano si me lo permiten, y si me aprietas tan fuerte que me duela *a mí*, quizá te duela menos a ti. ¡A ver qué tan fuerte me puedes apretar! Y llora cuando quieras, ¡pues llorar no tiene nada de malo!"

Si el niño debe ser anestesiado, pregúntenle al anestesiólogo qué sistema utilizará. Adviértanle al niño sobre la máscara, el olor del éter o el gas, o el pinchazo de la aguja, y díganle que tratarán de estar presentes cuando le administren la anestesia. Una vez más, luchen por eso. Asegúrenle que estarán allí cuando se despierte, que le ayudarán a pasar el día o los dos días en que se sentirá mal después de la operación. Cuando esté mejor, podrá comer helado y demás. Saber que ustedes estarán cerca y que lo protegerán todo lo que puedan es vital para su sensación de seguridad. La mayoría de los hospitales infantiles tienen ahora enfermeras y especialistas en actividades para niños que saben cómo reaccionan éstos ante el dolor y ante los procedimientos hospitalarios. Pídanles ayuda.

Para evitar problemas, muchos hospitales infantiles hoy en día organizan recorridos por las instalaciones para los padres y los niños que están escogiendo el centro de salud. Estos recorridos son maravillosos. Miembros del personal del centro llevan al niño a la oficina de admisión, al piso donde estará, y le muestran — con la seguridad que da el estar acompañado por sus padres — el quirófano, la sala de tratamiento, la cama y, finalmente, el sitio de juego. Les presentan a los padres y al niño un panorama de lo que sucederá cuando ingrese. En los estudios que mencioné anteriormente de la manera como los niños se recuperaban de las cirugías, nos hemos dado cuenta de que existe una diferencia significativa en la calidad y rapidez de la recuperación física si se les ha preparado bien para los procedimientos que tendrán que soportar. Los síntomas que antes veíamos cuando el niño regresaba a casa — mojadas en la cama, temores, terrores nocturnos y regresiones a comportamientos de bebé — duran poco tiempo cuando el niño ha sido bien preparado para la hospitalización. Estos mismos estudios nos demostraron que los niños están mucho más dispuestos a escuchar las explicaciones preparatorias *si* los padres se hallan presentes. El niño necesita saber que los padres entienden lo que le va a suceder y que lo aprueban. Así puede tener confianza en que los procedimientos médicos no son tan peligrosos.

¿Qué puede hacerse en su favor cuando no hay tiempo de prepararlo con antelación? Más de la mitad de los ingresos a los hospitales son por urgencias. El Museo Infantil de

Boston tiene una exposición especial para mostrarles a los niños qué ocurre en un hospital. Hay estetoscopios, uniformes de médicos y enfermeras, un quirófano listo para recibir a un paciente, una cama de hospital que se puede cambiar de posición e incluso un laboratorio con un microscopio para examinar la sangre que se toma con un pinchazo en el dedo al ser admitido. Nos parece que esto constituye una preparación válida para los niños que deban ingresar de urgencia al hospital.

Desde luego que nadie puede predecir los sucesos que rodean una hospitalización de urgencia. Éste es el momento en que un niño necesita más a sus padres. Si ustedes están allí, pueden explicarle cada procedimiento a medida que surge y darle el apoyo que necesita.

Algunos países tienen organizaciones que proveen de información impresa acerca de cómo preparar al niño y que apoyan a los padres en su derecho a estar la mayor parte del tiempo cerca del niño durante su estadía en el hospital. El pediatra de la familia quizá pueda orientarlos al respecto.

Los padres que se encuentren presentes con el niño pueden explicarle por qué necesita los medicamentos, las agujas, la alimentación intravenosa o las inyecciones; en qué consistirán; qué tan dolorosas serán; y cuán poco, seguramente, dura el dolor. Denle una razón que justifique los procedimientos y explíquenle cómo éstos le ayudarán. Cuando pase cada procedimiento, felicítenlo. Díganle que saben lo difícil que fue soportarlo, pero que ¡lo logró!

El temor a la mutilación pasa por la mente del niño cada vez que está enfermo. Es importante que los padres tengan en cuenta este temor y hablen acerca de él. Además, a un niño la enfermedad se le hace eterna. En medio de su enfermedad, tiene la sensación de que toda la vida se ha sentido así. Sentirá que la enfermedad es permanente. La sensación de impotencia que acompaña la enfermedad es tan alarmante como abrumadora. Inevitablemente, el niño sentirá que se trata de una represalia que se merece por algo que ha hecho. Cuando uno de los padres le dice: "Si

En el hospital

te hubieras puesto las botas", el niño lo registra claramente. La aseveración sirve para confirmar lo que él cree: que los niños enfermos son realmente niños malos.

Esta sensación de responsabilidad y la incapacidad de controlar la situación refuerzan el sentimiento subyacente de que nunca se pondrá bien de nuevo. Puede arraigarse entonces una especie de temerosa resignación que quizá llegue a afectar la capacidad del niño para luchar contra la enfermedad y recuperarse. No querrá tomarse sus medicinas y se comportará de manera obstinada y negativa, de manera que merezca castigo. Prácticamente mostrará alivio cuando lo castiguen o regañen. Si ustedes ven que esto está ocurriendo, deben sentarse a hablar con el niño. Díganle que no es responsable de su enfermedad. Déjenlo que exprese

sus sentimientos. Tranquilícenlo diciéndole que ustedes y el médico saben cómo tratar la enfermedad y que sí se va a mejorar. A medida que empiece a colaborar, recuérdenle que lo que hace es ayudarse a sí mismo. Cuando se recupere, denle la oportunidad de darse cuenta de que él y ustedes sí supieron qué hacer y que por ello ahora está mejor. Ante todo, dejen que el niño experimente una sensación de logro cuando pasen la enfermedad y la hospitalización. Darle una sensación de dominio sobre la enfermedad puede ser la base para superar futuras dificultades.

Como decíamos, la mayoría de los hospitales para niños tiene un centro de juego y un especialista en actividades infantiles. Estos especialistas están capacitados en desarrollo infantil y en técnicas de juego terapéuticas. Pregúntenle al especialista qué clase de juegos le ayudarían al niño a manejar sus emociones. Estos centros de juego están generalmente equipados con muñecos que tienen vendas y tablillas, incluso equipo intravenoso. En la zona de juego, el niño puede sentirse seguro y encontrarse con otros niños que pasan por duras pruebas similares. Allí pueden aprender sobre sí mismos y sobre su enfermedad, y lograr la sensación de que la están superando ellos mismos.

Cada vez que sea posible, denle al niño la sensación de que él tiene algún control sobre su mundo y su destino. Incluso el niño cubierto de vendajes e inmovilizado por tablillas puede soplar un móvil o escupirle a una lata vacía. Dejen que el niño unte pinturas con los dedos, o que tumbe bloques de madera, o que realice cualquier actividad que pueda. Si siente que controla aunque sea un poco la situación, ya no estará tan a merced del doloroso mundo de la enfermedad.

Como lo recomendábamos anteriormente, quédense a dormir con él la primera noche, por lo menos. Incluso si uno de los padres tiene que sentarse en una silla toda la noche, vale la pena hacerlo por el bien del niño. Pueden pedirle a algún pariente que los reemplace durante el día, para que quien se quedó por la noche pueda dormir en casa; así habrán logrado darle apoyo al niño durante esa primera noche tan temible. Si va a estar hospitalizado por mucho tiempo, es mejor que establezcan un ritmo apropiado. Programen salir del hospital algunos ratos durante el día. Un descanso durante el día puede ser una bendición para ustedes e impulsar al niño a aprender a confiar en las enfermeras, los médicos y el especialista en recreación infantil. Se sentirá más seguro si ve que ustedes también les tienen confianza. Cuando vayan a salir, preparen al niño para la partida. Nunca le mientan ni traten de escabullirse. Él tiene que poder confiar en ustedes. Díganle cuándo volverán y traten de ser puntuales. Antes de irse, procuren que tenga una relación especial con una de las enfermeras o uno de los encargados de la sala de juego. Ayúdenle a conocer a su médico y a sus enfermeras como personas a quienes les importa su bienestar. Así, cuando los padres estén ausentes, podrá sentir que ellos aprueban a la persona que los reemplaza. Al regresar, recuérdenle la promesa. El temor del niño a ser abandonado se intensifica cuando está lejos de casa y en un lugar tan extraño y amenazador. Cada vez que, según lo anunciado, ustedes regresen, se sentirá más seguro.

Siempre que sea posible, traten de que otros miembros de la familia lo visiten. Muchos hospitales permiten las visitas de los hermanos. Nada alegra tanto a un niño enfermo como ver a un hermano o a una hermana.

Cuando el niño retorna a casa

Prevean una reacción después del retorno a casa. La mayoría de los niños sufren una regresión a un estado anterior de desarrollo. Generalmente abandonan los más recientes logros. Por ejemplo, el niño que prescindió del pañal hace meses tal vez vuelva a mojarse en los pantalones y en la cama. O el niño de cuatro años que ya no tenía temores ni pesadillas volverá a ver por la noche monstruos en la habitación. Se despertará varias veces gritando. Estas reacciones son normales e incluso saludables. Los padres no sólo deben contar con que se presentarán, sino que deben ayudarle al niño a entender que no tienen nada de malo y que son perfectamente normales después de una estadía en el hospital. Ayudarle a entender su reacción es como abrirle una puerta al conocimiento de sí mismo. Así no tendrá que sentirse tan culpable por esas regresiones.

Además, es terapéutico ayudarle al niño a que comente o represente sus reacciones ante las experiencias dolorosas y ante la permanencia lejos del hogar. Pueden quizá instalarle un hospital de muñecos donde su muñeca o su osito puedan revivir las experiencias que él tuvo. Esto le permite expresar sus temores y su ansiedad en la seguridad del hogar. El terror, el dolor y el temor a que se repitan pueden aflorar. Pueden entonces los padres, y él mismo, tranquilizarse por haber manejado bien sus emociones. Habrá adquirido una sensación de dominio a base de una experiencia que, de otro modo, podría haber sido traumática.

26

HIPERSENSIBILIDAD E HIPERACTIVIDAD

Aunque todos los niños les parecerán "hiperactivos" a sus padres en algún momento (especialmente después de las comidas), la hiperactividad no es sólo energía desbordada. El niño verdaderamente hiperactivo tiene un corto lapso de concentración y luego es impulsado por una actividad frenética, una descontrolada impulsividad y una gran volatilidad emocional. Estos problemas interfieren en la vida del niño en el hogar, en la escuela y en sus relaciones con otros adultos y niños.

Identificar la hiperactividad y la hipersensibilidad

Es mucho más probable que la hiperactividad se presente en niños varones. Pocas niñas son verdaderamente hiperactivas. La hiperactividad se debe, probablemente, a un sistema nervioso "en vivo", hipersensible, que se halla a merced de cada estímulo que se aproxima. El niño no es capaz de aislar los estímulos poco importantes y concentrarse en los más útiles y comprensibles. Existen indicios de que el problema comienza en el cerebro, y que en él intervienen

los llamados neurotransmisores. Cada una de las señales recibidas es transmitida sin ser seleccionada. Las descargas del sistema nervioso, manifestadas en actividad, son incontrolables. El cerebro no tiene la capacidad de detener su actividad en ningún nivel. En términos bastante simplificados, este problema neurológico puede ocurrir cuando una o más de las pequeñas zonas del cerebro ha sufrido daño, quizá por haber estado el bebé expuesto a drogas o venenos, como el plomo, antes o después de nacer. No siempre encontramos las causas. El proceso de reparación tal vez produzca campos hipersensibles alrededor de las zonas dañadas. Esta hipersensibilidad se extiende entonces a todo el sistema nervioso central.

La hiperactividad, que con frecuencia no se diagnostica hasta cuando el niño entra en el preescolar o en la escuela, debe diferenciarse de la hipersensibilidad, producto de la desnutrición en el útero. Esta afección puede gradualmente mejorarse por medio de cuidados adecuados. Los niños que por una u otra razón han padecido estrés en el útero son altamente hipersensibles. Estos bebés cuyo sistema se recarga con facilidad son, al nacer, largos y flacos y se les denomina pequeños para la edad gestacional. La placenta que los nutrió es, por razones completamente desconocidas, pequeña e inadecuada.

En el Hospital Infantil de Boston hemos estudiado a muchos de estos bebés pequeños para la edad gestacional. Aunque la desnutrición, los accidentes, el alcohol, el tabaco, las drogas y las infecciones pueden todos interferir de manera similar en la función placental, ninguna de las madres que estudiamos había estado expuesta a estos factores. Los niños no habían almacenado suficiente grasa antes de nacer. Tenían la piel reseca y con peladuras, el pelo escaso, la carita fatigada, enjuta y con expresión preocupada. Cada estímulo los sobresaltaba. Su capacidad de aislarse de estímulos repetidos se veía considerablemente disminuida (véase análisis sobre habituación en el capítulo 2). No podían dormir profundamente ni prestarles atención prolongada a los estímulos interesantes, porque en cada uno de estos estados se distraían con facilidad. Literalmente, se lanzaban de un estado de alerta o de sueño a uno de llanto descontrolado, como si el llanto fuera la única manera como podían controlar su medio ambiente. Este veloz cambio de estado no les daba a los padres tiempo para alcanzarlos a través del contacto, la voz o los estímulos visuales. Esto, a la vez, producía en los padres ansiedad y la reacción de redoblar los esfuerzos. El resultado era que el estado de hipersensibilidad e hiperactividad perduraba durante la infancia.

En nuestras investigaciones, buscamos maneras de interrumpir este círculo vicioso de hiperactividad seguida de esfuerzos excesivamente ansiosos por parte de los padres. Cuando manejábamos a estos bebés con mucha suavidad, lográbamos ayudarles a organizarse. Aprendimos que, para poder alcanzarlos, debíamos reducir el nivel de estimulación. Si jugábamos con ellos o los alimentábamos en un ambiente de penumbra, silencioso, se ponían al alcance. En un ambiente ruidoso y lleno de distracciones, esquivaban la mirada y se negaban a aceptar cualquiera de nuestras formas de atención. Si la atención se les ofrecía durante la alimentación, regurgitaban lo que se tomaban. En la etapa de las tres a las doce semanas, eran extremadamente nerviosos. Inalcanzables, llorando durante largos ratos, parecían utilizar el llanto como defensa contra el exceso de estímulo.

Cuando los períodos de llanto terminaban, estos bebés continuaban en un estado de alta sensibilidad y fácil distracción. A los cinco, y posteriormente otra vez a los nueve meses, todavía estaban a merced de cada sonido e imagen. La actividad empezaba a reemplazar el llanto como instrumento para descargar la agitación interior causada por el exceso de estímulo.

Ayudarles a los niños hipersensibles e hiperactivos

Cualquiera que sea la edad del niño hiperactivo, entender las causas de fondo de la hipersensibilidad les ayuda a los padres y a las personas encargadas de cuidarlo a manejar mejor la situación. Utilizar un estímulo moderado cada vez y suspenderlo tan pronto el niño frunza el ceño, o cuando la reacción rápida o el estado del bebé cambie, sirve para calmarlo gradualmente y comunicarse con él. El bebé demasiado sensible debe ser alzado lenta y suavemente y abrazado hasta que finalmente se relaje. Sólo entonces puede mirársele a la cara. Tal vez se tense de nuevo pero finalmente se relajará. Entonces puede canturreársele. De nuevo, tal vez se tense antes de relajarse de nuevo. Por último, pueden hacerse las tres cosas a la vez: cantarle, mecerlo y mirarlo. En este punto, ha "aprendido" a organizar varios estímulos a la vez. En nuestros estudios, les hacemos a los padres una demostración de este tedioso proceso. Debido a su preocupación, generalmente exageran cada intento de llegar a estos bebés hipersensibles. Lo que resulta es una sensación de fracaso en los padres y en el bebé. Cuando hemos demostrado la necesidad de que haya sólo un estímulo cada vez, muchos padres logran cambiar el método. La alimentación y otras actividades importantes como cambiar los pañales, jugar, mecer y acostar al bebé funcionan mejor si se hacen en un ambiente resguardado, tranquilo y con pocas distracciones. Manejada cuidadosamente, cada una de estas actividades "en cámara lenta" le da al bebé la oportunidad de aprender a manejar su sistema nervioso "en vivo".

El reto que se les presenta a los padres es superar su natural exceso de preocupación. Esto se ve agravado por la culpa que los padres sienten en relación con el porqué su bebé es tan sensible. Generalmente no tenemos respuesta. Pero sí sabemos que, con el tiempo, muchos de estos niños hipersensibles pueden aprender a dominarse cada vez más, *si* se les proporciona un ambiente protector. La meta final es criar a un niño que espere tener éxito y tenga la tenacidad para lograrlo, a pesar de sus dificultades.

Cuando la causa de la hipersensibilidad y la hiperactividad es orgánica — es decir, un daño físico en el cerebro — tal vez el tratamiento tenga que continuar durante muchos años. Como lo dijimos anteriormente, la verdadera hiperactividad a veces no se identifica hasta cuando el niño ingresa en la escuela. Unos padres o un pediatra observadores, sin embargo, se darán cuenta de los síntomas y señales mucho antes. El niño (varón, generalmente) estará a merced de cada estímulo que lo afecte. En mi consultorio, si aplaudo cuando el niño está ocupado con los juguetes, se sobresaltará. Cuando sigo aplaudiendo, los sobresaltos disminuyen pero continúan. El niño normal se aislará de los aplausos a la tercera o cuarta vez. El niño ansioso tal vez lo haga después de cinco o seis. El niño verdaderamente hiperactivo parpadeará todavía a los diez o quince aplausos. Tal vez se sobresalte durante los primeros cinco o seis, pero luego encontrará una manera de mermar el impacto del aplauso. Quizá empiece a cantar, dé la espalda o entre en otro tipo de actividad, en un intento de aislarse de los ruidos repetidos. Cuando los suspendo, invariablemente se vuelve ruidoso y activo, como si estuviera tratando de liberarse de la sobrecarga almacenada.

Probablemente la hiperactividad incluya una especie de distracción. El niño se tropieza con facilidad o se golpea con los muebles. Tal vez parezca no darse cuenta cuando se golpea o cuando falla en alguna empresa. Se ha acostumbrado al fracaso. Un indicio de esta perspectiva de fracaso son los intentos que hace el niño de esconderle al adulto el fracaso o de distraerlo para que no se dé cuenta. Tratará de hacerle desviar la atención hacia otros aspectos. Tal vez trate de desviarlo hacia otras tareas. Si no tiene éxito, no será capaz de controlarse y caerá en un estado de labilidad emocional. Llorar, reír, correr por la habitación, todos son intentos de manejar su atolondrada impulsividad. No es capaz de controlarse.

Con frecuencia la hiperactividad se asocia con problemas de atención. Porque el niño no puede aislarse de los estímulos poco importantes, pone atención sólo por cortos ratos. Empezará y dejará una actividad, luego se pondrá excitable e inquieto. Si los problemas de atención son severos y parecen incluir un defecto en el mecanismo de selección del cerebro, la afección se llama *trastorno de déficit de la atención,* ya mencionado en el capítulo 12. Aunque la hiperactividad acompaña con frecuencia al déficit de atención, algunos niños con déficit de atención no son hiperactivos.

Todo esto puede ser resuelto sólo por profesionales que hayan tenido larga experiencia con estos problemas. Si los padres se dan cuenta de que el niño se distrae con mucha facilidad y está a merced de los estímulos, si es emocionalmente lábil y no puede controlarse, si su actividad frenética parece ser el resultado de un sistema nervioso recargado, yo recomendaría una pronta evaluación.

Una evaluación multidisciplinaria es lo mejor y debería incluir un pediatra, un psicólogo y otros especialistas. Una evaluación que simplemente da como resultado el nombre de una enfermedad no es suficiente. La meta debe ser identificar las fuerzas y las debilidades del niño y elaborar un plan de tratamiento basado en ellas.

El tratamiento puede consistir en una terapia a la familia para ayudarla a organizar un ambiente de apoyo, en la educación especial, en la psicoterapia o, en algunos casos, en medicamentos como Ritalina. El medicamento siempre debe ser recetado y controlado por un médico. Si se le ha de dar, el niño debe participar en la decisión. Los padres deben decirle que el medicamento le va a ayudar a obtener lo que él está luchando tanto por lograr: la capacidad de cesar la actividad y de prestar atención. Si es conveniente, puede dársele al niño parte del crédito.

Además de proporcionar un ambiente tranquilo y de baja estimulación, el papel de los padres es premiar cada pasito hacia la mejoría. Incluso el comportamiento positivo más simple, como estarse sentado quieto durante una comida breve, o terminar una tarea fácil, debe ser elogiado. Los padres deben dejarle saber al niño cuán orgullosos se sienten de él cuando logra controlar su desorganización. Puesto que la crianza de un niño hipersensible o hiperactivo es una tarea larga y agotadora, cada uno de los padres debe tener ratos para descansar y reponerse. Los padres que creen en las fuerzas del niño, y que colaboran con los programas de tratamiento llenos de optimismo en vez de ansiedad, le comunicarán al niño ese espíritu y contribuirán enormemente a su creciente control propio.

La complicación más seria que podría surgir de este trastorno es que el niño tome consciencia de su propia incapacidad para controlarlo. Crece con la idea de que va a fracasar, y esa idea incide en todos sus otros esfuerzos por aprender y por adaptarse. Esta sensación de fracaso y la mala imagen de sí mismo pueden ser más graves que el trastorno en sí, pues, a medida que el cerebro madura, superará la hiperactividad; pero si espera fracasar, ya habrá aprendido patrones que lo predisponen al fracaso.

Les he sugerido a los padres de estos niños entre tres y

cuatro años que hagan un cuadro de: 1) cómo se comporta el niño cuando está acumulando tensión antes de la descarga, 2) cómo se comporta en el momento crítico, y 3) cómo se comporta después. Sigo con algunas preguntas: ¿Puede entonces calmarse para poner atención? Si le presentan una "muleta" — como un juguete u objeto preferido o un patrón de comportamiento en el cual encuentre apoyo — ¿pueden ayudarle a anticipar los peores momentos y así mermarles intensidad? ¿Pueden recordarle que, cuando la tensión se acumula, puede apoyarse en el hábito de chuparse el dedo o mecerse en la silla o asirse a su objeto preferido? Si puede disminuirles intensidad a los peores momentos de actividad, tal vez entonces pueda prestar atención y tranquilizarse. Cuando logra este tipo de dominio, merece el premio de saber que ha trabajado arduamente para superar un trastorno muy angustioso. Si logra establecer un patrón de este tipo a los cinco o seis años, quizá pueda ir normalmente a la escuela y adaptarse a los períodos de atención continuada que ella le exige. Ésta puede ser para él una prolongada y muy ardua conquista. Necesita mucho estímulo paciente. ¡También necesita tener la sensación de que él mismo es un éxito!

27

ENFERMEDAD*

Los niños enferman con tanta rapidez — casi siempre por la noche, después que los médicos han cerrado el consultorio. En un momento están jugando llenos de energía, y en el siguiente instante están malhumorados e indispuestos. De repente se tambalean o se acuestan. La mirada se les pone vidriosa y el color les cambia a rojo subido o a blanco tiza. El ritmo respiratorio se duplica y parece que quisieran tomar aire a bocanadas. Los niños muy pequeños gimen inconsolables o no lloran en absoluto. No pueden decir qué pasa. Obviamente, se sienten horriblemente. El colapso es más repentino por el hecho de que, mientras están jugando, se resisten a sucumbir. Cuando finalmente lo hacen, son dignos de compasión. Cualquiera, salvo los padres más experimentados, sentirá un doloroso y ansioso afán.

---

*Este capítulo no pretende ser una guía para el cuidado de niños enfermos sino que, acorde con el tema del libro, ofrece pasos simples iniciales para aliviar la ansiedad que es normal en los padres y en los niños enfermos. En todos los casos, consulten con el médico de la familia.

Reconocer y manejar las urgencias

¿Qué deben hacer? Siempre les recuerdo a los padres que hay sólo unas pocas urgencias que no permiten esperar y observar para ver si se trata de algo serio. Los tres casos que constituyen excepciones importantes son: pérdida del conocimiento, respiración obstruida y convulsiones. En tales casos, recomiendo tomar las siguientes medidas:

Si el niño ha perdido el conocimiento y no ha habido lesión, llévenlo inmediatamente al centro médico más cercano. Si ha habido, o pudiera haber, lesión cerebral o en la columna, *absténganse de mover* al niño. Pidan asistencia médica de urgencia inmediatamente.

Si un niño pequeño está atragantado, sosténganlo con la cabeza hacia abajo y denle palmadas en la espalda para que desaloje lo que le está obstruyendo la tráquea. No recomiendo la maniobra de Heimlich para niños, porque puede hacérseles daño muy fácilmente.

Con la excepción de las convulsiones (véanse más adelante, en este capítulo) otros consejos de primeros auxilios están fuera del propósito de este libro. Todos los padres deben hacer los siguientes preparativos:

1. Tengan el número telefónico del médico, el de un centro de urgencias de algún hospital y el de algún centro de tratamiento de envenenamientos cerca de cada aparato telefónico en la casa.
2. Indíquenle la existencia de estos números a todos los que cuidan al niño.
3. Compren una guía confiable sobre cómo manejar urgencias, y lean con tiempo los consejos sobre cómo prepararse para una emergencia (véase la bibliografía, al final de este libro).

Prepararse de esta manera les permite a los padres mantener mejor la calma y ser más eficaces en una emergencia. La ansiedad será poderosa y es normal. Proporciona la adrenalina necesaria para medírsele a la emergencia.

Fiebre

La fiebre no es una enfermedad sino un indicio de que el cuerpo se está esforzando por combatir una infección. Es

muy probable que los niños de tres años o menos tengan
fiebres altas porque los mecanismos que regulan la temperatura del cuerpo todavía están inmaduros. La fiebre es una
respuesta saludable del sistema inmunitario a la infección,
tanto viral como bacteriana. El noventa y cinco por ciento
de las fiebres no requerirán antibióticos ni otro tipo de
tratamiento médico. Lo mejor que pueden hacer es darle al
niño la oportunidad de aumentar su nivel de inmunidad
dejándolo luchar contra la mayoría de las enfermedades sin
recurrir a medicamentos. Si los padres me traen al consultorio demasiado pronto al niño afiebrado, no sabré siempre
dónde se va a localizar la infección, y no sabré si puede
combatirla solo o si necesitará ayuda. A menos que esté
demasiado enfermo, preferiría ver al niño cuando ya ha
luchado su propia batalla por lo menos durante veinticuatro
horas. En ese punto, puedo hacer un diagnóstico adecuado
y decidir si se requiere un tratamiento.

Tomarle la temperatura al niño. Hasta que el niño tiene
cinco o seis años y puede colaborar, los termómetros orales
son demasiado peligrosos. Las bandas de plástico que se
colocan sobre la piel se consiguen ya en el mercado, pero
no son siempre confiables. Si pueden, uno de los padres
debe sostener al niño con el brazo firmemente inmóvil
contra el pecho y colocarle el termómetro en la axila durante dos o tres minutos. Esto puede ser difícil con un niño
inquieto. Si le toman la temperatura por el recto, acuéstenlo
boca abajo sobre las rodillas de uno de ustedes. Inserten la
punta del termómetro, lubricada con vaselina, sólo unos dos
centímetros, y sosténgalo firmemente. Usen el índice y el
pulgar. El resto de la mano debe estar sobre las nalgas, para
que la mano y los dedos que sostienen el termómetro se
muevan al mismo tiempo que el niño. De esa manera no
perderán el control del termómetro, ni éste se partirá ni le
hará daño.

¡No es fácil tomarle la temperatura a un niño! Ni es
siempre necesario. Para saber si una fiebre es peligrosa, no
se guíen sólo por los grados de fiebre. Ése no es el factor
más crítico. El niño que tiene una fiebre alta pero que se
ve alerta y que responde debe causar menos preocupación

que el niño con una fiebre no tan alta pero que se ve debilitado y apático. En otras palabras, el síntoma más importante es la manera como el niño reacciona.

Cuando la fiebre sube de repente, la mayoría de los niños cambian radicalmente. Tiritan a causa del esfuerzo del sistema por aumentar el calor del cuerpo; con frecuencia aparecen al principio adormilados y apáticos. Si esto le sucede a su niño, verifiquen tres cosas:

1. ¿Tiene rígido el cuello? ¿Pueden doblárselo hacia adelante, hacia el pecho? Un niño con meningitis no puede doblarse hacia adelante, mientras que el niño con dolores por gripe no querrá pero puede hacerlo. Un cuello verdaderamente rígido necesita atención.

2. ¿Tiene la respiración afectada? Todos los niños con fiebre respiran más rápidamente de lo normal, pero si respira con un silbido o un chasquido con cada aspiración, tal vez el niño necesite ayuda médica.

3. ¿Se hala las orejas como si tuviera dolor? Las infecciones de oído que producen fiebres altas requieren medicamentos, así que el niño debe hacerse examinar pronto.

Si su niño afiebrado tiene cualquiera de estos síntomas, llamen al médico o a la enfermera calificada. Si no, ensayen sus propios tratamientos en casa primero. Pueden observarlo durante veinticuatro horas para ver si mejora por sí solo.

El primer paso con un niño enfermo es alzarlo, consolarlo y asegurarle que van a ayudarle a sentirse mejor. En las enfermedades, tanto los padres como los niños se buscan, y los niños se acordarán toda la vida cómo los cuidaron sus padres cuando estuvieron enfermos. Los padres que trabajan tendrán que encontrar la manera de quedarse en casa con el niño enfermo.

Deshidratación. La primera causa de preocupación en casos de fiebre es la deshidratación. Hagan que el niño tome líquidos claros tan pronto como sea posible. La deshidratación es una de las principales razones por las cuales los niños con fiebre se ven tan mal. Debe combatirse constantemente para ayudarles a luchar contra la infección que causa la fiebre. En los niños pequeños, la deshidratación puede hacer que peligre la vida. Denle los líquidos claros en sorbitos, pues la fiebre se acompaña con frecuencia de trastornos estomacales. Si el niño siente náuseas o vomita, es todavía más vital combatir la deshidratación. Un líquido — que *no sea* ni leche ni agua, sino un líquido endulzado y con un poquito de sal, como ginger ale, té suave endulzado, o una fórmula de medio litro de agua, una cucharada de azúcar y media cucharadita de sal — puede administrársele a cucharaditas o tomado directamente cada cinco minutos durante la primera hora. Una cucharada cada cinco minutos la segunda hora, y una onza espaciada unos pocos minutos la tercera hora y la cuarta, contrarrestarán tanto el malestar estomacal como la deshidratación. Un litro de líquido por día debe ser la meta, cuando se trata de combatir la deshidratación acompañada de fiebre.

Si el niño sigue sintiéndose muy mal, un sustitutivo de la aspirina (en raras ocasiones la aspirina se ha asociado con una afección llamada el síndrome de Reye) puede dársele de acuerdo con las indicaciones del empaque o el consejo del médico. Si el niño todavía se ve enfermo después de veinticuatro horas, independientemente de la temperatura, es hora de llamar al médico. Si han podido bajarle la fiebre a base de sustitutivos de la aspirina o metiéndolo en agua tibia, se sentirá y actuará mejor. Si no lo hace, les está diciendo que necesita atención médica.

Convulsiones. En un niño pequeño, una fiebre alta (por encima de 103 grados Farenheit o 39.5 grados centígrados) puede a veces causar una convulsión (convulsión febril). Las convulsiones probablemente les den a niños menores de tres años o a niños ligeramente mayores que tienen un bajo nivel de resistencia a éstas. Las convulsiones infunden temor. El niño se estira rígido, se arquea, y da la impresión de haber dejado de respirar; luego, cuando la respiración se reanuda, las extremidades se le moverán descontrolada y bruscamente en espasmos repetidos. En el proceso, habrá perdido el conocimiento. Asegúrense de colocarlo de lado o con la cabeza agachada para poder mantenerle libres las vías respiratorias. Contrario a la antigua creencia, el niño no se tragará la lengua.

En caso de una convulsión febril, y a diferencia de las emergencias que hemos mencionado hasta ahora, sí hay algo que los padres pueden y deben hacer. Para bajarle al niño la fiebre rápidamente, pónganlo suavemente en una tina llena de agua tibia. Si se recupera durante el baño, pueden esperar para hablar con el médico. Si no, deben pedirle a un vecino que llame una ambulancia y comunicarse con el médico para decirle que los espere en el hospital. Probablemente la convulsión haya pasado antes que lleguen al hospital, pero si se trata de una primera convulsión, es vital hacer examinar al niño.

A veces, apresurarse a ir al hospital antes de bajar la fiebre puede incluso prolongar la convulsión. Una vez que el niño esté despierto y consciente, denle líquidos claros y algún sustitutivo de la aspirina cada cuatro horas. Cada vez que se enferme, pueden hacer esto para prevenir una elevación repentina de la fiebre que pueda a su vez producir convulsiones. De cualquier modo, deben hablar con el médico sobre la manera de manejar y prevenir convulsiones. Muchos médicos les recetan fenobarbital en pequeñas dosis a los niños propensos a sufrir de convulsiones. Vale la pena tener en cuenta que el niño que ha tenido fiebre alta sin convulsiones tiene muchas menos probabilidades de que le ocurran la próxima vez que le suba la fiebre.

Si el niño se niega a beber. Cuando mi hija tenía dos años, me enfrenté justamente con ese problema. Yo sabía que se estaba deshidratando, porque no había orinado en dieciocho horas y tenía los labios resecos y los ojos hundidos. Si se resistía a beber, sabíamos que acabaríamos yendo al hospital para que la rehidrataran.

Yo les había dicho a los padres de mis pacientes que, si verdaderamente estaban decididos, el niño se daría cuenta y colaboraría, pero en ese entonces yo no había tenido aún una hija de dos años. Sabía que si no lograba que mi hija bebiera algo en casa, alguien en el hospital lo lograría. Así que le advertí que si no se tomaba la ginger ale (tibia y sin gas), le taparía la nariz y le introduciría el líquido por la garganta. Se negó nuevamente, así que, teniéndola sobre mis rodillas, utilicé la bomba de rociarles el jugo a las carnes para introducirle el líquido en la boca. Lo escupió, mirándome fijamente a los ojos. Entonces le tapé la nariz y le introduje el líquido por segunda vez. (No se preocupen de que el niño se atragante, siempre y cuando que esté despierto.) De nuevo comenzó a escupirlo, pero le aseguré con firmeza que simplemente repetiría el procedimiento. Finalmente empezó a tomar y pronto estaba rehidratada y contenta. No pareció albergar resentimiento por mi brutal comportamiento. Pero, ciertamente, a mí sí me remordió la consciencia durante mucho tiempo, ¡aunque hubiera servido para no tenerla que llevar al hospital!

Resfriados

En los niños mayores, el resfriado común probablemente dure una semana; en los bebés y niños pequeños, dos semanas. Éstas son épocas difíciles para las familias, especialmente cuando los niños pequeños están empezando a ir a la guardería o al preescolar y con seguridad enfermarán con más frecuencia. Para que el niño se sienta mejor, háganle tomar mucho líquido, denle un sustitutivo de la aspirina cada cuatro horas y empleen un vaporizador para ayudarle a respirar. En el caso de muchos niños, yo dejaría de darles de comer por este período para que beban más. El vaporizador es un gran alivio, pues vuelve líquidas las secreciones para que puedan salir. No me gusta la succión nasal, a menos que sea absolutamente necesaria, pues el aparato para succionar es introducido y ocasiona una irritación de las membranas nasales equivalente al alivio que produce.

Recostar al niño en la cama de manera que la cabeza esté ligeramente más alta que los pies ayuda a reducir la congestión nasal. Adminístrenle gotas nasales de aguasal (media cucharadita de sal por ocho onzas de agua hervida), o utilicen antes de las comidas un rociador nasal diluido en mitades con agua, para que el niño pueda beber y comer a pesar de la congestión nasal. Pero, como lo dijimos antes, cuando el niño está resfriado, la comida no es prioritaria; son los líquidos lo que verdaderamente necesita.

Es posible que sea necesario repetir las gotas diluidas

cada cuatro horas durante la noche para ayudarle al niño a respirar. Si el niño no muestra una notable mejoría a los dos o tres días de administrarle remedios caseros, consúltenle al médico. Los resfriados comunes sí cumplen una función: aumentar la inmunidad del niño. Éste es un pobre consuelo si todos los resfriados se le complican, lo cual les sucede siempre a muchos niños.

Crup   El crup es una enfermedad que produce especial temor tanto a los padres como a los niños. Causada por una inflamación y obstrucción de la laringe, es, con frecuencia, una complicación de un resfriado. El niño no puede hacer llegar aire a los pulmones sin toser con un bronco chasquido. Se le ha comparado con el ladrido de una foca. Cuando el niño trata de hablar, suena ronco. No poder aspirar suficiente aire es aterrador para el niño. Con el pánico, la laringe entra en espasmos más fuertes, haciendo que respirar sea aún más difícil.

Cuando, además, los padres se asustan, el problema se agrava. Si les ha tocado un caso de crup sin estar preparados, recordarán el episodio como uno de los más aterradores de los años de crianza. Saber cómo actuar puede mermar la ansiedad. Las siguientes medidas les ayudan a la mayoría de los niños:

1. Coloquen una silla en el baño, preferiblemente una mecedora, si es posible.
2. Abran la ducha de agua caliente al máximo para que el baño se llene rápidamente de vapor.
3. Siéntense cerca de la ducha con el niño en brazos, meciéndolo y cantándole para tranquilizarlo.
4. Denle al niño un caramelo en palito. Le suavizará la garganta y le ayudará a tranquilizarse.

Pasada una hora, el crup debería ceder un poco. Si el niño no mejora, deben buscar ayuda. Llamen al médico inmediatamente.

Si se hace necesario llevar al niño con crup al hospital, traten de mantenerlo lo más tranquilo posible. Estar en manos de extraños en un lugar extraño agravará su ansiedad; así que permanezcan cerca de él. Si lo ponen en una tienda de oxígeno, acompáñenlo: será menos atemorizante.

Si la enfermedad mejora en casa, organicen una "tienda del crup" alrededor de la cama o la cuna del niño. Coloquen una sábana que cubra la parte de arriba y los lados de la cuna, o de la cama, dejando dos lados abiertos para que circule el aire. Hagan que el vapor del vaporizador circule dentro de la tienda. Incorporen al niño sobre almohadas y siéntense a su lado para tranquilizarlo; el llanto innecesario puede hacer que se le constriña de nuevo la laringe. Quédense cerca de él durante la noche. Si logran que pase una noche aceptable con estas técnicas, estará radicalmente mejor por la mañana. Tal vez empeore de nuevo cada noche, pero no se pondrá tan mal ni se asustará tanto la segunda y la tercera noche. La mayoría de los casos de crup (el 95 por ciento) pueden manejarse en casa, sin medicamentos, pero si el niño se pone peor o le sube fiebre, deben llevarlo al médico.

El principal peligro para el niño con diarrea es la deshidratación. Hasta cuatro deposiciones sueltas en el día   **Diarrea** probablemente no lo deshidraten, pero si hay más de seis al día o deja de orinar, quiere decir que se está deshidratando. Háganlo tomar líquidos claros (según lo descrito antes), pero no le den leche ni comida sólida. El sistema digestivo necesita descansar; así que denle sólo alimentos que puedan ser asimilados con facilidad. Los líquidos claros — caldo, té endulzado, ginger ale sin gas o jugos de frutas diluidos, como jugo de manzana — son lo mejor.

El niño que ha abandonado el pañal recientemente tal vez tenga que volver a usarlo. Simplemente ofrézcanle la posibilidad. No lo vuelvan un asunto trascendental.

Sangre y moco en la deposición son señales de peligro. Si se encuentra cualquiera de los dos o si la diarrea severa persiste durante más de veinticuatro horas, llamen al médico.

Dolores de oído   Casi todos recordamos la gran molestia de los dolores de oído en la infancia. Son muy comunes. Los niños muy pequeños no pueden decir qué les pasa pero se tocarán la oreja y llorarán. La causa más común por la cual da dolor de oído *cuando no hay fiebre* es el oído de nadador. Se presenta cuando la cera atrapa agua al fondo del conducto auditivo. Si no hay fiebre además del dolor, yo les aconsejaría tratar el problema como si fuera oído de nadador, de la siguiente manera: Apliquen cuatro o cinco gotas de agua oxigenada en el oído con un gotero, cuatro o cinco veces al día, para hacer que salgan la cera y el líquido. Si eso no funciona pero alivia un poco, alcohol antiséptico tibio administrado también en gotas en el oído tal vez termine el trabajo. Existen gotas antibióticas para los casos más agudos, pero deben ser recetadas por un médico. Nunca inserten nada dentro del oído. Llamen al médico si el dolor continúa.

La causa siguiente en frecuencia del dolor de oído es una obstrucción del oído desde la garganta. Esta clase de dolor de oído se presenta con la congestión nasal o el resfriado. Los tejidos de la garganta se inflaman, obstruyendo la abertura del conducto auditivo interno, que está directamente dentro del oído. Al deshinchar estos tejidos, la presión cede. Hay dos procedimientos que pueden servir: 1) Un antihistamínico o descongestionante quizá deshinche los tejidos de la garganta, y 2) gotas nasales diluidas administradas para que lleguen directamente a la abertura interna del oído tal vez eliminen la obstrucción. Para hacer esto, hagan que el niño se acueste de espaldas. Échenle gotas nasales (mitad agua y mitad gotas nasales descongestionantes) por cada ventana de la nariz y luego hagan que voltee la cabeza rápidamente de modo que quede sobre el lado del oído obstruido. Hagan que permanezca así unos minutos hasta que las gotas nasales descongestionantes puedan actuar. Repitan esto cada tres o cuatro horas.

Si el dolor de oído persiste durante más de doce horas, el niño tal vez tenga un absceso en el oído (otitis media) y debe ser tratado por el médico.

Cuando las infecciones del oído se presentan con mucha frecuencia, deben buscar la opinión de un otorrinolaringólogo. Los tratamientos médicos pueden incluir antibióticos suaves o, en casos más agudos, extracción de las adenoides, si éstas están obstruyendo el oído. Pueden colocarse tubos en los tímpanos: es un tratamiento que verdaderamente funciona en casos de infecciones crónicas del oído.

Las hemorragias nasales también alarman y siempre parecen el doble de graves de lo que son. Primero, traten de parar la hemorragia apretando la nariz para constreñir los vasos dentro de ésta. Pongan hielo en el tabique nasal o en la base de la nuca. Hagan que el niño se acueste boca arriba. Doblen un pedazo de papel higiénico en un cuadrito de un centímetro y colóquenlo bien arriba debajo del labio superior para que presione el septo (la pared divisoria) de la nariz. Una vez que hayan parado la hemorragia, díganle al niño que procure no sonarse muy pronto para que no empiece a sangrar de nuevo. Si la hemorragia dura más de una hora, es posible que la nariz necesite el tratamiento de un especialista.

Hemorragias nasales

Como medida preventiva cuando hay hemorragias frecuentes, apliquen vaselina por la mañana y por la noche dentro de la nariz, sobre el septo medio. Esto funciona cuando el aire, dentro y fuera de casa, es caliente o seco, o cuando el niño padece un resfriado o una alergia. Si las hemorragias continúan de todos modos, consúltenle al médico.

Cuándo acudir al médico

Hoy en día, los padres suelen estar bien informados sobre cuidados médicos y se preocupan de que los tratamientos no scan excesivos, de los efectos secundarios de los medicamentos y de los problemas que surgen a raíz de pruebas innecesarias. La posibilidad de que se ordenen pruebas que no son esenciales ha sido agravada por la cantidad de demandas a los médicos y el ambiente en el que, en consecuencia, deben trabajar éstos.

Cuando estén tratando de decidir si es hora de llevar al niño al médico o al hospital, seguramente les vendrán a la mente estas preocupaciones. El buen criterio de comenzar con los remedios caseros en lugar de salir a toda prisa para el hospital o el consultorio, puede no sólo ahorrarle al niño una angustia innecesaria, sino darle una seguridad adicional al conocer que sus padres saben qué hacer.

En casos de urgencia, o en casos de cambios inexplicables en la salud del niño, desde luego, las dudas son improcedentes y los padres deben llamar al médico de inmediato. Las enfermedades más comunes de la infancia también proveen amplias razones para consultarle al médico. Entre estas razones se cuentan el tratamiento de las infecciones persistentes, la prevención de complicaciones cuando el niño ya ha luchado un buen tiempo contra la infección, la prevención de recaídas y la necesidad de aliviarle incomodidad al niño cuando los padres ya han probado todos los remedios que conocen.

El doctor o la enfermera calificada pueden decirles si el niño está tan enfermo que necesite tratamiento o más investigación. Ellos asumirán la responsabilidad y ofrecerán una opinión más objetiva de la que son capaces los padres.

Finalmente, la autoridad del médico puede aligerar la carga de responsabilidad que los padres y el niño sienten por la enfermedad. El niño pequeño siente que la enfermedad es culpa suya y que ha sido un "niño malo" y se la merece. A veces a los padres — por estar encargados de la disciplina — esta percepción les resulta difícil de contrarrestar. Los padres también tienen su dosis de sentimientos normales de culpa que afloran cuando el niño se enferma. Mediante una explicación sosegada, el médico puede conjurar estos sentimientos de culpa y ofrecer a la familia, a la par con el tratamiento médico, consuelo.

28

AMIGOS
IMAGINARIOS

Casi todos los niños de tres y cuatro años se inventan amigos imaginarios. Me encanta siempre que lo hagan, pues, como lo decía anteriormente, son indicios de la imaginación floreciente del niño. Estos amigos imaginarios representan la necesidad de vida privada de los niños y nos recuerdan que no quieren ver invadida su intimidad.

La importancia de los amigos imaginarios

Al principio, esta excursión a la fantasía es demasiado vulnerable para compartirla con los padres. El lenguaje y los amigos privados del niño son preciosos y deben ser respetados por los adultos. Infortunadamente, es muy probable que los hermanos mayores se enteren de la existencia de estos seres imaginarios. Cuando se enteren, muy probablemente los volverán blanco de burlas y arruinarán la libertad de hacer las exploraciones fantasiosas que éstos representan. El primogénito tiene la oportunidad de explorar y regodearse en su recién desarrollada imaginación. El segundo hijo y el tercero nunca serán dejados en paz y serán seguramente empujados hacia la realidad por los hermanos mayores.

Los padres también toman a pecho los amigos imaginarios. ¿Por qué? Pienso que la mayoría de los padres experimentan celos porque se sienten dejados de lado. Aflojar el apego al niño es una de las tareas más difíciles de ser padres. Cuanto más intensamente proteja su lenguaje y sus amigos privados, probablemente más aislados y celosos se sentirán los padres. Además, las exploraciones creativas del niño de cuatro años son tan nuevas que asustan a los padres sin experiencia. Probablemente se pregunten si el niño realmente "sabe" que hay una diferencia entre la realidad y las fantasías que está construyendo. ¿Se perderá en ese mundo irreal? ¿Se inventará un amigo "malo" para mentir cuando tiene que justificar algún comportamiento? ¿Empezará a preferir la fantasía y se alejará de sus compañeros de juego? Éstas son preocupaciones comunes a los padres de niños de esta edad.

Como ya lo planteé en el capítulo 13, a los amigos imaginarios hay que darles la bienvenida. Desde el punto de vista cognoscitivo, la imaginación es una señal importante de la existencia del pensamiento complejo a esta edad. El niño está tratando de alejarse del pensamiento concreto que domina su mundo la mayor parte del tiempo. Cuando la imaginación aflora en el tercer año, la capacidad del niño para discernir entre la realidad y el deseo no está aún bien desarrollada. La capacidad de inventarse un mundo imaginario, de construir personas imaginarias, de darle vida a una muñeca amada, son indicios de que está aumentando con rapidez la habilidad del niño para probar los límites de su mundo. Se vuelve una manera de echar fuera los demonios que lo asedian: odio, envidia, mentira, egoísmo y suciedad. Todos éstos pueden ahora adjudicársele a otro: al amigo imaginario. O quizá insista en que él es el amigo imaginario en el proceso de tratar de lavarse las manos de sus maldades. Podemos ver esto como el primer intento del niño por adaptarse a lo que todo el mundo espera de él, por buscar el significado del bien y el mal. Esta búsqueda es sólo un comienzo, y es frágil. El niño quiere efectuarla independientemente. Al niño tiene que permitírsele que se comprometa en estas exploraciones sin sus padres. La intromisión de éstos disminuye la capacidad del niño para conocer el mundo por sí mismo.

Desde el punto de vista emocional, los amigos imaginarios pueden servir un propósito muy importante. Le proporcionan al niño una manera segura de establecer quién quiere ser. Puede dominar a estos amigos, puede controlarlos, puede ser bueno o malo sin riesgo gracias a ellos. A través de ellos, puede identificarse con niños que le parecen irresistibles. Puede sin peligro "volverse" otro niño. Puede también identificarse con cada uno de sus padres bajo el inocuo disfraz de estos amigos imaginarios. Puede ensayar a ser hombre o mujer. Puede probar todos los aspectos de su personalidad. Ésta es una de las maneras como el niño de cuatro o cinco años gradualmente encuentra su identidad.

La preocupación por la posibilidad de que el niño se aísle en su soledad es válida. Debería estar aprendiendo a hacerse sociable con otros de su edad. Pero todavía necesita tiempo para estar solo. Si el niño no fuera capaz de prescindir de sus amigos imaginarios en favor de los reales, también me preocuparía. Si se abstuviera de participar activamente en las tareas escolares o en los juegos, es posible que los amigos imaginarios sean un síntoma de exceso de aislamiento y de soledad. Pero si el niño es capaz de abandonar su mundo privado para jugar con otros niños, no me preocuparía.

¿Qué efecto tiene la televisión en este importante proceso? Sin duda, reduce el tiempo que el niño podría dedicarle a explorar sus propias fantasías. Si se le permite ver televisión gran parte del día, no tendrá el tiempo necesario ni la energía para explorar el mundo por su cuenta. La televisión fuerza al niño a entrar en un estado de abrumadora pasividad. Bruno Bettelheim señalaba que los cuentos y la lectura antes de irse a la cama estimulan la autoexploración de la agresividad y la búsqueda de identidad que el niño necesita a esta edad. La televisión, excepto en dosis muy pequeñas, tiene el efecto contrario, pues impone un mundo artificial de violencia, de un bien y un mal inalcanzables, que paraliza las aventuras imaginarias propias.

¿Y qué del niño que utiliza al amigo imaginario para escabullirse de una situación difícil con una "mentira"? A esta edad, ello ocurre muy frecuentemente. Los padres bien pueden preguntarse si el niño conoce la diferencia entre el deseo y la realidad, pues a esta edad la mentira representa evidentemente un deseo. Sin enfrentar al niño, los padres pueden señalarle la necesidad de que desee un desenlace diferente. Al aceptar el deseo, a la vez que traen de nuevo al niño a la realidad, los padres le ayudan a conocer sus límites dentro del mundo real. El mensaje que el niño necesita oír es: "No necesitas mentir. Podemos amarte aunque no nos guste lo que hiciste". Esto también le permite al niño explorar sin peligro el mundo irreal, porque sabe que sus padres lo traerán de regreso a la realidad.

¿Deberían los padres intervenir activamente en la fantasía del niño? ¿Deben ponerle un puesto en la mesa a los amigos o deben negar su existencia? Yo me guiaría por lo que el niño pida. Muchos niños les piden a los padres que no intervengan en el mundo del amigo imaginario. Si los padres no lo ridiculizan y muestran respeto por sus amigos, tal vez quiera que le reciban sus amigos a la mesa. En ese caso, yo accedería gustoso. Jugar con él a su juego no le impedirá conocer la diferencia entre amigos imaginarios y reales. Los amigos imaginarios pueden ser una manera de "ensayar" las amistades reales del futuro.

Si los padres sienten la necesidad de interrumpir el juego imaginario del niño porque está demasiado inmerso en ese mundo o demasiado aislado de otros niños, les recomendaría dar los siguientes pasos:

1. Conversen el asunto con él e indíquenle que les gustaría que tuviera más compañeros de juego. Háganle saber que valoran sus amigos imaginarios y que respetan sus maravillosas fantasías, pero que quisieran que tuviera también amigos reales. Sus amigos reales también tendrán sus amigos imaginarios y quizá puedan compartirlos.

2. Consíganle uno o dos compañeros de juego habituales que sean afines, ni demasiado avasallantes ni agresivos. No lo presionen pero proporciónenle ocasiones regula-

res de conocerlos. Ayúdenle a entender su timidez y las razones por las cuales no puede formar parte de un grupo tan pronto. Muchos niños de esta edad que no tienen experiencia necesitan apoyo al aprender a ser sociables. La presión los hace sentir ineptos y culpables por no poder darles gusto a los padres. Cuando el niño lo logre, háganle saber que se dan cuenta de lo difícil que fue y que se sienten orgullosos de él.

3. Cuando utilice a los amigos imaginarios como subterfugio, no se enfrenten con él. Los utilizará entonces para evadirse más activamente. Explíquenle que entienden por qué los necesita. Los aman a él y a sus amigos imaginarios, pero quieren que se sienta suficientemente seguro para jugar con otros niños. Ustedes le ayudarán.

En resumen, los amigos imaginarios enriquecen la vida del niño. Son indicio de la presencia de un desarrollo emocional y cognoscitivo saludable en los niños de tres a seis años. Los padres no tienen de qué preocuparse, a menos que el niño permanezca aislado. Sin embargo, deben enfrentarse a sus propios sentimientos de que están fuera del mundo del niño. Si llegan a comprender el importante proceso de desarrollo al cual estos maravillosos amigos sirven, estarán en mejores condiciones de manejar sus propios, y normales, celos.

29

PÉRDIDAS Y PENAS

Aprender sobre las penas y las pérdidas puede ser una experiencia importante para el niño. Puede ser también una ocasión para que la familia comparta los sentimientos, las creencias y las defensas que son necesarias para soportar las penas.

Cuando la lanzadera espacial *Challenger* hizo explosión en 1986, los medios de comunicación me pidieron que les sugiriera a los padres cómo proteger a sus hijos de la angustia de esa tragedia. La muerte de la profesora y madre que acompañaba a los astronautas significó una pérdida personal para todos los niños que habían visto el lanzamiento por televisión. Como muchos otros adultos, estaba seguro de que todos los niños de Estados Unidos se identificarían con los hijos de la maestra y con sus alumnos que vieron por televisión explotar la lanzadera.

"¿Por qué se perdió esa mamá? ¿Dónde está ahora?"
"¿Por qué dejó a sus hijos? ¿Eran malos?"
"¿Por qué nuestro presidente dejó que esa mamá se muriera?"

Debajo de estas preguntas yacen los temores universales que la muerte suscita en la infancia: "¿Mamá me dejará? Si me deja, ¿será porque soy un niño malo? Si me enfado con papá, ¿también él se irá?" Los niños que vieron el episodio por la televisión se preguntaban si sus padres también morirían así. Se preguntaban si ellos mismos morirían así y por qué una figura de autoridad, como una madre o un padre o un presidente, permitiría que algo así sucediera. ¿A dónde va el cuerpo? ¿Qué es la muerte? Este tipo de sucesos puede dar pie a que el niño empiece a tener pesadillas sobre la muerte.

Esa noche, insté a cada familia a que se reuniera a compartir lo que para cada uno significaba la tragedia. Los niños necesitaban oír que sus padres no los abandonarían. Necesitaban oír de sus padres que la muerte no era responsabilidad de ningún niño, que no era el resultado de las malas acciones ni de los deseos de un niño. Era necesario que las familias compartieran la pena de los niños que habían perdido a su madre y profesora. No podemos, ni debemos, tratar de evitar que nuestros hijos se identifiquen profunda y afectuosamente con otros que sufren grandes pérdidas ni protegerlos de su propio dolor. El duelo es una parte vital e inevitable de la vida. Sentir nostalgia por alguien que está temporal o permanentemente ausente le agrega una dimensión importante a la capacidad del niño de sentir afecto por los demás.

En nuestro país tenemos pocas oportunidades de compartir con los hijos este tipo de pena personal. En estas ocasiones podemos poner en palabras las creencias que nos permiten hacerles frente a las pérdidas y a la muerte. Nos dan la oportunidad de explicar nuestros sentimientos en torno a la muerte, al igual que nuestras convicciones sobre la religión y sobre la vida después de la muerte. Nos permiten explorar los recuerdos que mantienen vivos a quienes han muerto. Cuando un miembro cercano de familia muere, los padres pueden estar tan abrumados por su propio dolor que tal vez no puedan encarar el dolor de sus hijos. Una tragedia nacional como la explosión de la *Challenger* o la muerte de alguien en la comunidad puede ser una especie de preparación para cuando las tragedias ocurran en casa.

Si muere uno de los padres, abuelos o tíos, es importante que los adultos compartan los sentimientos con sus hijos. Tratar de escudarlos de los sentimientos de duelo y depresión de los padres puede ser desastroso. Los niños perciben claramente cuando uno de los padres está deprimido o pasando por alguna crisis. Los esfuerzos por ocultar un suceso o los sentimientos que éste suscita equivalen, a los ojos del niño, a un abandono. Los padres con frecuencia me dicen: "¿No está demasiado pequeño para saber sobre la muerte?" Les aseguro que es mucho mejor para el niño enterarse de la noción de la muerte por parte de sus dolientes padres que sentir, sin saber por qué, la ausencia emocional de los padres. El niño tiene una noción de la muerte mucho más primitiva que el adulto. Tenderá a equipararla con la soledad y el abandono. Si los padres se vuelven ensimismados sin compartir la experiencia por la que pasan, el niño siente confirmados sus peores temores: "La abuela murió. Ahora mamá está tan triste que tal vez también se va a morir".

Cuando los padres son capaces de comunicar su dolor, sus propias dudas acerca de la muerte, los recuerdos y el significado del sufrimiento, el niño tiene la oportunidad de experimentar *en un ambiente seguro* la clase de dudas que nos asaltan a todos. Puede compartir con sus padres las intensas emociones de duelo y tristeza. Los padres mismos pueden tener la experiencia de ese algo maravilloso que ocurre cuando hay un niño presente: un niño en medio de una familia doliente le da al resto de la familia una sensación de futuro y propósito. Cuando hace que su madre llorosa sonría, el niño puede sentir una peculiar sensación de poder por haber alegrado a la madre, aunque fuera por un instante. Siempre me ha llamado la atención observar que los niños pequeños tratan de consolar a los padres tristes.

Recuerdo una vez que hacía ronda en nuestro hospital y me encontré con una madre joven que me contó que había perdido a su bebé recién nacido y empezó a llorar silenciosamente. Su hijo de dos años estaba jugando calladamente en un rincón de la habitación. Cuando vio las lágrimas de su madre, se subió a su regazo. Al treparse, estiró torpe-

**Pérdidas en
la familia**

mente la mano hacia sus mejillas para acariciarla y limpiarle las lágrimas. Su madre agachó la mirada para sonreírle y acercarlo. El niño le había recordado a su madre que estaba allí para contrarrestar su pena.

Las explicaciones sobre la muerte pueden ser adaptadas a la edad del niño. Yo le diría al niño tanto como crea que puede entender. No hay necesidad de infundirle temor. Deben prepararlo para las conversaciones que oirá. Pueden decirle, quizá: "El abuelo se estaba poniendo tan viejo que ya no era capaz de hacer todas las cosas que le gustaba hacer. Cuando alguien envejece se cansa mucho. Ahora el abuelo puede descansar". Tal vez el niño pregunte: "¿Pero por qué nos dejó? ¿No podríamos ayudarle a descansar en nuestra casa? Lo extraño y quiero que juguemos como solíamos hacerlo". Pueden contestarle sinceramente: "Ninguno de nosotros sabe por qué un ser querido tiene que morir y ausentarse. El cuerpo simplemente pierde las fuerzas. Todos nos sentimos muy tristes y solitarios. Todos nos preocupamos por saber a dónde se fue, si está ahora más contento y más cómodo. Queremos que esté en paz, pero, al igual que tú, detestamos tener que despedirnos de él. Lo que yo pienso hacer es recordar todo lo que pueda de él, para conservarlo así a nuestro lado. ¿Tienes recuerdos especiales de él que me puedas contar ahora?"

Al hablarle de la muerte al niño, los padres pueden estar atentos a cualquier señal de que el niño teme que sean sus acciones o pensamientos los que hayan ocasionado la pérdida. El pensamiento mágico es parte de tener tres, cuatro, cinco o seis años. A estas edades el niño necesitará que se le tranquilice repetidamente en el sentido de que ser necio no produce revanchas y que sus pensamientos de enojo no le causan la muerte a nadie.

Tarde o temprano, el niño se empezará a preguntar sobre su propia muerte: "¿Cuándo me moriré? ¿Cómo se siente uno al morirse? ¿A dónde iré? ¿Estaré solo?" Todas estas preguntas les presentan a los padres observadores la oportunidad de dar las respuestas necesarias para acallar ciertos temores, y para compartir sus propios — y afines — sentimientos en torno a la muerte y los duelos. Si tienen convicciones religiosas sobre la muerte y la vida después de la muerte, ésta es la ocasión para compartirlas. Si encuentran solaz en la naturaleza, en la mitología, en el recuerdo, traten de comunicarles esto a los niños. A los niños les encantan los relatos del pasado. Cuéntenles cómo era cuando ustedes mismos estaban pequeños y sus padres, todavía jóvenes, los cuidaban. Denle vida a ese relato de su propia infancia. Ellos captarán el mensaje, y éste contrarrestará la pena.

A este suceso debe dárasele la misma importancia que a la muerte de una persona. Nunca le mientan al niño sobre el particular. Perderán su confianza. Díganle lo que puedan sobre la vida y la muerte del animal. Insten al niño a que exteriorice su dolor e ira ante la pérdida de un amigo querido. Dejen pasar un tiempo de duelo antes de reempla-

La muerte de una mascota

zar la mascota. Para el niño es importante darse cuenta de la pérdida y experimentar la sensación de cariño y apego que provoca perder una mascota querida. Es previsible que esta vez también se sienta personalmente responsable de la pérdida. Explíquele si fue un accidente o una muerte natural.

La muerte de otro niño

Cuando otro niño se halla enfermo o moribundo, los niños estarán expuestos a sentir profundos temores. Se identificarán con el niño enfermo o moribundo: "¿Seré yo el próximo? ¿Me pasará a mí lo mismo? ¿Por qué sus padres permiten que se muera? ¿Será porque es malo y se lo merece? Quisiera nunca haber sido malo con él. Tal vez yo lo hice morir".

Aunque muchas de estas dudas pueden parecer irracionales y no se basan en la realidad, cualquier adulto que haya experimentado una pérdida muy dolorosa se dará cuenta de que los temores que éstas representan son universales. Cuando alguien está muy enfermo y sufriendo, todos nos sentimos responsables. Todos sentimos que nos merecemos un castigo por nuestro mal comportamiento o los pobres cuidados que hemos proporcionado. Al explicar la realidad de la enfermedad o de la muerte del otro niño, los padres pueden dejar en claro que también ellos tienen los mismos sentimientos. Tratar de negar o esconder la realidad de la enfermedad o la pena y los temores de los adultos sería un grave error.

La escuela puede hacer mucho para ayudarles a los niños a manejar sus temores sobre la enfermedad y la muerte. Uno de mis pacientes me contó sobre la forma como la escuela local manejó la situación cuando un niño de seis años tenía un tumor cerebral inoperable. Había estado sufriendo fuertes dolores de cabeza y había tenido que faltar a la escuela por causa de ellos. Cuando regresó a la clase un día, tuvo una convulsión, en el aula, que todos sus compañeros presenciaron. Después de esto, enfermó demasiado para regresar a la escuela. La profesora se dio cuenta de que haber presenciado la convulsión y el inevitable empeoramiento del niño enfermo había sido devastador para sus compañeros. Les habló sobre la enfermedad del niño y trató de explicarla lo mejor posible. Pero la sensación de pérdida seguía invadiendo los ánimos y hacía que muchos niños se sintieran inhibidos y asustados. La profesora reunió a los padres, les contó sobre el niño enfermo, y los instó a compartir con sus hijos la pena. Les advirtió sobre la probabilidad de que se presentaran ciertos temores y sentimientos: de culpa, de identificación con el niño mortalmente enfermo, de ser en parte responsables de su enfermedad. A medida que hablaba con los padres, se dio cuenta de que los niños necesitaban la oportunidad de despedirse. Hizo acopio de valor y fue a ver a los padres del niño enfermo para pedirles autorización de llevar a sus compañeros a verlo. Los padres se conmovieron, pues sabían cuánto podía significar el gesto para su hijo. Escogieron un día en que se sintiera relativamente bien. Todos los condiscípulos fueron a verlo. Cada uno le llevó un regalito especial. Cada uno se sentó a su lado, lo tocó y le hizo saber de alguna manera cuánto les importaba lo que le pasaba. Después de la visita, el niño quedó exhausto pero alborozado. De allí en adelante el empeoramiento fue evidente pero siempre les hablaba a sus padres de "mis amigos". Los condiscípulos ahora sentían que podían hablar de él, que podían recordarlo como "de ellos". Le habían dicho adiós y habían compartido un poco su enfermedad.

En el Hospital Infantil de Boston hemos instituido las visitas familiares. Todos los miembros de la familia pueden venir a visitar al niño enfermo. A los padres, desde luego, los invitamos a quedarse todo lo que puedan (véase el capítulo 25). Inicialmente, cuando le pedimos a los empleados del hospital que permitieran las visitas de hermanos, se resistieron. Alegaron los peligros que representaban otros niños, pues podían traer infecciones nuevas. La actividad de niños normales, bulliciosos, podía alterar a los niños enfermos, decían. Pedimos que se nos diera la oportunidad de probar estas visitas.

Había un niño de dos años, a quien llamaremos Julián, con un cáncer incurable. Había perdido todo el pelo por causa de los rayos X y la quimioterapia. Estaba sumamente delgado, prácticamente en los huesos. Pero tenía una simpática y encantadora sonrisa. Era uno de los preferidos de las enfermeras y los médicos. Sus padres, que eran extraordinariamente consagrados, un día pidieron permiso para traer de visita a los dos hermanos mayores, de cuatro y seis años. Ellos, y nosotros, temíamos que Julián nunca pudiera regresar a casa y nos dijeron cuán desolados estaban los dos hermanos mayores. Utilizamos éste como el caso de prueba.

Julián estaba sentado en un corralito de juego, en medio de las enfermeras, cuando llegaron los padres. La carita demacrada se le iluminó cuando la madre se acercó a acariciarle la cabeza calva. El padre le tocó las manos cuando el niño se las extendió. Nos dábamos cuenta de que casi temía alzarlo, pues el pequeño se veía muy frágil y débil. La madre le dijo: "¡Julián, te tenemos una sorpresa!" Los ojitos se le iluminaron un poco y ladeó la cabeza como interrogando. En ese momento, los dos hermanos mayores salieron del ascensor y corrieron al lado de este esqueleto de niño. Cuando Julián los vio, las lágrimas empezaron a correrle por las mejillas, se incorporó para quedar de pie al lado de la baranda del corralito y se agachó sobre ella hacia afuera, con los brazos extendidos hacia sus hermanos. Repetía sin cesar: "¡Oh, oh, oh!", como si no pudiera creer que verdaderamente estuvieran allí. El hermano de cuatro años se acercó a acariciarle la cabecita y la cara. Tocaba y tocaba, y volvía a tocar a su hermanito. Julián se retorcía de gusto a cada caricia, como si tuviera infinita sed de ese contacto. A su hermano mayor lo miraba en adoración, como si hiciera mucho — demasiado — tiempo que no lo viera. Este hermano acercó una silla al corralito para sentarse al lado de Julián. Les pidió permiso a sus padres para tenerlo en brazos. En este punto, a todos los que observábamos la escena se nos aguaron los ojos. La enfermera jefa movió la cabeza en señal de asentimiento. El padre alzó con cuidado al niño para sentarlo en las piernas del hermano. El niño de seis años empezó a mecer a su hermanito y a canturrearle como si fuera un bebé. Julián se acomodó en brazos de su hermano. Se estiró para tocarle la cara con sus frágiles manos. Se dedicó entonces a explorarle los ojos, el pelo y la boca. Finalmente, exhausto, reclinó la cabeza en el hombro de su hermano.

Desde que sucedió ese episodio, hemos permitido las visitas ilimitadas de los hermanos. Todos pudimos darnos clara cuenta de lo que sus hermanos significaban para este niño y viceversa. Nos dimos cuenta de cuán importante es para cualquier niño que se está muriendo y para los otros niños en la familia tener la oportunidad de reunirse y decirse adiós.

En el hospital, tenemos un programa maravilloso que se llama "Good Grief" [La buena pena]. Este programa no sólo les ayuda a los padres y a los niños a compartir su pena, sino que tiene en cuenta el dolor de los empleados del hospital y de la escuela que deben también participar en el duelo por la muerte de un niño o de uno de los padres. Este programa ha instituido la manera de compartir sinceramente los sentimientos, en los pabellones, los hogares y las aulas.

30

MENTIRA, ROBO Y TRAMPA

En cualquier período de rápido aprendizaje, la imaginación del niño cumple una función vital. En su vida fantasiosa puede explorar las ideas que está concibiendo. En la fantasía hay seguridad. No necesitará actuarlas si las puede soñar. La imaginación y el uso del pensamiento mágico le sirven al niño para explorar su nuevo mundo sin los peligros de caerse por la borda. En sus sueños nocturnos, puede ser un lobo poderoso y temible. Puede rugir como el automóvil de bomberos. Puede aprender sobre brujas y ladrones al recrearse en los miedos que le causan. Una imaginación rica le da la oportunidad de ser un monstruo, un animal agresivo o uno de sus adorados padres, todo en un sueño o fantasía. El proceso cognoscitivo de la función simbólica — aquélla de dejar que un animal de juguete o un camión o una muñeca representen algo diferente — se pone al alcance del niño cuando tiene cuatro o cinco años.

El juego y la imaginación son necesarios para conocer límites y para realizarse como persona. Lograr una diferenciación sexual segura y el dominio de los propios impulsos agresivos es la meta de esta etapa tumultuosa. Uno de los terrenos que el niño explora para lograr estas metas es el significado de decir mentiras, robar y hacer trampas. Éstos son comportamientos normales en los niños de cuatro y cinco años y pueden ser ocasiones propicias para que los padres le enseñen al niño aspectos de la responsabilidad hacia los demás. Esa lección se proyecta a lo largo de toda nuestra vida.

La dificultad principal que tienen los padres cuando estos comportamientos se presentan por primera vez es controlar la reacción desmedida que se basa en sus propios recuerdos. Tal vez hayan sido pillados en este tipo de actos y hayan sido avergonzados y castigados. Tal vez les hayan dicho de niños que se estaban metiendo en problemas serios. Los miedos dolorosos y sin resolver de los padres los hacen reaccionar horrorizados a la primera señal de que el niño miente, hace trampa o roba. Si pueden acordarse de su propio pasado, se les hará más fácil entender el punto de vista del niño.

Mentira

Todos los niños de cuatro años dicen mentiras. Alrededor de los cuatro y cinco años, una activa imaginación es señal de salud emocional — *incluso* si desemboca en falsedades; lo cual sucederá.

Tomemos por ejemplo un niño, a quien llamaremos Manuel, que ve a su padre jugar con su nuevo computador personal todas las noches. Completamente absorto, el padre sonríe, frunce el ceño e incluso ríe a carcajadas, a medida que el computador le presenta resultados inesperados. Una mañana, cuando el padre sale para el trabajo, Manuel se cuela al estudio de su padre para inspeccionar el computador. Imitando a su padre, empieza a jugar con los controles y teclas. De repente, el computador zumba, le suenan campanitas, vibra y sigue zumbando hasta que los padres de Manuel regresan por la tarde. Asustado por los ruidos que no puede controlar, Manuel se esconde. El padre, horrorizado ante el estado de su computador, entra a zancadas al comedor y acusa a cada uno de los miembros de la familia por turnos. Cuando llega a Manuel, el asustado niño tartamudea que la niñera entró en el estudio y golpeó el "putador". En este punto, Manuel necesita tan desesperadamente creerse su cuento que empieza a agregarle detalles para hacerlo más verosímil. Cuando la niñera niega su participación, el padre está horrorizado ante la complejidad de las mentiras que Manuel se ha inventado. Lo castiga con severidad. En este punto, el intenso deseo de Manuel lo ha hecho creer que su cuento es verdad. Se siente traicionado y que no se merece la ira del padre. Como resultado, existen pocas probabilidades de que aprenda algo positivo de su experiencia. Ha mentido para protegerse de la acusación inicial, haciendo un creativo intento de complacer al padre y de borrar el daño que hizo por tratar de identificarse con el fiel apego de su padre al computador. Cuanto más se enfade el padre, más se ve obligado Manuel a persistir en sus invenciones.

Los padres de niños de cuatro y cinco años tienen que estar preparados para estas mentiras. A medida que el pensamiento mágico del niño aflora, los padres pueden disfrutar, en lo posible, de los fantásticos resultados. Reaccionar en exceso probablemente convierta las mentiras en hábito.

Qué hacer cuando el niño dice mentiras. En primer lugar, traten de entender las circunstancias que llevaron al episodio. Confíen en que el niño no tiene malas intenciones, y traten de entender sus razones: sus fantasías y deseos. Ayúdenle también a él a entenderlas.

En segundo lugar, no acorralen al niño ni reaccionen desmedida y violentamente. A esta edad la consciencia está apenas surgiendo; el sentimiento de culpa viene *después* del acto y en respuesta a que se da cuenta de que los demás lo desaprueban. El objetivo a largo plazo es ayudarle al niño a incorporar esa consciencia: como lo decía la psicoanalista Selma Fraiberg, "a hacer que el policía pase de estar afuera, a estar adentro". Requisitos demasiado rígidos o castigos demasiado severos pueden acabar produciendo uno de tres resultados: 1) Una consciencia demasiado rígida e implacable, 2) una feroz rebeldía que hace que el niño parezca amoral, o 3) la compulsión a mentir repetidamente. Cuando la crítica o el castigo han sido exagerados, o cuando ustedes se han equivocado en sus acusaciones, reconózcanlo ante el niño. Utilicen esta oportunidad para comunicarle lo mucho que sus mentiras los perturban. Pero asegúrenle que entienden su punto de vista. Recuerden que el niño ama más a sus padres que a sí mismo. Es sumamente fácil minar su sensación de que es un ser capaz.

Sabrán que están progresando cuando ustedes y el niño puedan hablar de cada incidente y cuando puedan ayudarle a entender a él los motivos por los cuales miente. Cuando el niño pueda empezar a reconocer la verdad, pueden estar seguros de que van por buen camino. En una etapa posterior, el niño empezará a respetar los sentimientos y derechos de los demás.

Si, por otra parte, el niño miente una y otra vez, siempre de manera más insidiosa y menos comprensible y relacionada con la realidad, probablemente estén ejerciendo demasiada presión.

Otros indicios de que el niño no se siente seguro para desarrollar su mundo de fantasía a su ritmo son las tendencias autopunitivas, la tendencia a aislarse y a hacerse inaccesible, los síntomas de ansiedad generalizada, la minusvaloración de sí mismo y el aumento de los temores y los terrores nocturnos. En este caso, deben abandonar los castigos fuertes y evaluar sus propias reacciones. Además, evalúen las circunstancias de la vida del niño y las presiones a las que está sometido. Réstenles importancia a los asuntos que no son vitales. Reconozcan ante el niño que han estado reaccionando con demasiada dureza. A veces es útil valerse de muñecos o cuentos para hablar sobre el tema o representarlo con el niño.

Si la preocupación subsiste, busquen la evaluación de un profesional. Recuerden que las mentiras continuadas son simplemente un síntoma de ansiedad y temores subyacentes. Más que reprimir las mentiras, se deben suprimir las causas.

Los niños pequeños roban al menos por dos razones. En **Robo** primer lugar, todo "es mío" para el niño de tres o cuatro años hasta que alguien le diga lo contrario. Por consiguiente, si ve un juguete en un almacén, o pasa sentado en el carrito al lado de un paquete de galletas en el supermercado, piensa que lo que ve es suyo — hasta cuando aprende que estas cosas les pertenecen a otros. Este aprendizaje toma su tiempo. Al igual que con la mentira, un castigo traumático servirá sólo para refrenar el comportamiento y hacerlo subyacente. Las explicaciones suaves sobre el respeto a las pertenencias de los demás, reforzadas por límites firmes, son mucho más eficaces.

Una razón más sutil por la cual el niño roba es su deseo de identificarse con otros. A medida que aumenta el intenso deseo del niño en edad preescolar por identificarse con sus padres, sus hermanos, sus condiscípulos, tal vez empiece a sustraerles pertenencias importantes. En su manera propia — concreta — de ver las cosas, creerá que poseer algo del otro equivale a ser como el otro. Aún no tiene una consciencia formada. Los sentimientos de culpa surgen después, por causa de la decepción de los demás.

En la mayoría de los niños, el robo aparece por primera vez a la edad de cuatro o cinco años. Es exploratorio y adquisitivo más que un indicio de maldad. Si los padres estallan, probablemente engendren miedo y una tendencia a repetir la actuación. Desde luego que los padres se alarman cuando un niño pequeño le roba a otro, especialmente si, al mentir al respecto, parece entender lo que ha hecho. Pero si pueden comprender la universalidad y los motivos que hay en el trasfondo del acto de robar en un niño de edad preescolar, pueden evitar reaccionar en exceso y causar una fijación de este comportamiento hasta convertirlo en el futuro en un hábito. La meta de los padres, tanto en el caso del robo como en el de la mentira, es utilizar cada incidente como una oportunidad para enseñar. Ayudarle al niño a entender las razones por las cuales ha tomado lo que es de otros sin sentir una culpa abrumadora lo hace receptivo a posteriores conversaciones sobre el derecho ajeno. Aprender a respetar las pertenencias y el territorio de los demás es un objetivo a largo plazo. Si se maneja con sensibilidad, cada episodio de robo puede conducir hacia esa meta.

Cómo prevenir el robo. En primer lugar, no hagan un gran escándalo. Esto sólo servirá para asustar al niño. Traten, al hablarle, de no motejarlo de ladrón y de no machacar después sobre el incidente. Es sabio no afrentar al niño preguntándole si robó; esto puede forzarlo a mentir. Simplemente aclaren que saben de dónde vino el objeto, pidiéndole al niño, si es necesario, que lo entregue, y diciéndole: "Me apena que hayas tomado algo que no es tuyo".

Seguidamente, ayúdenle al niño a devolver el objeto a su dueño y a presentarle disculpas, incluso si esto significa regresar al supermercado y pasar por la vergüenza de devolver el objeto o pagarlo. Hagan que el niño reúna el dinero haciendo tareas domésticas. Sean consecuentes en este proceder todas las veces.

Prevenir el robo exige una gran dosis de paciente enseñanza. Muéstrenle al niño cómo pedir lo que quiere. Establezcan normas simples acerca de la manera de compartir con los demás, como: "No tomes el juguete de otro niño sin pedirle permiso y sin ofrecerle uno de los tuyos". Explíquenle el concepto de prestar y devolver un juguete: "Puedes preguntar si te permiten jugar con él. Si dicen que no, no hay nada que hacer. Si dicen que sí, debes prometer que lo devuelves". "Si estamos en una tienda y quieres unas

galletas, pregúntame si las puedes tomar. Si digo que sí, espera hasta que las haya pagado antes de tomarlas". De esta manera, le están enseñando al niño a respetar las cosas de los demás, haciéndole una demostración de los modales que debe tener al pedir y ayudándole a esperar con paciencia la gratificación.

También es importante explicar por qué son necesarias estas reglas: "Para proteger los juguetes de los demás de la misma forma que tú quieres proteger los tuyos". Cuando el niño llegue a robar, utilicen un rato de soledad en su habitación como medida disciplinaria, pero pasado éste siéntense a conversar con él sobre el incidente. No se trata de castigarlo sino de enseñarle a respetar las posesiones de los demás y a controlar sus deseos de que sean suyas. Traten de entender por qué lo hizo y ayúdenle a entenderse a sí mismo. Ayúdenle también a tomar en consideración el punto de vista de ustedes: no pueden permitir que tome lo de los demás. Dejen en claro que están tratando de entender el punto de vista de él. Luego pregúntenle cómo piensa manejar el asunto y transfiéranle a él parte de la responsabilidad de mantener los límites. Finalmente, lo más importante: cuando tenga éxito, no olviden decirle que se sienten orgullosos de él.

Si el robo continúa, busquen las causas subyacentes. ¿Se siente el niño culpable y asustado y por eso reacciona con una especie de repetición compulsiva? ¿Es tan inseguro que necesita las cosas de los demás para que le ayuden a sentirse como una persona completa? ¿Ya otros lo desaprueban y le han puesto un mote? Si repite sus robos, puede estar necesitando terapia. No esperen hasta que se sienta fracasado y los motes se le graben. Busquen ayuda con el médico de la familia o el departamento de psiquiatría infantil del hospital.

Trampa Para comprender que a los demás no les cae bien un niño que hace trampas, el niño tiene que ser lo suficientemente maduro para entender las reglas, tanto en los juegos como en la escuela. Debe haber madurado más allá del comportamiento provocador del niño de tres años. A los cinco o seis años, el niño puede aprender el concepto de abierta negociación en lugar de las trampas subversivas. La madurez trae consigo un pensamiento más lógico, y el egocentrismo del niño de tres años da paso a la consciencia de la existencia de los demás. La consciencia social está ahora en formación.

La tarea de los padres es acrecentar esta consciencia. Los castigos demasiado severos o inadecuados simplemente impedirán estos procesos de desarrollo. Un sistema mejor para detener las trampas es el manejo amable y franco. Pueden explicarle de manera no enjuiciadora las consecuencias de hacer trampas:

"No es justo con ella y no le caerás bien".
"¿Te gustaría que él te hiciera trampas a ti?"
"Lo que es justo contigo es justo con todos los demás".
"Si ganas haciendo trampa, tal vez ella nunca quiera jugar otra vez contigo o, si no, aprenderá a hacerte trampa. ¿Es eso lo que quieres?"
"¿Estás tratando de enfadar a tus profesores, o a mí? Yo simplemente me siento defraudado, porque sé que tú entiendes bien las cosas".
"¿Puedes darme ideas sobre cómo ayudarte en este asunto?"

El juego dramático puede ser una poderosa manera de introducir el concepto de respeto a los demás. Puede también ser una oportunidad de enseñarle al niño la manera de pactar aceptablemente. Dejen que el niño les muestre, en una situación ficticia, cómo quisiera que se le impusiera la disciplina para ayudarle a aprender a ser responsable de sí mismo.

La consciencia social del niño se modela en la de los padres y en la del resto de la familia. Asegúrense de que le están dando la oportunidad de entender los valores sociales de ustedes, los padres, en los términos del niño.

31

MODALES

En la mayoría de las culturas, enseñarle modales al niño es parte importante de la temprana formación. La inclinación respetuosa del niño japonés, el efusivo saludo del niño africano y la venia del niño europeo son señales de respeto y acogida a la otra persona.

Los modales representan nuestros valores, nuestros estilos sociales. Los necesitamos a lo largo de la vida para ingresar en un grupo y acomodarnos dentro de él. Los modales que utilizamos reflejan nuestra estructura social, el marco de cualquier situación social. Indican nuestro respeto a otras personas y son esenciales para ganarnos la aceptación de los demás.

Son importantes desde temprano. Niños de dos años que juegan en un tobogán harán fila, respetuosos del turno de los demás. Si un niño agresivo entra a la fuerza, la "fila" decidirá como grupo si permite esto o lo rechaza. Los compañeros del niño de dos años ya esperan que éste respete las reglas del juego. Las reglas, como los modales, definen el comportamiento que otros esperan de nosotros. El niño que es o demasiado agresivo o demasiado retraído para ajustarse a las normas será clasificado como indeseable por los otros niños.

Es imposible escapar a las reglas y a los modales, pero podemos decidir cuáles son importantes y cuáles no. Nuestros hijos adoptarán como modelo las decisiones que tomemos sobre el particular.

Los niños empiezan a aprender sobre reglas y modales desde la temprana infancia, aunque la mayoría de los padres no se dan cuenta de que están dando estas lecciones. Por ejemplo, cuando el bebé le muerde el pezón a la madre, ésta se disgusta y reacciona con dolor y sorpresa ante la agresión de su hijo de cinco meses. Se retira, aleja al bebé del pecho y lo reprende: "¡No, eso no lo puedes hacer!" Le acaba de enseñar a su bebé las reglas del amamantamiento.

Aprender modales

Los padres solamente se empiezan a dar cuenta de su papel en la "enseñanza" de modales cuando el niño tiene unos dos años y comienza a poner a prueba los límites. Uno de los primeros verdaderos campos de batalla en la cuestión de los modales es, como lo decíamos en capítulos anteriores, la hora de la alimentación. Mientras aprende las reglas, el niño de dos años debe probar todas las posibilidades. Debe dejar caer la comida al piso por el borde de su bandeja, vaciar el contenido de la taza, untarse la comida en el pelo y negarse a comer una cosa tras otra, probando cada norma en busca de límites.

Durante el segundo año, la oportunidad de explorar los límites y su propia autonomía es más importante para el desarrollo del niño que aprender los modales que esperamos tenga más adelante. A la edad de cuatro o cinco años, cuando ya domina las habilidades básicas para comer, empezará a identificarse con los adultos a su alrededor y a imitar los modales que ve en sus padres y hermanos mayores. Por sí mismo, utilizará la servilleta para limpiarse la cara, manejará el tenedor y la cuchara y pedirá permiso para retirarse de la mesa. A esta edad, los niños tienen un fuerte deseo de imitar las acciones de quienes los rodean. Por otro lado, si se le dice que "haga esto" o que "no haga eso", cualquier niño vital de cuatro años se rebelará. Aprender a hacer las cosas por sí mismo se ha vuelto muy importante y emocionante para ser dócil a los pedidos de los padres. Por eso la mejor manera de inculcar un comportamiento aceptable es simplemente darle ejemplo. Si tienen un niño de tres o cuatro años, les recomiendo que le den ejemplo pero que se abstengan de hacer demasiados comentarios sobre su desempeño en el aprendizaje de modales.

Normas sociales

Una vez que, alrededor de los cuatro años de edad, el niño empieza a aprender las normas básicas del comportamiento durante las comidas, la retirada a dormir y el baño, ya está listo para aprender algunas reglas sociales.

Ir de visita a casa de los abuelos puede ser una excelente oportunidad de aprender. Pueden prepararlo con un breve relato sobre lo que sucederá cuando estén de visita en casa de los abuelos y lo que se esperará de él. A medida que le hablan, ayúdenle a ensayar el comportamiento deseado. Por ejemplo: "El abuelo y la abuela se pondrán felices al verte. ¿Vas a darles un abrazo y a dejar que ellos te den un beso? ¿O querrás correr a esconderte? Muchos niños de tu edad son tímidos, pero los abuelos han esperado tanto tiempo para verte, que no pueden menos que querer abrazarte y besarte".

Cuando se sabe que habrá otras personas, preparen al niño para saludarlas también. "¿Te acuerdas del señor Lara, que vive al lado de los abuelos? Pues él estará allí también, y apuesto a que te extiende la mano para que le des la tuya, así. Eso se llama darse la mano. Papá le dará la mano al señor Lara, así que podrás ver cómo lo hacen las personas mayores. Entonces tal vez tú también puedas hacerlo".

Cuando el niño practique estos buenos modales, hagan comentarios favorables, pero no se excedan en elogios. Están estableciendo una expectativa, no convirtiendo el hecho en un gran suceso. Si no fue capaz de actuar según lo esperado, no lo sermoneen. Simplemente háganle saber que todavía quieren que aprenda estas formalidades y que esperan que la próxima vez pueda hacer "lo que hacen todos los demás". El resultado tanto del exceso de presión como del exceso de elogio es dar a entender que los modales son negociables. Por el contrario, en lugar de materia de negociación, los modales, como los rituales en torno a las comidas y la hora de irse a la cama, deben convertirse en parte de un sistema de normas bien establecidas.

Cuando llegue la hora de despedirse, de nuevo déjenle saber al niño lo que esperan de él. "Puedes darles al abuelo y a la abuela las gracias por la rica comida y darles un abrazo de despedida. ¡Los abuelos me dijeron que se habían dado cuenta de lo mayor que estás!"

Si alguno de los abuelos tiene un impedimento o usa bastón o muletas, tendrán la oportunidad de preparar al niño para ser sensible con los demás. Podrían decirle: "El abuelo tiene que usar ahora muletas porque le duelen las piernas, pero se siente un poco avergonzado de tener que usar muletas. A veces incluso los adultos se avergüenzan de ser diferentes de los demás. Así que lo mejor que podemos hacer es ser colaboradores y amables pero no hablar mucho de las muletas del abuelo. Tal vez podrías preguntarle cómo se siente y tratar de darte cuenta cuando necesite ayuda. Por ejemplo, si se le caen las muletas, puedes recogerlas y dárselas".

A los cuatro o cinco años de edad, el niño tendrá la máxima consciencia de las diferencias. Probablemente o se avergüence o reaccione en exceso. Por ejemplo, si ve un ciego en la calle, quizá anuncie a gritos: "¡Mira, mamá, lleva un bastón!" Todas estas situaciones ofrecen oportunidades de enseñarle a ser considerado con los demás. "Sí" — podría decirle —, "utiliza un bastón porque no puede ver, y el bastón le ayuda a saber dónde está la acera y dónde hay paredes con las que pueda tropezarse. Cierra los ojos y date cuenta qué tan difícil sería moverte sin ayuda. Es maravilloso que él sea capaz de hacerlo solo, ¿no te parece?" Para el niño es un gran alivio que sus padres le ayuden a manejar sus sentimientos. Cuando los padres son modelos del comportamiento adecuado, le ayudan a reducir sus sentimientos de ansiedad.

Comunicar el gusto por los buenos modales

Los buenos modales hacen que la vida sea más fácil y agradable. Si pueden explicarle esto en lugar de presentarlos como una tarea, obtendrán mejores resultados. Por ejemplo, si dicen "discúlpeme" en el supermercado cuando por accidente se tropiezan con alguien, el niño imitará su comportamiento. La mayoría de la gente devolverá una sonrisa ante este agradable comportamiento. Los niños pueden aprender que los modales no sólo facilitan las relaciones sino que les pueden ayudar a arreglárselas en situaciones inusitadas o de estrés, pues los modales no sólo proporcionan el marco para responder a las situaciones de cada día; también les ayudan a los niños a manejar lo inesperado. El niño que se siente cómodo en medio de los sucesos de costumbre, probablemente maneje con mayor éxito los eventos inusuales. Cuando el niño, en efecto, se comporta a la altura de alguna situación, no olviden expresarle reconocimiento. Decirle algo por el estilo de: "Todo el mundo

estaba admirado de la manera como le ayudaste a ese chico a levantarse cuando se cayó y se golpeó la rodilla", hará que el niño se sienta satisfecho de sí mismo.

Cuando el niño aprende buenos modales sin presión de los padres, se siente orgulloso de las habilidades que ha adquirido. En lugar de ser una estructura artificial impuesta por los adultos, los modales le vienen de dentro. Controla los modales y le pertenecen. Por encima de todo, se sentirá tranquilo en su sensación de que los modales, y la ayuda que éstos le dan para ganarse la estima y el afecto de los demás, siempre estarán a su disposición.

Grosería

Una reacción común al exceso de presión en la enseñanza de buenos modales se manifiesta como abierta grosería. Cuando el niño sabe qué se espera de él, tal vez se desquite con comportamientos claramente groseros. Esto indica que el niño sabe qué debería hacer, pero siente más presión de la que soporta y reacciona con un comportamiento y un lenguaje que sabe que con seguridad provocarán una respuesta.

Si el niño llega a este punto, tal vez puedan decirle: "Desde luego que me desilusionas. Tú y nosotros sabemos que sabes cómo comportarte. Tal vez sientes que esperábamos mucho de ti. Claro que esperamos mucho de ti. Queremos que los otros te respeten y te aprecien. Sabemos que eres maravilloso y queremos que ellos lo sepan. Nos apena que te hayas sentido así y esperamos que la próxima vez seas capaz de ser más delicado con los demás". A la primera señal de resistencia, deben evitar aumentar la presión. Quizá el niño no sea capaz de oír los comentarios, y la pequeña conferencia pueda guardarse para más tarde.

Si el niño es rudo siempre, me preocuparía por él. A la edad de cuatro o cinco años, no hay ninguna razón para tolerar una permanente actitud de insensibilidad hacia los demás. Se trata de un indicio de confusión interior y, si continúa, pueden buscar la ayuda de un psicólogo. Si persiste e invade todas las reacciones del niño, sería aconsejable consultar con un psiquiatra o con un psicólogo infantil.

La grosería aísla del mundo exterior y agrava la ansiedad del niño.

Malas palabras   Los niños de cuatro y cinco años pasan por una etapa en que quieren usar las palabras más fuertes que conocen. Su capacidad de escoger la palabra que más puede ofender a un adulto o a los hermanos mayores es especial. Les resulta emocionante observar la reacción. La mejor ocasión es en público. La conversación se detiene. Los padres se miran uno a otro, horrorizados. No se atreven a mirar a los mortificados abuelos o a los otros sonrientes adultos presentes. El niño sabe que ha causado sensación. La repite hasta que alguien se recupera lo suficiente para regañarlo. Después de unas cuantas ocasiones similares, las malas palabras se vuelven parte de su vocabulario. Muy probablemente procure decirlas en cualquier circunstancia.

Decir palabras soeces y "suciedades" indica un comportamiento rebelde y provocador que es normal e inevitable en niños de cuatro a seis años. Persiste únicamente porque los padres u otros adultos reaccionan en exceso. El refuerzo negativo es la mejor actitud: no responder. Hagan frente unido con las otras personas para que nadie reaccione ante la provocación. En otra oportunidad, pueden decirle al niño que ni a ustedes ni a los demás les agrada. Entienden que tiene que practicar su nuevo vocabulario, pero que algunas palabras se deben utilizar sólo en privado. Denle autorización para que las diga en casa. Si le prestan poca importancia y atención, las provocaciones deberían desaparecer.

Si continúa, tal vez deban establecer una forma de recordarle y de imponerle disciplina. Hablen sobre el asunto antes de ir a cualquier parte. Decidan con él qué harán ustedes y él si ocurre, y luego cumplan lo acordado. Díganle que tratarán de ayudarle a controlarse a sí mismo. Si lo logra, felicítenlo.

Los niños, al parecer, utilizan más las malas palabras que las niñas. Quizá sea porque esperamos mayor control social por parte de las niñas e, inconscientemente, reforzamos en los niños el comportamiento "díscolo". Probablemente los

niños utilicen malas palabras como parte de su comportamiento machista a la edad de cinco y seis años — y más
adelante.

Los padres se preocupan de que la costumbre de usar
malas palabras persista y se vuelva parte de la personalidad
del niño. Si el niño deriva de sus actos suficiente refuerzo
y gratificación, seguramente la costumbre persistirá. Quizá
también surja como síntoma de la inseguridad o de la infelicidad del niño. Si el niño utiliza malas palabras de
manera innecesariamente provocadora, y en lugares donde
no debe hacerlo, yo lo interpretaría como una petición de
ayuda. Háganlo examinar en busca de una posible depresión subyacente o de una mala imagen de sí mismo.

Como lo dijimos al principio del capítulo, los modales
reflejan los acuerdos fundamentales de nuestro comportamiento social. Son menos importantes en sí mismos que
como llaves de un reino social más amplio. Una serie de
modales amables son como un pasaporte que otorga libertad de acceso a personas más allá de la familia. El niño que
es sensible a los sentimientos de los demás y que tiene
"bonitos modales" encontrará, al salir a explorar el mundo,
más sonrisas y nuevos amigos que desaprobación y resistencia.

32

NIÑOS PREMATUROS

El nacimiento de un bebé prematuro produce una sacudida emocional. Todo el trabajo del embarazo como preparación para el parto y para la llegada del bebé se ve interrumpido. Tanto el bebé prematuro como sus padres se enfrentan a muchos ajustes.

Ansiedad de los padres Automáticamente, la madre se pregunta qué papel desempeñó en el nacimiento prematuro. "¿Por qué no fui capaz de retenerlo? ¿Tengo yo o tiene él algo defectuoso? ¿Me esforcé demasiado? ¿Me alimenté bien? ¿Qué le hice al bebé?" Automáticamente surge un sentimiento de pesadumbre. La madre se culpa a sí misma y se siente impotente, incluso furiosa, consigo misma y con el mundo. Probablemente proyecte su ira hacia el marido o hacia las personas que cuidan al bebé. "¿Por qué no están haciendo más por él?" es una acusación que a duras penas esconde sus propios sentimientos de incompetencia.

Una vez que saben que el bebé sobrevivirá, ambos padres empiezan a preocuparse de si será "normal". Comienzan las inevitables comparaciones con los bebés que nacieron el día previsto — y quizá sigan haciéndolas por el resto de su vida. Cualquier pareja que haya pasado por el trauma de tener un bebé frágil, automáticamente lo clasificará como vulnerable durante muchos años. Es muy grande el peligro de excederse en los cuidados y de causar el "síndrome del niño vulnerable". Los padres necesitan ayuda para dirigir su atención hacia las posibilidades de desarrollo del niño en lugar de centrarse en "lo que habría podido ser". Esto toma tiempo. Cuando los padres se pueden concentrar en el bebé que tienen, en lugar de pensar en el bebé que quizá habrían tenido, pueden entonces dedicar toda su energía a reforzar su potencial de crecimiento y desarrollo.

Si, por otra parte, los padres lo están comparando constantemente con los bebés de sus amigos, con seguridad le encontrarán deficiencias en algún aspecto. Esto los impulsa a tratar de ayudarle a buscar compensación en otros aspectos. Lo observarán detenidamente para evitar que fracase. Antes que pueda concebir el deseo de probar alguna tarea, antes que haya fracasado inicialmente y luego haya reunido la energía para probar de nuevo, antes que sienta la frustración previa al éxito, se apresuran a ayudarle. Cada éxito será de ellos, no del niño. La imagen de sí mismo se volverá gradualmente la de un desvalido, incapaz ex prematuro: un niño verdaderamente vulnerable.

El ambiente alarmante y de alta tecnología de la unidad de cuidados intensivos neonatales refuerza la idea que tienen los padres de que su bebé es frágil. Sólo cuando se dan cuenta de la fortaleza del bebé, empiezan a deshacerse de estas ansiedades. A lo largo de los años, quienes hemos trabajado en estas unidades hemos luchado en pro de los bebés, por promover la participación de los padres y para que el ambiente sea menos sobrecogedor, excesivamente iluminado y ruidoso. Desde temprano, a los padres que se preocupan puede hacérseles participar en el cuidado del bebé prematuro. Pueden observar la recuperación del niño, paralela a la cual puede marchar su propia recuperación. En el caso de los bebés muy pequeños, muy enfermos, la negativa puede ser uno de los principales mecanismos de defensa. A medida que se recupera, esa necesidad de negarse puede disminuir. Si la enfermera o el pediatra busca el tiempo para hacerlos participar en las evaluaciones, los padres pueden darse cuenta de cómo su bebé se organiza y muestra el comportamiento que se observa también en el período neonatal en los bebés nacidos a término (véase el capítulo 2).

Recuperación y crecimiento

En el ambiente más tranquilo de la unidad de cuidados intensivos neonatales moderna, con luces y estímulos menos fuertes, el frágil sistema nervioso del prematuro puede organizarse más rápidamente y con mayor eficacia. Puede gradualmente aprender a aislarse y a estar alerta ante el mundo que lo rodea. El bebé prematuro que no está sobrecargado pasa por el ciclo de los seis estados que se observan en todos los recién nacidos. Lentamente aprenderá a prestarle atención al estímulo interpersonal positivo a medida que se recupera de su temprano nacimiento.

Cualquier bebé bajo estrés será probablemente hipersensible (véanse los capítulos 2 y 26). Cuanto más atractivo sea el estímulo (como la voz y el rostro humanos) mayor será la reacción desmedida del bebé. Como lo decíamos anteriormente, para poder llegar hasta estos bebés con información que puedan utilizar para aprender acerca de sí mismos y del mundo, debe reducirse cada estímulo en intensidad, ritmo y duración. Hemos visto que los bebés prematuros o estresados pueden tolerar y responder sólo a una clase de estímulo a la vez — o el contacto, o la voz o la cara o ser alzados — y que se ajusten cuidadosamente a las respuestas del bebé. Cuando respira con fuerza y rapidez, cuando cambia de color, está diciendo: "basta".

El sueño profundo puede ser una defensa para el bebé prematuro. Estar inquieto y llorar puede ser una manera de aislarse del mundo, pero que le roba energía. Los estados de vigilia son vitales para su aprendizaje, pero éstos también pueden acabar sobrecargándolo. Quienes cuidan de él deben ser respetuosos de su bajo nivel de tolerancia. En su interacción con él deben ser sensibles a las señales de fatiga.

El comportamiento motor del bebé también puede indicar la fatiga; los movimientos se vuelven débiles o bruscos; cambian de tono y calidad. Estos cambios son observables y forman parte del lenguaje de comunicación del prematuro.

A medida que el bebé se recupera, estará más y más dispuesto a interactuar con sus padres, a que le hablen, a que lo miren a la cara. Cuando puede aceptar todo esto a la vez, ya se ha recuperado y está ya bien organizado.

Debe instarse a los padres a que visiten la unidad de cuidados intensivos todos los días, a que cambien de pañales al bebé y lo alcen. Gradualmente pierden el temor natural a alzarlo. A medida que lo observan recuperarse, aprenden a reconocer su fortaleza y su capacidad de progresar. Pequeños detalles, como los minúsculos gorritos tejidos que se encuentran en algunas unidades, los nombres y fotos en las incubadoras y los juguetes que traen los padres le dan personalidad a ese pequeño ser y les ayudan a los padres a ver al niño como individuo.

Hemos aprendido mucho en años recientes. Incluso los bebés con defectos pueden obtener beneficios de las nuevas técnicas de intervención temprana. Existen cada vez más pruebas de la capacidad de recuperación del sistema nervioso del prematuro. Los conductos en el sistema nervioso del bebé prematuro son lo que llamamos redundantes. En otras palabras, incluso si hay zonas en mal estado, otras zonas pueden hacerse cargo de las funciones de las primeras si la intervención temprana se da a tiempo. Desde luego que no podemos ayudarle al bebé a que regenere células nerviosas dañadas. Pero justamente como el bebé ciego aprende a utilizar el tacto y el oído cada vez con mayor sensibilidad, ahora existen maneras de ayudarle al bebé a compensar daños neurológicos. Estas técnicas deben ponerse en práctica lo más pronto posible. Por esta razón, a todos los bebés prematuros debe examinárseles antes de ser dados de alta, para saber cuánta necesidad hay de una intervención temprana. Los padres merecen saber cómo comunicarse con estos bebés para ayudarles a basarse en sus propias fuerzas. Un bebé en riesgo puede aprender a fracasar o a tener éxito a medida que madura. Si empezamos pronto, obtendrá todo el éxito posible.

Debido al costo de organizar su frágil sistema nervioso, probablemente el bebé prematuro se desarrolle a un ritmo más lento. Si los padres prevén esto, disminuirá su ansiedad. Para calcular la edad en que se espera cierto desarrollo, deben restársele a la edad del bebé el número de meses de prematuridad y las semanas o meses que ha pasado en cuidados intensivos. Existen pruebas, obtenidas en investigaciones hechas con electroencefalógrafos, de que, mientras el niño está gravemente enfermo o en sistemas de apoyo intensivo, como un respirador, el cerebro entra en receso y no madura. Toda su energía se dedica a la recuperación física. Cuando se mejora, el cerebro empieza a progresar y emprende la tarea de "ponerse al día". Si los padres prevén determinada demora en el desarrollo, tal vez se ahorren la ansiedad de preguntarse cuándo empezará a ponerse a la par con otros niños de su edad. Pueden ayudarle donde está y ver su progreso real.

Aunque la mayoría de los bebés prematuros crecen con habilidades normales, la incidencia de trastornos del aprendizaje y de la atención y de la hiperactividad es más alta en ellos que en los bebés nacidos en la fecha prevista.

Se debe estar atento a los indicios de que existen estas afecciones. Si los padres sospechan que sufre una de ellas, deben hacerlo examinar por un bien calificado observador de bebés. Si logran recibir orientación para entender los retos que enfrenta el bebé, pueden ayudarle a sobreponerse a sus dificultades. Como lo dijimos, los niños pueden aprender a superar estos problemas. Identificarlos pronto puede ayudarle al niño a progresar hacia la realización de sus propias posibilidades en vez de condenarlo a la frustración (véanse los capítulos 18 y 26).

33

¿LISTO PARA LA ESCUELA?

Cuando se piensa en hacer ingresar al niño en un preescolar, deben tenerse en cuenta varios aspectos. ¿Es ésta la escuela apropiada? ¿Está listo el niño? ¿Puede estar separado del hogar? ¿Puede empezar a aprender a este nivel? ¿Será capaz de relacionarse con otros niños? ¿Hay problemas de comportamiento que puedan interponerse?

Es necesario encarar todas estas dudas cuando el niño ingresa en el preescolar, dudas que surgirán de nuevo antes del primer año de escuela. Aunque la adaptación al preescolar, y después al jardín de infantes, incide enormemente en la capacidad del niño para enfrentarse a retos posteriores, es muy probable que en cada transición estos aspectos de la adaptación surjan de nuevo.

Si puede escogerse entre varios planteles, es importante que los padres los visiten todos. Busquen un equilibrio entre el aprendizaje social y el cognoscitivo. A esta edad, el exceso de énfasis en el aprendizaje cognoscitivo puede significar que se haga caso omiso de la necesidad que tiene el niño de crecer como ser social. La distribución física y el grado de adaptabilidad a cada individuo de los ritmos de

actividad, de enseñanza y de descanso reflejan la orientación de cada escuela. Observen a los niños demasiado activos y a los demasiado pasivos, a fin de ver qué ayuda reciben para adaptarse. Por encima de todo, evalúen la capacidad de los profesores para ser cálidos, pacientes, al igual que su capacidad para estimular la individualidad de cada niño. ¿Serán capaces de encariñarse con el niño? La reacción de los padres ante los profesores puede ser la manera más sensible de predecir esto. Es posible que, en cuanto a reforzar en el niño una sana imagen de sí mismo en esta vital encrucijada, sea más decisiva la personalidad de los profesores que su habilidad para enseñar. Por el momento, instaría a los padres a que le presten más atención a la etapa de desarrollo emocional del niño que a su potencial cognoscitivo. Un niño despierto siempre aprenderá si se siente bien respecto a sí mismo.

¿Está listo?

A los padres hoy en día los persigue a menudo la idea de que deben preparar a los niños para competir temprano, para tener éxito desde el comienzo. Pocos pueden resistirse al apremio de preparar a sus hijos enseñándoles las habilidades que necesitarán en la escuela: leer, escribir y saber algo de aritmética. Tengo la impresión de que la presión sobre los niños para que se desempeñen con excelencia desde temprano les está robando oportunidades para explorarse a sí mismos, para jugar y para aprender a base de experimentación. El fracaso, seguido de la frustración o del aburrimiento, puede preparar el escenario para que el niño no sienta anhelo de aprender cuando se presente la oportunidad apropiada. La edad a la cual el niño empiece a adquirir habilidades académicas no es lo importante. Demasiados estudiosos "precoces" se agotan más adelante. Lo más importante es el deseo del propio niño de aprender y su opinión de sí mismo. Debe sentir que él mismo controla su aprendizaje.

La escuela le exige muchas cosas al niño. Debe ser capaz de concentrarse y prestar atención. Debe tener la resistencia física y la paciencia necesarias para estarse sentado largo rato, al igual que la capacidad de adaptarse a los ritmos de descanso y actividad de la escuela. El niño debe tener la capacidad de entender, recordar, seguir instrucciones de dos y tres componentes, hacer las tareas que le son asignadas, administrar sus pertenencias personales y ocuparse de sus propias prendas de vestir.

Las habilidades motrices refinadas, como cortar, dibujar y escribir, le exigen una considerable madurez neurológica y emocional. Sería una falacia pensar que todos los niños están listos en el mismo momento. Los de "florecimiento tardío" merecen ser identificados y que se les respete su ritmo. La manera como el niño sea aceptado en esta etapa puede moldear su imagen de sí mismo en el futuro. Darle a un niño que lo necesita un año adicional para madurar quizá sea mucho más decisivo que organizar la entrada a preescolar de manera que el niño ingrese a primer grado a los seis años de edad. La meta debe ser cultivar en el niño el interés por aprender. A demasiados niños se les presiona por ser lo suficientemente despiertos, pero no se presta la debida atención a su madurez y a su disposición.

Al tomarse decisiones acerca del preescolar, el jardín de infantes y el primer año de escuela, deberían tenerse en cuenta las siguientes razones para darles a los niños tiempo adicional:

- Patrones familiares de desarrollo lento: tendencia al "florecimiento tardío".
- Si el niño fue prematuro o tuvo problemas físicos en sus primeros días.
- Retraso en el crecimiento o en el desarrollo físico.
- Desarrollo motor inmaduro: torpeza, habilidades motrices deficientes, como para atrapar y tirar una pelota, dibujar o recortar.
- Fácil distracción o un período de atención corto.
- Dificultad para coordinar la mano izquierda y la derecha o los ojos y las manos, por ejemplo, al copiar un círculo o un rombo.
- Desarrollo social retrasado: dificultad para esperar el turno, para compartir o jugar. Si al niño lo dejan de lado otros de su edad, denle importancia al problema.

Cualquiera de las razones anteriores puede ser válida para permitirle al niño que madure durante otro año antes de ingresar en el preescolar, o para quedarse en éste o en el jardín de infantes un año más. Sin embargo, si cualquiera de estos retrasos o inhabilidades continúa interfiriendo el progreso del niño, háganlo evaluar cuidadosamente en los aspectos neurológico y psicológico, para identificar el problema de fondo. Aunque es bien posible que el niño supere el problema con el tiempo, es importante entender las razones del retraso y también establecer con qué fuerzas cuenta el niño. Existen muchos programas de tratamiento para niños con trastornos de la atención o del aprendizaje o con retraso motor. Encuentren uno que se ocupe en la dificultad específica del niño y asegúrense de que se trate de un programa positivo y motivador, no de un programa que presione al niño a "madurar" o a "ser bueno" o a "poner atención". Tales programas pueden ser punitivos y fallan en reforzar lo positivo que logra el niño. Inculcar una sensación de fracaso llevará seguramente al fracaso continuado. Encuentren un programa que acreciente la confianza del niño en sí mismo y que a la vez se centre en ayudarles a los padres a entender mejor a su hijo.

Preparar al niño

En cuanto a la adaptación del niño a la escuela, es tan importante que los padres estén listos para separarse de él como que el niño esté listo. Todos los padres se preocupan: "¿Qué opinarán de él? ¿Se darán cuenta de cuán inteligente y maravilloso es, o únicamente se fijarán en sus dificultades? ¿Serán los profesores amables y estimulantes o acabarán con su espíritu?" Todas estas preocupaciones reflejan la ansiedad natural de los padres cuando se trata de compartir a su hijo. Estas dudas disfrazan el temor a la separación y el inevitable espíritu de competencia entre los padres y los profesores. Los padres ven el ingreso del niño a la escuela (o a la guardería, si esto ocurre antes) como el principio del fin de su intimidad con él. "¡Cuando menos pensemos, será un adolescente! En un abrir y cerrar de ojos ya no estará con nosotros". Los padres deben enfrentarse a sus propios conflictos en torno a la separación antes de poder ayudarle al niño a resolver los de él.

Preparar al niño con tiempo para la separación y las exigencias del preescolar hará que la experiencia sea muy diferente. Díganle todo lo que sepan acerca de las cosas con que se va a encontrar. Llévenlo antes a conocer a su profesor y a ver el aula. Hagan que conozca a uno o dos de sus compañeros. Si es necesario, conquístenlos con tiempo llevándolos juntos al museo o al zoológico (véase el capítulo 45). Tal vez ustedes y los padres del amiguito puedan llevarlos juntos a la escuela el primer día. Dejen que el niño lleve algo especial de casa. Cuando lleguen a la escuela, preséntenle a los profesores y a otros niños, muéstrenle el sitio donde guardará sus pertenencias y la zona de recreo. Demuestren su confianza en los profesores diciéndoles algo como: "Veo que han programado un día emocionante. Nos sentimos muy afortunados de que Teresita pueda entrar en esta escuela".

Infórmenle al niño que se van. Esto es muy importante. Denle un beso, sin prolongar la despedida. Díganle cuándo regresarán, y *¡regresen puntualmente!* Una vez que se hayan despedido, salgan sin darse vuelta. Feliciten después al niño por lo bien que manejó la situación. ¡Ha dado el gran paso! Escuchen su recuento del día. No envíen al niño en autobús los primeros días, hasta que se sienta seguro de sí.

Muchos niños se adaptan bien inicialmente pero luego dan señales, en casa, de regresión. Los síntomas — en aspectos que aparentemente no tienen relación, como el sueño, la alimentación, o las pataletas — superados desde hace tiempo tal vez reaparezcan. A mi modo de ver, estas regresiones demuestran de cuánta energía tiene que hacer acopio el niño para enfrentarse al reto. Cuando el niño tiene que enfrentarse a una situación nueva, probablemente haga una regresión temporal, como si estuviera reuniendo energía para el importante ajuste. Al hacer regresión puede devolverse a una etapa anterior de desarrollo, reunir todo el respaldo que necesita de los padres y reorganizarse a sí mismo. La regresión atemoriza con frecuencia a los padres. Esto no debería ocurrir a menos que ella dure demasiado. El aprendizaje que se produce durante este período de reorganización bien vale la pena, aun cuando se presenten los síntomas de antaño. Cada niño tendrá la tendencia a recaer en los problemas de desarrollo que superó por último. Si acaba de superar los temores nocturnos, empezará de nuevo a ver monstruos. Si acaba de abandonar el hábito de comerse las uñas, probablemente empiece a hacerlo de nuevo. El papel de los padres es apoyarlo en la tarea de entender el porqué de los síntomas y ayudarle a entenderse a sí mismo durante su lucha por vencer los nuevos retos que le presenta la escuela. A medida que empiece a tener éxito, díganle que se sienten orgullosos de él.

Algunos niños empezarán a sentir dolores de cabeza o de estómago por la mañana, antes de salir para la escuela (véase el capítulo 40). Tal vez supliquen que les permitan quedarse en casa. Si estos problemas continúan, o si los episodios de regresión aumentan, ello quizá indique que el niño está bajo excesiva presión. El primer paso es hablar con el profesor. Averigüen si en la escuela hay presiones que ustedes puedan aliviar. ¿Se entiende bien el niño con sus compañeros? ¿Está aprendiendo? ¿Da señales de sentirse incompetente?

No adopten una postura de oposición al profesor. Aun cuando el niño tal vez se queje de que es demasiado estricto, de que "es muy malo conmigo", estar de acuerdo no hará bien. Díganle al niño que ustedes y el profesor trabajarán juntos para hacerle la vida más amable en la escuela.

Hablen con el niño sobre los síntomas. Díganle que lo entienden y que tratarán de ayudarle. Explíquenle que quedarse en casa no servirá realmente de nada y que esperan que persevere. Asegúrenle que todos los niños pasan por etapas como ésta, en que la escuela es nueva e intimidante. Esto no quiere decir que él sea malo o perezoso, sino que se enfrenta a una vida nueva y exigente y que está alejándose de la seguridad del hogar. Si perciben que el niño siente temor de alejarse de casa, traten de entender los motivos subyacentes. Pregúntenle al niño: "¿Tienes miedo de que algo nos pase? Nada nos pasará, pues no lo permitiremos". "¿Te preguntas si estamos jugando con tu hermanito (o hermanita) y olvidándonos de ti? No podríamos olvidarte. Nos sentimos muy orgullosos de nuestro hijo grande. Pensamos en ti todo el tiempo, pero esperamos que hayas crecido y estés preparado para alejarte de casa. Tu hermano también tendrá que aprender esto y tú podrás ayudarle".

Puesto que la capacidad del niño para medírsele al estrés de irse de casa cada mañana bien podría estar ligada a su estado físico, cerciórense de que no esté agotado o anémico. Durante esta época, muchos niños se despiertan con baja de azúcar en la sangre. Tener bajo el azúcar puede contribuir a los dolores de cabeza y de estómago. La ansiedad hace que el nivel de azúcar baje aun más. Les recomiendo a los padres que dejen un vaso de ginger ale o de jugo de naranja en la mesa de noche del niño. Debería tomárselo tan pronto se despierte, antes de levantarse y moverse. Si se siente bien, se desayunará mejor y podrá entonces manejar el estrés de ir a la escuela y alejarse de casa.

El período de adaptación a la escuela puede ser tormentoso. Los padres se preocupan de que el mal comportamiento del niño le dé una clasificación negativa en la mente de los profesores. Tal vez lo presionen en casa para que "preste atención y sea bueno en la escuela". Esto no servirá de nada. En lugar de ello, recuerden que cada niño se adapta a su propio ritmo. Traten de que el hogar sea un acogedor oasis de seguridad y calidez. Dejen que el niño se desahogue un poco en casa para contrarrestar la presión de la escuela. No lo presionen para que se desempeñe bien en todos los campos a la vez: denle espacio. Fomenten su amor propio: las bases de éste se sientan en casa.

Ir al preescolar o al jardín de infantes es la primera y más importante oportunidad que tiene el niño de aprender acerca de la adaptación al mundo exterior. Podrá aprender a participar como parte de un grupo, a descifrar claves sociales, a adaptarse a las expectativas y reglas de los mayores; podrá aprender las reglas sociales de los niños de su edad y a crear su propio estilo para conseguir y cultivar amigos. Las habilidades específicas y los logros académicos ya vendrán con el tiempo. Lo que el niño aprenda acerca de cómo comportarse en grupo y acerca de cómo hacerle frente a situaciones nuevas será para siempre (véase también el capítulo 35).

34

AMOR PROPIO

La emoción de haber logrado dominar una tarea puede observarse en los bebés cuando se voltean, agarran un sonajero o hacen una pequeña torre de cubos. Estas experiencias, en última instancia, proveen la base para el aprecio a sí mismo, para el amor propio. Cuando los padres estimulan al bebé que acaba de aprender a hacer algo solo, refuerzan o promueven una futura sana imagen de sí mismo. Cuando, después de batallar, el niño finalmente triunfa, empieza a brillarle una luz en los ojos. Las expectativas y experiencias pasadas de los padres tendrán influencia en su capacidad de dejar que el niño experimente, se frustre y luego logre por sí mismo lo que se proponía. Sin esta mezcla de libertad y estímulo, el niño puede caer en la pasiva aceptación o en el fracaso.

Estimular una imagen positiva de sí mismo

¿Cómo pueden ustedes, como padres, comunicarle al bebé la sensación de libertad y de apoyo? ¿Qué pueden hacer para promover en el niño una imagen positiva de sí mismo? Ser cálidos y cariñosos es, ciertamente, el primer paso. Pero también necesitan transmitir maneras de pensar, al igual que maneras de resolver problemas. Éstas generalmente son adquiridas por el bebé mediante su identificación con los padres. Además de la identificación, está la imagen de sí mismo del niño. Por ejemplo, supongamos que un bebé está jugando con un rompecabezas simple. Es esencial poder sentarse a observarlo en sus intentos por insertar las piezas en el lugar correcto, dándoles vuelta para uno y otro lado, dejándolas caer, en medio de la frustración. Cuando recoge las piezas para intentar de nuevo, se las lleva a la boca y mira el rompecabezas como si se tratara de un contrincante. Finalmente, se arriesga de nuevo. Coloca la pieza sobre el tablero, la voltea y ¡cuadra! Mira a su alrededor triunfalmente. En este punto, lo mejor que deben hacer los padres es decir suavemente: "Lo acabas de lograr — ¡solo!" Le estarán dando un refuerzo positivo mientras él se percata de su propio logro. Si hubieran intervenido antes — para mostrarle cómo se hacía o incluso para estimularlo a que perseverara — le habrían recortado la mitad del triunfo. *Él* perseveró y *él* lo logró. A los padres les resulta muy difícil adoptar una actitud pasiva y permitirle al niño su frustración y su tiempo para fracasar antes del logro. Pero quizá esto forme parte importante de la sensación de éxito cuando lo logra. La frustración puede ser una fuerza positiva en el aprendizaje del niño — acerca de sí mismo —, siempre y cuando que no abrume al niño en el proceso.

¿Cómo pueden los padres distinguir esa tenue frontera entre el reto de la frustración y los obstáculos abrumadores? Sólo es posible a base de observar al niño para establecer si manifiesta curiosidad, perseverancia y capacidad de salir airoso de un problema, o si muestra aire de derrota e inercia. Tanto el exceso de estímulo como el exceso de presión minan la iniciativa propia del niño.

Equilibrio entre elogio y crítica

Las presiones sobre el niño pequeño para que aprenda a leer, a escribir y a realizar tareas que quizá no se adecuen a su edad y etapa de desarrollo se vuelven peligrosas cuando los padres ahogan la sensación que tiene el niño de ser competente. Es muy posible enseñarles a los niños a leer, a escribir o a tocar un instrumento a edades sorprendentemente tempranas. Y aunque cosechen premios otorgados por todos los que lo rodean a medida que lo hacen bien, la precocidad tiene un precio. Tal vez su desempeño esté motivado por el deseo de complacer a los demás, más que por una curiosidad interior propia. Los fracasos en el juego y en la exploración tendiente a descubrir maneras de lograr el éxito son necesarias en el aprendizaje que hace el niño sobre sí mismo. Si aprende sólo para complacer a otros, tal vez no experimente la misma sensación de haber logrado algo por sus propias razones personales.

Cierta dosis de estímulo positivo, como los elogios y halagos, refuerza la consciencia que tiene el niño de su propio éxito. Como lo decíamos antes, demasiados elogios y lisonjas pueden abrumar esta consciencia y convertirse en presión en lugar de estímulo. La crítica puede infundir pasividad en vez de energía para resolver problemas. ¿Cómo saben los padres cuándo criticar y cuándo elogiar? De nuevo, observen al niño. Si se está poniendo irritable, seguramente está demasiado presionado. Si no está seguro de sí mismo, tal vez necesite más estímulo constructivo y menos crítica.

Un número creciente de estudios demuestran con cuánta fuerza los niños se identifican con nuestros patrones de comportamiento. Si somos críticos, el niño aprenderá a ser crítico y lo verá como un estilo de vida aceptable. Si somos demasiado dogmáticos, probablemente pierda la curiosidad y la creatividad y tal vez se vuelva empecinadamente pasivo en un intento por encubrir sus sentimientos de incompetencia. Si, por otro lado, nuestras expectativas sobre nosotros mismos o sobre el niño son escasas, tal vez pierda su entusiasmo inicial por aprender y explorar.

Aunque no podemos cambiar nuestro estilo y nuestro punto de vista simplemente para influir en nuestros hijos, sí podemos aprender maneras de cultivar la iniciativa del niño y de fomentar su amor propio. En cualquier tarea nueva, estimulen al niño pero no lo reemplacen en su tarea ni lo presionen. Elógienlo cariñosamente cuando tenga éxito. Permítanle que ensaye diferentes maneras de hacer lo mismo, y déjenlo fracasar hasta que descubra un sistema que le funcione. Si se atasca o se encamina hacia un callejón sin salida, no se apresuren a ayudarle. Déjenlo descubrir su dificultad y elógienlo cuando intente de nuevo. Permítanle ensayar cada tarea nueva a su manera exploratoria y chapucera. Permítanle enredar los cordones del zapato, derramar la leche (¡dénsela en pequeñas cantidades!), amasar el banano, tumbar la torre de cubos o partir el lápiz. Todo esto, desde luego, debe ser permitido dentro de los límites de seguridad y respeto a los demás. Pero nunca se olviden del enorme poder que tiene la frustración para sustentar el deseo del niño pequeño de buscar la sensación de dominio y capacidad.

Fomentar el amor propio en cualquier edad

El siguiente es un breve esquema de las innumerables oportunidades de fomentar el amor propio del niño mediante el juego, la alimentación y los encuentros con otros niños:

Los primeros juegos

1-4 meses: Inclínense sobre el bebé para provocar sonrisas y vocalizaciones. Cuando él sonríe, ustedes también lo hacen. Pero entonces esperen su próxima sonrisa o vocalización. Cuando las produzca, refuércenlas con una *suave* imitación. A medida que las repite una y otra vez, observen su cara para ver en ella las señales de satisfacción por producir estas reacciones. No lo abrumen.

4-6 meses: Al inclinarse sobre él, vocalicen suavemente. Esperen a que él trate de imitarlos. Cuando haga una imitación, dejen que sus caras expresen que se dan cuenta de lo que ha hecho.

6-8 meses: Jueguen a "esconderse" de manera que inviten a una imitación del juego. Luego déjense llevar por el comportamiento de él; no se adelanten.

8-10 meses:	Utilicen una tela para jugar a las escondidas, poniéndola sobre la cara de él, y luego dejen que él lleve la delantera.

Alimentación

5-8 meses:	Permítanle sostener una taza o una cuchara mientras lo alimentan.
8 meses:	Permítanle que empiece a tomar con la mano dos o tres pedacitos de comida para alimentarse él mismo. No se preocupen si los deja caer.
10-12 meses:	Permítanle que los imite en dar unos cuantos sorbos de una taza y con una cuchara. Déjenlo escoger su comida con la mano, ofreciéndole sólo unos pocos pedacitos a la vez.
12 meses:	Déjenlo que siga comiendo con los dedos, sosteniendo su biberón e imitando beber en taza.
16 meses:	Permítanle que utilice un tenedor para picar su comida. Déjenlo decidir si quiere comer o no, pero no prueben con mil cosas para tratar de complacerlo.

Otros niños

1-2 años:	Denle oportunidades de jugar paralelamente con compañeros. Prepárenlo con tiempo. No lo dejen solo hasta que no esté listo pero ínstenlo finalmente a que se quede en un grupo de juego sin ustedes. No interfieran en el juego de los niños. Incluso morder, arañar y halarse el pelo pueden ser oportunidades de aprendizaje si los adultos no intervienen. Sin embargo, no dejen al niño repetidamente con un compañero de juego abrumadoramente agresivo ni con uno excesivamente pasivo.

No aprenderá tanto como con compañeros más parejos. No lo presionen para que comparta sus juguetes. Dejen que otros niños le enseñen.

3-5 años: Estimúlenlo a que juegue independientemente con hermanos y compañeros. No intervengan en sus conflictos. Premien sus logros en el aprendizaje respecto a los demás. Fomenten que tenga uno o dos amigos permanentes, compañeros de juego que vengan regularmente, para que pueda conocerlos bien, llegue a entenderlos y a confiar en ellos. Le darán una sensación de ser competente con otras personas, y le enseñarán a compartir y a ser considerado con los sentimientos de los demás.

35

SEPARACIÓN

"Dejar a mi bebé para que otro lo cuidara es lo más duro que he tenido que hacer. Cuando pienso que él está en brazos de otra mujer a duras penas lo soporto. Es como si estuviera dejando parte de mí misma. No estoy segura de poderlo hacer día tras día".

Esta madre está poniendo en palabras lo que tantas madres sienten cuando dejan a su bebé a cargo de alguien, para regresar al trabajo. La manera como esta madre expresa sus sentimientos deja en claro que el dolor de la separación es *de ella*. Cuando se proporcionan buenos cuidados, los bebés se adaptan más rápido que los padres.

Ambos padres experimentan pesar cuando dejan su niño pequeño al cuidado de alguien. El apasionado apego que le han tomado al bebé en sus primeros meses de vida es intenso. La oleada de sentimientos de amor y protección que queda al descubierto lleva a los nuevos padres a decir: "Nunca me había enamorado así". Aprender a cuidar a alguien es a la vez la más vivificante y la más exigente tarea que puede cumplir un adulto joven. El apego a un nuevo bebé puede ser gratificante y también doloroso.

Como trasfondo a cualquier apego intenso, existe un hondo temor a la pérdida. A medida que los padres se entregan a estos sentimientos de profundo cariño, debe

Cuando otros cuidan al niño durante el día

aparecer la otra cara de la moneda. ¿Y qué si pierdo a mi hijo? ¿Le importará tanto a él como a mí? Si lo comparto, ¿querrá más a la otra persona? La primera separación real traerá consigo seguramente una reacción de pesar. Cuando los padres entregan a su bebé al cuidado de otra persona, seguramente sienten soledad, culpa, impotencia e incluso ira: ¿Por qué tengo que hacer esto? Son comunes ciertas defensas ante la intensidad de estos sentimientos:

1. *Negación:* Decirse que la separación no les importa ni al bebé ni a los padres.
2. *Proyección:* Adjudicar el papel de encargado competente a la otra persona y el de incompetente a sí mismo, o viceversa: se experimentan sentimientos de admiración y resentimiento hacia el "otro", a la vez que surgen sospechas de que está poniendo en peligro al bebé.
3. *Desinterés:* Intento de diluir los intensos sentimientos para suavizar el dolor de dejar al bebé.

Madres y padres probablemente se enfrenten a este tipo de reacciones después de un apasionado comienzo con el bebé. Estas reacciones generalmente son inconscientes pero demandan energía y desembocan en depresión.

Insto a los padres a que reconozcan estos sentimientos y les permitan salir a la superficie. Estar conscientes de la angustia que traerá la separación deja libres a los padres para encarar su reacción y para dominarla. Enterrar estos sentimientos, por otra parte, puede ser debilitante y destructivo. Puede verse afectado el trabajo, y la vida de hogar puede volverse tensa a medida que ambos padres tratan de reprimir sus emociones. La separación y la reunión con el bebé cada día se vuelven sucesos potencialmente explosivos. "¿Por qué siempre me esquiva cuando vengo a recogerlo? ¿Está enfadado conmigo? ¿Se ha perdido la proximidad que teníamos? ¿Estoy perjudicando su futuro?"

Expresar estos sentimientos normales y universales los desactiva. Aprender a comprender la pena de la separación y las defensas contra ella puede llevar a descubrir maneras de dominarlas sin diluir la intensidad de la relación. Cuando las madres que trabajan me dicen que se sienten muy culpables por tener que dejar al bebé, las tranquilizo. El sentimiento de culpa es una poderosa fuerza motivadora. Lleva a las personas a encontrar soluciones para sobrellevar la separación. El bebé lo logrará, si lo logran los padres. Los bebés tienen bastante amor, pero necesitan saber que los padres estarán allí al final de cada día.

Si está al cuidado de una persona cariñosa, el bebé, por su parte, encontrará sus propias maneras de sobrellevar la separación. Sus protestas cuando ustedes se van son necesarias y saludables. Buscará a la otra persona. Es importante para el niño establecer con esa otra persona una relación cariñosa (véanse los capítulos 6 y 9). Mis colegas y yo hemos observado a los bebés en manos de extraños durante el día, aprendiendo a sobreponerse a su separación de los padres. Dan la impresión de ahorrar un poco la intensidad de la interacción durante el día, como lo describimos en el capítulo 6. Juegan, pero no tan vigorosamente como lo harían con los padres. Hacen siestas pero no duermen tan profundamente. Acumulan sus reacciones vigorosas para el encuentro al final del día. Cuando divisa a uno de los padres, el bebé suele darse deliberadamente la vuelta, como si necesitara adquirir control de sus intensas emociones en torno a la anhelada reunión con esta persona tan importante. Entonces, probablemente estalle. Ha guardado todo el día sus protestas, sus intensos sentimientos, para podérselos manifestar a la persona en quien puede confiar. Con razón los encargados de cuidarlo dirán: "Nunca hace eso conmigo". Los padres deben darse cuenta de que estas intensas reacciones son parte necesaria del apasionado encuentro.

Cuando lleguen a comprender que el dolor de la separación es, en primer lugar, asunto de los padres, pueden aprender a manejarlo. Parte de la tarea consiste en aprender a dividirse en compartimientos. Como lo hemos visto, el bebé lo puede hacer. Ustedes también pueden. Una vez que hayan encontrado el mejor sitio para dejarlo, se sientan tranquilos en cuanto a la seguridad del niño y sientan que queda en manos de alguien que puede amarlo y cuidarlo, tienen que aprender a confiar en la persona encargada. Es difícil, pues la competitividad natural saldrá a la superficie en cada separación y reunión.

Ciertas medidas pueden ser de gran ayuda:

■ Levántense lo suficientemente temprano para poder pasar un rato relajado de mimos y juego con el bebé antes de dejarlo con otros.

■ Permítanle que rehúse la comida. Tolérenle algo de broma cuando se está vistiendo. Unos cuantos momentos de esto le darán al niño la sensación de que controlan su día. Cuando esté con otros tal vez no se atreva a expresar negatividad.

■ Apenas tenga edad suficiente, establezcan el hábito de hablarle sobre la separación, pero siempre agregando: "Regresaremos". Esto es tanto para ustedes como para él. Se están preparando, ustedes y él, para la separación.

■ En el sitio donde lo cuiden durante el día, trabajen en conjunto con la persona encargada para crear un hábito de separación. Quítenle el abrigo o el suéter ustedes mismos, abrácenlo y entréguenlo al encargado de cuidarlo diciendo: "Hasta luego, te veremos esta tarde. La señorita Pérez te amará mientras nosotros no estamos". Luego, partan. No prolonguen la despedida, pues ello hace que todo sea mucho más duro. Estén preparados para las protestas. Yéndose, le dan la oportunidad de protestar pero también de dirigir su atención hacia las actividades del día. Los niños son extraordinariamente resistentes en un ambiente que los respeta y les da cariño.

Guardería y preescolar Desde el punto de vista del niño, nunca es fácil, a ninguna edad, alejarse por primera vez de casa. Pero a medida que crecen, los niños necesitan compañeros y oportunidades de juego que ustedes, como padres, no pueden ya proporcionarle, como lo anotábamos en el capítulo 13. Incluso si el niño forma parte de una familia con hermanos, necesita compañeros de su edad. En una situación social, las oportunidades de aprender sobre sí mismo son enormes. El dolor de esta separación inicial, por lo tanto, se verá equilibrado por la sensación de él y *de ustedes* de que esa separación le conviene. El atractivo de otros niños, los juegos y las actividades de grupo compensan la pena de abandonar la segura intimidad del hogar. De nuevo, existen ciertas medidas que pueden facilitar la transición:

- Prepárense ustedes primero para que puedan encarar los sentimientos del niño.
- Léanle acerca de la separación y de lo agradable que puede ser jugar con otros niños.
- Preséntenle por lo menos otro niño en la guardería o en el grupo de juego. Invítenlos a ambos a algún lugar.
- Preséntenle antes a la persona encargada o al profesor y asegúrense de que sepa que a ustedes esa persona les es simpática. Quédense con él durante la primera semana más o menos, hasta que se haya adaptado.
- Permítanle hacer regresión: vístanlo por la mañana, no lo presionen durante las comidas.
- Permítanle llevarse todos los días un objeto o muñeco preferido, algo que le recuerde el hogar — incluso una foto de ustedes.
- Al llegar a la guardería, quítenle el abrigo o la chaqueta. Asegúrense de que la persona que lo va a cuidar o el profesor lo salude.
- Abrácenlo y asegúrense de que tenga la oportunidad de acercarse a alguien más: niño o adulto.
- Recuérdenle cuándo van a regresar.

- Váyanse. No prolonguen la partida.
- Cuando lo recojan, abrácenlo y permítanle que se desahogue con ustedes. Síganlo abrazando hasta que haya pasado la tormenta. Luego díganle: "Ahora podemos irnos a casa y estar de nuevo en familia. Te echamos mucho de menos y sabemos que nos extrañaste. Pero siempre nos tendremos los unos a los otros al final del día".

Muy probablemente, el niño tenga una reacción retardada a su primera separación de casa. Su renovada dependencia probablemente los sorprenda. Mucho tiempo después que ha hecho su adaptación inicial, volverá a protestar, pegándose a las faldas de mamá, cuando tiene que salir de casa. Puede que reaparezcan síntomas regresivos como ensuciar los pantalones, mojarse en ellos, llorar más que de costumbre, chuparse más el dedo, volverse más dependiente del biberón o del objeto preferido, o encontrar difícil el sueño y tener temores nocturnos y pesadillas. Todo lo anterior es indicio del estrés de aprender a manejar nuevas emociones. Consideren normal esta regresión. Tranquilícenlo en el sentido de que será capaz de abandonar esos comportamientos cuando recobre el control. Entre tanto, ustedes le ayudarán.

Cuando esta reacción retardada suceda, tal vez tengan que repetir todos los pasos descritos para facilitar la separación. Conversen al respecto con la persona encargada o el profesor y pregúntenle si deben quedarse de nuevo unos cuantos días para suavizar la separación. Háblenlo con el niño para que se entienda a sí mismo.

Usted y su cónyuge deberían ahora instaurar un tiempo especial con el niño cada día y un tiempo reservado especial durante el fin de semana. En esos ratos, cada uno de ustedes puede estar a solas con el niño, mediante el ritual de irse a la cama o cualquier otro motivo especial. Pregúntenle por su vida en la guardería. Este rato especial le permitirá identificarse con cada uno de ustedes más intensamente. Durante el fin de semana, cada uno de ustedes debería reservar por lo menos una hora para estar a solas con el niño. En esa hora, hagan lo que *él* quiere. Aprovéchenla para acercarse. Refiéranse a ese rato toda la semana como "otra vez nuestro rato juntos".

Cada año, los primeros días de escuela serán difíciles. Los hábitos rígidos y las expectativas de la escuela se ciernen sobre el niño. Cada nuevo año de escuela constituye un rito de transición, algo que le recuerda al niño que está creciendo y que debe volverse independiente. Lo más difícil de esos días será probablemente salir de casa y dejar atrás los viejos hábitos. Si tiene hermanos menores en casa, se preguntará: ¿Qué estarán haciendo cuando yo no estoy? ¿Me extrañarán mis padres? Salir de casa puede ser un emocionante paso hacia el mundo, pero trae consigo una sensación de pérdida. Esta sensación de pérdida es agridulce, pues contiene toda la cálida seguridad del hogar, a la que el niño renuncia al dar cada paso hacia el mundo (véase también el capítulo 33).

Traslados

Perder a sus amigos y al viejo vecindario puede, ciertamente, significar un revés para el niño. Cuando el traslado es inevitable, hay que preparar al niño con antelación. Tan pronto como sea posible, debe tener la oportunidad de hacer un nuevo amigo en el vecindario nuevo. Pero no debe esperarse de él que se olvide de los amigos de antes. Yo recomendaría hacer una fiestecita de despedida antes del traslado. También, de ser posible, después de haberse mudado, llévenlo a ver a sus viejos amigos y la antigua casa. Incluso si debiera viajar para regresar, yo lo haría. Si los viejos amigos no están demasiado lejos, traten de que vengan de visita una o dos veces por lo menos. No pasará mucho tiempo antes que los nuevos amigos se impongan. Escojan uno o dos que crean que son compatibles. Sáquenlos de paseo una vez por semana hasta que se sientan unidos. Un niño es capaz de entrar en un grupo ya conformado sólo a través de otro niño. Estimulen la conversación acerca del viejo vecindario y los viejos amigos. Miren juntos fotos para recordarlos. Llámenlos. Escríbanles durante un tiempo. En la infancia, abandonar relaciones cercanas puede ser penoso. Pero puede ser también una época para aprender cuán importantes son las amistades. (Véase también el capítulo 45.)

36

RIVALIDAD ENTRE HERMANOS

La rivalidad entre hermanos es normal e inevitable. En la rivalidad, los niños aprenden sobre los demás y sobre sí mismos. Al mismo tiempo, aprenden a cuidarse los unos a los otros. A pesar de esto, a los padres les resulta prácticamente imposible no intervenir en las peleas de sus hijos. ¿Por qué? El famoso psicoanalista Erik Erikson me señalaba que ningún padre se siente enteramente cómodo con más de un hijo. Cuando los hijos se traban en lucha, un sentimiento de culpa subyacente hace que los padres sientan que deben proteger al uno o al otro. Rápidamente convierten cualquier situación en un triángulo. La rivalidad de los niños se sustenta en esa meta de lograr hacer intervenir a los padres.

Aceptar la rivalidad

El sentimiento de los padres de no ser capaces de amar a dos hijos empieza cuando la madre está esperando el segundo hijo. En el consultorio, cuando la madre anuncia orgullosamente su segundo embarazo, a veces advierto esa preocupación. Le pregunto: "¿Cómo lo toma el mayor?" La madre se ruborizará y aparecerá triste. Algunas tal vez empiecen a llorar. ¡Es tan difícil anticiparse a traer a casa un ser que irrumpe en el idilio que se ha creado con el primer hijo! La rivalidad entre hermanos se alimenta de estos sentimientos. Al comienzo, el niño mayor dirigirá su furia hacia los padres, por el abandono. Después, a medida que el bebé se empieza a mover y a meterse con sus juguetes, encontrará la manera de mortificarlo, para envolver a los padres en la rivalidad. De alguna manera lo logrará. A medida que el bebé se hace más y más atractivo para los extraños (la mayoría de los segundogénitos aprenden pronto cómo conquistar al público para que le preste menos atención al primogénito), el niño mayor pondrá cara larga y su cuerpo entero mostrará abatimiento. Tal vez se aísle sentándose en el regazo de la madre, con el dedo en la boca, y se dedique a observar desde allí a la visita que juega alegremente con su encantador hermanito.

Una de las más preciosas oportunidades de aprendizaje para cualquier ser humano es la de aprender a convivir con otros en familia. Aprender a compartir es algo en lo cual no

suele hacerse hincapié hoy en día. Como padres, tal vez nos preocupemos demasiado por proteger al niño de los sentimientos de rivalidad. Lo ideal es enseñarle al niño a sentirse responsable del bienestar de su hermano y de toda la familia. Aprender a ser responsable de otros puede ser lo más importante que le enseñen. Esa lección se deriva de aprender a compartir con un hermano.

He aquí algunas sugerencias para los que tienen más de un niño pequeño. Según la edad del mayor, asígnenle tareas en beneficio del bebé: alimentarlo, traer los pañales, ayudar a sostenerlo cuando está intranquilo. Déjenlo escoger la ropa del bebé; ayudar a vestirlo, acostándose a su lado para entretenerlo mientras los padres lo cambian; sostenerlo mientras lo alimentan; empujar el carrito.

Cuando vayan a salir con los dos niños, preparen al mayor: "A casi todos los extraños les encantan los bebés. No es que tú no les caigas en gracia. Ven y siéntate conmigo cuando te sientas solitario, abandonado o celoso". Después, estréchelo en sus brazos mientras todo el mundo se derrite por el bebé.

Si uno de los padres está en casa todo el día con los niños, tendrá una serie específica de preocupaciones: ¿Cómo se adapta uno como padre a diferentes personalidades y diferentes edades? Tal vez el aspecto más exigente de la tarea de estar en casa con los hijos es la de pasar todo el día con individuos de diferentes edades y temperamentos. Además, si está en casa con ellos, siente que debe hacerlo de manera fructífera para los niños, puesto que ése es el motivo de quedarse en casa. La rivalidad engendra un sentimiento de fracaso. Cuando los niños se pelean por la madre o el padre, como en efecto lo harán, los padres se sentirán completamente desmotivados.

Si trabajan fuera de casa, es decisivo hacer planes para el regreso todos los días. Cuenten con que los niños se desmoronarán y crearán una situación de intensa rivalidad en el momento en que los padres crucen el umbral. Calmada pero firmemente, siéntense con cada uno para preguntarle por su día. Cuando hayan hablado con cada uno, pueden empezar a hacer las tareas hogareñas del final del día. Hagan que los niños ayuden. Permítanles escoger qué tareas harán, y prémienles su selección. No olviden reservar un rato para cada uno al final del día.

Cada uno de los padres debe programar, al final de la semana, un rato especial *a solas* con cada uno de los niños. Aludan al hecho durante toda la semana, refiriéndose a él como la ocasión en que "pasamos un rato especial juntos". Perseveren en este ritual para que sea algo verdaderamente especial. Éstos son los momentos para acercarse a cada niño como individuo.

Los padres suelen preguntarse cómo tratar a los niños equitativamente. La respuesta es simple: no se puede. Cada niño es una personalidad diferente y necesita que se le vea de modo diferente. Sin embargo, puede ser agotador tener que acomodarse a cada uno. Hablar abiertamente de las diferencias, pero sin emitir juicios acerca de ellas, favorece enormemente la situación. Por ejemplo, pueden decirle a uno de ellos: "A ti siempre te tengo que hablar con suavidad". Y al otro: "A ti siempre te tengo que hablar duro". Esto a la larga les proporciona un mejor conocimiento de sí mismos.

Valorar la individualidad

Cuando un niño los torture a ustedes con: "Siempre eres más bueno con él que conmigo", pueden decirle: "Ustedes son personas muy diferentes, lo cual es maravilloso. Tengo que tratarlos de manera diferente. Cuando te hablo fuerte, es para que me escuches, pero te estoy hablando con mucho amor, incluso si subo la voz". Si los padres no se dejan atrapar por los sentimientos de culpabilidad respecto a la diferencia de sentimientos hacia los hijos, ellos tampoco tienen por qué encontrar en el hecho un problema. A los niños de familias numerosas, o a los que han sido criados en la cercanía de otros niños, parece resultarles más fácil respetar las diferencias entre la gente.

Los niños que han recibido el apoyo de los padres, aunque de diferentes maneras, tienen la mejor oportunidad. Si los padres valoran la individualidad de cada niño y luego le comunican su noción de cuáles son sus fuerzas particulares, estarán dándole apoyo a cada uno. A medida que le expliquen estas fuerzas, el niño será capaz de entenderlas y valorarlas. Incluso si ustedes mismos, debido a la experiencia personal, prefieren ciertas características, no es necesario que clasifiquen negativamente las otras características. Si pueden comprender en qué se basan sus propias preferencias, disminuye la probabilidad de que comuniquen sentimientos peyorativos.

Cuando los padres pueden dejar de sentirse culpables por darle menos a un hijo que al otro, encontrarán más fácil no intervenir en las peleas entre hermanos. Siempre que ustedes intervengan, se creará un triángulo que le permite a cada uno manipularlos. Nunca les queda la oportunidad de resolver sus asuntos entre ellos. Déjenles las peleas a ellos, diciendo: "No sé quién tiene la razón; así que tendrán que decidir entre ustedes". Seguidamente salgan de la habitación. Se darán cuenta de que pelean mucho menos si ustedes no están allí para premiarlos. Nunca he sabido de hermanos que se hayan hecho daño cuando ninguno de los padres estaba presente o muy cerca.

Diferencias según el sexo. Aunque muchos padres perciben las diferencias sexuales de manera acentuada, nadie quiere estereotipar a los niños y a las niñas. Estas diferencias son, ciertamente, complejas.

A pesar de que los padres modernos desean tratar a los hijos de diferente sexo de la misma manera, el hijo del sexo opuesto ejercerá una atracción particular sobre cada uno de los padres. Inevitablemente tratarán a los hijos de manera diferente según el sexo. Lo que no deben hacer es desvalorizar a ninguno. Al igual que cada niña necesita un padre que la admire, cada niño necesita una madre que crea que *él* es el niño más maravilloso del mundo.

Dar quejas y provocarse. Cuando uno de los niños da quejas, traten de no premiarlo nunca. Recuérdenle que a él no le gustaría que alguien fuera a contar lo que él estaba haciendo y que ustedes no quieren verse comprometidos de esa manera. Puesto que los padres necesitan, por razones de seguridad, estar enterados del juego de los niños, es difícil no intervenir en las peleas y no responder al primer gemido. Manténganse alerta a los sonidos inusuales (o a un sospechoso silencio) pero traten de dejar que los niños jueguen solos lo máximo posible.

Si los hermanos persisten en provocarse continuamente, perseveren en no tomar partido. Si es necesario, sepárenlos durante un rato. Piensen en invitarles amigos a cada uno. Un compañero de juego de cada edad ayuda enormemente. Premien al niño cuando haya sido positivo en sus reacciones con el hermano. En caso contrario, no intervengan. La intervención de los padres se convierte en un poderoso incentivo para continuar la rivalidad.

Edad y orden de nacimiento. La edad del niño y el lugar que ocupa en la familia necesariamente influirán en la manera como es tratado. El mayor siempre será un niño especial para los padres. Esto será bueno y malo. Aunque recibe toda la presión y tal vez sufra los errores de los padres, también goza de una relación especial. Probablemente se le asigne cierta responsabilidad en el cuidado del menor y en ayudar en las tareas domésticas. Esta clase de responsabilidad puede darle una sensación de capacidad y de importancia a los ojos de los padres que se prolongará hacia su vida adulta.

El segundo hijo tal vez se queje continuamente de que nadie lo quiere, de que siempre es el "segundo". Esto se verá exacerbado si es el del medio. Si los padres pueden evitar sentirse culpables, el niño no sentirá premiadas sus quejas y se dará finalmente cuenta de que él también recibe lo que le corresponde. La mayoría de los segundogénitos se vuelven competitivos y compensan el hecho de ser segundos logrando éxito en su competencia con el primero.

Los niños siguientes, desde luego, se sentirán aún más abajo en ese escalafón de privilegios. Su compensación será tener muchos "padres". ¡Aprenderán tanto de sus hermanos mayores! Ningun padre o madre tiene por qué sentirse culpable por lo que no puedan darle a los menores. En una familia de estrechos lazos, los niños en tercer y cuarto lugar tienen una rica variedad de mentores.

Si al último niño lo tratan como a "el bebé", probablemente sea mimado y será necesario hacerse el propósito de esperar tanto de él como de los demás. Si se le da demasiado gusto y se distingue en la familia por ello, se desvalorizará a sí mismo como el "malcriado". En lo posible, es sabio hacerle saber que le conviene aprender a compartir y aprender a participar por igual.

Cuando los niños mayores siguen peleándose y a los padres llega a exasperarlos esto, pueden tratar de sentarse a conversar con ellos en un momento tranquilo. Pregúntenles qué creen que se debe hacer. ¿Deberían ustedes intervenir o deben dejar que lo resuelvan entre ellos? De esta manera, pueden darles la sensación de ser responsables de su comportamiento.

Dejados a sus anchas, los niños aprenderán a respetarse y cuidarse. El premio por excelencia a la rivalidad es el momento en que comienzan a ser amigos. Recuerdo haber oído a mis hijos conspirar contra nosotros. ¡Me pareció un gran adelanto! Cuando las riñas dan paso a la formación de un frente unido contra "los ogros", los hermanos han encontrado el camino.

37

PROBLEMAS DE
SUEÑO

Cuando los padres me llaman desesperados para preguntarme cómo hacer que el niño se duerma por la noche, puedo anticiparme a lo que me contarán. Cuando piden mi consejo, generalmente ya ha habido una larga historia de turbulencia nocturna: de padres que se despiertan con los llantos del niño a las 2 y 3 a.m., que acuden a donde el niño medio dormidos, y luego lo mecen, le cantan y tratan de hacerlo regresar a la cama a base de halagos. Los padres también relatan que cuando llegan a la habitación del niño, éste se vuelve seductor, agradable y lleno de encanto; ya ha dormido lo necesario y ahora está listo para unas cuantas horas de juego. Cuando el encanto pierde su poder ante la desesperación de los padres, tal vez recurra de nuevo a los gemidos o al llanto agudo como si tuviera un verdadero dolor. Quizá mire fijamente a los padres con ademán acusatorio, como diciendo: "¿Cómo son capaces de dejarme solo cuando se dan cuenta de lo mucho que quiero que se queden?" En cualquier nivel, el mensaje urgente que el niño comunica es que tiene necesidades que aún no han sido satisfechas y su lamento traspasa todas las barreras protectoras que los padres adormilados traten de erigir.

Los padres me dicen que lo han "probado todo". Han incluso intentado dejar llorar al niño "hasta que se canse", pero se dan por vencidos con este método después que han transcurrido unas cuantas noches de llanto continuado (una o dos horas) que no da señales de ceder. Prueban a darle al niño un biberón por la noche y a dejarle una lucecita de compañía, sin que sirva de nada. Lo único que funciona, me dicen, es llevarlo a la cama con ellos. Allí es capaz de sentarse a jugar una o dos horas y los padres pueden por lo menos dormir.

Sin embargo, puesto que en nuestra cultura existe un tácito tabú en contra de permitir que el niño se traslade a la cama de los padres, muchas parejas luchan para no tener que hacerlo. Se han dado cuenta de que acudir pronto a donde el niño, antes que esté muy enfadado, les ahorra un buen rato después al tratar de calmarlo. Con frecuencia me dicen que van a donde el niño cada dos horas después de las 2 a.m. para calmarlo, darle su leche, mecerlo un rato, logrando así que permanezca en su habitación. Tienen tan bien calculada su intervención, que saben que de cada dos horas tienen que pasar con él sólo media hora, mientras que si esperan a que haya llorado un rato ¡tienen que permanecer con él una hora!

¿Qué está pasando aquí? ¿Por qué no todos los niños exigen lo mismo? ¿Por qué en una familia puede suceder que todos los hijos menos uno aprendan a dormir toda la noche? ¿Se trata de un síntoma de inseguridad en el niño y de una manera de recordarles a los padres que no ha recibido suficiente atención y amor durante el día? ¿Por qué ciertos niños que se duermen a las 6 p.m. siguen despertándose y exigiendo atención de los padres a las 10 p.m. y de nuevo a las 2 y 6 a.m.?

Entender el sueño Como lo describíamos anteriormente, cada niño tiene ciclos característicos de sueño profundo y liviano. Estos ciclos ya están fijados al nacer y se han establecido en sincronía con los ciclos diarios de la mujer encinta. Generalmente no son paralelos al ciclo materno, puesto que el feto duerme mientras la madre está activa y se despierta cuando ella se acuesta. Pero el período de actividad de la madre lleva al del bebé en el período siguiente. Así pues, el bebé recién nacido ya tiene un ritmo de dormir y despertar. Después del nacimiento, el ambiente tiende a presionar al bebé a estar más y más tiempo despierto durante el día y a dormir más y más tiempo durante la noche.

A los cuatro meses de edad o antes, estos períodos empiezan a volverse un patrón: generalmente un ciclo dura tres o cuatro horas. En la mitad del ciclo, hay entre una hora y una hora y media de sueño profundo en que el bebé se mueve poco y es difícil de despertar con estímulos. Durante una hora a cada extremo del período, existe un estado más liviano de sueño, a veces activo, a veces inactivo. Al final de cada ciclo de cuatro horas, el bebé llega a un estado de duermevela, en el cual se halla muy cerca de estar consciente y se despierta con facilidad. Durante estos momentos, cada bebé tiene su propio patrón de actividad: tal vez se chupe los dedos, gima, se meza o golpee la cabeza rítmicamente. Los bebés mayores quizá se muevan en la cama, prueben trucos nuevos como pararse o caminar, o se pongan inquietos y hablen solos.

Al parecer, todos estos comportamientos tienen la función de liberar la energía que quedó de las actividades del día y de ayudar al bebé a entrar en el próximo ciclo de sueño. Cuando estos estados de semiconsciencia pueden ser manejados por el bebé, los ciclos de sueño se vuelven estables y el niño comienza a prolongarlos — a volverlos ciclos más largos — hasta que logra dormir ocho y hasta doce horas seguidas.

Las investigaciones han demostrado que la prolongación de estos ciclos depende de una especie de condicionamiento. Si al niño lo rodea un medio ambiente que refuerza cada estado de vigilia con una respuesta o con alimentación, probablemente no prolongue el ciclo obligándose a dormirse de nuevo. Pero si no hay respuesta, se verá obligado a establecer sus propios patrones de actividad nocturna y sus maneras de consolarse para volverse a sumergir en el siguiente ciclo de sueño.

En el primer año, como lo decíamos en capítulos anteriores, hay épocas en que se puede prever la probabilidad de que el bebé se empiece a despertar de nuevo por la noche, aunque haya estado durmiendo antes toda la noche. A los ocho y nueve meses, y de nuevo al año, hay aumentos rápidos de la consciencia cognoscitiva (de los extraños o de las situaciones nuevas, de los lugares desconocidos, de los cambios en los hábitos diarios) que coinciden con impulsos en el desarrollo motor (como gatear o sentarse a los ocho meses; ponerse de pie, caminar y trepar a los doce o catorce meses). A la par de este aumento de actividad nace la posibilidad de poder alejarse de la segura base que representan el padre y la madre. La excitación y el temor que esta nueva capacidad genera puede temporalmente interrumpir los patrones de sueño del niño.

Según las investigaciones sobre los patrones de sueño normales de los bebés, el 70 por ciento de los niños estadounidenses duermen ocho horas seguidas a los tres meses, y el 83 por ciento probablemente ya lo haga a los seis meses. Al año, sólo el 10 por ciento no duermen todavía toda la noche.

La mayoría de los niños duermen toda la noche por una combinación de influencias: una menor premura de los padres en responder por la noche, la falta de otros estímulos y la necesidad del niño de descansar durante una parte del ciclo de 24 horas.

Patrones de interrupción del sueño nocturno

Más o menos el 17 por ciento de los bebés, entonces, no está durmiendo gran parte de la noche a los seis meses, y el 10 por ciento aún no está durmiendo bien al año. De nuevo, se trata probablemente de una combinación de factores. El haber nacido prematuramente y la incapacidad de mamar tal vez tengan algo que ver. Puede también haber factores relacionados con los padres, como la reticencia a estimular la independencia del niño y a dejarlo encontrar su propia manera de volverse a dormir. Con frecuencia, los padres que así actúan han tenido en su propia infancia experiencias que los hacen vulnerables a la pena de la separación por la noche. Una madre tal vez recuerde haberse sentido abandonada en su infancia por uno o ambos padres. Un padre tal vez recuerde haber tenido terrores nocturnos cuando nadie acudió. Algunas madres y padres que trabajan fuera de casa todo el día necesitan sentirse cercanos al bebé por la noche. Una madre soltera o viuda, que siente la soledad de tener que encarar sin compañía los ajustes diarios de la crianza, tal vez no quiera renunciar a alimentar al bebé por la noche.

Cuestiones de autonomía y de independencia son, por lo tanto, el origen de muchos problemas de sueño. Aunque existen muchas influencias en nuestra sociedad que presionan a los padres a sentirse culpables por retener al niño demasiado cerca o demasiado tiempo, la mayoría de los padres no están listos para presionar a un bebé de cinco o seis meses, que llora por la noche, a que encuentre sus propios patrones de autoconsuelo. Es normal querer ser retenido y querer retener. La mayoría de los padres añoran en secreto la encantadora y cálida sensación que les depara el bebé que duerme a su lado. Todo esto les hace difícil la vida a los padres de bebés que no aprenden fácilmente a dormir toda la noche. Tal vez necesiten las indicaciones que se encuentran al final de este capítulo.

Hay bebés de tres tipos de temperamento que tienen, al parecer, la tendencia a despertarse por la noche. Uno de ellos es el tipo intensamente activo y dinámico, tan apasionado por aprender que es literalmente incapaz de detenerse cuando está aprendiendo algo nuevo. Por la noche, la frustración de no ser capaz de lograr lo que se ha propuesto — generalmente en lo motor — parece impelerlo con la misma intensidad con que lo impele durante el día. Por ejemplo, justo antes de empezar a caminar, cuando pasa por un estado de semiconsciencia, tal vez se ponga a gatas y se meza frustrado, o tal vez se mueva en la cuna, avanzando, hasta que se despierta. Despertarse por la noche es parte normal de la intensidad que caracteriza los grandes logros del desarrollo.

Este patrón quizá no ceda una vez que logre caminar, a menos que los padres intervengan para presionarlo a que controle sus patrones de sueño nocturno; puede suceder que el niño experimente igual frustración acerca de otras tareas y otros pasos en el segundo año, en el tercero y en años posteriores. Si el sueño se ha vuelto una vía de escape para las frustraciones en el primer año, tal vez continúe sirviendo este propósito.

Si los padres se apresuran a acudir a consolar al niño, deben darse cuenta de que así prolongarán el patrón de despertarse por la noche. Los ciclos de sueño liviano ocurren con frecuencia durante la noche y son autolimitados *siempre y cuando que* el niño pueda aquietarse a sí mismo y sumergirse de nuevo por sus medios en el sueño profundo. Si es estimulado por la presencia de los padres o si utiliza esta presencia para despertarse y empezar a jugar, puede verdaderamente convertir la noche en día y dar comienzo a un círculo vicioso. El niño se despierta; los padres se tensan y tratan de tranquilizarlo, agregando inevitablemente su estímulo al del niño y, por lo tanto, despertándolo; el niño se da cuenta de los sentimientos de hostilidad de los padres y permanece despierto para fastidiar, jugar o tratar de establecer un vínculo con ellos.

Otros niños que tal vez se despierten de noche y necesiten el consuelo paterno podría describírseles como "niños que ahorran energía motriz" durante el día. Son niños tranquilos, despiertos y observadores que absorben todos los estímulos y piensan las cosas con profundidad y no son, quizá, muy activos. Puesto que no se dedican a muchas actividades durante el día, no se cansan lo suficiente para dormir profundamente durante la noche. Sus sensibles procesos de pensamiento pueden ser de tal naturaleza que promuevan el que se despierten por la noche; cuando sobrevienen los ciclos de sueño liviano, se despiertan del todo con facilidad. Si lloran o se ponen inquietos en cada uno de estos ciclos, quizá logren que los padres acudan cada vez. Siempre que tanto él como los padres se beneficien de este acercamiento, parecería servirles a todos. Pero a medida que en el segundo año surge la independencia, habrá llegado el momento de considerar la necesidad de impulsarlos a ser más independientes de noche.

El tercer tipo de niño que tal vez encuentre difícil organizarse de noche en un patrón seguro de sueño prolongado es probablemente el niño sensible que se deja perturbar fácilmente. Su sensibilidad a las situaciones nuevas o extrañas lo hace vivir pegado a los padres, y ellos tal vez participen en esa dinámica sin darse cuenta. En torno a cada nueva y exigente situación — o a un nuevo paso en el desarrollo o a una situación social exigente — probablemente haga regresión en su comportamiento tanto de día como de noche. Puesto que los padres querrán ayudarle, tal vez lo protejan contra las situaciones nuevas y exigentes. Probablemente se apresuren a consolarlo cuando está agobiado, frecuentemente antes que haya podido hacer sus propios esfuerzos.

De noche, este patrón de sobreprotección incidirá tanto en el comportamiento del niño como en el de los padres. El niño demanda la presencia y el consuelo de los padres hasta mucho tiempo después de haber dejado de necesitarlo realmente, y a los padres les resulta difícil no ceder a sus exigencias en exceso sensibles. Tal vez lo lleven a la cama de ellos o le permitan pedir y recibir cuatro o cinco visitas durante la noche. A medida que se fatigan y se enfadan progresivamente — consigo mismos y con el niño —, la sensibilidad del niño a esa ambivalencia de los padres aumenta el descontento del niño, y esa misma ambivalencia lleva a los padres a satisfacer todas sus exigencias.

Aprender a ser independiente

Al menos en nuestra sociedad, parte de volverse una persona independiente consiste en ser capaz de dormir a solas en la infancia. Que esa noción sea o no correcta puede ciertamente cuestionarse, pero es difícil para un niño o para los padres rechazar el consenso general de la sociedad sin arriesgar una reducción del amor propio y una sensación de ser incompetente en la función de establecer la autonomía.

Cuando surgen los problemas de sueño, es muy probable que tanto los padres como el niño tengan dudas de que éste pueda lograr muchas cosas solo. Los padres que trabajan lejos de casa durante el día suelen sentirse divididos entre la posibilidad de que el niño duerma solo o de mantenerlo a su lado. Cuando sucede algo naturalmente estresante que produce en el niño un período de interrupción del sueño, es posible que surja de nuevo el problema de la separación por la noche.

Yo abogo porque los padres analicen sus sentimientos en torno a la independencia y la autonomía *antes* de intentar establecer hábitos nocturnos para el niño. Presionarlo para que duerma seguido necesita que todos en la casa tengan la decisión de lograrlo. Los padres deberán estar seguros de que están dispuestos a respaldarse mutuamente. También tendrán que estar seguros de que consideran no sólo importante, sino incluso necesario, que el niño dé ese paso.

En mi consulta pediátrica privada y en mi trabajo en el hospital, he visto los problemas que pueden crearse en una familia cuando un niño se despierta y demanda atención por la noche. Sabía que estas familias necesitaban ayuda, y sabía que podía hacer algo en pro de su relación con el niño si lograba darles bases para entender el fondo del asunto. De lo que no me daba cuenta era de que ciertos padres *no creen* que esté bien ayudarle al niño a aprender a dormir solo durante la noche.

Estos padres piensan que dormir solo es una costumbre de nuestra sociedad que constituye una exigencia irracional a sus niños pequeños y que no es *necesariamente* lo que le conviene al niño. Cuando el niño los necesita por la noche, sienten que es más importante estar con él que preocuparse por ajustarse a nuestras pautas culturales. Dicen que tanto al niño como a ellos les encanta estar juntos como familia por la noche y que el niño superará el hábito de dormir con sus padres ... sin secuelas psicológicas.

He aprendido mucho de oír este punto de vista. Estoy de acuerdo con la preocupación de que los problemas de sueño pueden ser indicio de que el niño pasa por una época de tensión y no debería sentirse abandonado en momentos así. Yo también me preocupo al pensar que quizá nuestra cultura demanda demasiado de nuestros niños al esperar de ellos que duerman solos en una habitación. Pero pienso, así mismo, que las necesidades que los padres tienen por la noche también deben ser tenidas en cuenta, al igual que la meta final de la mayoría de los padres en cuanto al niño: crear en él la capacidad para confiar en sí mismo.

Al considerar la posibilidad de que el niño permanezca en la cama de los padres, deben tener en cuenta los posibles problemas. ¿Será el niño más dependiente durante el día si permanece con los padres toda la noche? No estoy seguro de que tenga que ser así, pero ése podría ser un peligro que insto a los padres a tener en cuenta. Si el niño está adquiriendo independencia durante el día, quizá mi argumento en pro de dejarlo solo por la noche no tenga que tomarse tan a pecho.

¿Será posible que compartir la cama con los padres haga que sea muy difícil para el niño separarse de ellos más adelante? Ciertamente, el bagaje cultural que se basa en las teorías psicoanalíticas sostendrá que tal vez el niño no quiera separarse de sus padres y persista en apegarse a la cama de éstos y que, a medida que crezca y sea más consciente de sus sentimientos edípicos, llegue a sentir que puede — y lo logre — interponerse entre ellos.

Para compensar esta tendencia del niño, yo instaría a los padres que quieran continuar compartiendo su cama con él a que se aseguren de que están de acuerdo con que se trata de algo que les resulta amable *a ellos* tanto como al niño. La presencia del niño puede claramente interponerse entre los padres, si se le permite continuar durmiendo con ellos; y si se interpone, el niño sufrirá más por ello que por haber sido educado para dormir en su habitación. Por consiguiente, si los padres no están a gusto y no están de acuerdo con esta costumbre y si se deja que cause fricción en la familia, estoy seguro de que será perniciosa para el futuro desarrollo del niño. Por esta razón, insto a los padres a que hablen sobre el particular abierta y razonablemente cada cierto tiempo. Para el desarrollo del niño probablemente sea mucho más decisiva una buena relación entre sus padres que los detalles de cómo y dónde duerme.

Los padres deben también estar atentos a cualquier señal por parte del niño de que siente tensión por dormir con ellos. Finalmente, empezará a mostrar que ya no necesita su compañía de noche y expresará su necesidad de ser independiente. Si podemos extrapolar de otras culturas (India y México, por ejemplo, donde ésta es una costumbre común), parecería que el tercer año y el cuarto son la época en que se debe estar atento a los indicios de que el niño está listo para dormir solo, incluso si no ha sido capaz de hacerlo antes. Probablemente les corresponderá a los padres darle el empujoncito necesario: hablándole al niño al acostarlo, dándole un juguete preferido para que lo acompañe, dejándole encendida una lucecita y ayudándole a lograr la transición. Me preocuparía por la imagen que de sí mismo tiene un niño mayor que todavía necesita estar cerca de los padres por la noche. Es posible que le resulte más dura la separación cuando tenga más edad.

Puesto que yo creo que lograr la independencia de pensamiento y de acción es una meta crítica de la infancia, les recomendaría a los padres que consideren el sueño como una de las áreas principales en que se logra esa independencia. Al final, que el niño duerma solo o con los padres tal vez no sea tan vital como el que aprenda a manejar sus propias necesidades y que se las arregle para volverse a dormir cuando pasa por períodos de sueño liviano durante la noche.

Pautas   Cuando las interrupciones del sueño nocturno siguen siendo un problema, las siguientes sugerencias tal vez ayuden a que el niño aprenda a volver a dormirse por su cuenta. Tengan presente que dependen de la situación individual y, particularmente, del niño. Estos pasos deben darse uno a la vez y con lentitud a lo largo de un buen tiempo.

1. Asegúrense de que ambos, usted y su cónyuge, están de acuerdo con el programa. Si ustedes, sus padres, están en desacuerdo, el niño advertirá esta ambivalencia.

2. Analicen el día del niño. ¿Duerme después de mediodía demasiado tiempo o demasiado tarde? Para los bebés mayores de un año, cualquier siesta debe empezar temprano (antes de la 1 p.m.) y no debe durar más de una o dos horas. Si el niño tiene más de dos años, la siesta puede eliminarse por completo. Cualquier descanso o siesta después de las 3 p.m. seguramente interrumpirá el ciclo de actividad y disminuirá la necesidad de dormir continua y profundamente durante la noche.

3. Asegúrense de haber instaurado hábitos relajantes y cariñosos para la hora de irse a la cama. Si el niño tiene la edad suficiente, háblenle en este momento acerca de las medidas que van a adoptar para ayudarle a dormir solo durante la noche. Los juegos excitantes deben ser seguidos de un ritual sereno y tranquilizador. Leer un cuento es una costumbre maravillosa. La televisión no lo es.

4. Permítanle al niño aprender a dormirse cuando lo acuestan por la noche. No lo pongan a dormir amamantándolo o en brazos. Esperen a que esté calmado pero luego pónganlo en la cuna y quédense cerca para ayudarle a encontrar su propio patrón. Denle su objeto preferido o sus propios dedos. Acaríscienlo de manera tranquilizadora. Si protesta, asegúrenle que él puede solo.

5. Despierten al niño antes de acostarse ustedes. En ese momento, pueden repetir el ritual del momento de dormir: hablarle, abrazarlo, darle el biberón o algo de comer si esto ha formado parte del ritual. De este modo, acallarán sus consciencias y no se quedarán despiertos preguntándose si está bien, si tiene hambre, si han hecho suficiente.

6. Denle un objeto preferido en particular — una frazada, un animal o una muñeca — como parte de los hábitos de autoconsuelo (pero, como lo dijimos en capítulos anteriores, no le permitan dormir con el biberón en la boca; esto contribuye seriamente a la caries dental). Muchos juguetes en la cuna no tienen el mismo maravilloso efecto de uno solo muy querido. Diluyen su valor y su significado.

7. Prevean que el niño se despierte y los llame cada tres o cuatro horas: a las 10 p.m., a las 2 a.m. y a las 6 a.m. Una vez que lo hayan preparado para el programa y estén verdaderamente listos para comenzarlo, respondan a sus despertares con el mínimo posible de intervención estimulante. Si lo han estado sacando de la cuna para mecerlo, no lo hagan; tranquilícenlo y acaríscienlo con la mano, pero déjenlo *en la cuna*. No le gustará, pero entenderá. Sitúense al lado de la cuna y díganle que él puede y va a aprender a volverse a dormir.

8. Después de un período de acudir cada vez, empiecen a quedarse fuera de la habitación y a hablarle desde lejos. Díganle que están cerca y que lo aman pero que *no* van a ir, y recuérdenle su objeto preferido. Me maravilla el hecho de que un niño puede empezar a aceptar la voz como una presencia.

9. Finalmente, déjenlo que pruebe todos sus propios recursos. Esperen por lo menos quince minutos antes de ir la primera vez o las siguientes. Luego, manejen la situación de manera indiferente, repitiendo el poco interesante sistema que acabo de describir y de nuevo acercándole su objeto de consuelo.

Después de cuarenta años de ejercer la pediatría, estoy convencido de que, aunque la independencia del niño es algo que los padres no aceptan con facilidad, es para el niño una meta emocionante y gratificante. Ser capaz de manejar por sí mismo la situación por la noche le ayuda al niño a adquirir una imagen positiva de sí mismo y le da una verdadera sensación de fortaleza. Ustedes pueden promover aún más esa sensación de logro apuntalando al niño emocionalmente durante al día. Una vez que se ha vuelto independiente de noche, se merece todo el crédito y el amoroso elogio que le puedan otorgar.

38

ESPACIAMIENTO
DE LOS HIJOS

En el curso de las visitas regulares a mi consultorio, sé
que puedo esperar una pregunta sobre cuándo tener otro
hijo en ciertas épocas del desarrollo del primer niño. Estas
épocas se relacionan con los drásticos aumentos de la independencia. Después de la adaptación inicial al bebé, y
cuando han pasado los primeros meses de malas noches y
horarios irregulares, los nuevos padres empiezan a experimentar la pura euforia de estar enamorados. Cada vez que
miran a su bebé de cuatro meses, él les responde con una
sonrisa de adoración. Una vocalización de los padres produce un suspiro o un ¡ah! en respuesta. El bebé se mueve
todo en un intento de comunicarse con sus entregados y
mimosos padres. Pocos momentos en la vida son tan deliciosos como estos minutos de comunicación recíproca con
un bebé comunicativo y con afán de vocalizar. Los padres
se sienten competentes y con el mundo bajo su control.
Pero es difícil estar locamente enamorado sin el persistente
temor de que, tarde o temprano, el idilio acabará. Vivimos
impregnados de la premonitoria noción de que tarde o
temprano tendremos que pagar por nuestras satisfacciones.

Cuándo tener un segundo hijo

Como si estuviera programada, la madre de un bebé de cinco meses me dirá: "Ahora que Fernandito está creciendo, ¿cuándo debo pensar en tener otro bebé?" La renuencia a dejar a Fernandito está escondida en la palabra *debo*, como si se tratara de una especie de deber o penitencia: el precio que se ha de pagar por sentir tan delicioso cariño. El momento para hacer esta pregunta parece incongruente si uno mira a Fernandito. Es rollizo, suave y tiene hoyuelos. Acostado en la mesa de reconocimiento, mira detenidamente a su alrededor, la carita seria a medida que estudia cada objeto nuevo. Cada minuto más o menos, vuelve la mirada hacia el padre o hacia la madre, quienes se inclinan sobre él mientras me hablan. Al mirarlos, recibe de ellos otra mirada tranquilizadora. El bebé arruga la carita, suaviza la mirada y les sonríe agradecido, agitando piernas y brazos en ademán de darles las gracias con todo el cuerpo. Esto dura tan sólo unos cuantos segundos. Regresa a su tarea de procesar la información sobre este sitio extraño. Ellos regresan a su tarea de comunicarse conmigo.

En ese momento, he sido testigo de la profundidad de su apego mutuo. Cada uno de ellos ha sentido una oleada de sentimiento amoroso, y cada uno ha sentido profundamente la importancia de la presencia del otro. El bebé ha dicho con los ojos: "Ustedes son mi ancla, y puedo darme el lujo de estar acá, en un lugar extraño, ¡porque puedo buscarlos con la mirada y saber que estarán allí!" Los padres han tenido la oportunidad de sentir la profundidad de su propia importancia para este nuevo individuo. No es sorprendente que en ese momento uno de los padres pregunte: "¿Qué opina usted de tener otro bebé?" O la madre que amamanta tal vez pregunte: "¿Cuándo debo dejar de darle el pecho?" Si me adentro con los padres en cualquiera de estas preguntas, se hace evidente que todavía no quieren otro bebé ni la madre quiere destetar a éste. Pero las preguntas previenen que se encariñen demasiado y les ayudan a equilibrar el abrumador apego.

Como vimos en el capítulo 6, el bebé de cuatro o cinco meses está dando las primeras señales sutiles de independencia. Deja de comer una y otra vez para mirar a su alrededor, para escuchar la puerta que se cierra en la habitación contigua, para hacerle agugús a la madre, para sonreírle al padre al otro extremo de la habitación. Para una madre, éstas son señales de que el bebé no la necesita ya tanto. Para el bebé, representan un aumento de la capacidad de notar las cosas y las personas que lo rodean. Para los embelesados padres, son algo que les recuerda el futuro, cuando el niño se volverá verdaderamente independiente de ellos.

Para las madres que amamantan, ésta puede ser también una época de vulnerabilidad física para concebir el próximo bebé. He visto muchos casos de un inesperado segundo embarazo que empezó por esos días, al pensar la madre que estaba protegida por la lactancia y deducir equivocadamente que aún no ovulaba porque sus períodos no se habían reanudado. Si la nueva madre no tiene cuidado, tal vez se embarque en el segundo bebé cuando aún no está lista para dejar al primero.

Tener dos hijos muy seguidos (con una diferencia de catorce o dieciocho meses) es comparable a tener gemelos de diferentes edades. Criarlos exitosamente es, ciertamente, posible, y puede ser divertido a veces, pero es un trabajo muy pesado mientras están pequeños. Tener dos seres muy dependientes en diferentes edades es exigente tanto física como emocionalmente. El peligro para los bebés es que la madre, físicamente exhausta, tienda a agruparlos. Tendrá la tendencia o a tratarlos como si fueran bebés de la misma edad o a presionar al niño ligeramente mayor a crecer demasiado rápido. Al resistirse el mayor a actuar igual que el pequeño, la madre inconscientemente se resiente por las exigencias que se le hacen y presiona al mayor para que asuma más responsabilidad de la que está en capacidad de asumir.

Cuando se trata de planificar tener un segundo hijo, los padres deben tener presentes sus propias energías y tolerancia. Sus razones para apresurar o demorar la llegada de los otros hijos pueden ser la mejor guía para seguir. La madre que quiere tener una familia pronto para poder volver a trabajar tal vez se sienta mal por haberse tenido que quedar en casa demasiados años y tal vez se desquite, indirectamente, con su familia. Los padres que sienten que necesitan tiempo entre cada hijo para adquirir una mejor posición económica quizá también sientan que pueden asimilar sólo un hijo y una responsabilidad a la vez. El problema para la mayoría de las familias es que no pueden anticiparse a sus propias reservas y tolerancia.

Normas para planificar

Existen, me dice mi experiencia a lo largo de los años, unas cuantas normas que pueden ayudarles a las familias jóvenes en su esfuerzo por planificar sensatamente.

En primer lugar, den por sentado que será difícil dejar la relación intensa y recíprocamente gratificante que se produce con el primogénito. Es difícil para el bebé, y es difícil para ustedes, los padres. Si tienen tiempo suficiente para empezar a sentir que han hecho todo lo que podían hacer

por él, las cosas se facilitan. En otras palabras, si pueden sentir que le han pertenecido por completo al primer bebé y que él ya es sólidamente independiente, se hace más fácil compartirlo con el siguiente bebé. Inevitablemente, el nuevo bebé exigirá tiempo y energía emocional. Casi tan inevitablemente, cuando llega el otro bebé, la madre presionará al niño mayor a madurar rápidamente.

En las culturas tradicionales generalmente hay un ritual asociado con el destete del niño mayor cuando la madre espera un segundo hijo. La madre le transferirá abiertamente la responsabilidad por el niño mayor a otro miembro de la familia: la abuela, una tía, un hermano mayor. Con este acto simbólico ella dice: "Ahora debo darte a ti la espalda para ocuparme del nuevo bebé". Aunque esto generalmente se hace de manera abrupta, he visto la angustia que la madre esconde al entregar a su hijo mayor. Pero, dadas sus pesadas responsabilidades, sabe que debe obligarse a "darle la espalda" o no tendrá la energía que le exige la crianza del pequeño.

También importante de tomar en consideración cuando se piensa en tener un segundo hijo es la explosión normal, y sin embargo apasionada, de independencia y negatividad en el niño de más de un año. Al llegar al segundo año, el niño necesita tiempo para tomar sus propias decisiones. ¿Realmente quiere ser independiente? ¿Quiso decir "no" cuando lo dijo con tanta vehemencia, o realmente quiso decir "sí"? Después de una espectacular pataleta, que lo deja exhausto, ¿quién sino sus padres puede ayudarle a descifrar los motivos de la pataleta, los límites de sí mismo que debe aprender? ¿Quién más puede reabastecerlo de energía para seguir explorando las fronteras y las fuerzas que le ayudarán a convertirse en persona independiente?

Si los padres no están disponibles para el niño y no pueden darse cuenta de que esta lucha en pro de la independencia es decisiva y emocionante, tanto ellos como el bebé se sentirán frustrados a lo largo del segundo año. En lugar de percibir este año como un período rico en oportunidades de aprender y de hacer ensayos, tal vez pierdan su sentido del humor, el cual urgentemente necesitan para adquirir una perspectiva de las cosas. Idealmente, entonces, los padres tal vez deban planificar para que el segundo hijo llegue en algún momento después que la tormenta del segundo año haya amainado.

Los padres que están pensando en la conveniencia de dejar este espacio de dos y medio a tres años entre los hijos se preguntan si los niños estarán demasiado distanciados para ser amigos a medida que crecen. Mi propia experiencia me ha llevado a pensar que, si los padres pueden disfrutar este espaciamiento de los hijos, los niños serán por ello mejores amigos. Si los padres se hallan tensos por tener hijos demasiado seguidos, los niños pasarán la mayor parte de su infancia en competitiva rivalidad. Pues, como lo vimos en el capítulo 36, estas riñas están dirigidas a los padres. Los hijos son inevitablemente rivales y solucionarán entre sí los sentimientos de competencia si los padres no intervienen. Cuando los padres sienten que tal vez no han sido padres idóneos con cada uno de los hijos, intervienen, y los sentimientos de rivalidad se ven afianzados. En otras palabras, sería mejor no hacer planificación familiar para complacencia de los hijos, sino para ajustarse a la energía de que disponen los padres.

Ayudarle al niño a adaptarse a la llegada de un hermano
A la edad de dos años o dos y medio, la mayoría de los niños son básicamene independientes. La movilidad ha sido establecida, el juego es rico y puede ser independiente, deben haber establecido hábitos autónomos de comida y sueño, y muchos de ellos darán ya señales de interés en abandonar el pañal. Además, a los dos años ya los niños están listos para jugar en grupo con otros de su edad. Una reunión con compañeros de su edad puede ser el momento estclar de la semana del niño. Lo que aprenden el uno del otro, y la descarga de tensiones y la resolución de negatividad que puede tener lugar en un pequeño grupo de juego demuestran la maravillosa disponibilidad mutua que hay entre los niños de esta edad. Esto significa que los padres pueden organizar con otros padres grupos regulares de juego, o pueden sentirse bien de poner al niño en una guardería. Esto es tanto *por el bien del propio niño* como

por el de los padres, para que puedan estar disponibles para el recién nacido. Espaciar unos dos o tres años el nacimiento de los niños puede ser benéfico para cada uno de los miembros de la familia.

A la edad de cuatro o cinco años, el niño ya está listo para participar en el cuidado del nuevo bebé. El niño mayor puede sentir que el bebé le pertenece. Puede aprender a alimentarlo, cargarlo, mecerlo, cambiarle el pañal, consolarlo y jugar con él. Una vez que se recupera de la desilusión porque el nuevo bebé no es de su edad ni están parejos en los juegos que ha programado, puede empezar a participar con los padres en el juego de aprender cosas sobre el nuevo bebé y en el de observarlo a medida que da pasos en su desarrollo.

Recuerdo a un niño de cinco años que entró apresurado en mi consultorio diciendo: "¡Doctor B., debería ver a mi nena caminando! ¡Ya no se cae!" Diciendo esto, corrió al lado de su hermana de once meses y le estiró las manos. La hermanita sonrió de oreja a oreja ante la felicidad de recibir tanta atención de su héroe. Agradecida y ansiosamente se agarró de las manos del hermano para ayudarse a ponerse de pie. A duras penas equilibrándose, se sostuvo fuertemente de los brazos extendidos de su hermano para ir, tambaleándose, hasta el otro lado de la habitación. A medida que el hermano mayor daba pasos en retroceso para seguir conduciendo a su hermanita en su caminata, ésta gorjeaba de felicidad: "¡Mire, mire eso!" Viendo este excelente ejemplo de un hermano mayor que no sólo le estaba enseñando a la nena a caminar sino que también le transmitía la felicidad de aprender, pensaba para mis adentros: ¿No es afortunada la hermana menor de tener semejante oportunidad de aprender sobre lo emocionante que es la vida? Estos hermanos no están simplemente adquiriendo la capacidad de aprender el uno del otro; están también aprendiendo el significado de ser profundamente dependientes el uno del otro.

A los cuatro o cinco años, el niño está naturalmente listo para cuidar y enseñarle a un ser más pequeño. Margaret Mead, la eminente antropóloga, me dijo una vez que una de las carencias más graves de nuestra cultura es que los niños de cuatro a siete años rara vez tienen la oportunidad de cuidar a niños menores. Me señaló que en la mayoría de las culturas del mundo se considera normal que los hermanos mayores se hagan cargo de los pequeños. De este modo, aprenden las habilidades de la crianza y están mejor preparados cuando llega la hora de ser padres.

Una distancia de varios años entre los hijos provee automáticamente este tipo de experiencia para el hermano mayor. Y, para el menor, la oportunidad de aprender de un hermano mayor es un verdadero privilegio. Nuestro hijo menor ha adquirido la mayoría de las habilidades y aprendido la mayoría de sus valores mediante la enseñanza paciente y cariñosa de sus hermanas mayores. El ansia del niño por aprender de los hermanos mayores está fundamentada en una especie de ciega adoración. Se trata de una situación bien diferente de la que se da cuando nosotros, los padres, tratamos de enseñar las mismas cosas. Siempre me ha impresionado la manera ansiosa y anhelante como el bebé o el niño de dos o tres años mira a su hermano mayor. Y me maravilla la velocidad del aprendizaje imitativo cuando un hermano mayor se toma un breve tiempo para enseñarle al niño menor alguna habilidad nueva.

Cuando estén esperando un nuevo bebé, preparen al niño mayor para la separación y para la intromisión de un nuevo ser. Déjenlo que aprenda a participar con ustedes y a identificarse con ustedes en su papel de personas que cuidan al bebé. En lugar de retirarlo de la escena "para proteger al bebé", permítanle aprender cómo ser tierno y suave, cómo abrazar, mecer y alimentar al bebé.

Cuando el nuevo bebé ya esté en casa y haya demasiadas cosas que les exijan tiempo y energía, asegúrense de reservar un rato especial con el niño mayor *a solas* y sin que el recién nacido esté cerca. Cada uno de los hermanos mayores merece que se le reserve un pequeño segmento de tiempo con cada uno de los padres. La cantidad de tiempo no es tan importante como que este rato sea algo con lo que el niño pueda contar y que sea íntimo y personal. Una hora a la semana de cada niño con cada padre puede ser valiosa como el oro para cuidar las relaciones. Debe ser para pasarla *a solas* con ese niño y para que él la utilice como quiera. Y debe ser algo a lo que se aluda todo el resto de la semana: "Aunque debo dedicarme ahora a alimentar al bebé, *acuérdate de que pasaremos nuestro rato juntos* más adelante. Y ése es mi rato contigo (y sin el bebé) porque tú fuiste mi primer bebé y yo te sigo amando".

Otro motivo de posible perturbación para los padres, si tienen más de un hijo, es darse cuenta de que no sienten lo mismo por cada niño. Los padres automáticamente sentirán el impulso de proteger al bebé y de presionar al mayor para que madure. Tal vez quieran orientar a la niña a ser responsable y al niño a ser aventurero. Quizá tengan diferentes sueños para cada uno. Estos sentimientos causan culpabilidad y resentimiento. Como lo he dicho anteriormente, creo que los padres no tienen por qué albergar iguales sentimientos hacia cada uno de los hijos. Cada uno los afectará de manera diferente, según inconscientes experiencias del pasado. "Se parece a mi brillante hermana" o "Es vital y lleno de energía como mi hermano" son reacciones válidas. Si los padres encaran con franqueza estas reacciones, el niño puede beneficiarse. Si tratan de ocultarlas, cualquier desviación de estas imágenes los decepcionará a ellos y le hará daño al niño. Independientemente de cuán seguidos o distanciados y de cuán diferentes o parecidos sean, los niños merecen ser vistos como individuos competentes y amados.

Afianzar la individualidad

39

PROBLEMAS AUDITIVOS Y DEL HABLA

Problemas auditivos No poder oír perjudica vitalmente el desarrollo del niño. Los bebés profundamente sordos son más lentos en todos los campos. Probablemente aparezcan deprimidos o con pocas reacciones: lentos en desarrollarse en lo motor y en reaccionar a los esfuerzos de los padres por producir una respuesta. Quizá permanezcan pasivamente acostados en la cuna o presenten actitudes autistas, como voltear la cabeza de un lado al otro u otros comportamientos repetitivos, como si quisieran llenar espacios vacíos. A la vez, los otros sentidos, como el tacto y la vista, se agudizan. Esto puede hacer que el bebé sea hipersensible y se abata fácilmente.

El mejor momento para probar la audición de un bebé es cuando está dormido y cuando apenas se está despertando. Yo utilizo un sonajero suave y una campana, en una habitación silenciosa. Después de varios sobresaltos, el bebé con audición normal se aislará o se acostumbrará a cualquiera de los dos sonidos (véase el capítulo 2). Si le hago las pruebas al bebé en un ambiente ruidoso, tal vez ya se haya aislado de los estímulos ruidosos. Entonces puede dar la impresión de sordera sin que sea ése el caso. La razón por la cual utilizo dos estímulos es para probar la amplitud de su audición. Otra prueba consiste en darle al bebé, cuando está despierto y mirando al techo, la oportunidad de reaccionar a mi voz. Si se aquieta y se voltea lentamente en dirección a mi voz, ya sé que me oye. Si su madre y yo competimos cada uno en un lado, el bebé escogerá la voz femenina, por ser más aguda.

Si hay motivo de preocupación por la audición del bebé, el médico de cabecera generalmente envía al niño a un otorrinolaringólogo (especialista en oídos y garganta). Este especialista está en capacidad de examinar los oídos y el aparato respiratorio superior. Si el problema es causado por una afección transitoria, el otorrinolaringólogo hará el tratamiento. Si la sordera parece permanente, tal vez el niño sea enviado a un audiólogo, que le puede hacer más pruebas. Pruebas, como las de respuesta de potenciales auditivos provocados, detectan grandes impedimentos auditivos en los bebés. Cuando el bebé crece, a la edad de uno a tres meses, pueden hacérsele otras pruebas, que le presentan un sonido diferente a cada lado.

Los otorrinolaringólogos y los audiólogos pueden detectar disminuciones de la audición en la temprana infancia, antes que interfieran gravemente en el desarrollo del niño. Si existe cualquier indicio de que el niño no oye o de que oye a ciertas distancias y no a otras, mi sugerencia sería que se le hiciera una evaluación completa. En el segundo año, esto puede hacerse más patente si regularmente pronuncia mal las palabras. Yo siempre tendría presente la posibilidad de que existiera un problema de audición en el niño que no se está desarrollando bien, especialmente en el terreno de la comunicación.

La otitis media (infección del oído medio) puede poner en peligro la audición del niño. Muchos niños desarrollan la tendencia a sufrir crónicamente de otitis media. Después de un dolor de oído agudo, la presión y las secreciones parecen persistir a pesar de los antibióticos. Es como si el oído contuviera una goma que fuera difícil de remover. La infección crónica del oído medio puede dañar la audición.

Los niños que asisten a la guardería o los que tienen hermanos mayores en la escuela, que están expuestos a muchas infecciones, son especialmente vulnerables. Las infecciones del oído pueden presentarse después de los resfriados, con gran frecuencia, hasta cada dos semanas. Las infecciones de los oídos se vuelven progresivamente más difíciles de tratar. Los padres y los médicos se desalientan. El estado general del bebé a veces se ve afectado; da la impresión de que el niño está débil y vulnerable a todo. En este punto, debe consultarse al especialista en oídos y garganta. Puede hacerse necesario utilizar tubos en los tímpanos del bebé. Éstos facilitan el drenaje, reducen la presión en el oído interno y previenen la pérdida de la audición.

La mejor manera de establecer si el niño está perdiendo el oído es observar cuidadosamente el desarrollo del lenguaje y de otros medios de comunicación. En el caso de un niño mayor, si están preocupados por su audición, prueben susurrarle al oído, en uno y otro lado. Asegúrense de susurrar algo a lo cual saben que el niño querrá responder. Hay muchas etapas del desarrollo del niño en las cuales puede estar operando la "atención selectiva". Susurren una agradable pregunta como: "¿Quieres ir de paseo conmigo?" o "¿Quieres una galleta?" La falta de atención está en su punto máximo a los cuatro, cinco y seis años. ¡Nunca probaría la audición del niño dándole una orden.

En mi consultorio, le tapo al niño uno de los oídos con el dedo y le susurro en el otro: "¿Quieres un caramelo?" Esto garantiza una respuesta. Si no hay respuesta o el lenguaje no se está desarrollando bien, envío al niño al otorrinolaringólogo o al audiólogo.

Problemas del habla y la comunicación

Aunque los problemas del habla rara vez se notan antes del tercer año de vida, los fundamentos de la comunicación se sientan desde la más temprana infancia. En las primeras semanas, como lo describimos en el capítulo 2, el bebé está aprendiendo a diferenciar entre los sonidos importantes y los que no lo son. Se habituará y se aislará de los sonidos repetitivos o poco importantes. Hasta el recién nacido les presta atención a los sonidos importantes o interesantes, volviéndose hacia ellos con mirada alerta e inquisitiva. A los siete días de nacido, escogerá la voz de la madre entre ésta y la de otra mujer. A las dos semanas, preferirá la voz del padre a la de otro hombre. A las seis semanas, tendrá patrones previsibles de comportamiento hacia cada una de esas personas importantes. Les mostrará, por medio de su comportamiento, que los reconoce. En una situación que hemos creado experimentalmente, colocamos al bebé en su sillita, y uno de los padres se inclina sobre él para comunicarse; así hemos demostrado que a los tres meses el bebé ya ha aprendido un ritmo de atención y cancelación de la atención cuatro veces cada minuto. Durante la atención periódica, se pondrá alerta, vocalizará y sonreirá. Cuando los padres se adaptan a este ritmo, aprende a imitar sus vocalizaciones, movimientos faciales y movimientos de la cabeza y el cuerpo casi idénticamente.

A la vez que los adultos se adaptan a este patrón, también ellos imitarán al bebé casi exactamente. Copiarán sus ritmos, inflexiones y comportamiento motor, al igual que los ritmos de atención y cancelación de la atención. En el proceso, están reforzando sus intentos de hablar, al igual que los ritmos que son la base de la comunicación posterior. A medida que los adultos reproducen el comportamiento del bebé, lo enriquecen con algo nuevo. El bebé trata de cumplir la expectativa e imitar la pequeña característica agregada: de reproducirla y copiar a los padres. Los padres adoptan un tono de voz diferente para los bebés, no sólo cuando les hablan como los bebés sino con ritmos más lentos y palabras más simples. Esta comunicación en el mismo nivel del bebé tiene el significado de decirle: "Ahora te estoy hablando a ti". En todas las otras ocasiones, los adultos están hablando en un lenguaje distante para el bebé. Por eso comunicarse en su nivel adquiere una connotación especial. El bebé trata de responder: con una sonrisa, una vocalización o un movimiento hacia adelante o una sacudida de todo el cuerpo.

Las siguientes son señales del desarrollo del lenguaje que los padres pueden observar:

1. A los tres meses, el pequeño emitirá sonidos de vocales como: "uuu, agú". Probablemente se produzcan como respuesta al juego o a la alimentación, pero también cuando se le está cambiando el pañal y mientras está en su cuna hablando solo.

2. De los seis a los ocho meses, las inflexiones y ritmos de comunicación empiezan a ser más complejos. El bebé seguirá tratando de vocalizar y pronuncia ya unas cuantas consonantes, principalmente: "mamama" y "papapa". Estos sonidos aún no están asociados con la persona indicada.

3. Al año, el bebé dirá largos discursos en jerigonza pero generalmente ya asociará la persona indicada con el "mama" y "papa". Puede responder a órdenes de un solo componente como: "Dámelo".

4. A los quince meses, el bebé seguirá emitiendo una jerigonza completamente incomprensible pero con más palabras de verdad en medio del discurso. Las palabras que aluden a dar y a recibir son importantes. Su lenguaje receptivo será más rico; es decir, puede entender más órdenes. El bebé de esta edad quizá posea diez o más palabras, pero en este aspecto hay grandes variaciones.

5. A los dieciocho meses, el niño probablemente sea capaz de decir "pelota", "gato", nombres de personas especiales, y palabras que denominan acciones como "adiós". "Sí" y "no" son muy importantes. Tanto sustantivos como verbos estarán representados en su lenguaje y utilizará complejos gestos para comunicarse. Muchos niños de esta edad pueden asimilar dos órdenes ("Ve a la otra habitación y tráeme las pantuflas"). Esto muestra el aumento del nivel de la capacidad de asimilar un lenguaje receptivo.

6. A los dos años, el niño puede empezar a combinar palabras. Tal vez una verbos y sustantivos: "Papá casa", "Mamá viene". Su lenguaje receptivo — entender sugerencias, preguntas y advertencias — demuestra que el desarrollo continúa. Incluso si el niño no está combinando palabras, un lenguaje gestual rico indica que el lenguaje hablado le seguirá pronto.

Si estos hitos se demoran, el niño debe ser examinado para ver si existe una dificultad auditiva.

Al mismo tiempo, los padres pueden precisar qué tanto están ellos estimulando la adquisición del lenguaje. He aquí algunos aspectos que se deben tener en cuenta:

- ¿Le hablan al niño, o hablan por encima de él?
- ¿Se apresura todo el mundo a complacerlo antes que haya tenido que verbalizar?
- ¿Le leen?
- ¿Amplían un poco lo que él quiso decir? Esto lo estimula.
- ¿Le ofrecen estímulo, respondiendo a sus palabras con las palabras y gestos de ustedes?

Otras maneras de estimular la adquisición del lenguaje son: hablarle directamente al niño, esperar hasta que el niño haya tenido la oportunidad de contestar y asegurarle que

puede tomarse su tiempo. Pueden también pedirle a sus hermanos que ayuden; tal vez aprenda más fácilmente imitándolos a ellos que a los adultos. Si el niño tartamudea, no lo presionen; estimúlenlo a base de esperar con paciencia.

En los hogares bilingües, el lenguaje tal vez tarde más en aparecer. A la edad de tres años, más o menos, el niño ya hablará los dos idiomas. Antes de eso, entenderá cuál idioma le corresponde a cuál persona.

Muchos niños normales son de "florecimiento tardío" en cuanto al idioma. La paciencia y el estímulo que acabamos de mencionar darán generalmente su fruto. Sin embargo, hay ciertas señales que pueden indicar la necesidad de hacer examinar al niño pronto:

- Que el niño no diga nada comprensible a los dos años.
- Que su pronunciación tenga una calidad nasal o aguda.
- Que tenga un ademán apático cuando trata de hablar.
- Que no haya un ritmo en la comunicación o en el hablar por turnos.
- Que el niño dé claras señas de estar abrumado o de no prestar atención cuando se le habla o si alguien lo mira.
- Incesante repetición del lenguaje de los adultos sin que haya variaciones ni combinaciones creadas por el niño.

Aparte de los trastornos auditivos, existen varias clases de problemas que pueden interferir en el desarrollo del habla. La *fluidez* del habla puede ser interrumpida, como en el caso del tartamudeo. Tartamudear es normal e inevitable cuando los niños empiezan a hablar. Solamente es necesario buscar ayuda cuando el tartamudeo persiste o se combina con otros problemas del habla. El niño puede tener dificultades para *articular;* es decir, para producir los sonidos correctamente. Una calidad nasal de la voz puede ser indicio de un problema de *resonancia.* También puede haber problemas con el *tono,* el *volumen* o la *calidad* de la voz, como en el caso de la ronquera o de una voz chillona.

Si ustedes o el médico notan problemas de este tipo, pueden llevar al niño a donde un terapeuta del lenguaje. Si él cree que la causa tiene que ver con defectos estructurales, podrá remitir al niño a un cirujano plástico. Cuanto más temprano mejor.

40

DOLORES DE ESTÓMAGO Y DE CABEZA

Todos tenemos ciertos órganos que reflejan la tensión y las presiones extraordinarias. Esto es cierto incluso en el caso de los niños. Algunos padecen ataques de asma cuando están cansados o intranquilos (véase el capítulo 14). A otros les duele el estómago o la cabeza. Los padres deben estar conscientes de que éstos son síntomas de estrés. Pueden tratar de identificar presiones innecesarias que tal vez · estén agobiando al niño. Pueden también empezar a explicarle al niño las razones de esta reacción psicosomática. De ese modo puede interrumpirse el ciclo de síntomas incontrolables y el niño puede con el tiempo aprender a controlar mejor la situación.

A medida que las presiones de la escuela y de los compañeros aumentan, muchos niños de cuatro a seis años sufren de dolores de estómago. Ésta es también la etapa en la que

Dolores de estómago

el niño empieza a ser consciente de que tiene sentimientos agresivos. Los dolores de estómago son una forma segura de lograr la atención que un niño estresado necesita.

Cuando el niño se queja de dolor de estómago, deberían primero consultarle al pediatra para descartar otras posibles causas graves. Antes de hacerlo, pueden examinarlo para establecer si tiene algún dolor agudo en un sitio específico. Distráiganlo y luego colóquenle la mano sobre el estómago para presionar suavemente toda la región. El abdomen agudo se siente como una tabla y no podrían presionar la zona inflamada. Si éste es el caso, el niño debe ir al médico inmediatamente. Hay que descartar un apéndice inflamado o una invaginación (cuando un segmento del intestino se ha introducido en otro adyacente). El médico puede con el tacto identificar una zona de dolor agudo y puede con el estetoscopio oír los sonidos del intestino. Un abdomen agudo (como una inflamación del apéndice o una obstrucción) tendrá una zona silenciosa alrededor del órgano obstruido e inflamado. En otros sitios del abdomen se producirán sonidos digestivos agudos. Si no es agudamente doloroso, se puede presionar todo el abdomen sin encontrar un sitio sensible ... *siempre y cuando que* distraigan al niño. Interésenlo en otra cosa y presionen en todos los lados del abdomen. Si hay una zona dolorosa, seguramente el niño saltará para protegerla.

La falta de deposiciones durante más de veinticuatro horas puede ser una señal de obstrucción. Si ha habido una, el doctor preguntará si han observado la presencia de sangre, generalmente sangre negruzca. ¿Ha estado el niño estreñido? A muchos niños de esta edad se les olvida hacer sus deposiciones. Sufren de estreñimiento crónico. Luego producen una deposición líquida alrededor de una sólida. Nadie piensa que están estreñidos. La deposición dura le hace daño al esfínter anal y éste tiende entonces a retener la deposición, agravando el estreñimiento. Puede ser necesario, en última instancia y sólo si el doctor lo recomienda, ablandar la deposición o utilizar un supositorio para ayudarle al niño a deshacerse de ella. Para prevenir el estreñimiento crónico, es recomendable incluir en la dieta del niño mucha fruta y fibra.

Si los dolores de estómago no parecen agudos, pueden probar a darle un sustitutivo de la aspirina. Esto no afectará al intestino inflamado u obstruido. Esperen una hora para ver si el dolor disminuye. Si no cede, llamen al médico.

Si el dolor desaparece, o el médico no encuentra ningún problema, pueden tranquilizar al niño. La ansiedad de los padres y del niño puede ser apaciguada. Ése es siempre un primer paso importante.

Si los dolores de estómago no son agudos pero se repiten una y otra vez, traten de establecer si están ligados a ciertas comidas. Lleven un diario de las comidas durante varios días. Muchos niños son ligeramente sensibles a la leche y a los productos lácteos. En épocas de tensión y fatiga, esta sensibilidad tal vez se haga evidente. En condiciones normales no se notaría. Prescindir durante un tiempo de la leche aclararía el asunto. Llevar un diario de las comidas del niño durante los períodos en que le duele el estómago puede revelar ese común denominador.

Si los dolores de estómago están asociados con las horas de las comidas, cuéntenle al médico. Las úlceras o la colitis hacen crisis regularmente cerca de las comidas. Si orina con mucha frecuencia o siente ardor al orinar, podría tener una infección urinaria. El médico seguramente solicitará un examen de orina.

Como en el caso del asma y otras dolencias recurrentes que tienen un componente psicológico, el dolor de estómago puede ser producido por varios agentes leves, como ciertas comidas, los aditivos en los alimentos y la leche. Éstos pueden actuar solos o en combinación para producir un dolor de estómago cuando el niño está molesto. Eliminar estos agentes le permitirá cansarse o sentir estrés sin que reaparezca el dolor.

¿Le duele el estómago en días de escuela y no los fines de semana? ¿Se presenta el dolor cuando algún suceso en particular le causa estrés al niño? Si le duele el estómago todas las mañanas antes de ir a la escuela, traten de descartar factores agravantes. Denle al desayuno comidas livianas que pueda digerir fácilmente. Traten de no apremiarlo. Así tal vez pueda enfrentarse más fácilmente a las presiones de la escuela.

En cada episodio, tranquilicen al niño y explíquenle por qué el estrés le produce estos síntomas. Cuando desaparezca el dolor de estómago, recuérdenle que ustedes y él supieron qué hacer al respecto. Tal vez sea necesario que aprenda a vivir con los dolores de estómago, pero éstos disminuirán si la ansiedad del niño puede ser atenuada.

Dolores de cabeza Los niños de dos o tres años, o en edad preescolar, rara vez se quejan de dolor de cabeza. Si el niño se queja, yo recomendaría hacerlo ver del médico. El chequeo incluirá un examen de los ojos y una revisión de las pupilas con un oftalmoscopio. Un examen de orina sirve para descartar ciertas afecciones que pueden producir dolor de cabeza; por ejemplo, las enfermedades de los riñones. La presión arterial también puede ser un factor. Un examen neurológico puede tranquilizarlos a ustedes y al niño en el sentido de que los dolores de cabeza no indican problemas más graves.

Las jaquecas tienen un componente genético y generalmente se presentan en familias en las cuales algunos otros de sus miembros padecen de ellas. Es muy probable que haya varios agentes que produzcan las jaquecas. Ciertos alimentos, los aditivos en las comidas, los inhalantes (las bolitas de alcanfor, los líquidos para limpiar, etcétera), el estrés, la fatiga, incluso las luces intermitentes, pueden causarlas. Al igual que con otros síntomas, tal vez uno solo de los factores no la produzca. Dos o tres, sí. Si no están seguros, lleven un diario de todas las comidas, sucesos y presiones que suceden alrededor del tiempo de la jaqueca. Las víctimas de la jaqueca pronto adquieren un pavor a ella que la agrava.

Si los dolores de cabeza se asocian con dificultades de la visión, náuseas, vómito, fatiga o insomnio, consulten con el médico. Hay medicamentos específicos que pueden prevenir una jaqueca, si se toman a tiempo. El niño debe conocerlos. Si los dolores de cabeza se presentan a pesar de la medicación preventiva, el médico puede recetar drogas más fuertes. Existe también un tipo de dolor de estómago agudo que se asocia con las jaquecas. Para ayudar al diagnóstico, puede ser recomendable hacer un electroencefalograma, aunque éste no siempre muestra las jaquecas.

Los dolores de cabeza no muy fuertes probablemente se presenten en momentos especiales: por la mañana, cuando el niño tiene un bajo nivel de azúcar en la sangre, o por la noche, antes de la comida, cuando la fatiga y también la baja de azúcar se unen para producir el síntoma. Éste puede tratarse dándole al niño una bebida dulce antes de levantarse o un refrigerio por la tarde antes de que empiece a irritarse o enfadarse.

Si los dolores de cabeza son leves y no se deben a ninguna de las razones físicas que acabo de describir, conviene seguir las mismas normas que indiqué para los dolores de estómago. Respeten la necesidad que tiene el niño de que se le atienda con amor; permítanle un rato de descanso mientras ustedes le hablan de manera tranquilizadora para reducir la tensión. Tranquilícenlo diciéndole que el médico no encontró ningún problema y ayúdenle a entender qué hay detrás de los dolores de cabeza. Gradualmente, explíquenle lo que ustedes hayan observado sobre los síntomas y cuándo y por qué ocurren. Ayúdenle al niño a aprender a vivir con sus dolores de cabeza. Como todos los otros problemas que tienen un componente psicosomático, los dolores de cabeza quizá mejoren cuando el niño vea que tiene más control y se sienta menos ansioso respecto a la repetición del dolor.

41
TELEVISIÓN

Aparte de la familia, no existe hoy una influencia más poderosa sobre el comportamiento del niño que la televisión. El niño promedio pasa más tiempo enfrente del televisor que estudiando en la escuela o prestando atención a las enseñanzas de los padres. En otras palabras, los niños aprenden más acerca del mundo y sus valores de la experiencia de ver televisión que de su familia y su comunidad. Esto implica una seria responsabilidad para los padres y para ese medio de comunicación.

En los Estados Unidos, la organización Action for Children's Television, fundada por Peggy Charren, ha tenido más influencia que ningún otro grupo en acrecentar la consciencia nacional de las familias estadounidenses, el gobierno y los medios de comunicación en cuanto a los programas para niños. Uno de sus logros ha sido una ley (por la que luchó arduamente) que reduce la cantidad de tiempo *por hora* que los programas infantiles le otorgan a la publicidad. Éste ha sido reducido de catorce a diez minutos y medio en los fines de semana y a doce en días hábiles. En otras palabras, durante los fines de semana los niños recibirán un bombardeo de avisos equivalente a una sexta parte del tiempo que ven televisión en lugar de una cuarta parte. Esto parece un pequeño triunfo, ¡pero es vital!

Hago un programa de televisión por cable que se llama "What Every Baby Knows" [Lo que saben todos los bebés]. Este programa me ha proporcionado más contactos con las familias de lo que jamás habrían podido hacerlo mis libros y artículos. La intimidad que sienten los espectadores es preciosa y la respeto. Pero también me asusta, pues representa el poder del medio. En todos los aspectos, los adultos se ven afectados por lo que ven en televisión. Cuando estas experiencias son positivas, sienten gratitud. Cuando son negativas, llegan a sentirse apasionadamente furiosos. Está claro que la televisión tiene la capacidad de invadir nuestros sentimientos personales. Los adultos son capaces de expresar esas reacciones y de proteger su mundo interior de estas invasiones. ¿Pueden los niños defenderse de igual manera?

Con los ojos fijos en la pantalla, el pequeño se sienta frente al televisor, la cara y el cuerpo inmóviles. Cualquier sonido repentino en el programa le causa un sobresalto, lo que prueba cuán intensa es su concentración. Los ruidos a su alrededor en la habitación no traspasan su aislamiento. Si los padres requieren su atención y lo tocan en el hombro, un sobresalto, luego un gemido de protesta tal vez sean la respuesta a la interrupción de su hipnotizada atención. Al cabo de media hora de ver televisión, el niño probablemente se deshaga en lágrimas o en llanto histérico si se ve obligado a realizar otra actividad. Después que esta pataleta le permite liberar la tensión que ha acumulado, puede ponerse en actitud dócil o remolona. Pero por lo menos puede hacerse contacto con él.

Me preocupa el precio de esta intensidad. Al ver televisión, el niño compromete toda su capacidad física y mental. Su cuerpo está pasivo pero tenso. El sistema cardiovascular está trabajando al máximo. La tensión muscular refleja el estrés, no el relajamiento, del niño. Esta combinación de inactividad y tensión es fisiológicamente exigente. Psicológicamente, el precio se refleja en la manera como se desorganiza después, o en las otras formas como quizá demuestre cuánto le cuesta la concentración. En los niños

Estrés causado por la televisión

pequeños, de uno a cuatro años, este precio debe ser recusado. Los niños en edad preescolar tienen una capacidad limitada para soportar experiencias intensas. Ver televisión es una de las experiencias más intensas del día. Los padres de un niño de esta edad deben comparar el peso de esto con el de las otras influencias en el desarrollo del niño. Una vez hacen esa evaluación, pocos padres continúan utilizando el televisor como niñero automático.

Los niños entre cuatro y seis años de edad se concentran en adultos importantes, imitando su manera de hablar, sus movimientos y sus ideas. Desde luego, se identificarán con las estrellas de televisión. Los niños de tres y cuatro años que me visitan en el consultorio, al mirar mi cartelera de letras, cantan las canciones de "Plaza Sésamo" que corresponden a la letra A y a la letra E. Pero los animadores y los actores de los programas para niños no son los únicos modelos. Las propagandas de televisión ejercen un poderoso efecto en los pequeños espectadores. Los padres deben estar conscientes de esto. ¿Desean reforzar el efecto? ¿Quieren comprar éste o aquel cereal simplemente porque es astutamente promovido en la televisión? Con los niños que aún no están en edad escolar todavía se puede tomar una decisión.

Muchos investigadores, entre ellos al psicólogo Albert Bandura, de la Universidad de California, han demostrado que los niños de cinco y seis años imitan las actividades que han visto en la televisión. Si la actividad es violenta, aumenta la probabilidad de que se comporten violentamente en el período inmediatamente posterior al programa de televisión. Si el programa contiene un lenguaje explícito en el aspecto sexual, los niños lo pondrán a prueba después. Igualmente, un programa tierno y formativo puede hacer que el niño imite ese comportamiento valioso que ha observado.

Mensajes de la televisión y presiones de los compañeros

A medida que crecen, los niños sienten la necesidad de adaptarse a su grupo de compañeros. "Necesitan" estar enviciados con las Tortugas Ninja. "Necesitan" llevar la misma ropa que usan sus amigos. Durante esta época, los anuncios de televisión ejercen el mayor poder. Los padres pueden ejercer una influencia equilibradora, pero no sin antes haberse dado cuenta de lo importante que es para el niño formar parte de un grupo. A través de una conversación franca sobre las modas en vigencia pueden establecer dónde trazar los límites. Si no pueden darse el lujo de comprar todos los objetos promovidos, pueden dejarlo muy en claro. El siguiente es un mensaje importante: "No tenemos la solvencia para darnos esos gustos. Si verdaderamente tienes que tenerlos, ¿estás dispuesto a trabajar para poderlos pagar? Si lo estás, trataremos de ayudarte. Luego, puedes decidir si quieres usar de esa manera el dinero que reúnas. Tú sabes que a nosotros no nos parecen necesarias estas cosas, pero si te ganas tú el dinero, tú eliges. Hagamos juntos el esfuerzo".

En los años intermedios y en la adolescencia la televisión continúa aumentando su poder como moldeadora de las ideas y creencias de los niños. Los niños aprenden el comportamiento, el idioma y los procesos de pensamiento de los actores y estrellas de televisión. La mayoría de los padres querrán equilibrar esta influencia con la suya propia. ¿Cómo lograrlo? De nuevo, es importante respetar la nece-

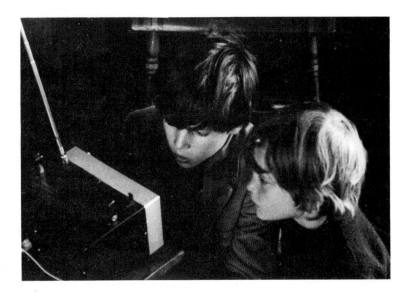

sidad que tiene el niño de establecer su propio terreno e identidad, con frecuencia basados en los patrones de su grupo de compañeros. Los valores que para ustedes son más importantes pueden presentársele al niño como valores esenciales de su familia. Al demostrar respeto por el equilibrio entre los estándares de ustedes y las necesidades del niño, pueden poner en palabras sus valores.

Límites al tiempo de ver televisión

En cuanto a las horas para ver televisión, creo firmemente que debe haber límites. El nivel de exigencia física y psicológica de la televisión hacia el niño de cualquier edad determina cuáles deben ser los límites. Por ejemplo, un niño que se concentra poco tiempo necesita descansar después de un corto rato de ver televisión. En general, insto a los padres a imponer un límite de tiempo de ver televisión para los niños de cualquier edad. Considero que una meta razonable es una hora al día durante la semana y no más de dos horas en los días del fin de semana.

La mitad de este tiempo para ver televisión debe ser "tiempo en familia", en el cual los adultos también ven el programa. Cuando éste termine, existe la oportunidad de intercambiar ideas y de discutir los temas o los deportes o los dibujos animados. De esta manera, la televisión se vuelve una experiencia compartida. El niño puede participar en la decisión de cuáles programas ver. Escogerlos cada semana puede ser una ocasión en que los padres participen en la selección, sin imponerse sino ayudándole al niño a elegir sus valores. Existen muchos programas que valen la pena. Pueden ser utilizados como ocasiones familiares especiales.

Los niños los perseguirán con: "Otros padres quieren más a sus hijos. Ellos quieren que sus hijos sepan qué está pasando en el mundo. Quieren que sepan de deportes y que conozcan a los cantantes populares. Quieren que sus hijos estén a la moda. Las reglas de ustedes no me dejan ni siquiera enterarme de los temas sobre los que hablan mis amigos". Estas aseveraciones los harán dudar de sus convicciones. Es entonces cuando deben recordarse a sí mismos que las demandas que la televisión hace sobre el niño, tanto fisiológica como psicológicamente, son enormes. Piensen en las otras maneras como el niño se puede relacionar con otros de su edad, como los deportes, las aficiones, las excursiones o el campismo. ¿Pueden ustedes invertir en éstas energía y tiempo adicional?

Tendrán que haber llegado a la respuesta con convicción. "Nos damos cuenta de que muchos de tus amigos pueden ver televisión varias horas al día. A nosotros no nos gusta porque te pierdes muchas otras experiencias. En nuestro hogar sólo se ve televisión una hora al día durante la semana y dos horas diarias en los fines de semana. Podemos escoger juntos los programas. Desde luego que si hay algo muy especial podemos hacer una excepción. Pero éstas son las reglas en nuestra familia. Queremos que entiendas por qué tenemos esas reglas y por qué son importantes. Pero las entiendas o no, ésas son las reglas de esta casa".

No importa cuán elocuente sea este pequeño discurso, nada minará o reforzará la postura de los padres tanto como sus propios hábitos en cuanto a la televisión. En las familias en las que los padres están entusiastamente comprometidos con los niños, en la cocina, en los juegos, en la exploración del campo o en los ratos de ocio y charla, el atractivo de la pantalla se verá reducido. Los padres que encienden el televisor sólo para ver programas especiales seleccionados a propósito y que el resto del tiempo están disponibles para los niños (o les solicitan un rato de paz con un libro) encontrarán que sus opiniones en cuanto a la televisión tienen más peso.

42

CONTROL DE ESFÍNTERES

En el capítulo 12 enumeré los pasos que pueden dar los padres una vez que el niño ha indicado que está listo y quiere empezar a utilizar el inodoro. Los padres capaces de esperar con paciencia hasta que el niño (generalmente entre los dos y los cuatro años) dé las señales de estar listo que he mencionado en ese capítulo, probablemente no tengan serios tropiezos.

Peligro de ejercer demasiada presión

Los problemas de control de esfínteres generalmente se presentan a causa de una falta de simetría en la relación entre padres e hijo. Cuando los padres no son capaces de esperar e imponen el control de esfínteres como idea suya, el niño sentirá este proceder como una intromisión.

Todos los padres, desde luego, quieren que su hijo crezca y demuestre que puede controlar su vejiga y su tracto intestinal. Además, la presión sobre los padres para que hagan que su hijo se adapte a la norma procede de muchas fuentes. Su propio deseo de ver que su hijo progresa hace que quieran competir con otras familias. Los establecimientos preescolares suelen insistir en que, para recibirlo, el niño debe saber ya controlar sus esfínteres. Otras parejas ofrecen su consejo y consuelo de manera condescendiente cuando sus propios hijos ya controlan sus esfínteres. Los abuelos dan a entender que el éxito en saber usar la bacinilla es una medida del éxito de los padres en la crianza y un indicio de la capacidad del niño. Algunas familias pueden llegar a sentir que todo el segundo año es una preparación para tener éxito en ese aspecto.

Las propias experiencias de los padres desempeñan un importante papel en sus actitudes hacia este entrenamiento. Si guardan recuerdos de un temprano y estricto entrenamiento, les parecerá difícil adaptarse al programa flexible y orientado hacia el niño que he sugerido. Tal vez, aunque traten de entender mi punto de vista, se vean constantemente perseguidos por los recuerdos. "Mi madre me tenía completamente entrenada al año. Me contó cuánto esfuerzo hacía yo para evitar equivocarme. ¿Por qué no puede mi hija esforzarse de igual forma?" Los recuerdos de los castigos que los padres o los hermanos recibieron pueden parecer terribles si se miran intelectualmente, pero pueden, sin embargo minar la convicción de los padres de que está bien permitirle al niño de tres años tomar sus decisiones. La experiencia de ambos padres puede ser análoga o muy diferente. A menos que ambos padres quieran dejar la decisión en manos del niño, el miembro de la pareja que quiera que el entrenamiento empiece tal vez haga dudar al otro. ¿Deberían estar ejerciendo mayor presión, o por lo menos recordándole al niño que lo intente?

El niño para quien la independencia es un asunto apasionado tendrá, de todos modos, sus propias batallas. Tal vez se pare enfrente de la bacinilla, dando chillidos de indecisión. O tal vez se esconda en un rincón para hacer su deposición, observando a los padres con el rabillo del ojo. Rara vez los padres dejan de sentir que un niño en esas circunstancias necesita ayuda para establecer sus prioridades. Cuando los padres intervienen para disipar la culpa y la confusión, la batalla del niño por la autonomía se vuelve una lucha entre ellos por el poder. Así se prepara el escenario para el fracaso.

La mayoría de estas luchas por el poder simplemente harán que el período de entrenamiento sea tormentoso y desagradable y que se prolongue. Sin embargo, los padres que verdaderamente se empeñan en esa lucha pueden causar serios problemas. El niño puede retener las deposiciones, causándose estreñimiento crónico que puede desembocar en el ensanchamiento del colon (megacolon). Como lo mencionaba en capítulos anteriores, las ensuciadas ocurren cuando, sin darse cuenta pero regularmente, el niño deja que salga al pantalón algo de la materia fecal líquida alrededor de una deposición dura que ha retenido. Estas ensuciadas pueden dar la impresión de diarrea, cuando el problema básico es estreñimiento. Esto confunde a los padres y al niño, que no es consciente de la causa. Las discusiones en torno al control aumentan y arraigan el problema. Algo que ayude a ablandar la deposición para que no haya dolor debe ser acompañado de una disminución de la presión, tanto interna como externa al niño, antes que el entrenamiento pueda empezar de nuevo.

Algunos niños tal vez dejen escapar la orina, especialmente cuando están bajo estrés. Los padres se quejan de esto al pediatra, quien entonces siente la necesidad de hacer pruebas para establecer si el esfínter urinario y el de la vejiga están intactos. El resultado son las radiografías, los catéteres y la invasión de los genitales. El niño se asusta. Si se produce una fijación de su ansiedad en este aspecto, el niño puede volverse más vulnerable a la incontinencia crónica.

La tensión en el medio ambiente, no necesariamente por lo referente al control de esfínteres, tal vez se refleje en dolores abdominales, cólicos y deposiciones sueltas. Si por ello, al niño se le dificulta controlarse, la tensión aumentará. El control de esfínteres se convierte en un asunto explosivo que agrava el estrés del niño y lo vuelve más consciente de esa parte de su cuerpo. Finalmente, para diagnosticar, hay que emplear radiografías gastrointestinales, enemas y manipulaciones. El resultado es que el tracto gastrointestinal inferior del niño acaba recibiendo toda la tensión.

Debido a las presiones de la sociedad, mojarse en la cama (enuresis) se vuelve un problema para muchos niños, especialmente hombrecitos, a la edad de cuatro o cinco años (véase el capítulo 15). Si la enuresis continúa, el niño no puede ir a visitar a otros niños. No se atreve a reconocer ante nadie que es tan incompetente de noche. Los padres se desesperan con este fracaso, el cual ven como propio. Bien sea que se mantenga en secreto o que se considere como una razón de castigos, mojarse en la cama hará sentir al niño impotente y desesperanzado. Dirá que no le importa e ideará toda clase de estrategias para esconder su fracaso por la mañana. El niño sentirá ya, entre los cuatro y seis años de edad, un toque de culpabilidad en torno a su sexualidad en desarrollo, y el hecho de mojarse en la cama de noche afectará a su futura imagen de sí mismo. La masturbación excesiva y la enuresis están con frecuencia asociadas.

Lo que está en juego en las mojadas en la cama, al igual que en todos los problemas que hemos descrito, es la necesidad del niño de volverse independiente a su propio ritmo. Aunque las razones pueden ser fisiológicas, como una vejiga inmadura que se vacía con frecuencia, o un sueño demasiado profundo (resultado de un sistema de señales inmaduro), el problema radica en quién controlará la decisión. A medida que los padres y los médicos empiezan a investigar las causas y a tomar medidas (como alarmas, castigos o aparatos que emiten una señal cuando se moja) el niño va perdiendo su autonomía y su necesidad de controlar la situación. Se ve a sí mismo como un fracasado: inmaduro, culpable y desesperanzado. El daño que esta imagen de sí mismo le hará a su futuro será mayor que los síntomas mismos.

¿Por qué se preocupan tanto los padres de que el niño controle sus esfínteres hasta el punto de invadir su intimidad e incluso su cuerpo en busca de "soluciones"? Dado que éste es un proceso del desarrollo que el niño finalmente conquistará a su tiempo, ¿por qué sienten los padres que tienen que controlarlo? Los intentos de controlarlo están casi con seguridad destinados a fracasar y ahondarán en el niño la sensación de incompetencia y fracaso. El peligro de que haya más adelante problemas del tracto gastrointestinal aumenta con la presión que los padres ejercen a esta edad.

Mi experiencia me lleva a concluir que, como lo decía anteriormente, a los padres les resulta sumamente difícil ser objetivos en cuanto al entrenamiento para el control de esfínteres. Nuestra cultura y las experiencias individuales de la mayoría de los adultos en esta cultura les exige que se sientan responsables por el éxito del niño. Cualquier fracaso es sentido como un reflejo de una crianza deficiente. El niño se convierte en un "peón ... que hay que 'entrenar'". Pasará otra generación antes que nos demos cuenta de que el control de esfínteres es un proceso de aprendizaje propio del niño — para ser completado por él de acuerdo con su maduración — sobre su tracto gastrointestinal y sobre su sistema nervioso central.

Cuando hay problemas

Los pasos que he reseñado en el capítulo 12 son medidas preventivas, maneras de dejar que el niño haga su propio aprendizaje y de evitar problemas futuros. Si el problema ya ha surgido, les pido a los padres que prueben lo siguiente.

- Hablen abiertamente del problema. Reconozcan que han sido demasiado dominantes.
- Recuerden sus propias luchas y háganle ver al niño que sí hay esperanza.
- Expresen con claridad que el aprendizaje del control de esfínteres es cosa del niño. "No intervendremos. Eres maravilloso y lo harás cuando estés listo".
- Háganle saber que *muchos* niños se demoran en adquirir control, y con buenas razones. Si quiere oír las razones, explíquenselas.
- Mantengan al niño en pañales o en ropa protegida, no como castigo, sino para eliminar la ansiedad y el alboroto.
- Déjenlo tranquilo. No lo mencionen de nuevo.
- No le hagan pruebas al niño. Háganle un análisis de orina, pero no manipulaciones ni invasiones: enemas, catéteres, radiografías, etcétera. Deben permitir este tipo de pruebas solamente si el pediatra ve claros indicios de que hay un problema físico.

■ Hagan que las deposiciones del niño sean siempre blandas. Denle fruta y fibra y ablandadores de la deposición
para que puedan tranquilizarlo en el sentido de que siempre serán así.

■ Aclárenle al niño que cuando logre el control, el éxito
será de él y no de ustedes.

Los padres que sientan que intervienen demasiado deben
pensar seriamente en la conveniencia de solicitar consejo
con el fin de revivir y entender las razones por las cuales
se preocupan tanto y se entrometen a tal punto. Necesitan
ponerse mutuamente de acuerdo sobre la manera de manejar el control de esfínteres para que un conflicto entre ellos
no afecte al niño en grado tal que amenace su futuro — su
imagen de sí mismo. Controlar estos aspectos con el propósito de adaptarse a una sociedad reprimida no vale el precio
que el niño debe pagar.

Si el niño continúa con problemas que lo molestan o que
interfieren su adaptación a la escuela o a sus compañeros,
yo recomendaría buscar consejo y ayuda.

Tercera parte

ALIADOS EN EL DESARROLLO

43

PADRES Y MADRES

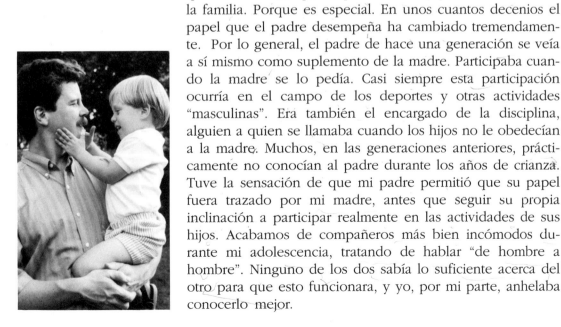

Puesto que en este libro y en nuestra sociedad se pone tanto énfasis en las funciones de la madre, parece apropiado preguntarse cuál es la contribución del padre moderno que lo hace tan especial para el bebé y para la cohesión de la familia. Porque es especial. En unos cuantos decenios el papel que el padre desempeña ha cambiado tremendamente. Por lo general, el padre de hace una generación se veía a sí mismo como suplemento de la madre. Participaba cuando la madre se lo pedía. Casi siempre esta participación ocurría en el campo de los deportes y otras actividades "masculinas". Era también el encargado de la disciplina, alguien a quien se llamaba cuando los hijos no le obedecían a la madre. Muchos, en las generaciones anteriores, prácticamente no conocían al padre durante los años de crianza. Tuve la sensación de que mi padre permitió que su papel fuera trazado por mi madre, antes que seguir su propia inclinación a participar realmente en las actividades de sus hijos. Acabamos de compañeros más bien incómodos durante mi adolescencia, tratando de hablar "de hombre a hombre". Ninguno de los dos sabía lo suficiente acerca del otro para que esto funcionara, y yo, por mi parte, anhelaba conocerlo mejor.

Aunque estos prototipos de comportamiento masculino han empezado a desintegrarse, es posible que pasen varias generaciones antes que desaparezcan completamente. He conocido en mi consultorio a padres que son los principales encargados de cuidar a los hijos. Son precursores que tienen que encontrar por sí mismos el camino. Recuerdo a un padre de tiempo completo que traía a su hija a todos los chequeos médicos. Me maravillaba su hábil participación y también me admiraba la capacidad de su esposa para ponerse en segundo plano y dejarlo tomar las riendas. Cuando los vi juntos, noté que ella no le decía cómo podía haber hecho algo mejor ni dudaba en entregarle el bebé. Sin embargo, encontré que me preocupaba su apego al bebé. Más tarde me di cuenta de que esta reacción se originaba en mis propias ideas estereotipadas de lo que las madres debían hacer.

Una vez, cuando le pregunté a este mismo padre cómo iban las cosas, me contestó: "Bien". "¿Simplemente bien?", le pregunté. "Eso no suena muy maravilloso. ¿Por qué no se siente mejor al respecto?" "Mi hija me llama mamá cuando le doy el biberón, y papá cuando quiere jugar". Claramente, ¡su hija había aprendido a expresar sus deseos eficazmente! Lo felicité por haber podido desempeñar los dos papeles. Entonces me explicó cómo le resultaba de bochornoso el que su hija se agarrara de él frente a sus amigos. Su explicación me hizo dar cuenta de cuán profundamente nos afecta a todos el pasado, incluso a esos amigos. También me pregunté si esos amigos quizá sentirían celos al ver la relación cercana y bella que él tenía con su hija.

Aun los padres que no asumen responsabilidad total por un hijo, y cuyas esposas se retiran un tiempo del trabajo, tienen un papel cada vez más vital que desempeñar. Cuando se espera un bebé y cuando éste llega, los padres novatos se ven enfrentados a la enorme responsabilidad de querer proporcionarle el mejor ambiente que puedan. En una familia que incluye a otros parientes, la experiencia de generaciones anteriores puede actuar de amortiguador — incluso si uno decide que definitivamente no va a hacer las cosas a la manera de ellos. Una nueva madre tiende a estar sumergida en indecisión y ansiedad como reacción natural

Hacia una crianza compartida

a su amor por el bebé. Si no tiene a nadie más, necesita a otro adulto que le dé dirección y apoyo. Un padre se convierte en un complemento muy importante para su esposa: no como una "madre" secundaria, sino como balanza, tablero de resonancia y hasta brújula. Aun cuando los padres no estén de acuerdo entre sí, él tiene un papel importante en este equilibrio. La madre no está aislada en las dudas e incertidumbres inevitables de criar a un niño. A veces él le puede dar a la madre una perspectiva distinta ante el nuevo y feroz apego que ella siente por el bebé. Su papel puede ser a la vez fluido y vital para todos los miembros de la familia.

Todos los estudios que miden el aumento de la participación del padre en el cuidado de los bebés señalan los beneficios para el desarrollo de los niños. En los niños de edad escolar cuyo padre participó en la crianza temprana, no sólo se notan considerables ventajas en cociente intelectual, también muestran más sentido del humor, capacidad de prestar atención un tiempo más prolongado y mayor interés por aprender. Las investigaciones demuestran que los padres que están disponibles para sus hijos les enrique-

cen la imagen propia; también sugieren que su participación contribuye a que sea más estable el apoyo que la familia le da al niño. Un estudio reciente demuestra que la participación del padre le da al adolescente un sentido más seguro de su "centro de control": la capacidad de resistir la presión de grupo porque está más seguro de sus propios valores.

El cambio de actitudes se refleja en el hecho de que la mujer ya no tiene que "decirle" a su marido cuándo debe estar diponible. Se espera que los maridos participen. Hoy en día, el problema es más probablemente de competencia entre los padres y que la madre tienda a "defender la portería". Se trata de sentimientos universales que existen en cada adulto que se interesa en el cuidado de un niño. Cuanto mayor sea nuestra inquietud por el bienestar del niño, más querremos que el niño sea para nosotros. Este sentimiento posesivo natural vuelve a los padres inconscientemente competitivos entre sí. Cada uno ve los errores que el otro comete a medida que trata de aprender su nuevo papel. Puesto que aprender a ser padre o madre es aprender a través de las equivocaciones, no de los éxitos, cuando cada uno de los padres está dispuesto a identificarse con el otro y a apoyarlo, la tarea da como resultado múltiples beneficios para el niño.

Los bebés no necesitan que los padres estén de acuerdo. Aprenden muy pronto a esperar cosas diferentes de cada uno de los padres. Lo que sí necesitan es un sentido de dedicación por parte de ambos y una ausencia de tensión en su entorno. Esta competencia por el bebé indica un gran apego, no un desacuerdo. En lugar de permitir que estos sentimientos de competencia causen enojo mutuo, la pareja debe usarlos para organizar las tareas que hay que hacer. Hay cantidades. La tendencia a competir puede ser una fuente de motivación para que cada uno de los padres dé al bebé lo mejor de sí mismo.

Competencia entre los padres

El padre y el recién nacido

Un padre puede aprender sus funciones desde el principio. Puede desempeñar un papel vital en instruir y apoyar a su esposa durante el parto y mejorar el desenlace para su bebé. A la vez, ¡comparte la euforia de haber producido ese bebé! Como lo mencionaba en el capítulo 3, recientes investigaciones de los doctores John Kennell y Marshall Klaus han demostrado que durante el parto una figura de apoyo no sólo reduce la necesidad de administrarle medicamentos a la madre, la duración del parto y el número de cesáreas, sino que también le ayuda al padre a sentirse a gusto con su nuevo papel.

Los padres relatan que sienten una ola de euforia cuando ven al recién nacido en la sala de partos: una euforia parecida a la que describen las madres que han estado conscientes y que han participado activamente en el parto. Cuando el equipo de parto le entrega inmediatamente el bebé al padre, éste tiene la oportunidad de ver que se trata de un bebé de verdad: perfecto, después de todos los temores. Esta clase de experiencia, compartida con la madre, culmina toda la espera, la incertidumbre, las dudas del mismo padre sobre su capacidad de ser realmente padre de un niño.

En el Hospital Infantil de Boston hemos estudiado el efecto que tiene sobre los padres el que les mostremos el comportamiento de sus bebés en el período de recién nacidos (véase el capítulo 3). Varios de estos estudios muestran que los hombres que acaban de ser padres están ansiosos de conocer a sus bebés y se vuelven significativamente más sensibles al llanto de sus propios hijos. Responden más rápidamente al comportamiento del bebé. Pronto saben cuándo ayudarle a eructar, hablarle y cambiarle el pañal. En otras palabras, compartir con el padre las señales del comportamiento del recién nacido en este emocionante período inicial refuerza el sentimiento del nuevo padre de ser importante para su bebé. Esta sensación de importancia la demuestran aprendiendo el "lenguaje" de su bebé. Dichos estudios no apoyan en absoluto la creencia de que los hombres no entienden a los bebés. Todos muestran que lo que ellos necesitan es permiso para aprender su nueva tarea. Un aspecto muy interesante de la investigación es que cuando a los padres les muestran a sus recién nacidos, se interesan significativamente más en apoyar a sus esposas. Me gustaría que todas las guarderías de recién nacidos trataran de incluir a los padres en las demostraciones de cómo cuidar a los bebés y en una demostración compartida de todas las cosas maravillosas que puede hacer un recién nacido, como son voltearse hacia la voz del padre, seguirle la cara con la mirada y la cabeza, acurrucarse en un rincón de su cuello y demás. El padre, a su vez, debe pedir estar presente cuando el bebé es examinado antes de salir del hospital. El padre tiene que demostrar que *quiere* estar presente en estos exámenes médicos. Entonces el pediatra o la enfermera puede tomar medidas para que ello ocurra. ¡No espere a que lo llamen!

Una pregunta que suelen plantear los padres que quieren compartir por igual el cuidado del bebé es: "¿Cómo puede participar el padre cuando su esposa amamanta?" Sugiero que tan pronto como ella llegue a casa y el flujo de leche esté establecido, empiecen a suministrarle al bebé un biberón suplementario que el padre pueda darle. Si se lo da al final del día o a medianoche, también le permite a la madre descansar un poco. Y una deliciosa oportunidad para conocer al bebé a solas es el momento de alimentarlo. Ello compensa la incomodidad de levantarse durante la noche. Compartir el cuidado del bebé no sólo le da al padre una mejor oportunidad para conocer a su bebé desde el principio, sino que también le da la oportunidad de entenderse a sí mismo en su necesidad de desarrollarse como persona que tiene a su cuidado un nuevo ser indefenso y dependiente.

Cuando el bebé tenga dos semanas, habrá aprendido a reconocer la voz del padre y a distinguirla de cualquier otra voz masculina. A las cuatro semanas, como ya lo hemos visto, el bebé ya tiene un comportamiento previsible y diferente hacia cada uno de los padres y hacia las personas desconocidas. Uno puede observar al bebé y, sin saber hacia quién está reaccionando, ser capaz de deducir, por la manera como se comporta, si está interactuando con la madre, el padre o un desconocido. Si se trata del padre, los hombros del bebé se encorvan y toda la carita adquiere una expresión de anhelo y anticipación, de querer jugar: sube las cejas, abre la boca, le brillan los ojos. Muestra esta expresión de feliz anhelo incluso cuando oye la voz del padre en la distancia. A las cuatro semanas ya habrá aprendido a esperar que el padre le hable con una entonación de mayor animación. La expresión especial del cuerpo del bebé cuando divisa al padre dice: "¡Estás aquí! ¡Vamos!"

El valor de dos modelos

Un padre también puede moderar la intensidad de la relación entre la madre y el bebé cuando el niño necesita independizarse. En cada aspecto — aprender a dormir solo por la noche, alimentarse él mismo, independizarse en el segundo año — es útil que el padre diga: "¿No lo vas a soltar un poco? Déjalo que se ensucie y aprenda a comer solo". Este papel no siempre es bien recibido. A ninguna madre le gusta verse como alguien que está cuidando en exceso a su bebé. Y el que se lo recuerden la pondrá inevitablemente a la defensiva. Pero ella puede examinar su propio comportamiento. Las madres solas frecuentemente tienen dificultades en permitir que el bebé se separe y adquiera independencia. Naturalmente, si el padre está tenso por la mugre o muy molesto por la agitación en la noche, su intervención tendrá un efecto negativo.

Los padres, como las madres, tratan de diferente manera a los niños que a las niñas. Es probable que un padre sea físicamente más activo con un niño y que lo rete a aprender nuevos pasos de desarrollo motor. Con la niña, es más probable que el padre sea suave, más calmado, hasta protector. Puede que la mime y la tenga más en sus brazos. Aunque un padre tal vez sea incapaz de expresar que sus sentimientos son diferentes, acaba comunicándole al bebé papeles sexuales definidos.

Tanto las madres como los padres tienden desde el principio a tener expectativas y relaciones diferentes con hijos e hijas. En lugar de avergonzarse de este hecho, los padres pueden ver que, de este modo, cada niño aprende acerca de sí mismo como individuo único. Si ambos padres pueden estar abierta y sinceramente comprometidos con cada

hijo, cada sexo tendrá un modelo para seguir. En el segundo año, el niño jugará a afeitarse y a ponerse la corbata o
el sombrero "como papá". Hasta empezará a caminar como
él. En el cuarto y quinto año empezará a tomarle el pelo
a mamá "como lo hace papá". También empezará a competir con él por la atención de la madre en momentos
importantes. La niña observará cómo se comporta la madre
cuando el padre está presente. Puede que imite a su madre
para cautivarlo al final del día. Puede eficazmente hacer
caso omiso de las órdenes de la madre — "Acuéstate y
déjanos en paz" — después de un largo día de negatividad,
a la edad de cuatro o cinco años. Cuando el padre dice:
"Bueno, déjame acostarte", de repente se vuelve obediente
y adorable. ¿Qué otra prueba necesita un padre de la importancia de su papel en el equilibrio de la familia? Ya no
hay que decirle que es un buen sustituto de mamá. ¡Él sabe
que es mucho más importante que un sustituto!

Pocas personas, hombres o mujeres, saben desde el comienzo cómo ser buenos padres. Deben aprenderlo ensayando y cometiendo errores. Para los padres que han aprendido a ser perfeccionistas en su trabajo y que han aprendido a no cometer errores, la paternidad puede ser un territorio inexplorado y atemorizante. Puede ser adicionalmente
difícil para el padre mantenerse fiel a la convicción de que
la calidad de vida es más importante que el éxito en el
trabajo, pero hoy en día ambos — el padre y la madre —
deben tener esto en cuenta.

44

ABUELES

El poder del pasado

La mayoría de mis pacientes hoy en día son "nietos": uno de sus padres fue mi paciente cuando niño. Conozco a estos antiguos pacientes muy bien, y conozco la forma en que fueron tratados cuando niños. Cuando vienen a la consulta prenatal, les ofrezco compartir mis recuerdos con su cónyuge. Solemos compartir algunos pero, en general, mis pacientes y sus cónyuges prefieren no revivir su niñez en ese momento crítico. Es como si quisieran empezar su paternidad libres del equipaje del pasado. Me dicen a menudo: "No quiero ser como mis padres", o incluso: "Ayúdeme a ser un padre diferente". Estas declaraciones parecen centrarse en los recuerdos de errores o experiencias dolorosas. Durante los meses de embarazo no se recuerdan los buenos tiempos.

¿Por qué tiene que ser así? Para encontrar una identidad como padre es necesario tratar de disociarse del pasado —de su propio pasado. El esfuerzo por ser diferentes e independientes, la necesidad de empezar en limpio, es importante. Pero sólo puede funcionar parcialmente. Porque los "fantasmas" de nuestro pasado, los recuerdos de nuestra habitación infantil, son muy vívidos. Han sido una influencia que nos ha moldeado profundamente. Los recuerdos dolorosos de un episodio de la niñez son apenas una parte de nuestro pasado.

El aprendizaje y la adaptación a las tensiones y ansiedades también son parte importante de nuestra experiencia. Esto es algo que no siempre recordamos, aunque forma parte de patrones de comportamiento profundamente arraigados con que tendemos a reaccionar cuando nuestro niño hace algo que nos recuerda nuestra propia experiencia.

Cuando sigo la evolución de estas "nuevas" familias, ellas, como todas las familias, tienden a tener períodos de crisis o problemas en la educación de sus hijos. Puedo entonces volver a mirar el registro sobre los padres, donde con frecuencia encuentro los mismos períodos difíciles o los mismos problemas de crianza. Esto me confirma el poder de las experiencias del pasado.

Me resulta muy interesante ver cuánto han aprendido de sus propios padres los que acaban de ser padres por primera vez. Los patrones de comportamiento que reflejan las reacciones de sus padres son universales y probables. A veces se puede predecir, basándose en las historias clínicas, cuándo los padres van a tener dificultades. Esto es un poco misterioso y, cuando preveo estos posibles problemas, me gusta poder ayudar a las familias a evitarlos. Por otro lado, hay una especie de fuerza intergeneracional, que es maravillosa, en aprender de las crisis pasadas y de las experiencias de la niñez. Cuando veo a uno de "mis" niños como padre de sus propios hijos, con habilidades y métodos que reconozco por el comportamiento de sus padres, me lleno de admiración y emoción. Ésta es la manera como estos conocimientos y habilidades pasan de generación en generación.

El poder del pasado es lo que hace que la sabiduría y los recuerdos de los abuelos sirvan de apoyo y sean a la vez, en ocasiones, dolorosos. Sus críticas pueden ser demoledoras porque chocan con nuestros esfuerzos por escapar de los fantasmas del pasado. Los abuelos que quieran ayudar verdaderamente harían bien en mantener la boca cerrada y reservar sus opiniones para cuando se las pidan. Entonces, si sus ideas pueden ser discutidas — no entregadas como opiniones ya formadas sino como sugerencias susceptibles de ser adoptadas o descartadas — pueden ser útiles. Para los abuelos, esos momentos son oportunidades de revivir sus propios conflictos y motivaciones en la crianza de los niños. Revivir sinceramente sus frustraciones, al igual que las metas que anhelaron, constituye para los padres jóvenes una mejor ayuda que los consejos.

Los padres jóvenes que están batallando con problemas de su propia separación de los padres, naturalmente encontrarán dificultades en volver a ellos cuando llega un bebé o una crisis con los hijos. Los abuelos harán bien en darse cuenta de que la resistencia de sus hijos a consultarles forma parte de la necesaria lucha por la independencia. Pero esto no es fácil, tampoco, en una época en que los abuelos anhelan poder ayudar y participar en la vida del pequeño.

El vacío que se crea alrededor de la familia nuclear que no tiene contacto con los abuelos puede estar lleno de soledad y tristeza. Los abuelos y el resto de la familia extensa le proporcionan un sentido de continuidad a los nuevos padres. Cuando dicen: "Siempre lo hacíamos así", están ofreciendo una solución del pasado, unos patrones de adaptación que han sido probados y que funcionan. Tales experiencias de los abuelos y otros miembros de la familia pueden proporcionar algunas de las soluciones que todos necesitamos. Éstas pueden ser específicas y apropiadas a una cultura en particular. Las tradiciones familiares y culturales pueden ser una base importante para la imagen propia del niño. Les recomiendo a los nuevos padres atesorar estas tradiciones. El sistema de valores que las familias sólidas pasan de generación en generación son importantes para los individuos tanto como para nuestra sociedad. Las tradiciones de las culturas europeas, latinoamericanas, africanas y asiáticas que han enriquecido este país también aportan fortaleza. Los abuelos son el vínculo vital en esta continuidad. Ellos pueden transmitirles a sus nietos tradiciones familiares y expectativas. Cuando quiera que cuentan una historia del pasado, le están dando al niño el sentido de una dimensión completamente nueva. Nuestra cultura y nuestros valores se transmiten con frecuencia más facilmente por conducto de los abuelos que por conducto de los padres, pues el papel de los últimos está lleno de los rigores de la vida diaria. Los niños tienden a escuchar y a adaptarse más facilmente a los abuelos. La continuidad con su propia tradición está vinculada a las historias que sólo los abuelos pueden narrar. Al ofrecer esta continuidad, los abuelos harían bien en recordar que los nietos aprenden más a través de la imitación que de consejos.

Competencia

Una competencia natural por el niño puede invadir las relaciones entre los abuelos y los padres (esto ya lo vimos en el capítulo anterior). Si ello se entiende y se ventila no tiene por qué ser un problema. Madres e hijas, especialmente, deben cuidarse de esto. Con las suegras y las nueras es más fácil anticipar el problema, debido a la mitología que rodea las relaciones entre ellas. En cierto modo, cuanto mejores padres hayan sido el abuelo y la abuela, más los verán los hijos como una amenaza cuando son ellos los padres. A medida que los niños entran y salen de la etapa en que temen a los desconocidos, aceptando, rechazando y volviendo a aceptar a los abuelos, los sentimientos competitivos pueden reavivarse.

Los abuelos pueden fácilmente retar a los padres jóvenes y vulnerables. En su intensidad, pueden debilitar los mismos valores que quieren perpetuar. Si se expresan suavemente, las convicciones firmes — expuestas cuando se han solicitado — son las más útiles. Las críticas tienden a ser rechazadas. Éstas representan un cuestionamiento a los esfuerzos de los padres en muchos aspectos. Los padres pueden sentirse profundamente heridos si perciben que los abuelos dudan de que su amor y cuidados al niño sean suficientes. Aprender a ser padres es aprender de los errores, no de los aciertos. Los padres tienen que cometer ellos mismos los errores. Ningún abuelo o padre puede evitar cometer errores dolorosos. Un abuelo que quiere ayudar puede estar dispuesto a escuchar y especialmente a proporcionarles a los padres la posibilidad de corregir sus errores. Es difícil observar el desarrollo de problemas sin intervenir. Es muy fácil recordar cómo solucionó uno el problema y pregonar el éxito propio. Si usted quiere que sus hijos aprendan el papel de padres, es mucho mejor proporcionar apoyo y simpatía que consejo o crítica. Lo mejor de ser abuelos es el cambio en la relación entre padres e hijos. Cuando los dos son padres, son iguales.

El don de los abuelos

Las familias necesitan a las familias. Los padres necesitan cuidados maternales y paternales. Los abuelos, las tías, los tíos están de moda otra vez porque son necesarios. Las tensiones de algunas familias no guardan proporción con lo que los dos padres pueden manejar. Si los dos trabajan, las responsabilidades de cuidar a los niños y mantener los valores en la familia pueden ser abrumadoras. La situación de un número cada vez mayor de padres o madres solos, o casados en segundas nupcias, agrega nuevas cargas a quienes están tratando de encontrar valores estables para sus hijos. Los abuelos y otros parientes brindan un amortiguador para algunas de estas tensiones: "Si yo tuviera a quién llamar" es una queja común en mi consultorio.

Frecuentemente los abuelos están lejos. Si están cerca pueden estar "demasiado ocupados" para ayudar en seguida. Tácitamente, las diferencias de opinión y la distancia entre las generaciones pueden fácilmente crear una resistencia por parte de los nuevos padres a pedirles ayuda o consejo a sus propios padres. El temor a la intromisión o al rechazo puede volver a los abuelos muy cautelosos. Tal vez ha llegado el momento de que cada generación comparta sus preocupaciones con la otra. Los niños que tienen el lujo de poder relacionarse con los abuelos, tíos, tías y primos aparecen con ventaja en todos los estudios sobre desarrollo infantil. La oportunidad de observar muchos modelos para aprender sobre la vida aumenta las posibilidades de un niño. Los padres le ofrecen al niño una base firme, pero los abuelos, tíos y tías le ofrecen opciones. La presencia de éstos implica un pasado importante, y sus creencias pueden llegar a formar parte del sistema de creencias de la familia. Todos estamos hoy en día sedientos de valores. Las creencias religiosas y los valores étnicos han sido debilitados en el gran crisol de razas de nuestra sociedad. Para muchas familias, los valores que creían sólidos peligran. ¿Quién, sino los abuelos, puede mantenerlos vivos?

En el momento del nacimiento o de enfermedad del niño, o cuando la madre acaba de volver a trabajar, los abuelos pueden amortiguar la tensión si han sido incorporados al núcleo familiar. Cuando ambos padres necesitan trabajar, son verdaderamente afortunados si tienen cerca a los abuelos para repaldarlos durante las emergencias y para ofrecerles apoyo cuando surgen problemas. Ahora, cuando muchos abuelos también trabajan, hay límites para su ayuda, pero el apoyo moral es tan importante como siempre. Los abuelos que están en situación de ayudar pueden proporcionarles a los padres oportunidades para estar juntos. Pueden proporcionarles, sin riesgo, una salida por la noche o un fin de semana sin niños.

Los abuelos también pueden ayudar en tiempos de tormenta, cuando el niño esté luchando por su autonomía y los padres estén tratando de conservar el control. Esta ayuda no consiste en que los abuelos se pongan de un lado o del otro. Si lo hacen, ni los padres ni el niño tendrán la misma oportunidad de solucionar el conflicto. Los abuelos

pueden ayudar de *una manera solamente:* escuchando a ambas partes y aclarando las razones del conflicto. Por ejemplo, pueden ayudar a los padres a ver las razones por las cuales quieren mantener el control. Como dijimos, éstas frecuentemente están relacionadas con algún fantasma del pasado. El presente conflicto puede haberse vuelto peor porque trae ecos de un conflicto anterior. La oportunidad de compartir el recuerdo de ese suceso con los abuelos o los parientes que intervinieron en él puede ser una oportunidad única para neutralizar viejos y olvidados conflictos. Por otra parte, un abuelo enjuiciador sólo empeora las cosas. Aunque los abuelos pueden aportar la sabiduría de la experiencia y una visión más objetiva de los problemas del niño, ante todo deben respetar las inquietudes de los padres. Ser abuelo requiere mucha diplomacia, que se adquiere con la experiencia. En mi caso, aprendí gradualmente que, para ayudar verdaderamente, era necesario que estuviera más consciente de las inquietudes de mi hija y no me concentrara exclusivamente en las de mi nieto.

El mejor aporte que un abuelo puede hacer es su amor incondicional y desinteresado. Un abuelo puede disfrutar del bebé sin preocuparse de cómo se comporta o de cuán-

do debe ser firme. Después de años de ser padres, los abuelos pueden descansar y aportar sólo amor y no disciplina. También ofrecer continuidad de comportamientos, ritmos, maneras de comportarse que son familiares para el niño. En contraste con alguien que cuida al niño fuera de la familia, los abuelos son como una extensión de los padres. Los abuelos les muestran a los niños las cimas de las montañas; les comunican los sueños y las metas de la familia. Los padres les tienen que mostrar cómo llegar allá. Mi propia abuela me inspiró la idea de ser médico de bebés. Siempre decía: "¡Berry es tan bueno con los bebés!" Yo le quería dar gusto a ella más que a nadie en el mundo, de manera que aprendí a ser bueno con los bebés. Ahora oigo su voz cuando alguien me hace el mismo elogio. Naturalmente que mi madre estaba celosa de la influencia que mi abuela tenía sobre mí. Pero no tenía que haberlo estado. Yo las necesitaba a las dos, por distintas razones.

Normas para los abuelos

- Recuerden que no son los padres; sean amorosos, escuchen con entusiasmo y guárdense sus consejos.
- No se acerquen abruptamente al pequeño, si no quieren que se retire. Nunca miren a un bebé a la cara; miren más allá hasta que él les llame la atención. Nunca se lo arrebaten al padre o a la madre. Esperen a que él les extienda los brazos. Yo observo el comportamiento del pequeño. En el momento en que su expresión se suaviza y él empieza a jugar con sus juguetes, está listo para que ustedes empiecen a participar.
- Hagan de sus encuentros con los nietos un ritual. Llévenles un juguete o un pequeño regalo. Cuéntenles historias acerca de "los viejos tiempos", cuando los padres estaban pequeños.
- No intenten tratarlos a todos igual, sino de modo que cada uno se sienta especial. Dedíquenle tiempo a cada uno — a solas con ustedes. Reconozcan que tendrán diferentes sentimientos hacia los hijos de un matrimonio previo de una nuera o de un yerno, pero esfuércense por conocerlos como personas y como individuos. Si pueden,

saquen a pasear a cada niño individualmente para conocerlo mejor.

- Pónganse de acuerdo de antemano con sus hijos acerca de los obsequios o atenciones para que usted y ellos sepan hasta dónde pueden ir. Consúltenles a sus hijos acerca de los regalos en las festividades. Es posible abrumar a un niño con regalos y poner demasiado énfasis en las cosas materiales.

- Ofrezcan cuidar a los niños cuando ustedes no estén trabajando y los padres lo necesiten.

- Conviértanse en punto central de reuniones familiares regulares y acontecimientos durante las festividades. Incluso si parece un esfuerzo enorme y el acontecimiento está lleno de carga emocional, el ritual y la emoción quedarán marcados en la memoria de los niños. Incluyan entre los invitados a antiguos amigos de los padres.

- Cuando proporcionen ayuda económica o emocional, sean sensibles a lo difícil que será para sus hijos adultos — y particularmente para el yerno o la nuera — aceptar esta ayuda.

- Respeten los esfuerzos de sus hijos en el campo de la disciplina. Necesitan su ayuda. No debiliten su autoridad. No les digan a sus hijos lo que deben hacer, especialmente delante de los nietos, ni los critiquen en aspectos sensibles. Naturalmente, ustedes querrán que sus nietos reciban una educación perfecta, pero las críticas a la manera como lo hacen sus hijos pueden causar tanto daño como bien — o más daño —, porque debilitarán su confianza en sí mismos.

- Escúchenlos y aconséjenlos sólo cuando se lo pidan. No traten de ser maestros ni con los nietos ni con los hijos. Ustedes pueden ofrecer cosas más valiosas: consuelo, amor, experiencia, adhesión, y un sentido de fortaleza y estabilidad. Estén dispuestos a ofrecérselas a las dos generaciones.

- Cuando estén lejos, manténganse en comunicación mediante tarjetas postales y cartas, usando dibujos y letras grandes que los nietos puedan leer. Las fotografías de los padres cuando eran pequeños son especialmente bien recibidas, como lo son las tarjetas de cumpleaños y los regalos apropiados para el estado de desarrollo y las aficiones de los nietos.

- Hagan uso del teléfono para saludar y felicitar a los nietos por sus progresos y pequeños triunfos. Las videocintas son una excelente forma de acortar la distancia.
- Las visitas cortas y regulares son las mejores. Una visita de tres días es más o menos suficiente. Ayuden en las tareas domésticas y háganse cargo de los niños para que los padres puedan salir. Traten de sacar a todo el mundo de paseo mientras estén de visita.
- Feliciten a su hijo o a su hija cuando estén desempeñando bien su papel de padres. Hagan comentarios estimulantes.

Lo mejor que me ha sucedido a mí como abuelo ha sido la oportunidad de renovar la relación con mi hija. Somos dos adultos, ambos padres, en condiciones de igualdad. Ella puede ver el gusto que me da observar su estilo de trato con los niños. De vez en cuando me necesita, y eso me encanta. Un nieto es un milagro, pero una nueva relación con nuestros propios hijos es un milagro todavía mayor.

45

AMIGOS

Los padres, los hermanos y el círculo familiar amplio proveen la estructura básica sobre la cual la personalidad del niño puede desarrollarse. Con los amigos, el niño puede explorar varias facetas de su personalidad. Puede servirse de estas amistades como un medio seguro de someter a prueba distintos aspectos de sí mismo y también como un espejo. Puede someter a prueba distintos estilos y nuevas aventuras a través de la alentadora mirada de un amigo. En este proceso está aprendiendo acerca de sí mismo. También está aprendiendo cómo atraer y conservar a un amigo. El dar y recibir propios de una amistad le dan al niño oportunidades para relacionarse de igual a igual de una manera que los padres y los hermanos no proporcionan. Un niño sin amigos es un niño verdaderamente pobre.

Primeros amigos ¿Cuándo deben los padres empezar a presentarle al hijo otros niños fuera de la familia? En el segundo año, es importante para el pequeño aprender a habérselas con otros niños de la misma edad. En una familia grande o en un vecindario activo, es posible que ya haya aprendido a tener que participar en las rivalidades, las chanzas y el enfrentamiento con otros niños mayores o con un nuevo bebé. Sin embargo, como lo dijimos en otros capítulos, la clase de relaciones que entabla un niño con otros de edades disímiles son distintas de las que entablará con los de su edad. Los niños mayores tienden a proteger, a tomarles el pelo o a ejercer poder sobre los menores. En las relaciones sanas entre pequeños, los niños aprenden por primera vez sobre el equitativo dar y recibir. Aprenden los ritmos de reciprocidad: cuándo dominar y cuándo someterse. Esto es básico para las relaciones importantes en el futuro. Un niño aprende cuáles señales significan que debe ceder y cuáles significan que puede mandar. A medida que aprende a descifrar estas importantes señales, aprende cómo relacionarse con los demás. Si no lo hace, se encuentra aislado. A esta edad los niños son a la vez exigentes y sensibles a las necesidades de otros. Es maravilloso observar durante el juego a niños de dos años. Si los padres les organizan grupos regulares de dos o tres niños para jugar, aprenderán acerca de los otros en un ambiente seguro.

A esta edad, el aprendizaje ocurre por medio de la imitación. En el llamado juego paralelo, dos pequeños se ocupan de sus cosas uno al lado del otro sin dar señas de interés en mirarse (véase el capítulo 11). Sin embargo, cada cual imita en gran medida el comportamiento del otro. Esta habilidad para observar e imitar secuencias enteras del comportamiento de un igual es único a esta edad. Mientras un pequeño amontona una pila de cubos para hacer un puente, el otro amontona el mismo número de cubos en un puente ... haciendo gestos similares. He observado a niños de dos años asimilar toda una nueva serie de patrones de comportamiento de otro niño de dos años y hacer cosas que nunca había visto antes.

¿Qué pasa si los niños no se llevan bien? ¿Qué pasa si uno es muy agresivo y domina al otro? ¿Es bueno para ellos? Realmente, no. En primer lugar, los padres de estos niños desiguales inevitablemente se pondrán de un lado o del otro y reforzarán el comportamiento desequilibrado de cada

Agresividad

niño. Los padres del más agresivo tratarán de parar al niño o se resentirán por el enojo que causa a los otros padres. El niño sentirá esto y notará la excesiva reacción de los padres. Esto aumentará su agresividad. Los padres del niño más débil o más pasivo lo empujarán, enfadados, a que se defienda en un momento en que él no lo puede hacer, o tratarán de protegerlo. Entre tanto, el enojo y la vergüenza de los padres empeorarán el sentido de insuficiencia del niño acobardado. Cada vez que los padres intervienen en el juego de los niños, lo convierten por completo en una experiencia orientada por los adultos. La oportunidad para que los niños aprendan los unos de los otros disminuye.

Si los niños no pueden restablecer ellos mismos el equilibrio, sería sensato tratar de encontrar otro niño más parecido al propio. Si es posible, búsquenle un compañero de juego que tenga un temperamento compatible con el de su hijo. Por ejemplo, si su pequeño es tranquilo, pensativo, un poco sensible, traten de encontrar uno como él. Aprenderá mucho más de un compañero que está aprendiendo a manejar un temperamento como el suyo que empujándolo a que sea más agresivo o más sociable. Cuando uno instiga a un niño a que devuelva golpe por golpe o a que se comporte de manera diferente, quiere decir que uno no lo acepta como es. Su imagen de sí mismo se empobrece aun más.

Si su niño es agresivo e impulsivo, busquen a otro como él. Paralelamente podrán llegar a escalar frenéticas cumbres de actividad y a encontrar formas de calmarse. Aprenderán cómo limitarse a sí mismos y sobre lo que sucede cuando se dejan llevar desmedidamente por sus impulsos. Después de jugar juntos regularmente dos o tres veces a la semana, estos niños se harán íntimos compañeros y aprenderán más acerca de sí mismos de lo que ustedes, como padres, pueden jamás enseñarles de cualquier otra forma.

Chanzas. ¿Qué hacer cuando los mayores toman el pelo a los menores? ¿Por qué se deshacen los niños de sus enfados a costa de otros? Algunos están tratando de resolver la rivalidad entre hermanos. Algunos se sienten inseguros acerca de su capacidad para entablar relaciones duraderas. Yo trataría de ayudarle al niño a darse cuenta de que a los otros no les gustan las chanzas. Lo rechazarán y lo dejarán solo. Aunque él crea que es una manera de acercarse a ellos, a los otros niños no les gusta. Pueden tratar de dejarlo jugar sólo con otro niño para que de esta manera aprenda sobre la amistad. También le pueden ayudar hablando con él sobre sus sentimientos problemáticos.

Pendencieros. Los pendencieros son niños inseguros. Es posible que no sepan cómo manejar sus sentimientos agresivos. Todos los niños les huyen. Al quedarse más y más aislados, se vuelven todavía más inseguros. Su comportamiento agresivo se convierte en un modo de esconder, sin éxito, lo vulnerables que se sienten. Yo trataría de apoyar su imagen de sí mismos y de hablarles acerca de otras formas más aceptables de relacionarse con sus compañeros. Cuando un niño es cruel, por lo general la razón de fondo es que se siente incómodo. Cuando otro niño le toca un punto vulnerable, él contesta airadamente: "Estúpido", "Eres una nena" o "Caminas como un elefante". Estos insultos tienden a provenir de los niños que luchan con su propia capacidad. Protejan con comprensión y apoyo los *sentimientos* del pendenciero, pero no le dejen duda de que su *comportamiento* no es aceptable.

Para ayudarle al niño que es víctima de un compañero agresivo o que lo molesta, uno puede consolarlo diciéndole que a todos nos pasa, y que hay que aprender cómo reaccionar. Un niño pequeño no entiende esto con facilidad. "Cada uno tiene algo con lo que ha de aprender a vivir, ya sea una marca de nacimiento, cojera, cabello lacio o rizado, piel negra o blanca. Cada uno necesita aprender a convivir con sus características de nacimiento. Otros niños te toman el pelo cuando están tratando de entenderte. Están tratando de conocerte mejor. Si lo puedes aceptar sin molestarte, ellos te respetarán. Y acabarán siendo amigos".

Los padres casi nunca deben intervenir en las relaciones entre compañeritos. Cuanto menos intervengan los adultos, más pueden aprender los niños acerca de los demás — y acerca de sí mismos. Si la relación continúa en desequilibrio y el dolor que produce se vuelve demasiado destructivo, los padres pueden aconsejarle al niño que busque a otros niños. Pero quizá el niño no siga este consejo. Frecuentemente la relación es demasiado importante, aun si no es equilibrada.

Relaciones en evolución

En cada edad, los niños se relacionan con otros niños de manera distinta y exploran diferentes asuntos.

Niños de dos y tres años. Como ya lo comentamos, ésta es la edad en que disfrutan del juego paralelo, en que aprenden sobre los límites, y aprenden de los otros acerca del lenguaje.

Niños de tres a seis años. Esta es la edad para ensayar un poco de agresión. Los varoncitos tienden a jugar con brusquedad, luchando cuerpo a cuerpo y rodando por el suelo.

Se amenazan con los puños, aunque cada uno sabe cuál es más fuerte. Entre tanto están aprendiendo acerca de su propia agresividad. Las niñas tienden a hacerse chanzas. Aprenden las unas de las otras comportamientos provocadores. Se ríen bobamente y a veces son increíblemente tontas. A estas edades, el papel de los padres es asegurarse de que tengan oportunidades para jugar con amiguitos cercanos, facilidades para aprender a hacer amigos, a jugar y a relacionarse con otros. Si un niño está aislado a esta edad, los padres deben tomarlo en serio y tratar de ayudarle. Ésta es la edad en que aprenden a dar y a recibir de otros. Un niño malcriado o sobreprotegido no lo logrará.

Niños de seis a nueve años. Estos niños forman amistades íntimas y quedan desolados si un amigo los deja por otro. Los varones forman grupos pequeños y tienen uno o dos amigos especiales con los que permanecen todo el tiempo. Las niñas también necesitan sus grupitos. En estos grupos, los niños excluyen, tratan de atraer y son algo pendencieros. El papel de los padres es respetar estas amistades íntimas. Aunque los padres no estén de acuerdo con el lenguaje escatológico, el juego provocador, el uso de la fuerza y las chanzas que caracterizan estas amistades, deben entender que ésta es una época crítica en cuanto al aprendizaje del niño sobre sí mismo. Aprenderá a ser digno de esta intimidad, a poner a prueba esta intimidad y a formar amistades profundas.

La calidad de las amistades del niño es para los padres un buen índice de su sano desarrollo. Los niños son los indicadores más sensibles de las perturbaciones en otro niño. Cuando no estoy seguro de la gravedad del problema basándome solamente en el comportamiento del niño, o en lo que me dicen los padres, lo observo con sus compañeros o les pregunto a los profesores en qué medida lo aceptan los otros niños. Un niño a quien los grupos de juego dejan de lado o a quien evitan otros niños en la escuela, está transmitiéndoles a los otros niños mensajes sutiles de ansiedad, dudas sobre sí mismo y confusión interior, a los cuales los adultos quizá no sean sensibles. Los niños no toleran estos conflictos interiores en otros niños. Representan una

amenaza demasiado grande. Cuando otros niños lo evitan, los padres deben tomar esto como una señal de que su niño no es feliz. Si él está evidentemente triste, tal vez otros niños le muestren simpatía, comprensión y hasta protección, siempre y cuando que, a pesar del conflicto, el niño retenga su habilidad natural para hacer amistades. Cuando no puede comunicarse con otros niños, esto puede representar una inseguridad básica que requiere la atención de los padres. Otros niños son capaces de distinguir entre un niño que ha sufrido una pérdida o está triste temporalmente y uno que es retraído a causa de problemas fundamentales. Es importante que los padres tomen en serio estas señales, tanto para buscar ayuda para el niño como para ofrecerle acceso a toda la experiencia que otros niños pueden ofrecer.

46

NIÑEROS

Dejar a un bebé o a un niño pequeño en manos de otra persona nunca es fácil. Si hay la posibilidad de que esta persona sea uno de los padres, un abuelo o un primo, puede ser más fácil, pues ellos tienen razones para interesarse en este bebé de manera especial. Sin embargo, de todos modos es complicado. Los padres que quieren a su hijo se afligen de tener que compartir a su bebé con otra persona. En varios de los capítulos anteriores hablamos de la posesividad y la competencia que resulta de ello. Este sentimiento de competencia por el niño es normal, parte inevitable de querer mucho. "¿Me recordará? ¿Llegará el día en que pierda parte de su cariño, especialmente si la otra persona es muy buena con él?" Naturalmente, los padres sentirán celos. Lamentarán la pérdida. Esta aflicción es acompañada por tres defensas: negación, proyección de sus sentimientos sobre otros y desentendimiento del cuidado del bebé. Estas defensas pueden interferir en las relaciones entre los padres y los otros niñeros, y entre los padres y el bebé. Si se entienden como defensas normales — necesarias para proteger un aspecto vulnerable — los padres pueden poner las cosas en su debida perspectiva y evitar volverse hostiles con la persona de quien van a depender.

En busca de un ambiente enriquecedor

¿Cómo pueden los padres que tienen que compartir a un niño pequeño protegerse a sí mismos y al niño que deben compartir? No se nos oculta lo decisivo que puede ser para un pequeño el estar en un ambiente enriquecedor, y que separarse de uno de los padres es en sí traumático. ¿Cuál es el mejor momento para hacerlo? ¿Puede suavizarse la separación? ¿Puede un pequeño adaptarse a que lo cuiden diferentes personas y no perder el apego principal a los padres?

Hasta donde sabemos, la respuesta a la última pregunta es sí. Incluso un niño pequeño "recuerda" las señales esenciales de sus padres y crea expectativas que perduran y le sirven de "memoria" hasta el regreso de ellos. Estas expectativas claramente se crean en los primeros tres o cuatro meses. Los padres y las madres siempre son recordados si han estado constantemente cerca del niño en los primeros meses. Para mantener fuertes los vínculos, deben estar completamente disponibles al regreso del trabajo cada día, para revivir los puntos de referencia importantes de los que depende el bebé.

Como lo dije en los capítulos 6 y 35, en el Hospital Infantil de Boston observamos a bebés que pasaban el día con niñeros en períodos de hasta ocho horas. Tenían ciclos de bajo nivel entre los estados de vigilia y sueño, en los cuales no respondían nunca muy apasionadamente a los niñeros. Cuando uno de los padres llegaba, al final de las ocho horas, el bebé parecía desmoronarse, llorando y quejándose. Alguna de las personas a cargo siempre decía: "Con nosotros no hace eso". Claro que no. Guardaba sus sentimientos importantes para los padres.

Al evaluar los cuidados en guarderías y los de los niñeros en casa, hay que tener en cuenta qué tan consecuente es el comportamiento del niñero, su aporte emocional y su capacidad para respetar la individualidad del bebé. Por lo tanto, las características de cariño y empatía son las más decisivas en un niñero. ¿Respeta a cada bebé que está bajo su cuidado? Obsérvelo cuando carga al bebé para ver si tiene en cuenta los ritmos del bebé y se adapta a ellos. ¿Es sensible a las variantes necesidades que cada niño tiene de alimentación, cambio de pañal, sueño y juego?

En seguida yo querría saber si el niñero es capaz de respetarme y de aportarme algo a mí como padre que se interesa. ¿Me da tiempo para explicarle cómo ha estado el bebé en casa la noche anterior? ¿Se sentará a contarme, cuando lo recojo, acerca del día que ha tenido el bebé? Es difícil saber esto al principio. Pero si el niñero parece enjuiciarme por dejar al bebé todo el día, buscaría una persona que pueda entender mi angustia y aceptar mis razones para volver al trabajo. La clase de persona que yo querría diría: "Me parece que el niño está a punto de empezar a caminar", y no: "Precisamente hoy caminó para mí".

Si encuentran una persona amable y cariñosa, hay que estar conscientes de los sentimientos de competencia y hablar de ellos de vez en cuando. Denle su apoyo. Si hace las cosas de manera un poco diferente de como las hacen ustedes, no se preocupen. Un niño puede adaptarse a distintos estilos y aprender a ser flexible en cuanto al método. Si ustedes respetan su forma de cuidar a los niños, el niño también lo hará a medida que crece.

La persona que puede darle al niño lo que necesita tiende a ser alguien bien capacitado en desarrollo infantil y que no está abrumado con demasiadas responsabilidades adicionales y demasiados niños para cuidar. Para poder esperar esto de una persona hay que pagarle bien. Las primeras experiencias moldearán el futuro de su niño. Darle el mejor cuidado y un ambiente óptimo es una buena inversión.

Clases de cuidado

Cuidado en casa. Si lo pueden pagar durante el primer año de vida del niño, el cuidado en casa puede ser el mejor. El niño estará en un ambiente conocido. La separación de los padres, y el trajín que esto conlleva por la mañana y por la tarde, puede ser menos abrupta y agitada. Esto requiere encontrar una persona verdaderamente muy especial. Debe proporcionarle al bebé un ambiente del que ustedes puedan sentirse orgullosos. Esta persona debe respetarlos a ustedes y a todos los de la casa. Debe tener suficiente capacitación y experiencia para entender al bebé. Debe ser paciente y respetuosa, y sobre todo flexible. Debe estar preparada para prevenir emergencias y para responder a ellas. No debe ser pasiva o deprimida o andar con demasiada prisa. Debe estar llena de ideas acerca de qué hacer con el bebé todo el día y estar dispuesta a compartirlas con ustedes.

Una niñera o ayudante de la madre debe ser digna de confianza y poder poner al bebé como primera prioridad. No debe tener ni niños pequeños ni un marido enfermo en casa que la necesiten. A menos que el trabajo de los padres sea muy flexible, aun en las mejores circunstancias es necesario tener una persona que pueda reemplazarla.

Cuidado en otro hogar. Otra forma de cuidado es el que ofrecen algunas mujeres en sus propias casas a un grupo pequeño de niños de tres o cuatro años de edad. Para el segundo o tercer año, el niño necesita otros niños con los cuales identificarse y con quienes jugar. Por eso puede ser bueno para el niño esta forma de cuidado con otros niños, especialmente si son de su edad. En una situación ideal, aun los más pequeños se benefician. Hubert Montagner, destacado investigador francés del comportamiento infantil, tiene bellas películas de niños de siete a nueve meses que estando juntos aprenden los unos de los otros cosas sorprendentes acerca de sí mismos y acerca del mundo. Es evidente que entablan estrechas relaciones. El cuidado en una casa particular u otra clase de cuidado en grupo *puede* ser benéfico para los niños en su primer año. Pero debe ser competente, cariñoso y cuidadoso.

Los resultados dependen completamente de la calidad del que cuida y de su habilidad para relacionarse con cada niño. Una proporción de más de tres o cuatro bebés por persona que los cuide es esperar demasiado. Más de cuatro niños de un año o mayores por adulto resulta en un terrible caos. Los niños están "por su cuenta" o permanecen sentados frente al televisor. La proporción de niños respecto a la persona que los cuida y la personalidad o el carácter de ésta son las primeras consideraciones, pero hay muchas otras que hay que tener en cuenta al escoger el sitio para su niño. Puesto que este arreglo de cuidar niños ajenos en casa casi nunca está sujeto a vigilancia o supervisión, es importante, si se opta por él, estar alerta a las reacciones del niño.

Al igual que en el caso de la persona sola que va a cuidar a los niños en casa de éstos, en el de la persona que cuida niños ajenos en su casa es importante averiguar acerca de su sustituto. ¿Qué pasa si la persona o algún miembro de su familia se enferma?

El cuidado en una casa particular puede ser bueno para el niño o, por el contrario, acarrear muchos problemas. La supervisión depende de los padres, antes y durante el tiempo que dejen al niño. Lleguen a veces de manera imprevista para observar. Ofrézcanse a ayudar de vez en cuando y aprovechen entonces para observar los métodos de la persona que lo cuida, sus ritmos y su sensibilidad. Y, sobre todo, observen a su niño a ver si hay señales de que no está bien cuidado o de que se halla deprimido.

Guarderías. En casi todos los países las guarderías deben someterse a supervisión para que se las autorice.

Los profesores de las guarderías deben ser capacitados, supervisados, cuidadosos y bien pagados. La proporción de niños por adulto no debe exceder a tres o cuatro niños que aún no caminan, cuatro niños de un año en adelante, y entre seis y ocho niños de tres años. Los profesores deben ser sustituidos, en caso de enfermedad o ausencias, por personas igualmente capacitadas.

El ambiente de una guardería es vital. Un centro en el cual los profesores se encuentran a gusto, en el que trabajan como equipo y disfrutan de la compañía de sus colegas, es ideal. Investiguen ustedes mismos cómo es el ambiente. Si todos los profesores hacen tertulia en un rincón y dejan solos a los niños, ¡tengan cuidado! Una proporción de tres o cuatro niños por profesor no sirve de nada si tres profesores dejan a doce niños solos. Busquen profesores que les den la impresión de querer a los niños y de querer jugar con ellos. Observen para ver si están dispuestos a agacharse a jugar en el piso. ¿Hacen del cambio de pañal un juego? Tengan cuidado si perciben que cada exigencia del bebé es vista como una tarea más bien que como una oportunidad. Una persona que quiere al bebé siente cada llanto o cada cambio de pañal como una razón para interactuar con él. Los bebés necesitan esta clase de ambiente que les responde. Si un niñero está demasiado abrumado o distraído, el niño lo advertirá y se retraerá o deprimirá.

Supervisar el cuidado

Una vez que hayan encontrado un buen niñero o una buena guardería, siempre hay que observar cómo responde el niño. El niño es la mejor guía del ambiente en que pasa su día. Si parece contento y está bien físicamente, lo más probable es que esté en buenas manos. Naturalmente que protestará cuando los padres lo dejan y, como dijimos, guardará sus quejas para cuando ellos regresen. Un niño de más edad "pondrá quejas" cuando se quiera vengar de su niñero. No siempre se puede creer lo que diga. Pero sí se puede creer lo que diga con su comportamiento. Yo lo observaría en la guardería. Mírenlo en momentos críticos, como durante las comidas, transiciones de la sala de juegos, y sueño. Lleguen inesperadamente.

Uno puede enterarse de mucho observando al niño y a su niñero juntos. ¿Se imitan mutuamente? ¿Ajusta cada uno sus posiciones corporales a las del otro, a las modalidades sensoriales (visuales, auditivas, motrices) que le gustan al otro? Cuando el bebé parpadea, ¿también lo hace como respuesta el que lo cuida? Al observarlos, ¿se sienten *ustedes* bien respecto a la interacción entre ellos?

Un pequeño por lo general dará las señales que indican que está en un ambiente verdaderamente pobre. Pero su comportamiento tal vez no refleje claramente una experiencia de abuso. Tal vez se vuelva sensible a que uno de los padres alce la voz, o la mano, pero quizá no. Si se le pregunta si lo golpean o lo "tocan" alguna vez, contestará lo que cree que ustedes quieren que conteste. Probablemente no puedan sacar nada en claro de su comportamiento. Pero si su comportamiento cambia y regresa a etapas más tempranas de desarrollo, es importante investigar por qué. Y si está deprimido o retraído, yo ciertamente lo tomaría en serio. La tristeza, la ausencia de reacciones y la lentitud en responder a estímulos positivos o negativos pueden ser señales de advertencia. Si se encoge cuando le cambian el pañal o se cubre cuando le cambian la ropa, pueden volverse más serias las sospechas.

Evalúe estas señales con calma y cuidado. Es muy fácil reaccionar excesivamente hoy en día. Si un niño regresa a etapas de desarrollo anteriores — deja de controlar los esfínteres, se despierta por la noche gritando, o empieza a comportarse como un bebé —, observe para establecer si se trata de algo transitorio. Si lo es, puede ser consecuencia del estado de transición de ser cuidado por los padres a ser cuidado por otros, o puede deberse a alguna perturbación pasajera. Si es más permanente, puede entonces haber motivo de preocupación. Deben hablar en la guardería acerca de la adaptación del niño y establecer si los profesores están preocupados o se muestran a la defensiva.

Si un niño está deprimido *y* no se desarrolla normalmente — pierde peso, se muestra triste, o rechaza la comida —,

yo me preocuparía más. En ese caso le pediría su opinión al médico. Incluyan en la historia clínica que le proporcionen al médico sus opiniones sobre la guardería.

Si tienen razones específicas para sospechar que alguien abusa del niño, averigüen si en su ciudad existe un centro donde se remiten los casos de abuso de niños. Si existe, debe ser notificado. Sin embargo, asegúrense hasta donde sea posible de que sus acusaciones son fundamentadas. Es fácil que un padre se sienta culpable y proyecte estos sentimientos a los que cuidan el niño, acusándolos innecesariamente.

La siguiente es una lista de los aspectos que se deben tener en cuenta al escoger y evaluar el sistema de cuidado del niño:

- ¿Son los empleados cuidadosos con respecto a la seguridad del niño?
- ¿Se han hecho planes para manejar las emergencias y se enfrentan bien?
- ¿Se promueve la buena nutrición?
- ¿Es alegre, agradable y divertido el ambiente, o es tenso y sombrío?
- ¿Cuáles son los ritmos de alimentación, sueño y cambio de pañal? ¿Parecen basarse en las necesidades de los niños, o en un programa rígido?
- ¿Cómo hace el profesor para dejar a tres cuando debe atender a uno?
- ¿Hay señales de atención individual para cada niño?
- ¿Les gustaría a *ustedes* quedarse allí?
- ¿Cómo recomienda el encargado o el niñero que se separen ustedes y el niño? ¿Pueden, si quieren, quedarse durante la primera semana?
- ¿Pueden visitar al niño en cualquier momento sin tener que anunciarse?
- ¿Pueden explicar las necesidades del niño por la mañana y recibir un informe al final del día?
- ¿Cómo atienden las enfermedades de los niños? ¿Cuánto tiempo exigen que pase antes de recibir de nuevo a un niño que tuvo fiebre? (deben ser tres días).
- ¿Se pone énfasis en la enseñanza temprana? A mí me

parece que un centro que respeta la etapa de desarrollo emocional del niño y está listo a alentarlo es preferible a uno con un plan de estudios muy pesado.

Independientemente de cuán acertada sea la selección de dónde dejar al niño durante el día, todos debemos ser conscientes de que en los Estados Unidos las estadísticas indican que el 50 por ciento de los padres que trabajan tienen que dejar a sus hijos en manos de personas en quienes nosotros no confiaríamos ... y *en quienes ellos tampoco confían*. No existen suficientes facilidades de cuidado infantil a precios razonables y de buena calidad hoy en día. Piensen en lo que significa para un padre dejar a un bebé o a un niño pequeño con alguien insensible o descuidado o de quien teman que pueda abusar de él, descuidarlo o molestarlo sexualmente.

47

EL MÉDICO DE SU HIJO

"¿Cómo hago para que mi pediatra escuche mis preguntas? Es una persona maravillosa, y sé que es muy bueno para diagnosticar las enfermedades de mis hijos, pero casi ni se entera de que yo existo, y cuando le hago preguntas acerca del desarrollo de mis hijos, se comporta como si yo fuera imbécil". "Mi pediatra hace caso omiso de mis preguntas o dice que me preocupo demasiado. Sí, me preocupo, ¿pero qué madre no se preocupa? ¿No es normal esperar que me ayude a criar a mi hijo?"

Ésta es la clase de preguntas que oigo frecuentemente a madres descorazonadas. Las valientes que hacen estas preguntas tienen más oportunidad de recibir ayuda. Muchos padres hoy en día buscan desesperadamente apoyo para la crianza y educación de sus hijos y no saben dónde encontrarlo. En una época en que los abuelos trabajan y otros familiares están, con frecuencia, lejos, los padres ansiosos no saben dónde más buscar consejo y apoyo. Es probable que acudan al pediatra, al médico general de la familia o a la enfermera calificada que haya mostrado interés en la salud física del niño. Abrigan la esperanza de que se interesen igualmente por su salud mental.

Los médicos están capacitados según un modelo puramente médico: de enfermedad y tecnología. Los cuatro años de enseñanza médica están repletos de nociones científicas básicas acerca de las enfermedades y su tratamiento. La enseñanza pediátrica está aún más repleta de información sobre tecnología y enfermedades. Generalmente, en la enseñanza de la pediatría se presta poca atención al desarrollo infantil o a las preocupaciones de los padres. A pocos pediatras se les enseña cómo entablar relaciones con los padres y los niños. Algunos médicos de familia, que atienden a todos los miembros de la familia, son más conscientes de la importancia de estas relaciones. Puesto que la mayoría de los pediatras escogen este campo porque les gustan los niños, pueden considerar la participación de los padres como una intromisión. Muchos de ellos los culpan inconscientemente de todo lo que va mal con el niño. Esto puede ser el resultado de su preocupación por el niño y de su incapacidad para resolver todos sus problemas. Una capacitación, como la que describí en la introducción, para enfrentarse a problemas del desarrollo ayuda a entender mejor las experiencias de los padres. Los que han recibido esta capacitación encuentran que las recompensas de entablar buenas relaciones con los padres hacen la pediatría cinco veces más satisfactoria.

Puesto que en los tiempos presentes pocos pediatras reciben esta capacitación, frecuentemente se sienten incómodos cuando los padres les hacen preguntas sobre el comportamiento y las emociones. A veces utilizan sus propias experiencias: "Mi esposa (o mi esposo) y yo encontramos lo siguiente ... ", o: "Mis hijos superaron esto cuando tenían tres años. Espere y no se preocupe". O tal vez lo despachen con: "No se preocupe, eso le pasará". Aunque estas respuestas son maneras de decir: "Yo verdaderamente no lo sé", también son señales de que el médico se interesa, maneras de tratar de ayudar.

Capacitación pediátrica

---

1. En primer lugar, examinen el diploma y demás certificados del médico. Fíjense si está bien capacitado, si tiene

Cómo elegir al médico de su hijo

acceso a un buen hospital, si está disponible cuando lo necesiten y si está asegurado. La mayoría de los médicos trabajan como parte de un grupo, de manera que uno de ellos está siempre disponible. Aunque se tengan preferencias por determinado médico, es conveniente tener alguien a quien recurrir si es necesario. Pocos médicos están dispuestos a estar a merced de las consultas nocturnas noche tras noche. Si su pediatra está bien capacitado y disponible, ya ha ganado la mitad de la batalla.

2. ¿Han considerado la posibilidad de que un pediatra o un médico general capacitado para atender tanto a adultos como a niños sea lo mejor para la familia?

3. ¿Les han preguntado a otros acerca de la personalidad del médico? Puede que la mejor manera de averiguar si ustedes y el médico serán "compatibles" sea recurrir al runrún. ¿Tienen algunos amigos en cuyo criterio confíen y a quienes les guste el médico? Es posible tratar de concertar una cita con él simplemente para conocerse. A muchos médicos les disgusta que se les "eche una mirada", pero a algunos no les importa. Yo prefiero que mis posibles pacientes me conozcan y sepan qué esperar. Esto me da también la oportunidad de asegurarme de que puedo entenderme con ellos. Una relación entre los padres y el médico es una relación mutua. Cada parte debe respetar a la otra y estar dispuesta a resolver los problemas cuando las relaciones se vuelven tensas.

4. Como lo dije antes, a un número creciente de pediatras se les está capacitando en el campo del desarrollo infantil. Éstos frecuentemente enseñan en un centro médico o dirigen una clínica para diagnosticar e intervenir con prontitud cuando hay problemas físicos o psicológicos. Si tienen problemas que no han sido resueltos por su médico, podrían pensar en la conveniencia de utilizar una de estas clínicas de desarrollo infantil para recibir consejo de vez en cuando. Esto podría complementar el consejo médico de su doctor.

5. Varios grupos de médicos hoy en día tienen la ventaja de contar con una enfermera o un psicólogo infantil para ayudar con "problemas" de comportamiento. Si éste

es el caso, pueden solicitar verlo periódicamente para evaluar el desarrollo del niño y recibir respuestas a las preguntas que vayan surgiendo. La oportunidad de conocer y observar a su niño les permitirá ayudarles a tomar decisiones. Si su grupo de médicos no tiene este servicio, sugiérales que puede ser ventajoso emplear una enfermera infantil que pueda contestar preguntas habituales, aconsejarles sobre el desarrollo del niño y ser una fuente de apoyo de fácil acceso.

Poder contar con un médico general conocido evita tener que acudir a miembros de una unidad de emergencia con menos capacitación, que no los conocen ni a ustedes ni al niño. Hacerse chequeos periódicos con un médico general significará que éste los conoce a ustedes y al niño para cuando algo anda mal y, en caso de crisis, tiene la ventaja de contar con este conocimiento previo.

¿Qué pasa si la relación entre ustedes y su médico desmejora? Me doy cuenta de que esto está pasando cuando los padres empiezan a llegar tarde a las consultas o pierden varias citas. Cuando veo que esto está sucediendo, les pido que vengan específicamente a hablar del desajuste, o les sugiero que les puede ir mejor con otra persona. Es una forma dolorosa de despedirse, pero es mejor para el niño que mantener una relación ambivalente en la cual ninguno se siente a gusto. El bienestar del niño es la meta de la relación pediátrica y, tarde o temprano, un desajuste no es lo mejor para el niño.

Si, no obstante, quieren tratar de arreglar las cosas, pídanle una cita específicamente para ello. Cuando entren, recuerden que el médico puede estar a la defensiva y será consciente de que están insatisfechos. Déjenle saber al médico que lo respetan y admiran. Tal vez puedan intentar hacer concesiones al médico, presentándole excusas por tener más necesidades de las que él esperaba. En seguida, hagan lo posible por explicarle sus necesidades. Están tratando de conocer mejor al médico y de que él los conozca

Cuándo es necesario cambiar

a ustedes mejor para ayudarles con su hijo. La meta común de los tres es el bienestar del niño. Si este entendimiento mutuo no se logra es hora de cambiar de médico. Una pregunta que vale la pena plantearse es: ¿Han hecho ustedes lo posible para que la relación funcione? Si lo han hecho y no es posible, entonces es mejor ponerse en manos de otro médico antes que el niño sufra.

Construir una buena relación

Hay muchas maneras de construir una buena relación. Una de las más importantes es que los futuros padres vayan a conocer al pediatra durante el embarazo. Pueden conversar acerca de sus deseos y metas *antes* que llegue el bebé. Yo encuentro que una visita prenatal es una maravillosa oportunidad para conocernos mutuamente. De esa manera, podemos comenzar a tratarnos con el bebé como viejos amigos.

Es importante que, en la medida de lo posible, ambos padres vayan a los chequeos. Aunque algunos maridos se sienten incómodos y casi no dicen nada, se pueden sentir de todos modos parte del equipo. Al médico le agradará que ambos padres estén presentes. La oportunidad de conocerlos a los dos es una buena "inversión".

Traten de averiguar cuándo está el médico más disponible, cuándo está de turno para verlo sin cita. Si el grupo tiene una enfermera que pueda contestar preguntas fáciles, diríjanse a ella cuando sea posible. Pero cuando la enfermera ya no pueda satisfacer sus necesidades, explíquenselo. Pídanle a la enfermera que le dé al doctor el recado de que los llame. Explíquenle que están más ansiosos que de costumbre por alguna razón, comprensible o no, y que necesitan hablar directamente con el médico. Si la enfermera no entiende, yo me preguntaría por qué, y seguiría insistiendo, cortésmente.

A la mayoría de los médicos les gusta estar atentos a las necesidades de los pacientes y no les importa satisfacer peticiones razonables de ayuda y consejo. Si llaman en un momento conveniente o dejan que el doctor escoja el momento, no tiene por qué ser una intrusión.

Pero no llamen por la noche sino en verdaderas emergencias. Yo tengo una hora por la mañana en que estoy dispuesto a contestar toda clase de preguntas, tanto importantes como triviales. Esto me quita la presión. Si los padres pueden esperar hasta esa hora para consultarme problemas menores, yo los respeto y sé que me respetan. Sentamos las bases de una confianza que nos ayuda en momentos de mayor tensión.

El médico de su hijo debería estar en disposición de explicar cada problema o tratamiento, y yo le explicaría que quiero que me informe hasta donde sea posible. Los médicos se abstienen de dar información porque: 1) temen que sea mal utilizada, 2) quieren protegerlos, o 3) no están seguros del diagnóstico. En una cálida y participativa relación, el doctor puede ser franco en todos los casos.

Los padres pueden tratar de presionar al médico para que desempeñe su papel por adelantado. "¿Cómo puedo tratarla cuando empieza a respirar con un silbido?" "¿Cuánto tiempo debo esperar?" "¿Hay algo que yo pueda hacer para prevenir estos dolores de oído frecuentes? No me gusta tenerlos que tratar cuando ya están avanzados".

Las preguntas sobre normas generales deben ser adaptadas a la habilidad y disponibilidad del médico para discutirlas. Los pediatras capacitados en desarrollo disfrutan con frecuencia de esta clase de relación. Pueden ser minas de oro para proveer apoyo y orientación por anticipado. Otros médicos pueden ser excelentes en la esfera de lo físico pero vacilantes y a la defensiva en el campo del desarrollo infantil. En este caso, como lo he dicho, es mejor utilizar otras fuentes y no enojarse por lo que su pediatra es incapaz de proveer. Si lo hacen, pondrán en peligro sus posibilidades de obtener la mejor atención médica posible.

Lo más importante es que el niño sienta que "éste es mi médico". Yo encuentro que la experiencia más agradable en la pediatría es que el *niño* me quiera ver y confíe en mi ayuda para aliviarse de su enfermedad. Quedo satisfecho cuando el propio niño me llama o su madre me dice que "Emilia quería que lo llamara para preguntarle qué hacer acerca de este problema". Cada enfermedad tiene su aspecto psicosomático. Un niño, naturalmente, se asusta cuando tiene algún problema físico. Si él puede sentir que "su médico" sabe qué hacer al respecto, sentirá confianza y creerá en su propia capacidad para afrontar la enfermedad. Cuando receto algún medicamento o hago alguna sugerencia para un niño de cuatro años o más, siempre lo incluyo al dar mis instrucciones. Porque quiero que sepa qué estamos haciendo y por qué. Cuando ya se ha recuperado, trato de decirle: "¿Ves? Nosotros (tú, tu mamá, tu papá y yo) ¡sabíamos qué hacer y ahora ya estás mejor!" Esto implica que el niño ha tomado parte en dominar la enfermedad, y reducirá su ansiedad la próxima vez.

La relación entre el médico y el niño

Las visitas habituales me dan la oportunidad de entablar una relación con el niño, al igual que de mejorarla con los padres. Como lo indiqué, nunca cuento con que un bebé entre nueve meses y tres años esté dispuesto a abandonar el regazo de su madre para ser examinado. Al respetar su necesidad de estar cerca de uno de sus padres, le doy a entender que lo respeto. Nunca lo miro directamente a la cara o le pido que me acepte. En este período me acerco gradualmente, usando una muñeca o un osito para mostrarle lo que voy a hacer: auscultación con el estetoscopio y el otoscopio, examen de la garganta, o del abdomen, etcétera. Para cuando lo examino, ya ha visto la maniobra. Ya le he estudiado la cara y el cuerpo en busca de señales de que tengo permiso. Cuando se relaja, quiere decir que me ha aceptado y está dispuesto. Pesarlo en brazos de su madre es otra señal de respeto. Es fácil restar el peso de la madre para determinar el peso del bebé.

Hago un gran esfuerzo, que describí antes, para lograr que el niño quiera venir a mi consultorio: llenándolo de juguetes, una pecera, una estructura para trepar, una colección de rocas, caramelos de palito para premiar. Los niños ven todo esto como los esfuerzos que hago para convertirme en aliado suyo. Cuando son capaces de dejar a los padres y jugar libremente, sé que me han aceptado.

Siempre busco la manera de entablar una relación especial con un niño pequeño. Cuando llega a mi consultorio, me fijo para ver qué tan relajado está. Si está asustado de mí, respeto eso. Nunca miro directamente a la cara a un niño que parece preocupado. Espero a que esté dispuesto a abandonar el regazo de su madre. Cuando mira mis juguetes, empujo cautelosamente uno de los camiones en su dirección. Pero nunca dejo que me pille mirándolo. Cuando empieza a jugar con el camión, le acerco otro. Si me mira, yo también lo miro pero no directamente a la cara. Durante todo este tiempo les estoy hablando a los padres, de manera que no estoy perdiendo mucho tiempo en este esfuerzo para estrechar nuestra relación.

Cuando llega el momento en que lo tengo que examinar, ya hemos empezado a empujar camiones entre los dos. Si está listo, podemos empezar a hacer comentarios sobre los camiones. Mientras lo examino, *en el regazo de la madre,* le pido que me ausculte el pecho y me examine. Estamos compartiendo la experiencia y él lo sabe. También sabe que respeto su intimidad y su ansiedad natural al ser examinado. Estamos construyendo las bases para una relación futura duradera.

Con él en la habitación, comento sobre su temperamento y modo de jugar. Sabe que lo comprendo. Escucha. Cualquier cosa que los padres y yo necesitamos conversar la hablamos frente a él, y yo trato de poner las cosas en lenguaje a su alcance. Quiero que entienda de qué estamos hablando. ¡Nada de secretos! Lo preparo para una inyección y le digo que llore y se proteja. Despues lo felicito por su éxito.

A medida que el niño crece, a los cuatro, cinco y seis años, le pido que haga sus propias preguntas y me llame por teléfono. No lo hará todavía. Pero a los seis o siete años sí lo hará. Podemos hablar sobre su enfermedad entre nosotros. A medida que crece, y cuando me deja verlo a solas, podemos compartir cosas confidenciales sin que haya un triángulo. Si todavía necesita a uno de sus padres, esto debe ser respetado. Pero, incluso si uno de los padres está presente, yo le hablo *al niño.*

A los cuatro, cinco y seis años, nunca le pido a un niño que se quite los calzoncillos. Se los puedo bajar brevemente para inspeccionar la zona genital, pero sé cuánta intrusión constituye examinarlo cuidadosamente a esa edad. Por la misma razón, no uso un espéculo vaginal con niñas adolescentes.

Examinar la garganta con un bajalengua es otra manipulación intrusiva. Yo puedo ver bien la nasofaringe si el niño imita mi "ahaha" y usar una cuchara o un instrumento menos simbólico para examinar los lados de la boca.

Prefiero ver a los niños preadolescentes a solas. Ando en busca de señales de problemas más profundos. Quizá no quieran hablar de ellos, pero sé que están ahí. Los preadolescentes de hoy en día tienen que enfrentarse a las decisiones sobre el sexo y las drogas a una edad en que no entienden estas cosas. Si pueden hablar conmigo, les puedo dar alguna idea de la realidad de estos asuntos y puedo ofrecerles apoyarlos cuando las presiones de sus compañeros empiecen a hacer que estas decisiones sean más difíciles.

Frecuentemente, cuando le hago una pregunta o trato de que me confíe algo, el niño tímido da una respuesta negativa moviendo la cabeza. Entonces le puedo decir: "Tu cabeza dice que no pero tus ojos dicen que sí. Dime a cuál de los dos le debo creer". Entonces trato de quedarme en silencio y de escuchar. Esta espera para recibir una respuesta de un preadolescente o de un adolescente requiere muchísima paciencia y muchos intentos fallidos. Pero ellos saben que estoy de su lado. A medida que crecen, me muestran cuánto aprecian este método de cuidado basado en mi interés por su bienestar.

Como lo indiqué en el capítulo 14, creo en la conveniencia de compartir con los niños mismos todo lo que sé acerca de una enfermedad. Mi meta es ayudarles a desempeñar un papel activo en la superación de sus enfermedades. Si me pueden llamar por teléfono o hablarme personalmente, y recibir y seguir mi consejo, les quedará esta lección. Cuando se recuperan los puedo felicitar: "¿Ves cómo sí sabías qué hacer? ¡Y funcionó!"

Durante la visita de un niño en edad escolar siempre trato de preguntarle acerca de la escuela. Por ejemplo:

— ¿Cómo se llama tu profesora?

No contesta.

— ¿Es niña o niño?

— Niña, tonto.

— ¿Ella te hace preguntas?

— Claro.

— ¿Sabes las respuestas?

— A veces.

— ¿Te da susto alguna vez?

— Ajá.

— ¿Qué haces?

— Lloro.

Esto me dice mucho.

— ¿Tienes un mejor amigo?

No contesta.

— ¿Es niño o niña?

— Niña, tonto.

— ¿Se llama Clara?

— No, Susana.

— ¿A Susana le gusta ir al médico?

— ¡No!

— A que Susana tampoco le habla a su médico.

Risa.

Entonces podemos empezar a comunicarnos, no con palabras, sino a través de juegos y gestos.

Cuando se empieza a desvestir, me gusta poder ayudarle. Si me permite que le quite los zapatos y las medias, es un gesto de cercanía. Cuando un niño me deja ayudarle con su ropa, esto me indica que probablemente seguiremos siendo amigos en el futuro.

Durante cada visita, busco una entrada a la vida de mis pacientes. Trato de conversar sobre sus hermanos, sus profesores, sus amigos, su colegio. Cuando llegan a la edad de participar en deportes o en música, hablamos acerca de estas aficiones. No estoy indagando en busca de información, y trato de dejar esto en claro con mis preguntas interesadas pero no intrusivas. Mi intención es entablar una relación y dejarles saber que me interesan como personas. Anoto cualquier aspecto que les preocupe. Si puedo usar esto como motivo para iniciar la conversación en la próxima visita, esto quizá facilite nuestra relación.

Cada visita es en sí misma un momento clave. Cuando logro convertir cada visita en un paso que nos acerca, el niño empieza a verme como "suyo". Ésta es mi meta.

Me gustaría poder ver al niño de ocho o nueve años a solas por lo menos durante parte de la visita. Quiero que confíe en mí lo suficiente para hablarme de la escuela, sus dolores de cabeza, de estómago, sus miedos y sus amistades.

A los once o doce años quiero la clase de relación que nos permita hablar de su emergente sexualidad. ¿Sabe algo acerca de esta cuestión? ¿Puedo resolverle algunas dudas después que sus padres le han hablado del tema?

¿Les hablan de las drogas en la escuela? ¿Sabe algo de ellas? ¿Podemos discutir alguna pregunta que tenga? Encuentro que los asuntos que preocupaban a los adolescentes de hace quince años preocupan a los preadolescentes de hoy en día. Los dolores de cabeza y de estómago y las ausencias de la escuela son disfraces para cubrir estas preocupaciones. Si un joven llega a confiar en mí, puedo oír algo como "Sé que pronto tendré que enfrentarme al sexo y a las drogas ¡y ni siquiera sé lo que son!" Quiero oír su preocupación. Quiero ser alguien con quien la pueda compartir. No tendré las respuestas pero podemos analizar formas de superar la ansiedad que siente.

Estas conversaciones iniciales me dan la oportunidad de ofrecerle un sitio seguro para hacer preguntas durante la adolescencia: acerca de la experimentación con drogas, el riesgo de sida y la presión de grupo, que es tan fuerte en los adolescentes de hoy en día. Los primeros momentos claves de nuestra relación nos han preparado para compartir los períodos de ansiedad y justifican todos los esfuerzos que hemos hecho juntos.

El otro día recibí la visita de una paciente de catorce años cuyas primeras experiencias en la escuela habían sido bastante mortificantes. Enfrentaba serios problemas de aprendizaje y había tenido que recibir clases particulares constantemente. Como es frecuentemente el caso, finalmente ha aprendido a manejar estas dificultades, y ya no necesita clases particulares.

"Liliana, ¡estoy tan orgulloso de ti! Has luchado con tanto tesón, ¡y finalmente has superado los problemas de aprendizaje que tenías!"

Los ojos se le llenaron de lágrimas: "Doctor B: ¿realmente comprende?" Esto justificó todo el esfuerzo que habíamos invertido en nuestra relación.

Cuando un niño tiene que ingresar en el hospital, es todavía más decisivo que el médico explique delante de él las razones y los procedimientos. Hemos encontrado que la preparación para un ingreso en el hospital, aunque sea por una enfermedad aguda o crónica, ayuda a mitigar la ansiedad una vez hospitalizado (véase el capítulo 25). Esta preparación abrevia el período de recuperación y reduce la reacción y los síntomas de ansiedad posteriores. La mayoría de los padres temen hasta tal punto la separación y el trauma, que necesitan la ayuda de un médico para encarar la preparación del niño. Naturalmente, creo que los pediatras deben hacer lo posible para que los padres acompañen al niño y se queden con él en el hospital tanto tiempo como sea posible. Aunque el niño va a estar al cuidado de varios especialistas, yo siempre lo voy a visitar y a explicarle su tratamiento y su enfermedad.

Al final de un atareado día en mi consultorio, la mejor recompensa es oír reír de dicha a un niño cuando viene a verme y encuentra los juguetes conocidos. Entonces sé que hemos comenzado bien.

Compartir responsabilidades

Insto a los padres a que traten de establecer esta clase de relación, confiada y respetuosa, entre su niño y su médico. Es necesario que ustedes también pongan de su parte. No sirve de mucho que entren al consultorio diciendo: "Ya va a llorar", o "Detesta venir a ver al médico". Esto mina los esfuerzos de los dos, del niño y del médico, por entenderse bien. En lugar de una actitud así, preparen al niño de antemano en forma tranquilizadora acerca de lo que va a pasar. Recuérdenle que usted estará allí y que se trata de su propio médico que quiere ser amigo de él. El médico sabe cómo ayudarle cuando está bien y cuando no lo está. Siempre me sorprende cuánto ayuda al amor propio de un niño aprender a confiar en su médico.

Trabajar con un pediatra es una tarea de reciprocidad que requiere que ambas partes aprendan lo que cada una puede — y lo que no puede — esperar de la otra. Ustedes deben demostrar respeto, como también, en reciprocidad, merecen respeto. Los tres tienen la misma meta: ¡un niño saludable, competente y seguro de sí mismo!

Bibliografía

Abrams, Richard S. *Will It Hurt the Baby? The Safe Use of Medications during Pregnancy and Breastfeeding.* Reading, Mass.: Addison-Wesley, 1990.

Alexander, Terry Pink. *Make Room for Twins.* New York: Bantam Books, 1987.

Ames, Louise Bates, et al. *The Gesell Institute's Child from One to Six.* New York: Harper and Row, 1979.

Ames, Louise Bates, and Juan Chase. *Don't Push Your Preschooler.* New York: Harper and Row, 1981.

Bowlby, John. *Attachment and Loss.* 3 vols. New York: Basic Books, 1969–1980.

Baron, Naomi. *Growing Up with Language.* Reading, Mass.: Addison-Wesley, 1992.

Boston Children's Hospital. *The New Child Health Encyclopedia: The Complete Guide for Parents.* New York: Delacorte Press/Lawrence, 1987.

Brazelton, T. Berry. *Infants and Mothers.* New York: Delacorte Press/Lawrence, 1983.

———. *Neonatal Behavioral Assessment Scale.* 2d ed. Philadelphia: Lippincott, 1984.

————. *On Becoming a Family.* rev. ed. New York: Delacorte Press/Lawrence, 1992.

————. *Toddlers and Parents.* rev. ed. New York: Delacorte Press/Lawrence, 1989.

————. *To Listen to a Child.* Reading, Mass.: Addison-Wesley/Lawrence, 1984.

————. *Working and Caring.* Reading, Mass.: Addison-Wesley/Lawrence, 1985.

Brazelton, T. Berry, and Bertrand G. Cramer. *The Earliest Relationship.* Reading, Mass.: Addison-Wesley/Lawrence, 1990.

Brooks, Joae Graham, and members of the staff of the Boston Children's Hospital. *No More Diapers!* rev. ed. New York: Delta/Lawrence, 1991.

Brown, Roger. *A First Language.* Cambridge, Mass.: Harvard University Press, 1973.

Bruner, Jerome. *Child's Talk: Learning to Use Language.* New York: Norton, 1985.

Bruner, Jerome, A. Jolly, and K. Sylva. *Play: Its Role in Development.* New York: Penguin, 1946.

Chess, Stella, and Alexander Thomas. *Know Your Child.* New York: Basic Books, 1987.

Cramer, Bertrand G. *The Importance of Being Baby.* Reading, Mass.: Addison-Wesley/Lawrence, 1992.

Dixon, Suzanne, and Martin Stein, eds. *Encounters with Children.* St. Louis: Mosby–Year Book, 1987.

Dunn, Judy, and Robert Plonim. *Separate Lives: Why Siblings Are So Different.* New York: Basic Books, 1990.

Erikson, Erik. *Childhood and Society.* New York: Norton, 1950.

Featherstone, Helen. *A Difference in the Family: Life with a Disabled Child.* New York: Basic Books, 1980.

Feinbloom, Richard I. *Pregnancy, Birth and the Early Months.* 2d ed. Reading, Mass.: Addison-Wesley/Lawrence, 1992.

Ferber, Richard. *Solve Your Child's Sleep Problem.* New York: Simon & Schuster, 1986.

Fraiberg, Selma M. *The Magic Years.* New York: Scribner's, 1959.

Galinsky, Ellen. *The Six Stages of Parenthood.* Reading, Mass.: Addison-Wesley/Lawrence, 1987.

Gilman, Lois. *The Adoption Resource Book.* rev. ed. New York: Harper and Row, 1987.

Goodman, Joan. *When Slow Is Fast Enough.* Foreword by Robert Coles. New York: Guilford Press, 1992.

Greenspan, Stanley, and Nancy Thorndike Greenspan. *First Feelings.* New York: Viking, 1985.

Grollman, Earl. *Explaining Death to Children.* Boston: Beacon Press, 1964.

Holt, John. *Learning All the Time.* Reading, Mass.: Addison-Wesley/Lawrence, 1989.

Hopson, Darlene P., and Derek S. Hopson. *Different and Wonderful: Raising Black Children in a Race-Conscious Society.* Foreword by Alvin F. Poussaint. New York: Simon & Schuster, 1992.

Huggins, Kathleen. *The Nursing Mother's Companion.* rev. ed. Boston: Harvard Common Press, 1990.

Kagan, Jerome. *The Nature of the Child.* New York: Basic Books, 1984.

Klaus, Marshall H., and John Kennell. *Parent–Infant Bonding.* St. Louis: Mosby, 1982.

Klaus, Marshall H., and Phyllis H. Klaus. *The Amazing Newborn.* Reading, Mass.: Addison-Wesley/Lawrence, 1985.

Klaus, Marshall H., John Kennell, and Phyllis H. Klaus. *Mothering the Mother: How a Doula Can Help You Have a Shorter, Easier and Healthier Birth.* Reading, Mass.: Addison-Wesley/Lawrence, 1993.

Konner, Melvin. *Childhood.* Boston: Little, Brown, 1991.

Leach, Penelope. *Babyhood.* New York: Knopf, 1976.

LeShan, Eda. *Learning to Say Goodbye: When a Parent Dies.* Boston: Atlantic Monthly Press, 1986.

Mahler, Margaret, Fred Pine, and Anni Bergman. *The Psychological Birth of the Human Infant.* New York: Basic Books, 1975.

Manginello, Frank, and Theresa Digeronimo. *Your Premature Baby.* New York: Wiley & Sons, 1991.

Nelson, Katherine, ed. *Narratives from the Crib.* Cambridge, Mass.: Harvard University Press, 1989.

Nilsson, Lennart. *A Child Is Born.* Text by Lars Hamberger. New York: Delacorte Press/Lawrence, 1990.

Plaut, Thomas H. *Children with Asthma.* 2d ed. Amherst, Mass.: Pedipress, 1989.

Rosen, M. *Stepfathering.* New York: Ballantine Books, 1987.

Sammons, W., and J. Lewis. *Premature Babies: A Different Beginning.* St. Louis: Mosby, 1986.

Schorr, Lisbeth, and Daniel Schorr. *Within Our Reach: Breaking the Cycle of Disadvantage.* New York: Doubleday, 1989.

Spock, Benjamin, and Michael B. Rothenberg. *Dr. Spock's Baby and Child Care.* New York: Pocket Books, 1985.

Stallibrass, Alison. *The Self-Respecting Child.* Introduction by John Holt. Reading, Mass.: Addison-Wesley/Lawrence, 1989.

Stern, Daniel. *The First Relationship.* Cambridge, Mass.: Harvard University Press, 1977.

Treyber, Edward. *Helping Your Child with Divorce.* New York: Pocket Books, 1985.

Turecki, Stanley. *The Difficult Child.* New York: Bantam Books, 1985.

Viorst, Judith. *Necessary Losses.* New York: Simon & Schuster, 1986.

Wallerstein, Judith, and Sandra Blakeslee. *Second Chances: Men, Women, and Children a Decade after Divorce.* New York: Ticknor & Fields, 1990.

Whiting, Beatrice, and Carolyn Pope Edwards. *Children of Different Worlds: The Formation of Social Behavior.* Cambridge, Mass.: Harvard University Press, 1988.

Winnicott, D. W. *Babies and Their Mothers.* Introduction by Benjamin Spock. Reading, Mass.: Addison-Wesley/Lawrence, 1988.

———. *The Child, the Family and the Outside World.* Introduction by Marshall H. Klaus. Reading, Mass.: Addison-Wesley/Lawrence, 1987.

———. *Talking to Parents.* Introduction by T. Berry Brazelton. Reading, Mass.: Addison-Wesley/Lawrence, 1993.

Zigler, Edward, and Mary Lang. *Child Care Choices.* New York: Free Press, 1991.

Acerca del autor

T. Berry Brazelton, M.D., es fundador de la unidad de desarrollo infantil del Hospital Infantil de Boston y profesor clínico emérito de pediatría en la escuela médica de la Universidad de Harvard. Acutalmente es profesor de pediatría y desarrollo humano en la Brown University. También es presidente de la Society for Research in Child Development [Sociedad de Investigación del Desarrollo Infantil] y del National Center for Clinical Infant Programs [Centro Nacional de Programas Clínicos Infantiles]. Ha recibido el premio C. Anderson Aldrich (otorgado por la Academia Estadounidense de Pediatría) a la contribución más destacada en el campo del desarrollo infantil.

Ha ejercido la pediatría durante más de treinta y cinco años. Introdujo en la capacitación pediátrica el concepto de "guía anticipada" para los padres. Es autor de más de 200 trabajos de investigación. Ha escrito más de veinticuatro libros, entre los cuales están los ya clásicos *Infants and Mothers [Niños y madres]* y *To Listen to a Child [El arte de escuchar al niño*]*. La escala Brazelton de evaluación del comportamiento prenatal es utilizada en más de 500 hospitales de los Estados Unidos y en más de 25 países.

---

*Grupo Editorial Norma, 1989

Créditos de las fotografías

Steven Trefonides, páginas xiv, xvii, 8, 14, 27, 51, 53, 70, 124, 152, 185, 195, 214, 231, 237, 278, 294, 309, 337, 343, 348, 376, 403, 436, 490, 491, 503, 513

Janice Fullman, páginas 98, 119, 134, 135, 141, 168, 169, 211, 244, 247, 274, 302, 361, 368, 386, 393, 445, 477, 484, 499, 506

Dorothy Littell Greco, páginas 19, 75, 176, 179, 320, 456, 479

Alexa Trefonides, páginas 149, 254

Samuel Bell III, página 273
Beth Burleigh, página 287, 470
Elizabeth Carduff, páginas 67, 110, 145, 157, 486
Tom Cieslak, página 266
Nancy Kricorian y James Schamus, página 36
Debra y Barclay Rockwood, páginas 203, 327, 329, 332, 412
Lisa Treacy, página 420
Samantha Welsh, página 15
Susan Fiske Williams, página 41
Barbara Wood, páginas 356, 465

Índice